Querschnitt
Kulturelle Erscheinungen unserer Zeit

Querschnitt

Kulturelle Erscheinungen unserer Zeit

Herausgegeben
von Hanno Helbling
und Martin Meyer

Verlag Neue Zürcher Zeitung

Druck: Grafische Betriebe NZZ Fretz AG, Zürich
Einband: Grossbuchbinderei Schumacher AG, Schmitten
Printed in Switzerland
ISBN 3 85823 052 9

Inhaltsübersicht

Vorwort

Das kulturelle Geschehen unserer Zeit ist nach Form und Thematik unübersehbar geworden. Massstäbe zu einer ordnenden Beurteilung scheinen entweder zu kurz oder zu weit zu greifen. Allein die quantitative Fülle des Angebots – dem die Nachfrage wohl doch nicht immer entspricht – erschwert die kritische Urteilsfindung. Kultur als Marktgrösse; das war, in gewissen Grenzen, auch früher ein Faktum, mit dem zu leben war. Heute drängt dieses Angebot seinen Adressaten in eine ungleich schwierigere Position.

Will er nicht einfach resignieren – wofür manche Gründe (nicht nur die Bequemlichkeit) sprechen könnten –, sucht er nach Mitteln des Abschätzens und Abwägens. Der Zeitgenosse weiss, dass jede Kultur auch den Ausdruck der Epoche übermittelt, und insofern ist Kultur auch sein eigener Ausdruck. Das bedeutet freilich noch keine Identifizierung. Im Gegenteil: gerade wer sich nichts schenken lässt, weil es ihm immer schon gehört, will prüfen – zustimmen oder ablehnen. Kultur ist nicht das Produkt von bestimmten Gruppen und Parteiungen. Aber deshalb ist der Einzelne nur eindringlicher aufgefordert, Stellung zu nehmen und sich eine Meinung zu bilden.

Der kulturellen Berichterstattung kommt von da her die Aufgabe zu, den Prozess der Meinungsfindung vorzubereiten – ohne dogmatische Vorentscheidungen, doch mit dem aufgeklärten Engagement, welches durch keine Neutralität zu ersetzen ist. Der Berichterstatter ist ein Fachmann. Er muss sich auskennen auf seinem Gebiet, und seine Kompetenz ist zunächst ein Vorsprung. Letztlich allerdings muss jedermann wissen, wie er zur Sache der Kultur – zu ihrem Angebot, zu ihrer Vermittlung – steht.

Die Texte dieses Buchs – Aufsätze, Rezensionen, Berichte – können deshalb nur eine vorbereitende Aufgabe haben. Das verlangt freilich erst recht eine unbestechliche Optik und die Fähigkeit, das kulturelle Geschehen nach Anspruch und Ergebnis, nach quantitativer Fülle und qualitativer Leistung zu ordnen und zu kommentieren. Die Auswahl der Texte – die einen «Querschnitt» zeigen sollen – erfolgte daher nach spezifischen Gesichtspunkten.

Zeitlich ist das Thema mit dem Begriff der Moderne abgesteckt. Von der «klassischen» Moderne, also der kulturellen Selbstdarstellung seit etwa 1900, zehrt auch noch unsere Gegenwart. Die Impulse, die von der Literatur, der bildenden Kunst und der Musik seit der Jahrhundertwende ausgegangen sind, wirken weiter – in eine Zeit hinein, die oft unentschieden schwankt zwischen Tradition und Erneuerung, zwischen Epigonalität und Innovation. Deshalb sind manche Aufsätze teils ausdrücklich, teils implizit dem Thema der klassischen Moderne und ihrer Folgen gewidmet.

Sind in einer ersten Gruppe Fragen von allgemeinerer, übergreifender Tragweite aufgenommen, führen die Texte der weiteren Kapitel mehr in die detaillierte Untersuchung bestimmter Phänomene. Aber auch da gilt es zu zeigen, wie die einzelne Leistung in den Zusammenhang grösserer epochenspezifischer Strömungen einzuordnen ist. Das dritte Kapitel enthält Deutungen wichtiger philosophischer Werke des 20. Jahrhunderts, welche nicht nur den Gang der Philosophie, sondern den Weg des Denkens in seinen Anschauungen und Ueberzeugungen überhaupt geprägt haben.

Wenn der kulturellen Gegenwart tatsächlich eine Tendenz zur Epigonalität anhaftet – und dafür gibt es Zeichen genug –, so muss die Analyse über die blosse Aeusserung der Beunruhigung hinausgehen, um Thesen der Erklärung anzubieten. Der seit einigen Jahren feststellbaren Hinwendung zu Innerlichkeit und Neuer Romantik tragen verschiedene Beiträge Rechnung.

Alle Texte sind zwischen 1979 und 1981 in der Beilage «Literatur und Kunst» der «Neuen Zürcher Zeitung» erschienen. Sie stehen hier als Beispiele für die Auseinandersetzung mit unserer Kultur und unserer Gegenwart.

Die Herausgeber

Beatrice von Matt

Fahrten zurück

Anzeichen eines Umdenkens in der Literatur

«Sehnen nach Vergangenem,
das sich Zukunft erträumen möchte.»
Günter Grass

Die Sorge nimmt – zumindest in der deutschsprachigen Literatur der letzten Jahre – überhand: Wir haben uns verrannt in Verstandesgläubigkeit, in einseitige Vorstellungen von Machbarkeit. Man besinnt sich auf die Chancen der Poesie und will ihr ihr altes Recht wiedergeben, das Recht, Träumen, Phantasien, seelischen Bewegungen nachzugehen, einem nur vermeintlich überholten Vergangenen nachzuhängen oder auch nur das innere Leben von Dingen zu erspüren und deren eigene, nicht verwertete Existenz. Steigende Produktion und Auflagen von Lyrikbänden liessen sich mit Zahlen belegen.

So ändert sich auch die Nomenklatur. Demut, Bescheidenheit, Geduld sind Begriffe, die hörbar werden und uns warnen sollen vor der Hybris und der neurotischen Ueberschätzung des blossen Bewusstseins, vor der Verleugnung des Körpers und der Sinne, vor einem bloss linear fortschreitenden progressiven Geschichtsdenken. Vergessene Zusammenhänge zwischen Mythos und Dichtung werden neu entdeckt. Aber auch vor dem Chaos und der Willkür in all den losgelassenen Ichs wird gewarnt; Vorbilder, Abhängigkeiten, Ordnungen und Einordnungen werden anerkannt, bei ernstzunehmenden Schreibern nicht in bloss wiederholend restaurativem, sondern in utopischem Sinn.

Da unsere Zivilisation – gemäss Claude Lévi-Strauss beispielsweise (früher hat das C. G. Jung oft gesagt) – die «alte Wahrheit», den Zusammenhang mit dem Universum, ausser acht gelassen und sich in einseitige abtötende Abstraktheit verloren hat, gilt es, Ganzheitlichkeit, wenigstens in der Fiktion, herzustellen, damit – und das gehört zur utopischen Hoffnung – von dorther der Mensch in seinem vollen Menschsein sich wieder installieren könnte.

Unverkennbar ist die Sehnsucht nach dem aufgewacht, was man ganzheitliches Erkennen und Erfahren nennen möchte. Da aber «unformulierbare Totalität ... nur symbolisch» (C. G. Jung) ausgedrückt werden kann, ist Literatur als Medium in ihrem eigensten, symbolmächtigen, in ihrem dichterischen Sinn (vielleicht) wieder mehr gefragt.

Herkunft

Zu ganzheitlichem Erfahren gehört das Mittragen des Herkommens, der ganzen Entwicklung von Urgeschichte, von Geschichte im eigenen Leben, Geschichte der eigenen Region, der eigenen Gattung im Zusammenhang mit anderen, der ganzen Erde. Dass allenthalben die Autoren ihre Kindheitsgebiete ausgraben und neu erforschen, ist bekannt. Aber auch die Zahl der Biographien hat zugenommen, die Geschichtsschreibung fremder Lebensgänge. Es fällt auf, wie viele Schriftsteller so Anschluss suchen an historische Gestalten, die sie anerkennen, und an Zeiten, die sie als ähnlich empfinden, vorab die Zeit unmittelbar nach der Französischen Revolution, da die Besten verzweifelten an nicht erfüllten Hoffnungen, am Verrat, den die Bürger an sich selber und an ihren Idealen einer voll gelebten Humanität übten, indem sie ihre Freiheit gleich in Münze umsetzten und es im übrigen, was Privilegien und Hierarchiendenken anging, dem so lange beneideten Adel gleichtaten.

Hölderlin wurde von Peter Weiss und Peter Härtling in diesen Zusammenhängen gesehen, Kleist etwa und die Günderrode von Christa Wolf; Büchner gehört zu den besonders häufig erwähnten Schlüsselfiguren jener Zeit, in dessen «Lenz» beispielsweise sich die gleichnamige Erzählung von Peter Schneider spiegeln möchte. Karin Struck spielt im Roman «Lieben» darauf an.

Auffälligerweise ändert sich in jüngster Zeit mehr und mehr die Art der Annäherung an diese historischen Vorbilder. Während zunächst möglichst auch der Abstand zur eigenen Zeit miteinbezogen und die Schwierigkeit der Erkennbarkeit des Vergangenen – für den Leser absichtlich verfremdend – oft Seite für Seite reflektiert wurde (Kronbeispiele: Härtlings «Hölderlin» oder Dieter Kühns «Ich, Wolkenstein»), scheint mehr und mehr die ungebrochene Illusion, die Identifikation mit dem Dargestellten angestrebt zu werden. Kleist und Karoline von Günderrode werden in «Kein Ort. Nirgends» recht eigentlich in ihrem privaten Fühlen und Denken vergegenwärtigt; Lukas Hartmann will in «Pestalozzis Berg» ein noch früheres Opfer des Ancien régime, eben Pestalozzi, ganz von innen heraus, von seinen Trieb- und Seelenregungen und seinen Erinnerungskräften her, verstehen.

Vergangenes, die Aura von Vergangenem, scheint zunehmend ein Faszinosum an sich darzustellen, und schon hört man Stimmen, die davor warnen, gegen Fortschrittswut in einer bloss irrationalen, halbwegs regressiven und daher gefährlichen, weil trügerischen und fluchtmässigen Weise vorzugehen.

Notwendige Umkehr

Dass Umkehr vonnöten sei, Verlorenes in einem das Aktuelle nicht wegleugnenden Verfahren wieder zu holen sei, diese Ansicht scheint vorzuherrschen. Und zu dieser Umkehr verhelfen Lehrmeister nicht nur in geschichtlich biographischen Werken. Peter Handke und Thomas Bernhard stellen Grossväter als ideale Erzieher hin; mit dem Vater, der versagt hat, wird von Handke beispielsweise erbarmungslos abgerechnet, was auch anderswo geschieht, bei Meckel, Härtling, Wiesner, Schwaiger ...

E. Y. Meyer gruppiert die drei Teile seines Romans «Die Rückfahrt» um eigentliche Leitgestalten, den Psychiater Santschi, die Malerin Ebet Thormann, den Denkmalpfleger Effinger. Zu deren wesentlicher Botschaft gehört, dass sie die Dinge der Umwelt besser geachtet wissen wollen, befreit sehen vom «blanken Nützlichkeitswahn» (Christa Wolf). Das kann hier und bei anderen Autoren so weit gehen, dass animistische Erfahrungskräfte ins Spiel kommen, unvermittelt und furchteinjagend in einigen Erzählungen von Franz Böni («Der Dorffuhrmann» oder «Ein Wanderer im Alpenregen»), reflektiert und gebrochen in der «Rückfahrt», wo die Malerin Carlos Castaneda und dessen Lehrzeiten bei indianischen Weisen schildert. Handke sucht in der «Lehre der Sainte-Victoire» die «Verwirklichung („réalisation“) des reinen, schuldlosen Irdischen: des Apfels, des Felsen, eines menschlichen Gesichts». (Dabei hat auch er endlich ein Vorbild gefunden: Cézanne.)

Auf diesem Hintergrund einer zu knapp umrissenen Veränderung von Einstellungen soll an wenigen Beispielen die verstärkte Magie des Archaischen, von «Dingen des Anfangs», erläutert sein, wie unterschiedlich eine solche auch vom jeweiligen Autor eingegrenzt werden mag. Dass diese Magie des Archaischen besteht, zeigt naturgemäss viel offenkundiger eine bedeutende Richtung aktueller bildender Kunst, die Urgeschichtliches, Kult und Mythen der eigenen oder einer fremden Region aufnimmt und mit modernem Bewusstsein variiert. Dinge des Anfangs verweisen auf Anfangs- und Neuanfangsmythen wie jene des Goldenen Zeitalters oder des ewigen Friedens samt ihren auf die Zukunft gerichteten Wünschen, samt ihrer Utopie, dass es so wieder werden möge. Hans-Georg Soeffner hat diese Zusammenhänge im «Geplanten Mythos» erhellt. Da das Verhältnis zu solch Mythischem aber ganz unterschiedlich bewertet wird, soll im Folgenden weniger von diesem als – etwas weiter gefasst – eher von der Ausstrahlungskraft des Archaischen die Rede sein.

Rück-Blicke

Max Frischs jüngste Erzählung «Der Mensch erscheint im Holozän» eröffnet den Rück-Blick schon im Titel. Held ist ein älterer Mann, der – bürgerlich distanziert – als «Herr Geiser» auftritt. Er ist allein, einer unter vielen anderen pensionierten Deutschschweizern im Tessin, wo er fremd bleibt, auch wenn er ein bisschen die Geschichte seines Tals studiert. Er hat keine Biographie, keine Vergangenheit, die ihn interessiert, keine Heimat. «Was soll Herr Geiser in Basel?» heisst es, wo er äusserlich gut, verheiratet, ohne weitere Aufregung gelebt hat. Der einzige Mensch, der ihm nach dem Tod seiner Frau noch etwas wäre, seine Tochter, hat sich mit einem verheiratet, der immer alles besser weiss. Was Herr Geiser weiss, ist in keiner Weise mehr gefragt. Der tagelang anhaltende Regen, dieses aufweichende, gestaltlose Element, bewirkt, dass die «Motorik des Prozesses „von hinten“», vom Archaischen her, einsetzt.

Die Isolation im Bergtal, die Abspaltung von allem Leben haben ein «Uebermass der Last» erreicht, «das Menschliche», wie Hans Blumenberg in «Arbeit am Mythos» schreibt, «so zu sein, dass es besser wäre, es nicht zu sein». Oder vordergründiger ausgedrückt: Vitalere Kräfte überfallen die jahrzehntealte Wohlgeordnetheit dieses Lebens von hinten. Den menschlichen «Hang zum Sinn» und damit auch den Entscheidungswillen, den Willen zur eigenen Geschichte, gibt Geiser auf. Sein Versuch, eine Art Höhlenbewohner zu werden – er brät die Katze und kann sie dann nicht essen –, misslingt.

Ein Totemtier, gewissermassen das Totemtier der einstigen rudimentären Lebensgruppe Geiser und Frau Elsbeth, darf man nicht töten, sonst wird man schuldig. So tastet sich Geiser, beinahe unbewusst, weiter zurück hinter die schmerzhafte Evolution zum Menschen, und fühlt sich ein Lurch werden. Ueber seinen Augen spürt er Wülste wachsen. Gemäss alltäglicher psychologischer Deutung wird er «bloss» senil, stürzt auf der Treppe und verwandelt sich halluzinatorisch in das Tier, das er in der Badewanne gefunden hatte. (Seltsamerweise hatte er vorher aber die Möglichkeit der Metamorphose schon fast wissenschaftlich bedacht, genau wie die vormenschlichen Entwicklungsstadien der Erdgeschichte.) Doch nimmt man Geiser auch nur als Neurotiker, so steht er doch als solcher gemäss Sigmund Freud «nahe dem Wilden» und dessen animistischem Wunsch zur Angleichung an die Dinge seiner voll belebten Umwelt («Totem und Tabu»).

Was Frisch hier in einer vielleicht genialen Weise schafft, ist ein neuer archaischer Mythos, der ganz aus einem aktuellen, abgewirtschafteten, menschenfeindlichen Lebensmuster heraus entsteht. Diese Verwandlung ist das Schicksal eines einst seiner Firma treu dienenden Bürgers, der in seiner Eigenschaftslosigkeit beinahe der Frischschen Bühnenmarionette gleicht, welcher «jede Natur geglaubt wird» und die für den Leser momentweise in dieser Tierwerdung, in diesem gänzlichen Selbstverlust eine schockartig magische, weil unmittelbar, nicht bloss rational einsehbare Wirkung haben kann. Wenn in «Montauk» am privaten Ich «unsere Gier nach Geschichte» und innerhab dieser unsere Gier nach Entscheidungsfreiheit gestaltet wurde, so bleibt hier dem armen Herrn Geiser nur das Untertauchen im urgeschichtlich Geschichtslosen, in einem sehr bitter bewerteten ewigen Frieden. Der utopische Umschlag wird hier höchstens erzeugt, wenn man an Gegenteiliges, etwa an die erzieherische Kraft des bei E. Y. Meyer beschworenen alten Yaqui-Indianers aus Mexiko, denkt und an die Gesellschaftsform, in der dieser fraglos seinen Platz hat.

Selbstverlust

Berger, E. Y. Meyers Held, hat solche Gefahren, in eine Apparatur eingesetzt und dann wieder ausgebaut zu werden, noch rechtzeitig gewittert und ist ausgestiegen, schuldhaft zwar und zunächst sich selber ganz verlierend. Auch er geht einen Weg weit zurück, wird eigenschaftslos und wie ein Tier erinnerungslos. In der Klinik Sonnmatt will er nur «seine Ruhe» haben, sein Körper wird, bezeichnenderweise, mit einer Fango-Masse «in lebendigem Zustand mumifiziert». Und einstweilen fühlt er sich in den Schlammschichten so geborgen, dass ihm vor einer Rückkehr in die menschliche Gesellschaft graut, «die eine nicht von der Lust, sondern von der Unlust bestimmte Gesellschaft» sei. Eine Art Wiedergeburt zum ganzheitlichen Menschen wird von den genannten Erziehern vorbereitet, die selber sich wieder auf Vorbilder und deren Bücher berufen. Sie leiten Bergers sogenannte Rück-Fahrt ein und zeigen ihm alte Erkenntnisformen, die technifiziertes Bewusstsein nicht ausschliessen, aber neu anschliessen und einschliessen in zeitlich und geistig Umfassenderes, in das komplexe Geschichtsdenken des Denkmalpflegers Effinger etwa, der das Eindringen in Vergangenheit als etwas Lebensnotwendiges betrachtet, dabei aber auch Schwierigkeiten darin sieht, dass «einem Geschlecht, das die Kraft zum Mythos verloren hat ... die Geschichte nichts anderes als ein solcher, ein für das Leben notwendiger Mythos ist».

Innerhalb dieser offenen und vagen Geschichtsmythen, die von Mensch zu Mensch wieder anders gedeutet werden, gebe es aber, meint Effinger, als «einzige konstante Faktoren» die «künstlerischen», die eben auch ganzheitlich erfahren würden, vor allem *auch* mit den Sinnen, der «Sinnlichkeit ..., die ihm (dem Menschen) das Leben ja erst erträglich und ihn so erst eigentlich lebensfähig macht ...».

Auf die Neuschaffung eines konkret fassbaren ästhetischen Weltbilds, das durch die gestaltete Identität von Ausdruck und Objekt, von Bild und Sache, den Zusammenhang mit den Mythen von vornherein hat, zielen auch der Psychiater Santschi und die Malerin Thormann, die aus je verschiedenen Ausgangslagen auf ein gleiches Ergebnis kommen. Nicht nur die Beschäftigung mit Castanedas Indianer verhilft letzterer dazu, sondern auch eingehendes Betrachten der Felszeichnungen, die im norditalienischen Val Camonica erhalten sind. Ueber ein in einer Pendelbewegung zurückschwingendes Geschichtsverständnis gelangt Berger dann auch, im Gegensatz zu Herrn Geiser, zu einer eigenen Vita, in der die bisherige eigene kleine Vergangenheit, auch die schuldhafte, gesucht und gar, wie angetönt, bewältigt wird.

Ursehnsucht

Heimlich würde dem Ich-Helden des «Butt» von Günter Grass die Rückkehr in ein Zeitalter gefallen, in dem es noch keine Individuen gab. Diese Ursehnsucht ins ungeschieden Geschichtslose, das Grass als mutterrechtliches Zeitalter definiert, wird zwar bald als Regression ironisiert, «als männliche Tittomanie», «als Schrei nach der Ur-Super-Nährmutter». Dem immer gleichen Ich, dem Mann schlechthin, werden dann aber in ständig wechselnden farbigen Geschichtsräumen alle möglichen geschichtlichen und geschichte-erzeugenden Rollen zugedacht, damit der Leser erfahre, wie er mit steigender Zeit zunehmend schlechter spielt. Im 20. Jahrhundert mit seinen beiden Kriegen und den Umweltzerstörungen soll vollends klar werden, dass die «Papis» ausgespielt haben. Zum Schluss stellt Grass mit der Figur der aus dem Wasser steigenden Ilsebill eine ganz knapp angeleuchtete Utopie hin: Ihrer selbst, aber auch der andern bewusst, frei und gütig, könnte Ilsebill die Geschichte besser lenken als der Mann, den sie ablöst.

Die Utopie wird genährt von der Vorstellung der mythischen Urmutter Aua, von der sich Ilsebill zwar intellektuell emanzipiert hat, deren bergende und erhaltende Kräfte ihr aber geblieben sind. Die Hoffnung ist da, auch wenn sie von allen Seiten her eingegrenzt wird, besonders auch mit der grotesken Darstellung des ausschliesslich vom Vorbild des Mannes gelenkten feministischen Tribunals.

Norbert Mecklenburg

Poetisches Hinterland

Notizen zur literarischen Heimatwelle

Die Industrialisierung der Nostalgie ist seit Ludwig Ganghofer, der Traumfabrik der Jahrhundertwende, nichts Neues. Neu scheint, dass auch eine Literatur, die nicht als trivial gilt, von ihr erfasst wird. Das Signalwort Heimat erscheint in Werbetexten, Besprechungen, Literatursendungen und nicht zuletzt in Buchtiteln immer häufiger. Was besagt diese literarische Konjunktur von Heimat? Haben sich nur ein paar clevere Autoren an den «Tip» gehalten, den Hermann Burger schon vor ein paar Jahren ironisch notierte? «Habt ihr es denn noch nicht gemerkt, die provinzielle Perspektive ist „in" und wird es in ein paar Jahren noch viel mehr sein.» Gehört das Thema Heimat in der Literatur nur zur breiten Nostalgiewelle, dem sanften Seitenstück der militanter auftretenden politischen Tendenzwende? Zeigt der Heimattrend auf dem Kulturmarkt mehr an, als dass Literatur eine Ware ist?

Zivilisationskritik

Ein Stichwort, das weit zurückweist, heisst Zivilisationskritik. Die Sehnsucht nach Heimat gehört wie die nach Natur zum Grundbestand des modernen Gefühlshaushalts. Die Rationalisierung, Oekonomisierung und Industrialisierung des gesamten Lebens ruft Gegenstimmen hervor: Unbehagen in der Kultur. In diesem Zeichen stehen nicht nur erklärtermassen gegenmoderne Bewegungen wie die alte Heimatliteratur, sondern auch grosse Teile der Moderne. Die moderne Literatur ist von Anbeginn ein vielstimmiges Medium von Zivilisationskritik. Zu den «harten» Stimmen gehören die literarischen Spielarten des Primitivismus, der das Ursprüngliche, Elementare propagiert. Kult der Erde und des Blutes ist keineswegs eine deutsche Spezialität. Zu den «weichen» Stimmen gehören die literarischen Varianten von Nostalgie: die exotische wie die idyllische Sehnsucht, die Romantiken und Irrationalismen. Hier könnte man auch einiges von dem einordnen, was neue Innerlichkeit oder neue Subjektivität genannt worden ist, und ebenso deren Katzenjammer, eine neue Subjekt*müdigkeit*. War es bisher allzu leicht gefallen, die meisten solchen Stimmen als Kulturpessimismus oder Eskapismus abzutun, so wird das vor dem Hintergrund der globalen ökonomisch-ökologischen Probleme unserer Gegenwart schwerer. Begriffe wie Natur, Heimat, Region erfahren dadurch eine begründete Neubewertung. Die Idee des einfachen Lebens verdient es womöglich, vor ihren Verehrern, den alten und neuen Dichtern der inneren Emigration, *gerettet* zu werden.

Einfachheit wäre somit ein weiteres Stichwort. Von Gerhard Roth wird berichtet, er habe beim Schreiben seines letzten Romans über dem Schreibtisch ein Schild mit dem Imperativ «Einfach!» angebracht. Nun ist es für einen modernen Autor nicht einfach, einfach zu sein. Kompliziert über Kompliziertes schreiben, das gehört zum Programm avantgardistischer Literatur; einfach über Einfaches, das war der Anspruch der Heimatliteratur; einfach über Kompliziertes, das versuchte der sozialistische Realismus; in der heutigen Literaturszene findet man die passenden Stücke dafür, wie man auch kompliziert über Einfaches schreiben kann. Der Wille zum Einfachen dagegen wäre neu.

Was hat es mit solcher neuen Einfachheit auf sich? Im Stichwort Einfachheit haben sich seit je gesellschaftliche und ästhetische Motive verflochten. Die «edle Einfalt» der Klassik war *auch* konservativ-utopisch gegen die zunehmende Widersprüchlichkeit und Komplexität der bürgerlichen Gesellschaft gerichtet. Etwas vom poetischen Weltzustand des alten Epos sah man angesichts der Prosa der modernen Verhältnisse allein in der agrarisch-feudalistischen Provinz erhalten. Nicht zuletzt darum deren Aufblühen im poetischen Realismus, den die Autoren heute nostalgisch wiederentdecken.

Idyllische Effekte der Anti-Idyllik

Auch der moderne Roman ist nicht nur Ausdruck metaphysischer oder sozialer Heimatlosigkeit, sondern vielfach gerade deren Kompensation. Zivilisationskritik und Zivilisationsflucht liegen eng beieinander. Grosse Regionalisten des modernen Romans wie Ramuz, Hamsun, Lawrence, Giono sind Beispiele dafür. Die Provinz birgt als poetischer Imaginationsraum einen idyllischen Effekt, gleich, ob sie von Heimatdichtern als heile Welt besungen oder von Anti-Heimatdichtern als kaputt denunziert wird. Jean Paul erklärte die provinziellen Räume darum für idyllenfähig, weil in ihnen die «Gewalt der grossen Staatsräder» unsichtbar ist. Dieser idyllische Effekt stellt sich hinter dem Rükken des Autors ein, er mag es noch so böse meinen: immer dann, wenn die Wahl des Provinzsujets die Ausblendung der zentralen Konfliktfelder unserer Gesellschaft nach sich zieht. Auch Anti-Idyllen können idyllisch, Kritik der Provinz kann provinzielle Kritik sein. Der ländliche Schauplatz bietet im übrigen den Vorteil: seine binnenexotischen, sozialtouristischen Reize, die der Grossstadt abgehen, lassen sich schon durch geringe Verfremdungen in poetische Reize überführen. Es ist einfacher, über Provinz zu schreiben: allein darum, weil man dann scheinbar über vieles nicht zu schreiben braucht.

Zu dem Effekt der Ausblendung kommt ein anderer hinzu. Auf dem Schauplatz Provinz lässt sich das Erzählmaterial leichter dramatisch arrangieren. Ironisch heisst es in Hans Haids Roman «Abseits von Oberlangdorf»: «Auf dem Lande und überhaupt in einem Bergtal wie dem unseren sind die Sitten rauher, die Tragödien sind brutaler, die Schicksale sind erschütternder.» Wohl gibt es auch grosse Romane nach diesem Muster wie Thomas Hardys «Rückkehr», Franz Nabls «Ödhof». In der Regel entsteht so jedoch Pseudorealismus. Pseudorealismus ist der Anspruch der Dichter, Realität zu «verdichten». Wobei dann objektive «Verdichtungszonen von Realität» – ein Ausdruck aus Dieter Kühns neuer Erzählung über einen Oelkonzern, «Und der Sultan von Oman» –, die als undurchschaubar, abstrakt, also unpoetisch gelten, leicht übergangen werden. Nicht von Natur also ist die Provinz poetischer als andere Räume. Sie ist der Poetisierung nur wehrloser ausgeliefert. Dafür sind indessen nicht nur die Dichter verantwortlich. Zur Poesie der Provinz steuern nicht minder als literarische Effekte auch soziale Sehnsüchte bei, die von uns ernster zu nehmen sind als von jenen, die sie nur literarisch verwerten. Das Sehnsuchtsland der Seele im technischen Zeitalter ist das Land der einfachen, kleinen, überschaubaren Ordnung, anschaulich, unmittelbar, konkret, sinnlich, erlebbar. Alles ist pretty – damit lässt sich auf die Dauer nicht leben; «small is beautiful» – das klingt dagegen wie Verheissung von Heimat.

Literarischer und politischer Regionalismus

Könnte dies die Parole einer neuen Heimatliteratur sein? Dazu müsste sich literarischer Regionalismus auf den politischen einlassen. Politischer Regionalismus heisst bei uns vor allem Basisbewegung gegen die strukturelle Gewalt der Apparate: der Konzerne, des Staates, der Bürokratie, der Parteien, auch der Kulturindustrie. Gegenöffentlichkeit vor Ort, exemplarisch heute in der Anti-Kernkraft-Bewegung, in Bürgerinitiativen. Hier findet künstlerische wie politische Arbeit neue Formen und Funktionen. Einer von vielen anderen: der Liedermacher Walter Mossmann. Erste literarische Reflexe der Bewegung sind Hans Christoph Buchs Gorleben-Bericht «Unruhe» und Otto F. Walters «Wie wird Beton zu Gras». Nicht zu vergessen, dass auch Arbeiterliteratur vor allem in regionalen Zusammenhängen lebt. Ein studierenswertes Beispiel ist die lokale Schreibkultur in den Londoner Arbeitervierteln Hackney und Stepney. Regionale Literatur als Basisliteratur, in politischem Kontext, ohne Umweg über die Kulturindustrie – hier zeichnet sich etwas von jener «Entliterarisierung» der Literatur ab, um die sich die «Avantgarde» vergeblich bemüht hat.

Literarischer Regionalismus ist ein sehr grober Sammelname. Da ist einmal die alte Heimatliteratur, die immer noch zäh fortlebt. Rosegger und Waggerl sind in Oesterreich noch heute Spitzenautoren. Als Anti-Heimatliteratur pflegt man sodann jene Prosa zu bündeln, die Provinz zum Objekt experimenteller Schreibweisen macht: die frühen Versuche von Handke («Die Hornissen») und Jonke («Geometrischer Heimatroman»), Texte Thomas Bernhards, Peter Roseis, Reinhard Grubers, E. Y. Meyers und etlicher anderer. Auch hier wird Provinz poetisiert, nicht mit den konventionellen, sondern mit avantgardistischen Mitteln, die indessen selbst konventionell geworden sind. Versuche von unterschiedlicher Tragweite. Wichtige Texte sind Hermann Burgers «Schilten», Alois Brandstetters «Abtei» – zwei gleichzeitig erschienene, verblüffend ähnlich organisierte Texte –, die Bücher Franz Riegers. Diesen «Provinzromanen» gelingt die schwierige Balance von Mimesis und Verfremdung.

Eine andere Art von literarischem Regionalismus entsteht, wo man das Programm einer «detektivischen Heimatkunde» (Martin Walser) zu verwirklichen sucht wie Peter Chotjewitz mit seinem neuen Roman «Saumlos». Radikale Anti-Heimatliteratur sind schliesslich jene Arbeiten Innerhofers, Wolfgrubers, Elfriede Jelineks, die Provinz als heutige soziale Realität, wenn auch mehr oder weniger «ungleichzeitige», ernst nehmen. Vor Büchern wie «Schöne Tage» oder «Die Liebhaberinnen» kann wenig von dem, was auf der neuen Heimatwelle daherkommt, bestehen.

Poetisierung der Provinz, Industrialisierung der Nostalgie – zwei Seiten derselben Sache? Die literarische Heimatwelle als Entpolitisierung des Regionalismus? Um solchen kritischen Fragen nachzugehen, muss man die Begriffe entflechten. Die Gleichung Heimat = Provinz ist Programmpunkt agrarromantischer Kulturkritik. Die Gleichung Region = Provinz ist Komponente der antizentralistischen Sicht autonomistischer Bewegungen. Die Gleichung Region = Heimat ist Ausdruck einer kleinmütig gewordenen Linken, die mit einer bloss utopischen Heimat nicht mehr leben mag: man will sich einrichten. Die Gleichung Heimat = Region = Provinz aber ist Erfindung eines Kulturbetriebes, der Generalformeln braucht, um einen Schein von Sinn in seine Beliebigkeit zu bringen.

Utopie und Einwurzelung

Heimat ist da, wo man gut lebt, also eine Utopie. Region ist da, wo man überlebt, also die Alltagsnahwelt. Provinz ist da, wo man noch oder wieder anders lebt, also Rest- und Randgebiet. Die Region muss etwas von Heimat haben, sonst gelingt das Ueberleben nicht. Die Provinz scheint etwas von Heimat zu bergen, sonst wäre in ihr nicht möglich, anders zu leben. Heimat aber ist, in der Region wie in der Provinz, nur zu finden, indem Fremdheit aufgehoben wird. Die poetische Aufhebung indessen ist bekanntlich noch keine reale. Sie wird da zur Flucht, wo sie die grundlegenden Bedingungen der Fremdheit verschweigt. Das heisst, sie wird in schlechtem Sinne provinziell. Teile der deutschsprachigen Literatur, vor allem der österreichischen Prosa der künstlichen Paradiese und Anti-Paradiese, stehen heute in dieser Gefahr. Man braucht zum Vergleich nur an Romane zu denken wie Marquez' «Hundert Jahre Einsamkeit», Rasputins «Abschied von Matjora», Gustafssons «Familientreffen». Während sich die einen Autoren an erfahrener Wirklichkeit abarbeiten, picken sich andere die widerstandslos poetisierbaren Bereiche heraus. Ein Kindheitsdorf nach dem anderen wird literarisch verwertet. Die Prosa der neuen Einfachheit ist ebenso affirmativ wie die der nicht mehr ganz so neuen Künstlichkeit.

Hier wäre auf Ernst Blochs dialektische Heimatbestimmung zu kommen und auf die Frage, wie eine ihr entsprechende Literatur aussehen könnte, eine Literatur, die nicht plötzlich wieder unvermittelt Ja sagt, sondern Ja und Nein in produktive Spannung zu bringen versteht. Der Schluss des «Prinzips Hoffnung» spricht mit Marx vom arbeitenden Menschen als dem werdenden Subjekt der Geschichte: «Hat er sich erfasst und das Seine ohne Entäusserung und Entfremdung in realer Demokratie begründet, so entsteht in der Welt etwas, das allen in die Kindheit scheint und worin noch niemand war: Heimat.» In dieser Dialektik des Immer-Schon und Noch-Nicht ist eine von uns zu lange vergessene, einfache Weisheit enthalten: Wir können die Welt nur verändern, wenn wir sie – bejahen. Wir brauchen ein Stück vorgefundener Heimat, «Einwurzelung» (Simone Weil), wenn wir mehr Heimatlichkeit in der Welt herstellen wollen. Eine Literatur, die dem entspräche, dürfte Wirklichkeit nicht zum blossen

Material entwürdigen, um es dann poetisch zu verwerten. Sie müsste ihr mit Takt und Respekt begegnen und könnte auf solche Weise eine Haltung vorführen, die immer nötiger wird, wenn wir überleben wollen.

Helmut Heissenbüttel

Text oder Gedicht?

Theoretische und praktische Betrachtungen

Wollte man, falls so etwas überhaupt noch vorstellbar ist, eine Poetik des 20. Jahrhunderts entwerfen, insbesondere eine, die noch die Erfahrungen der siebziger Jahre in aller Konsequenz mitverarbeitete, so würden darin möglicherweise zwei Wörter, zwei Begriffe eine vergleichbare, wenn auch verschieden ausgerichtete Rolle spielen, ja man käme auch dann, wenn man das mit diesen Wörtern, diesen Begriffen Gemeinte als nicht entscheidend verstehen würde für diese Poetik, nicht um diese Wörter, diese Begriffe herum. Es sind die Wörter, die Begriffe Experiment und Text.

Experiment

Experiment und Experimentelles als Kategorien literarischen und poetischen Verhaltens sind wahrscheinlich zuerst im Untertitel der Zeitschrift «Transition» verwendet worden und meinen Arbeiten von James Joyce, Samuel Beckett, Gertrude Stein, Ezra Pound, Kurt Schwitters, Carl Einstein und anderen. Ausdrücklich programmatisch wird der Begriff des Experimentellen dann von Gottfried Benn und Max Bense ab 1949 eingesetzt. Von daher ist er in den allgemeinen literaturkritischen Sprachgebrauch übergegangen. Er wird im Deutschen heute meist synonym mit dem Begriff der konkreten Poesie verwendet. Ueber die internationale Bewegung des Konkreten ist er auch in anderen Sprachgebieten geläufig. Wichtig ist, dass überhaupt ein solcher Begriff in den literarischen Raum eindringt und was er dort zu erfassen versucht. Die Offenheit, der Versuchscharakter, auf die der Begriff des Experiments und des Experimentellen gerichtet ist, hat zugleich nichts, was sich inhaltlich deuten liesse; er ist in bezug auf Inhalte, Gehalte und Ideologien neutral und neutralisierend. In dieser neutralen und neutralisierenden Funktion zeigt sich nun eigentlich das, was den Begriff des Experiments in der Literatur des 20. Jahrhunderts so charakteristisch macht. Experimentell meint ja nicht erneuernd, aufbrechend oder revolutionär, sondern setzt an die Stelle des zusammengesetzten Vorgangs, der sich, der Ueberlieferung gemäss, aus dem Ineinander von Methode und Qualität herstellt, etwas Unteilbares, Einziges. Man kann, wie es die Apologeten tun, sagen, experimentell dichten heisst schon Qualität einschliessen. Oder man kann, kritisch, sagen, der Begriff lässt sich sinnvoll nur verwenden, wenn man annimmt, dass in dem unteilbaren Vorgang die Frage nach Qualität ausser Kraft gesetzt oder beiseite gelassen wird.

Text

Dem Begriff des Experiments entspricht der des Textes insofern, als auch er neutralisiert und objektiviert. Man kann von ihm wie von dem des Experiments sagen, dass es zunächst nicht darauf ankommt, ob er andere Begriffe verdrängt, ob er eine neue Perspektive angezeigt oder gar das Wesen des Poetischen als etwas völlig Verändertes erkennbar gemacht habe, sondern darauf, dass es ihn überhaupt gibt, dass er überhaupt verwendet wird, dass er eine symptomatische Funktion erfüllt. Er bezieht sich jedoch nicht unmittelbar auf den Herstellungsprozess eines literarischen Werks, sondern erst auf dessen fertigen Zustand. Während der Begriff des Experiments eingesetzt worden ist für den aktiven Vorgang selbst, bleibt der des Textes zuerst einmal im Bereich des Beurteilens. Er hat daher auch mehr Verbreitung in Kritik und Wissenschaft als in programmatischer Theorie. Beide Begriffe haben allerdings einen Koppelungseffekt. Wer experimentell schreibt, der schreibt eben Texte.

Dabei stehe ich, was das Wort Text betrifft, vor anderen und anders gerichteten Schwierigkeiten wie bei dem Wort Experiment. Der Begriff Experiment hat seinen exakten Bedeutungsraum in der Naturwissenschaft. Uebertragen auf ästhetische Fragen, wird er analog gebraucht. Die bloss analoge Anwendung bewirkt, dass der Anschein des Präzisen sich verflüchtigt in die bloss gewohnheitsmässige und von Zufällen abhängige Bedeutungsannahme. Auch der Begriff Text wird in der heutigen Aesthetik und Theorie nicht exakt verwendet, wenn auch mit einem höheren Grad an Exaktheit als der Begriff Experiment, sondern in Analogie. Aber die Ableitung ist eine völlig andere. Ursprünglich nur ein Sammelbegriff, der aber in dieser Sammelfunktion ästhetisch nicht verwendet wurde, hatte der Begriff des Textes seine spezifische Bedeutung in der Abgrenzung zu etwas anderem. So in der Verwendung der Zusammensetzung Textkritik, in der es nicht um Aesthetik geht, sondern um die literar-archäologische Wiederherstellung eines Urtextes; auch dieser nicht ästhetisch gemeint, sondern als etwas, das vor jeder Aesthetik anzusetzen ist. Man spricht auch vom Text der Bibel oder vom Text eines Gesetzes. Oder im Wort Textbuch ist im herkömmlichen Sprachgebrauch Text gemeint im Gegensatz zu Musik, es gibt Textbücher zu Opern oder Liedern.

Text ist dabei nicht nur alles, was literarisch aktuell hergestellt wurde, er erfasst auch den journalistischen Kommentar oder das Interview mit dem Politiker. In der Vorstellung, dass die historisch überlieferten und allmählich durchlässig oder unhandlich gewordenen Differenzierungen der Gattungen aufgenommen werden konnten von etwas Umfassenderem, eben dem Textbegriff, steckte auch eine gute Portion Optimismus. Jener Optimismus nämlich, der im Uebergang von den fünfziger in die sechziger Jahre glaubte, es sei möglich, an bestimmten Stellen bestimmte Probleme zu lösen. Ich selber, als schreibender Autor, bin nicht unberührt geblieben von diesem Optimismus, ich begann die Bücher, die ich zusammenstellte, einfach Textbücher zu nennen, ein Entschluss, der nicht unbeeinflusst war von Ratschlägen, die mir 1959 Alfred Andersch gab. Die optimistische Vorstellung von der Verwendbarkeit des Begriffs Text erschien als eine praktikable allgemeine Lösung. Text war alles, was sich als Sprache abgrenzen liess von Musik oder bildender Kunst. Die Uebergänge von Sprache zu Musik und umgekehrt konnten mit dem Begriff der Grenzüberschreitung benannt werden. Mit der umgreifenden Verwendung des Begriffs Text schien der andere der Grenzüberschreitung zu korrespondieren.

Strukturelle Kriterien

Schien? War es nicht so? Ist es nicht so? Ist das nicht etwas, das unverändert Gültigkeit hat, Wirkungen zeigt, sich weiter und weiter durchzusetzen versucht? Ja und nein. Ja insofern, als inzwischen von Theorie und Wissenschaft Ansätze geliefert worden sind, nach denen das, was unter dem Deckmantel des Generalbegriffs der Differenzierung entzogen schien, doch erneut differenziert werden kann. Wenn die äusserste phänomenologische Interpretation des Gattungsbegriffs sich selbst auflöst, muss man, so scheint es, die Disziplin wechseln. Man muss nicht mehr philosophisch-ästhetisch-philologisch argumentieren, sondern linguistisch. Der Begriff des Textes wurde erst in dem Augenblick wirklich benutzbar, in dem erkannt wurde, dass es nicht länger möglich war, poetologische Unterscheidungen auf herkömmliche Weise zu treffen, in dem erkannt wurde, dass es darauf ankam, auch den literarischen und poetischen Text den Einsichten einer allgemeinen Sprachwissenschaft zu unterstellen. Merkwürdigerweise ist es dabei leichter gewesen, Literatur historisch vergangener Epochen linguistisch zu erfassen als das, was heute unter dem Einfluss linguistischer Unterscheidungen entstanden ist.

Wenn ich dabei Text als das verstehe, was die grammatischen Sonderformen, als die ich die Gattungen formal beschreiben kann, in die Grammatik selbst zurückzieht, setze ich strukturelle Kriterien, die aus der Grammatik stammen, an die Stelle von Vers, Strophe, Metrum, Reim. Ich muss Vers, Strophe, Metrum, Reim usw., etwa im Sonett von Gryphius oder vierzeiligen Gedicht von Eichendorff, in der Form von Sätzen, Satzteilen, Deklinationen, Konjugationen usw. definieren, muss in die strophische oder metrische Struktur die grammatische hineinlesen oder aus ihr herauslesen. Das Entscheidende dabei ist, dass ich in dieser doppelten Lesung nicht die gleichen Ergebnisse erhalte wie in der jeweils einfachen. Und die Frage bleibt, auf welche Prioritäten man sich in den entstehenden hin und her verweisenden Relationen festlegen will. Wenn Roman Jakobson und Grete Lübbe-Grothues in ihrer Analyse «Ein Blick auf „Die Aussicht“ von Hölderlin» das gesamte Arsenal sowohl der linguistischen wie auch der poetologischen wie zusätzlich noch der biographischen und psychologischen Argumentation aufbieten, so bleibt das vorerst ein Einzelfall, aus dem sehr schwer allgemeine Schlüsse zu ziehen sind, es sei denn der, dass man von Fall zu Fall anders verfahren müsse.

Wenn der Begriff Text wie der des Experiments dabei nicht ganz aus seinem gegenwärtigen Gebrauch heraus abgegrenzt werden kann, so vielleicht deshalb, weil dieser Begriff noch keine genügende Uebereinkunft auf sich versammelt hat. So sollte man möglicherweise an einen Punkt zurück oder seitab gehen, an dem dieser Begriff Text in einer gewissen altmodischen Eindeutigkeit auftritt. Das war und ist zum Beispiel der Fall dort, wo Text im Gegensatz zu Musik verwendet wird. Der Komponist Arnold Schönberg hat zu einigen seiner Musikstücke selber Texte verfasst, etwa zu der Oper «Die glückliche Hand». Er hat diese Texte 1926 gesondert herausgegeben und zu dieser Ausgabe ein Vorwort geschrieben. Dieses Vorwort beginnt: «Das sind Texte; das heisst: etwas Vollständiges ergeben sie erst mit der Musik zusammen. Nicht ist das jedoch in der Absicht gesagt, ihnen mehr Nachsicht zu erbitten, als meiner Musik gegönnt wird. Denn die Qualität des Endgültigen, die man im Auge hat, ist wohl nicht abhängig von der Qualität der Komponenten, da jede jeweils nur so gut sein muss, als die Sachlage es für ihren Teil fordert: so und auf solche Art gut! Es sieht aber einer, der das Ganze erschaut hat, dieses auch in seinem kleinsten Teil und könnte nichts als geeignet passieren lassen, was es nicht in jeder Hinsicht wäre.»

Das Erschauen des Ganzen, von dem Schönberg spricht und das für ihn natürlich das Ganze aus Text und Vertonung ist, würde in übertragenem Sinne bedeuten, dass die Herstellung von Texten nur unter der Voraussetzung geschehen kann, dass der Hersteller ein Ganzes aus Formuliertem und Unformuliertem nicht schaut, sondern annimmt, ahnt, als Entwurf, als Projektion oder wie immer. Das heisst, dass er sich, wenn er schreibt, des grundsätzlichen Charakters des Fragmentarischen im Text bewusst sein muss, will er überhaupt etwas herstellen, das, wie Schönberg sagt, nur dann als geeignet passieren kann, wenn es nicht wiederum in jedem seiner kleinsten Teile die Erschauung des Ganzen erkennbar macht. Linguistisch würde das den Gesamtbereich des sprachlich Artikulierbaren bedeuten, soziologisch und psychologisch die versuchte Einsicht in Gesellschaft wie in Subjektivität, beide nicht festgelegt, offen, erst zu entwerfen, der Entwurf eher destruktiv als abschliessend.

Dies ist eine Spekulation, die andeuten soll, wie weit und in welcher Richtung, meiner Ansicht nach, der Begriff des Textes vorangetrieben werden könnte. Diese Spekulation wäre auf verschiedene Weise lesbar. Es könnte aus ihr gefolgert werden, dass der Begriff des Textes nicht einfach als Nachfolgebegriff für den der Gattung gewählt werden kann, dass die Vereinheitlichung der abgeschliffenen Gattungsmerkmale, die Demokratisierung der Literatur im Begriff Text nicht eine Lösung bedeutet, mit der man nun munter weitermachen darf, als sei nichts geschehen. Sondern Möglichkeit und Gültigkeit dieses Begriffs würden unlösbar zusammenhängen mit dem dekonstitutionierten Zustand der derzeitigen Literaturpraxis, aber auch der Wissenschaft, die sich dieses Begriffs bedient. Das würde bedeuten, dass ich alles sagen kann, dass ich alles zu Literatur erklären kann, dass diese jedoch niemals aus ihrem bloss versuchten Status herauszutreten vermag. Den Versuch, Sprache selbst als Poesie zu lesen, wie es etwa in der konkreten Poesie geschehen ist, müsste man auffassen als definitive Kapitulation vor dem Bestreben, sprachlich exemplarisch zu dichten im dem Sinne, in dem das bis an die Grenze der Romantik oder noch im restaurierenden Symbolismus vorgegeben war. Die Vorgabe müsste man abbauen und das Abgebaute, vom gegenwärtigen aktuellen Standpunkt aus, in neue Perspektiven einschneiden.

In meiner eigenen literarischen Praxis bedeutete das die Aufgabe des Optimismus, der zur Verwendung des Textbegriffes geführt hatte. Als ich Gelegenheit bekam, die Textbücher als Gesamtkomplex zu veröffentlichen, teilte ich die «Texte» in zwei Gruppen, eine, die «Prosa», und eine, die «Gedichte» umfasste. Eine Kapitulation? Ich meine nicht. Der Begriff des Textes hatte, im Gebrauch, seinerseits eine gewisse Unschärfe erfahren, und da schien es nicht mehr wichtig, auf ihm zu bestehen, ihn gar, wie es doch noch manchmal geschieht, zu ideologisieren. Ich habe mir angewöhnt, eine Gruppe dessen, was ich schreibe, Gelegenheitsgedichte zu nennen. Ich habe den Begriff des Projekts verwendet. Ich habe angefangen, Märchen, historische Novellen, wahre Begebenheiten und Herbste zu schreiben. Der Begriff des Textes ist in den des Klappentextes abgewandert.

Noch einmal: eine Kapitulation? An dieser Stelle möchte ich für den Pluralismus von Text und Gedicht plädieren. Nicht im Sinne einer sich mit Trendargumenten entschuldigenden Unverbindlichkeit. Sondern ich verwende Text wie Gedicht mit Vorbehalt. Dieser Vorbehalt ist konstitutiv. Ich behalte mir, als Prinzip, vor, in welcher Richtung ich Unstimmigkeiten stehenlasse, abbaue oder erweiternd präzisiere. Ich rede und schreibe: als ob. Dieses Als-ob gibt mir jedoch nicht einen Freibrief, sondern verpflichtet mich, strikt bei der Sache zu bleiben. Ich erfülle das Als-ob mit aller Verbindlichkeit, die mir zur Verfügung steht. Ist das nicht ein Paradoxon? Nur in ihm öffnet sich, so meine ich, der Weiterweg.

Curt Schweicher

«Westkunst» – ein neues Konzept

Zur Ausstellung in den Kölner Messehallen

Nur in Köln ist eine solche Ausstellung möglich. Nicht wegen der immensen Zahl von Quadratmetern, die in den Messehallen eingenommen werden; nicht wegen der Ausstellungsarchitektur, mit der innerhalb der Messehallen ein regelrechtes Museum geschaffen werden musste, und nicht wegen der Millionen, die das alles gekostet hat. Für das Unikum entscheidend sind Inhalt und Programm.

Andere Programme leuchteten bereits durch ihre Titel ein: die Darstellungen der «Quellen des 20. Jahrhunderts» in Paris oder, ebendort, die «Wechselbeziehungen zwischen Metropolen». Ueberraschend sind in Köln die Zusammenfassung einer Kunst, die sich doch in ungezählten Ausstellungen und überall als die Kunst der Gegenwart kenntlich machte, als eine «Kunst der Avantgarde» und deren zeitlicher Ansatz mit dem Jahre 1939. Ohne ein solches Programm würde die Ausstellung letztlich Eulen nach Athen tragen.

Die Wahl des Geburtsdatums 1939 will sich durch «die Emigration der Künstler aus den von Deutschland besetzten Gebieten» legitimieren. Der Ursprung einer neuen Kunst läge dort. Die Kunst der folgenden Jahrzehnte, zu deren Wesentlichem in der Tat das Mitspiel der USA gehört, wäre also durch Emigranten angeregt. Das Gastspiel Europas in den USA, der Zweite Weltkrieg, die Besetzung Europas durch eine diktatorische und der zeitgenössischen Kunst todfeindliche Macht hätten demnach die Initialzündung bewirkt. Ein Ursprung aus dem Negativen.

Provoziert durch diesen Grundparagraphen des Programms, ist man schon mitten in der Sache, wenn man seinen Anspruch aufgreift. Da zunächst die deutschen Künstler zur Emigration gezwungen waren, stünde demnach auch zunächst die deutsche Kunst, sprich der Expressionismus, an der Wiege. Verführerisch, dem zu folgen. Deshalb, weil später von einem «abstrakten Expressionismus» gesprochen wird. Das jedoch ist aus dem Rückblick entstanden und zum Zweck der Periodisierung, der Etikettierung also. Ein Zusammenhang zwischen dem expressionistischen «Anliegen» und dem des «Informel» ist wohl kaum gegeben. Kokoschka setzt in der Emigration fort, was er vorher geschaffen hat. Nur der Inhalt ist bei ihm Angriff gegen die Schmach der Zeit. Später geht seine Stellung in Kunst und Wort gegen die «Avantgarde» seiner Zeit. Und wo wäre Beckmanns Einfluss auf eine junge Kunst? Schon bald nach dem Beginn der abstrakten Malerei wird er von deren Gegner Wilhelm Hausenstein gegen diese ausgespielt. Chagall hat in den USA keinerlei Verbindung zu dem, was kommen soll. Er bleibt ein solitärer Märchenprinz.

Doch ist es mit der Aufzählung von Künstlern für die Rolle des Jahres «1939» nicht getan. In die Nähe des in Köln geschaffenen Initiums rückt bedrohlich ein anderes Datum, «1937» nämlich: Paris, Weltausstellung. Nicht nur wegen der Wiedergeburt Delaunays in den Pavillons und wegen «Guernica» in einem Pavillon der Emigration, dem Pavillon einer Exilregierung. Mit der Eröffnung des Gebäudes des Nationalmuseums für moderne Kunst am Seinequai war eine grosse Ausstellung der zeitgenössischen französischen Kunst verbunden. Ueber allem leuchtete Matisse.

Man kann es wörtlich nehmen, denn damals hatte seine Palette die hellsten Farben. Im Grunde war jeder ein Indépendant. Die «Ecole de Paris» ist nur eine zeitliche Abgrenzung: Picasso, Rouault, Bonnard, Gromaire, Dunoyer de Segonzac, der schon gestorbene Modigliani, Dufresne, Waroquier, Utrillo, Pascin, die Surrealisten, die neuen Tendenzen der Trias: Brianchon, Oudot, Legueult. Zu dieer «Ecole de Paris» gehörte Chagall, diese «Ecole de Paris» überlebte den Krieg und bestimmte auch in den ersten Nachkriegsjahren die Kunst in Paris. Dass nach dem Krieg allgemach ausserhalb Frankreichs mit der stärkeren Kenntnisnahme von Klee, Kandinsky und anderen und mit dem Auftreten einer jungen und nicht in Frankreich aufgewachsenen Generation die «Ecole de Paris» entthront wurde, geht nicht auf das Wirken der Emigration, sondern auf neue Kräfte, auch der Kunstkritik und der Kunstliteratur, zurück.

Die Vokabel als Signal

So hat der Entwurf des Bildes «Westkunst» eine typisch deutsche Prägung. Kein Zufall, dass nach dem Krieg im Urteil der Künstler Deutschlands (einige abseitige ausgeschlossen) Matisse nie eine Rezeption erlebte, niemals recht geschätzt oder verstanden wurde. Gleiches gilt für Léger (trotz seiner Retrospektive in der Nähe Kölns im Anschluss an die Pariser Ausstellung der

Mitte der fünfziger Jahre, trotz der schönen Ausstellung kürzlich in der Kunsthalle Kölns). Das gilt besonders auch für Dufy, um 1939 einer der Heroen der zeitgenössischen Kunst. «Westkunst» meint dagegen das Neue, das in der Tat nicht mit dem Krieg geboren, sondern – entgegen dem Konzept – nach dem Krieg entstanden ist: das Neue, an dem Paris relativ sehr wenig, Deutschland sehr stark und die junge Kunst der USA sehr entscheidend mitgewirkt hat.

Der Name «Westkunst» ist eine Neuschöpfung aus dem Trend zum abkürzenden Neologismus, zum Signal. Er möchte provozierend wirken. Natürlich wissen die Eingeweihten gleich, was damit gemeint ist. Dennoch kann man es sich kaum verkneifen, auf die vielen einzugehen, denen er als blosser Reisser erscheint. Auf diejenigen, denen er Anlass gibt, sich mehr oder weniger gut- oder böswillig zu amüsieren. Indem sie nämlich nicht verbergen möchten, dass ein mit dem Präfix einer Himmelsrichtung versehener Begriff doch die anderen Himmelsrichtungen evoziere. So also, dass es auch eine Ostkunst gäbe (daran wurde vielleicht gedacht), eine Nordkunst konsequenterweise auch (woran sicher nicht gedacht wurde, denn nur im Scherz haben seinerzeit, Mortensens wegen, die «Informellen» die Ausstellungen bei Denise René «arktische Kunst» genannt), so auch, dass in der Windrose der Kunst sich auch «Südkunst» etablieren liesse.

Der Spötter weist sich selbst zurecht, indem er weiss, dass nicht die Himmelsrichtung gemeint ist – und es wäre auch schwer, die Nahtstelle zu finden, wo die «westliche Hemisphäre» auf dem Globus der Kunst beginnt – und Himmelsrichtung nicht immer Kontrast in einem Paar von Gegensätzen ist. Wie «Südfrüchte» nicht «Nordfrüchte» voraussetzen, sondern bestimmte Eigenschaften aus bestimmtem Klima. So hat Kunst des Westens ihre Lebensbedingungen, ihre Qualität. Die Schöpfer des Namens schliessen ein, dass Westkunst auch immer ausdrückt, dass sie westlich sei. Westkunst – die richtige Kunst, Westkunst – ein Signal.

So ist auch der Name allein von dem Ansatz her begreifbar, an dem ihrer Entstehung gedacht werden soll. Die Fiktion ist: Entstehung aus Protest. Die kunstgeschichtliche Perspektive wird verständlich, wenn man ihren Augenpunkt in Deutschland sucht. Auf der ersten Strecke des Inhaltes der Ausstellung ist Deutschland nicht auf der westlichen Karte zu finden. Die Projektion vom Standort des Betrachters aus geht also in eine andere Welt, in diejenige, die damals «westlich» war. Das Adjektiv bezieht sein Faszinosum daher, dass es im politischen und kulturellen Jargon des Dritten Reiches zu den Schimpfwörtern par excellence gehörte. «Westliche Kunst» war gleichbedeutend mit «westlicher Dekadenz».

Es ist nicht von weit hergeholt, wenn man an das deutsche Schicksal des Wortes «Westen» denkt. Denn unsere Reflexion ist in Köln notiert, bei den Messehallen auf dem anderen Ufer, vor uns die «Skyline» Kölns, mit dem «Dom des Abendlandes», wie das Schlagwort heisst. Hier darüber nachzudenken macht uns vor den Veranstaltern weder lächerlich noch bei ihnen unliebsam. Die Provokation ist von ihnen ja gewollt. Der Titel ist kein Accessoire. Und so ersteht im Angesicht des Panoramas Kölns auch der alte Adenauer, seine Aera und sein todgerittenes Wort vom «Abendland». Löst ein neues Schlagwort ein altes, ein totes ab?

Sicherlich ist für die Ausstellungsmacher das, was heute Westkunst heisst, nicht die «Kunst des Abendlandes» der konservativen Nachkriegszeit. Adenauer verstand darunter etwas anderes, vielleicht Arthur von Kampf oder den Düsseldorfer Junghans, wenn nicht gar und heimlich eine konvertierte Kunst des Dritten Reiches. Und er verstand darunter etwas anderes als Joseph Haubrich, der Protagonist des kölnischen Aufbruches zur Kunst des 20. Jahrhunderts. Und wenn – natürlich – eine Kluft die Agitatoren der «Westkunst» von beiden trennt, so ist an der Entstehung der Ausstellung doch auch das mitbeteiligt, was seit dem Aufbruch nach dem Krieg bei jeder Gelegenheit zitiert worden ist: der Genius loci mit seiner Tradition, in der zwei Ausstellungen als Marksteine gesehen werden, auf die man sich zu stützen hat und die herausfordern, einen dritten dazu zu setzen.

Der Ruf nach Tradition

Dass zu dem Unternehmen «Westkunst» auch der Weckruf «Sonderbund» von 1912 und «Werkbund» von 1914 gehören, wurde bei der Vernissage betont und ist auch in dem Katalog zu lesen. Jetzt sind die Vorgänger keine Phantome mehr. Man meint es so zu vernehmen, als hätte man damals prophetisch bereits an Westkunst gedacht. Mag anderswo «Avantgarde» auch ständig im Betrieb der Einzel-, Gruppen- und Retrospektivausstellungen im Uebermass zu sehen sein, so war doch die Zusammenfassung, die «Neubewertung» dem Traditionsort Köln vorbehalten. Die Vorläufer sind aber nun keine Zitate und keine Phantome mehr, denn nicht nur in der neuen Verwirklichung sollen sie erstehen: ihre Kataloge liegen jetzt im Faksimile vor, die Reprints erschienen mit der Vernissage. Von der Ausstellung auf diese Weise kommemoriert, bleibt allerdings ihr Mythos nicht fleckenlos erhalten.

Das war nicht ganze Wirklichkeit, dass Picasso, Kandinsky und die deutschen Expressionisten oder El Lissitzky in Köln vertreten waren, im «Sonderbund» von 1912. Gewichtig bemerkte Hagelstange, der Direktor des Wallraf-Richartz-Museums: «Unter den ausgestellten Werken sind, das gebe ich offen zu, ein halbes Hundert enthalten, für die mir persönlich das Verständnis fehlt ... Da bleibt uns Laien nichts anderes übrig, als zu sagen: Wir verstehen es nicht.»

Dem Unterbau des Westkunstunternehmens, in dem es gegründet und begründet wird, folgen die Schichten, für deren Aufbau die Veranstalter am besten selbst zu Wort kommen: «In dem zweiten Kapitel wird vorgeführt, wie neue Kunst entsteht: ... in Paris mit Wols, Giacometti und Dubuffet, in New York mit Pollock, de Kooning und Kline. Ausserdem wird in diesem Kapitel ausführlich die optimistische Entfaltung der abstrakten Kunst als Weltsprache demonstriert. In dem dritten Kapitel geht es ausschliesslich um den Ausstieg aus dem Bild. Im Vordergrund steht das Aufkommen neuer Kunstformen am Ende der 50er Jahre: Objekte, Happenings, Environments und Aktionismus. Natürlich wird auch die neue Entfaltung des Bildes am Anfang der 60er Jahre bei Stella, Lichtenstein und Warhol sinnenfällig. Im vierten Kapitel geht es um die heute klar zu erkennende Erweiterung des Kunstbegriffes in den 60er Jahren ... Ergebnisse einer der Studentenrevolte vorausgehenden Bewusstseinswandlung: radikale Selbstbeschränkung einerseits und Masslosigkeit im künstlerischen Anspruch anderseits. Verweigerung gegen den Kunstkonsum und Suche nach neuen Vermittlungsformen charakterisieren Minimal Art und Konzept-Kunst, Arte povera und Land Art.» (Zitiert nach «Kunst in Köln», Nr. 5, Jahrgang 16, Mai 1981 = Nachrichten aus den Museen der Stadt Köln)

Perpetuum mobile der Avantgarde

Ein grosses Mass an Naivität oder Konformismus wäre aufzubringen, wollte man in einer Würdigung dieser Ausstellung die Aufgabe sehen, auch nur einen Teil der 250 Künstlernamen oder der annähernd 900 Exponate anzuführen und damit die Werturteile zu verbinden, ob von diesem oder jenem dieses oder jenes Werk zu sehen sei, bei dem die Wiederbegegnung überrasche oder zu einem neuen Erlebnis führe. Das schliesst natürlich die Frage ein, wem man mit einer gigantischen Schau dieser Art eigentlich dienen will. Dem Eingeweihten, dem Kunstkenner oder einem grossen Publikum, das auf diese Weise erst für die Kunst seiner Zeit zu gewinnen sei? Die einzig mögliche Art der

Würdigung ist diese, die Veranstalter bei ihrem Wort zu nehmen und auf ihr Ziel einzugehen. Die Antwort zu geben, ob der in Wort und Schrift immer wieder ausgedrückte «Ehrgeiz» des Unternehmens dazu führt, die These («Thesenausstellung» ist das Unternehmen genannt) anzuerkennen, dass die Kunst der «Klassiker» der «Moderne» noch die Kunst von heute sein könne, wenn man die «Kunstszene» von heute «hinterfragt», wieweit sie «Die Moderne» von gestern als «verbraucht» betrachte ...

Nicht von ungefähr sind die Modewörter (die «Kunstszene» ist wohl schon verbraucht) zitiert, denn sie gehören zu den Thesen, von denen jene, dass diese ausgestellte Westkunst die Avantgarde sei, die fragwürdigste ist. «Westkunst» gleich «Kunst der Avantgarde» will somit bedeuten, dass Rouault, Chagall, Kokoschka, um die Nummern 1 bis 3 des Kataloges zu nennen, ebenso Avantgarde wären wie Marcel Broodthaers, der mit dem Exponat 862 den Katalog abschliesst. Ferner wäre zu folgern, dass neben Avantgarde eine andere Kunst bestünde. Sie könnte dann doch nur diejenige sein, die in Schaufenstern der Rue de Rivoli neben dem Grand Hôtel du Louvre, an der Königsallee in Düsseldorf und auf der Place du Tertre zu sehen ist, wenn nicht gar – aus deutscher Perspektive – eine weiterlebende Nazikunst darunter zu verstehen sei. Der Anstoss zu solchen Auffassungen ist gegeben. Eine Ausstellung in Köln hat auch die These aufgestellt, dass die kunstgeschichtliche Subsumierung der Kunst des 19. Jahrhunderts unter dem Begriff, den ihr bisher die Literatur zugewiesen hat, sich nur auf die Avantgarde beziehe und die wirkliche Kunst des 19. Jahrhunderts noch zu entdecken sei. Dann aber würden gerade durch den Begriff der «Westkunst», der nur die Avantgarde meint, die Söhne morgen aufgefordert, «ihre Väter auf den Prüfstand zu nehmen», um die Kunst des 20. Jahrhunderts zu entdecken, wobei dann schliesslich doch wieder Breker oder Domergue als die wirklichen Künstler der Zeit herauskämen.

Auch die These, die Verfolgung der Kunst (durch «Entartete Kunst» und die Auktion in Luzern) habe als Gegenkraft die Avantgarde hervorgerufen, fordert eine Frage heraus: etwa, woher es denn komme, dass ein «Avantgardist» wie Joseph Beuys, kriegsfreiwilliger Sturzkampfflieger, noch kürzlich im Fernsehen über seinen Einsatz am Kuban-Brückenkopf wie über ein künstlerisches Abenteuer plauderte, oder wie es dann geschehen sei, dass Salvador Dalí sich noch leidenschaftlich zum Frangismus bekannte, als dieser bereits im Sterben lag. Die These muss sich gefallen lassen, dass viele Fakten mit ihr nicht vereinbar sind.

Dass Picassos «Guernica» und Werke von Grosz und Dix die Ereignisse spiegeln, ist eine andere Sache. In «Westkunst» treten nur Chagalls «Crucifixion blanche» und ein Prager Bild Beckmanns zur Herstellung des Zusammenhanges «1939» auf. Um so eindringlicher allerdings berühren die Bilder von Julius Bissier, Schlemmer und Baumeister als Zeugen innerer Emigration. Nicht einmal provoziert, sondern vollständig unberührt, ist ihnen immanent, dass Kunst und Drittes Reich nichts miteinander zu tun haben konnten. Hier findet der Ausstellungssaal den Akzent.

So greifen wir nun doch Namen und Exponate aus ihrer Riesenzahl heraus. Doch nur, um das Konzept zu verdeutlichen. Konzept und Exponate sind nicht zu trennen. Das Konzept zieht sich in präziser Ausarbeitung durch das Handbuch von *Laszlo Glozer,* und ohne die Lektüre bliebe die Ausstellung unverständlich. Ohne das Handbuch erschiene sie wie eine willkürliche Häufung von Namen und Werken aus drei Jahrzehnten, wobei die Wahl sich vielleicht aus der Massgabe der Zugänglichkeit der Leihgeber erklärte. Mit anderen Worten heisst dies auch, dass aus der Abfolge der Werke selbst die Raison d'être der Ausstellung, nämlich ihr Konzept, nicht herauszulesen ist. Vielleicht würde man hier und dort nach anderen Bezügen suchen: wie etwa bei Beckmanns «Schauspielern» die schweren Farbstriche vor dem Hintergrund jenes Gitter (aus Figuren) bilden, das wir – unfigürlich – in Bildern Pollocks wiederfinden. Zur Situation «Exil» spricht das Bild kaum, und für das Kapitel «Europa in New York» liefern die ausgestellten wenigen Bilder von Léger gerade einige Bausteine zu den grossformatigen Bildern der Motivwelt, die wir durch die «Radfahrer» und die «Bauarbeiter» kennen.

Picasso während des Krieges! Man sieht zwar das sehr schöne Stilleben, das seit der Eröffnung des Musée national d'art moderne zu dessen Besitz gehört («Stilleben mit Kasserolle»); Picassos Repräsentation durch die Wahl der Werke relativiert das Œuvre eher in einem Zusammenhang mit seiner Nachbarschaft, als dass Akzente gesetzt sein könnten. Der Darstellung des Surrealismus hätte eine starke Bedeutung zukommen können, da in ihm jedenfalls eine der Voraussetzungen für die späteren Environments und Happenings oder Verfremdungen im Realismus der Land Art hätten gesehen werden können. Ausgestellt sind die Bilder aus dem Wettbewerb «Die Versuchungen des heiligen Antonius», aber eine in ihrer Eigenart so zentrale Figur, wie sie der in Deutschland kaum rezipierte René Magritte ausmacht, bleibt dadurch verborgen, dass ihr Surrealismus gar nicht zu Wort kommt. Die neun Bilder ausschliesslich aus der nur kurzen «époque vache» sind Magritte ohne «Magritte». Nicht in gleichem Ausmass gilt das für Matisse, wenn er nur mit drei «papiers découpés» präsentiert wird, aber er figuriert dann nur so, als hätte man ihn mit Ach und Krach in die Ausstellung hineinretten wollen. Passt Matisse nicht in das Konzept, dann sind auch die späten Collagen kein Ausweg. Müssig bleibt die Frage, ob Giacometti, Bill, Tinguely an der richtigen Stelle aufgerufen sind.

Der Wanderer durch die Schau wird zum Wanderer «à loisir», sobald er in das Kapitel der «Weltsprache der abstrakten Kunst» eintritt. Die Spule läuft leichter ab, der Betrachter vergisst das Konzept, er fragt die Exponate nicht mehr nach ihrer Eintrittskarte, er spürt mit den Veranstaltern das erleichterte Aufatmen, aus dem Zwang des Konzeptes entlassen zu sein; mit der Freiheit, dass sich hier spätestens seit dem Informel alles leichter liest, wird er zum Ausstellungs-Habitué, der sich beim Gang durch die weiten Räume der Happenings, Minimals und Environments verständnisvoll nun die Hände in den Hosentaschen erlauben kann.

Der räumlich sehr gewichtige zweite Teil von «Westkunst» wird zum Stein des Anstosses für die junge Generation, die sich von der «Bestandesaufnahme», die mit der Ausstellung erklärt ist, ausgeschlossen fühlt. Die Fehlenden der älteren Generation fühlen sich betroffen und verstossen, denn «Westkunst» ist für sie sozusagen ein «Haftmann II», in dem sie jetzt gestrichen sind. Die Jüngeren dagegen trotzen, und das brachte in die Prävernissage einige Randerscheinungen ein. In der ersten der «vier Fragestunden» erscholl der Protestruf des «Machers Ha». Vor weniger als einem Jahr mit seinem «Garten im Museum» und seinem «Jetztzeit-Bus» noch ein Lieblingskind des WRM, wurde er nun zum Enfant terrible, derart, dass ein Ruf erschallte: «Werft ihn doch raus!» So kamen durch ein kleines Happening die siebziger Jahre doch zum Wort, in einer Ausstellung, die bis zu ihrem Ende im Hochsommer sicherlich viel von sich reden machen wird.

Hanno Walter Kruft

Rationalismus in der Architektur

Eine Begriffsklärung

Seit der XV. Triennale von 1973 in Mailand steht der Begriff der «rationalen Architektur» wieder hoch im Kurs. Unter dem Begriff sammelte sich eine Gruppe italienischer Architekten; diese wurde schnell auf internationale Ebene ausgeweitet. Liest man den theoretisch aufschlussreichen Essay von Massimo Scolari über «Avantgarde und neue Architektur» in der Schrift der XV. Triennale, so werden nicht nur die Tendenzen dieser Architektengruppe, sondern auch historische Rückbezüge deutlich, mit denen auf eine in den zwanziger Jahren in Italien geführte Diskussion verwiesen wird.

Begriff des Rationalismus

Dieser Beitrag soll den Begriff einer «rationalen» Architektur klären, wie er in den zwanziger Jahren aufgestellt wurde. Damit soll ein bisher von der internationalen Architekturgeschichte und Architekturtheorie vernachlässigtes Kapitel wenigstens in Umrissen angedeutet werden. Zugleich ist zu hoffen, dass vor dem Hintergrund einer solchen Klärung der gegenwärtig höchst vage, mit Ressentiments befrachtete und häufig irrational angewandte Begriff «rationaler» Architektur an Deutlichkeit gewinnt. Damit soll nicht versucht werden, die «rationale» Architektur der Gegenwart auf Definitionen der zwanziger Jahre zu fixieren; doch können die Analogien damaliger und heutiger Standpunkte positive und negative Möglichkeiten bestimmter architektonischer Denkweisen bewusst machen.

Es ist nicht Aufgabe dieser Studie, den philosophischen Begriff des Rationalismus zu behandeln, der seinen Höhepunkt in der Aufklärung fand. Doch wird man den Vertretern «rationaler» Architektur der zwanziger Jahre und von heute nicht unrecht tun, wenn man eine aufklärerische Grundhaltung annimmt, was durch den ausgesprochenen Rückbezug auf Architekturtheoretiker der Aufklärung bestätigt wird. Der Name von Francesco Milizia fällt in der Veröffentlichung der XV. Triennale wiederholt, und kaum zufällig ist Aldo Rossi mit einer von ihm eingeleiteten und übersetzten italienischen Ausgabe von Voullées Architekturtraktat und einem Aufsatz über Emil Kaufmanns Arbeiten über die Architektur der Aufklärung hervorgetreten.

Ebensowenig wie der philosophische kann der architekturtheoretische Begriff des Rationalismus, dessen Entstehen und Entfaltung seit dem 17. Jahrhundert zu verfolgen ist, hier umrissen werden. Die Vorstellung einer «rationalen» Architektur war auch in den zwanziger Jahren keineswegs neu, nur war Rationalismus noch nie zum Schlüsselwort einer Architekturauffassung geworden. Rationalismus und Funktionalismus sind zentrale Begriffe der internationalen Architekturdiskussion in den zwanziger Jahren, wobei Rationalismus z. B. in der UdSSR eine vergleichbar zentrale Rolle spielte wie in Italien, doch war die Verwendung des Begriffes inhaltlich keineswegs bedeutungsgleich. Aus diesem Grunde beschränkt sich diese Studie auf Italien.

Anfänge des italienischen Rationalismus

Die Geschichte der «Italienischen Bewegung für rationale Architektur» ist kurz; sie konzentriert sich um zwei Ausstellungen in den Jahren 1928 und 1931; hinzu kommen ein Vorspiel und ein Nachspiel von jeweils zwei Jahren. Bereits 1933 konstatierte Edoardo Persico: «Per noi il razionalismo italiano è morto.» In den sieben Jahren ihrer Existenz hat sich der Charakter der Bewegung sehr verändert. Vorbereitung, Durchführung und nachfolgende Polemik der «Zweiten Ausstellung für rationale Architektur» brachten eine Politisierung der Bewegung, ein Buhlen um die Gunst Mussolinis, an denen der sachbezogene Zusammenhalt der Gruppe zerbrach. Doch selbst wenn man die Akzentverschiebungen innerhalb der Bestrebungen der Bewegung berücksichtigt, bleibt festzuhalten, dass die Rationalisten von vornherein glaubten, den Durchbruch ihrer Vorstellungen mit Hilfe des Faschismus zu erreichen, ja sogar das Wesen des Rationalismus mit dem des Faschismus identifizieren zu können. Das Verhalten des italienischen Rationalismus zu Partei und Staat unterscheidet sich völlig von der Rolle der politisch eher links orientierten modernen Architektur, vor allem des Bauhauses, in Deutschland gegenüber den Parteien der Mitte und den Nationalsozialisten; hingegen waren die Umarmungsversuche der russischen Konstruktivisten, die als ultralinks verstanden wurden, gegenüber dem Staat einer ähnlichen Reaktion unterlegen wie die italienischen Realisten gegenüber der Staatsarchitektur eines Piscentini.

Um die wichtige Rolle der Rationalisten in den zwanziger Jahren zu verstehen, ist daran zu erinnern, dass Italien vom sogenannten internationalen Stil bis zur Mitte der zwanziger Jahre kaum berührt war. Die ersten Bemühungen, in Italien auf die Beispiele der internationalen Moderne als Vorbild aufmerksam zu machen, gehen auf Gaetano Minnucci zurück, der seit 1923 in mehreren Aufsätzen über die neue holländische Architektur berichtete. Er begeisterte sich für den Bruch mit der Tradition und fasste die Tendenzen der neuen Architektur, damit über Holland hinausgehend, zusammen als «kubistisch, expressionistisch, romantisch, rationalistisch». Er charakterisiert die Prinzipien der neuen holländischen Architektur so: «Einfachheit und Abkehr von der Vergangenheit; künstlerische Wirkung aus der Bewegung der Massen und der das Gebäude begrenzenden Linie; Dekoration, die sich aus dem Mauerwerk und den sichtbaren konstruktiven Elementen ergibt; aus der Farbe des Materials und seiner Disposition.» Minnucci wurde 1928 einer der beiden Organisatoren der «Ersten italienischen Ausstellung für rationale Architektur».

1926 wurde in den Zentren Rom, Mailand und Turin in einigen Gruppen junger Architekten die Auseinandersetzung mit der «internationalen» Architektur so virulent und der Wunsch nach dem neuen Konzept einer Architektur so dringend, dass es zu formalen Gruppenbildungen kam, die sich mit gedruckten Programmen an die Oeffentlichkeit wandten. Die erste und wichtigste von ihnen ist die «Gruppe 7» in Mailand (Ubaldo Castagnoli, Luigi Figini, Guido Frette, Sebastiano Larco, Gino Pollini, Carlo Enrico Rava und Giuseppe Terragni). Sie veröffentlichte am 1. Dezember 1926 in der Zeitschrift «Rassegna italiana» unter der Ueberschrift «Architektur» den ersten Teil einer grösseren Programmschrift, deren weitere Stücke bis Mai 1927 in der gleichen Zeitschrift gedruckt wurden. Dezember 1926 muss als historische Geburtsstunde der «Italienischen Bewegung für rationale Architektur» gelten.

Das Manifest von 1926

Jeder Definitionsversuch für den italienischen Rationalismus der zwanziger Jahre hat von dem Architekturmanifest der «Gruppe 7» auszugehen. Der Ton ist zurückhaltend, wenn man es etwa mit Antonio Sant'Elias Manifest der futuristischen Architektur von 1914 vergleicht.

Der Text beginnt mit einer klaren Reverenz vor Le Corbusier: «Ein, „neuer Geist" ist geboren», ein deutlicher Bezug auf Le Corbusiers Zeitschrift «Esprit nouveau», in der sein wichtigstes theoretisches Frühwerk «Vers une architecture» seit 1920 erstmals veröffentlicht worden war. Le Corbusier wird als «einer der wichtigsten Initiatoren einer rationalen Architektur» bezeichnet. Architektur wird sogleich in den grösseren Rahmen einer «neuen Ordnung von Ideen» gestellt, für die als Architekt Le Corbusier, als Maler Picasso und Juan Gris, als Schriftsteller Cocteau und als Musiker Strawinsky genannt werden. Das künstlerische Prinzip von Cocteau und Le Corbusier wird als «strenge, klare und kristalline Logik» charakterisiert. In einem ersten knappen Ausblick auf die neue Architektur Deutschlands, Oesterreichs, Hollands und Skandinaviens wird vor allem auf die nationalen, klima- und landschaftsbedingten Brechungen der neuen Architektur hingewiesen und die Erneuerung der italienischen Architektur in Form einer Uebertragung deutscher Bauweisen nach Italien abgelehnt. Gefordert wird ein konstruktiver Rationalismus, der völlig auf das Klima und die Landschaft abgestimmt ist. Ohne dass es ausdrücklich gesagt wird, wird damit eine Trennungslinie zum Prinzip einer «internationalen» Architektur gezogen. Italien wird für die neue Architektur eine Führungsrolle zugesprochen, die mit der historischen Tradition und dem Aufschwung der Gegenwart (unter Mussolini) begründet wird: «Es ist die Aufgabe Italiens, den neuen Geist am weitesten zu entwikkeln, ihn zu seinen äussersten Konsequenzen vorzutreiben, ja den anderen Nationen einen Stil zu diktieren wie in den grossen Epochen der Vergangenheit.»

Die «Gruppe 7» fühlt sich als Sprecher der jungen Generation und setzt sich deutlich gegen den früheren Aufbruchsversuch der Futuristen ab, vor allem gegen deren als «romantisch» bezeichnete Ablehnung der Vergangenheit: «Die junge Generation von heute verfolgt einen anderen Weg: Wir alle fühlen eine grosse Notwendigkeit von Klarheit, Ueberprüfung (revisione) und *Ordnung* (im Original kursiv).»

Dann folgt der theoretische Kern des Manifestes: «Die neue, wahre Architektur muss aus einem engen Zusammenhang mit der Logik, der Rationalität, resultieren. Ein strenger Konstruktivismus muss die Regeln diktieren. Die neuen Architekturformen müssen ihren ästhetischen Wert allein aus dem Charakter der Notwendigkeit erhalten, und erst dann, mittels der Selektion, wird der Stil geboren. Daher beabsichtigen wir nicht, einen Stil zu schaffen (ähnliche Versuche einer Schöpfung aus dem Nichts führen zu Resultaten wie dem „liberty“); aber aus der konstanten Anwendung der Rationalität aus der vollkommenen Entsprechung der Struktur des Gebäudes zu seinen Aufgaben, wird durch Selektion der Stil hervorgehen. Dies muss gelingen: Mit der undefinierbaren und abstrakten Vollkommenheit des reinen

Rhythmus die einfache Konstruktivität zu veredeln, die allein keine Schönheit wäre.»

Der Begriff der Selektion wird als «Notwendigkeit, wenige fundamentale Typen» zu schaffen, erläutert. Die Argumentation ist an dieser Stelle ganz von Le Corbusier abhängig. Die methodische Abhängigkeit von Le Corbusier schlägt im Falle der typisierten Häuser sogleich in eine grundsätzliche Kritik um. Die Orientierung des Wohnhauses am Vorbild der Maschine wird als absurd abgelehnt. Gefordert wird: «Die Architektur muss sich aus den neuen Notwendigkeiten ergeben, wie die modernen Maschinen aus neuen Notwendigkeiten hervorgehen und sich mit ihrer Steigerung vervollkommnen. Das Haus wird seine neue Aesthetik besitzen, wie das Flugzeug seine Aesthetik besitzt, aber das Haus wird nicht diejenige des Flugzeugs haben.»

Die neue Typenarchitektur könne jedoch nur durch den Verzicht auf Individualität ausgebildet werden: «Die Architektur kann nicht mehr individuell sein.» Nur aus dem Opfer der eigenen Persönlichkeit, der Reduzierung auf die Bedürfnisse der Gegenwart, der Anwendung striktester Logik könne die neue Architektur entstehen, die als die wahrhaft eigene verstanden wird.

Bei Industriebauten wird in der Typisierung eine Internationalisierung der Form für unausweichlich gehalten, der Monotonie wird sogar eine grandiose Wirkung zugestanden.

Für alle übrigen Bauaufgaben wird bei aller Forderung nach absoluter Modernität an der Bewahrung der nationalen Traditionen festgehalten. Dies bedeutete für Italien ein Festhalten an einem klassischen Substrat, in dem eine grosse Stärke liegt. Dieses dürfe nicht verlorengehen, sondern müsse seine Erscheinungsform wechseln.

Im Beton wird die «Möglichkeit einer neuen Aesthetik» gesehen. Die rationale Anwendung von Materialien führe zu Entwicklung von Formen, die vollkommene Lösungen gestellter Probleme böten und als Teil einer internationalen Architektursprache zu verstehen seien, in gleicher Weise wie die Säule oder der Bogen in der Vergangenheit.

Der letzte Abschnitt des Manifestes geht auf die neue Aesthetik der Rationalisten ein. Dabei geht es vor allem um eine Aesthetik des Stahlbetons, dessen Materialmöglichkeiten den Weg zu einer neuen klassischen Monumentalität bereitstellten. Den Weg zu einer solchen Monumentalität will der Rationalismus einschlagen. Die Entwicklung von Formen, die sich durch Einfachheit der Flächen, den ruhigen Rhythmus von offenen und geschlossenen Ebenen auszeichnen, bei denen das Alternieren geometrischer Schatten Raumwerte schaffe, müsse am Anfang dieser Architekturentwicklung stehen, die mit der archaischen

Periode griechischer Architektur verglichen wird. In dieser Phase der Entwicklung einer neuen Formensprache durch Selektion sei der Verzicht auf Individualismus unerlässlich. Nur so könne ein einheitlicher Stil geschaffen werden, der zu einer wahrhaft «italienischen» Architektur führen könne. Die Architekturästhetik dieses neuen Stils wird mit «reiner Grandiosität», «heiterer Schönheit» beschrieben. Die neue Monumentalität wird aus der Geschichte und dem Nationalcharakter abgeleitet.

Das Manifest bot genug Unschärfen und Unklarheiten, um eine starke Polemik auszulösen. Die Frage von Nationalismus und Internationalismus der Architektur und nach den Kriterien für eine Architekturästhetik taucht in den Diskussionen immer wieder auf.

Die erste Ausstellung für rationale Architektur

Erst mit der «I. Italienischen Ausstellung für rationale Architektur», die im März und April 1928 im Palazzo delle Esposizioni in Rom gezeigt wurde, trat die «rationale» Architektur an eine grössere Oeffentlichkeit.

Die von Gaetano Minnucci und Adalberto Libera unterzeichnete Einleitung des Ausstellungskataloges führt die Aussagen des Manifestes von 1926/27 weiter. Erstmals wird eine Definition der «rationalen» Architektur versucht: «Die rationale Architektur – wie wir sie verstehen – findet die Harmonien, Rhythmen und Symmetrien in den neuen konstruktiven Entwürfen, im Charakter der Materialien und in der völligen Entsprechung zu den Anforderungen, für die ein Gebäude bestimmt ist.» Die Synthese von Vergangenheit und Zukunft soll durch die Anwendung neuer Organismen und neuer Materialien, vor allem Stahlbeton, erreicht werden. Die neue Architektur wird deshalb als die eigene empfunden, weil sie den konstruktiven Prinzipien der Römer entspreche: sie sei rational, utilitaristisch, industriell. Mit «faschistischem Geist» («vero spirito fascista») wolle die junge Generation die neue italienische Architektur gross machen. Der «rationale» Charakter der Architektur wird mit ihrem «nationalen» identifiziert. Auch in der Architektur müsse Italien den Glanz zurückgewinnen, den es unter den Römern besessen habe.

Die Reaktionen auf die Ausstellung zeigen das hohe Niveau der theoretischen Diskussion, die zu diesem Zeitpunkt noch wenig von politischen Komponenten beeinflusst war. Marcello Piacentinis Besprechung bringt grundsätzliche Einwände gegen das architekturtheoretische Konzept der Rationalisten. Er weist nach, dass sich die Bauprinzipien der Römer und der späteren italienischen Architektur keineswegs auf einen Rationalismus reduzieren lassen, sondern dass ihr ästhetischer Wert gerade irrational begründet sei. Piacentini wehrt sich keineswegs gegen den Rationalismus, sofern er sich auf die Erfüllung der Funktionen eines Gebäudes, die Entsprechung von Innen und Aussen bezieht und gegen die Stilimitation der gegenwärtigen Architektur richtet; er bestreitet aber die Rückführung des Wesens der Architektur auf ihre blosse Rationalität. Rationalität ist für ihn das Wasser und Brot der Architektur, die Beschränkung auf sie «Freimauertum, Verzicht, architektonischer Franziskanismus». Gravierend sind seine funktionalen Einwände gegen die Entwürfe der Rationalisten: durchlaufende Fensterwände aus Glas seien im Norden Europas berechtigt, nicht aber unter der Sonne Italiens, die flachen Dächer seien ein Preis des Rationalismus und setzten die oberen Etagen der Gebäude der Hitze und Kälte aus, fehlende Fensterläden seien ein Verzicht auf den Schutz vor heissen Sommernachmittagen usw.

In einem offenen Brief antwortete für die Rationalisten Adalberto Libera. Piacentini sei von einer falschen Interpretation des Wortes «rational» ausgegangen. Architektur als Konstruktion habe den hauptsächlichen Wert auf technische, utilitaristische und rationale Faktoren zu legen. Architektur als Kunst habe die neue Sensibilität, den neuen Geist auszudrücken, dessen Wesen aber darin liege, dass er den technischen, utilitaristischen und rationalen Faktoren nicht widersprechen dürfe, weil die Atmosphäre von ihnen bestimmt und die neue Sensibilität von ihnen definiert werde. In diesem dualistischen Prinzip liege die Aesthetik des Rationalismus.

Der Weg in den Faschismus

Die architekturtheoretische Diskussion, die zwischen den beiden Ausstellungen von 1928 und 1931 geführt wurde, zeigt eine Abnahme des Niveaus und eine zunehmende Politisierung. Die Rationalisten erhalten in der Zeitschrift «La Casa Bella» ein eigenes Organ, doch beteiligt sich eine grössere Gruppe von Zeitschriften an der Diskussion. Eine entscheidende Rolle gewinnt in diesen Jahren der Galerist, Publizist, Herausgeber und Redaktor von Zeitschriften Pietro Maria Bardi. Es ist Bardis Ziel, eine vollkommene Synthese zwischen der Architekturtheorie des Rationalismus und der faschistischen Ideologie herzustellen. 1931 veröffentlicht er einen Aufsatz unter dem Titel «Architektur, Staatskunst» («Architettura, arte di Stato») und ein Buch, «Bericht über die Architektur für Mussolini» («Rapporto sull'Architettura per Mussolini»). An die Stelle der im Kern sachlichen Diskussion von 1928 treten in diesen Schriften eine unangenehme Polemik und eine unverhüllte Servilität gegenüber Mussolini. Er verlangt, dass die Architektur, vor allem in Rom, eine «faschistische» Physiognomie annehmen müsse, und fordert den Staat auf, in Fragen der Architektur mit Härte einzugreifen, da die Architektur der dauerhafteste Faktor einer Zivilisation sei und alle anderen menschlichen Zeugnisse überleben müsse. Daher sei Architektur eine Kunst des Staates.

In seinem «Bericht über die Architektur für Mussolini» versucht Bardi, die Qualitäten der «latinità» für den Rationalismus nachzuweisen. Der Faschismus brauche eine «heitere und farbige, nüchterne und sogar militärische Architektur, indem sie den Charakter der Stärke und Ordnung widerspiegelt, welche die besonderen Vorzüge der Italiener Mussolinis sind ...».

Der Begriff des Rationalismus wird auf römische Wurzeln zurückgeführt, zugleich wird seine Gegenwärtigkeit behauptet. Man findet den Satz: «Die sogenannten rationalistischen Architekten sind Traditionalisten.» Der «Bericht» endet mit einem Kniefall vor Mussolini: «... die Jugend Italiens wendet sich an Mussolini, das Schicksal der Architektur in die Hand zu nehmen, um die es heute schlecht bestellt ist. In ihrer Petition bittet die Jugend Mussolini um eine Antwort. Was Mussolini antworten wird, wird gut sein. Denn Mussolini hat immer recht.»

Die wichtigste Tätigkeit des 1930 konstituierten MIAR (Movimento Italiano per l'Architettura Razionale) bestand in der Vorbereitung einer neuen Ausstellung, die am 30. März 1931 in Rom eröffnet und anschliessend in Mailand und Turin gezeigt wurde. Die Ausstellung sollte «konkrete Vorschläge, die man dem Duce unterbreiten» wolle, enthalten. Zur Eröffnung wurde ein Manifest verteilt, in dem es ausschliesslich um die Identifizierung von Rationalismus und Faschismus geht. Das Manifest bewegt sich inhaltlich ganz auf der Linie von Bardis «Bericht über die Architektur für Mussolini».

Die Diskussion dieser Ausstellung, die sich mit dem Bau der Universität von Rom und dem heftig umstrittenen Wettbewerb des Bahnhofs von Florenz zeitlich überschritt, nahm ungeheure Ausmasse an. Neben Piacentini schaltete sich vor allem Ugo Ojetti in die Diskussion ein.

Ojetti bestreitet schlechterdings das Prinzip der Materialgerechtigkeit, nicht die Materialien hätten den Architekten, sondern der Architekt die Materialien zu beherrschen. Es fordert eine Hierarchie der Architekturformen. Er lässt eine «Maschinenarchitektur» für Gebäude ausschliesslich praktischer Funktion gelten, aber nicht für andere Architekturaufgaben.

Giuseppe Terragni widersetzt sich der immer wiederkehrenden Gleichsetzung von «rationaler» mit einer ausschliesslich funktionalistischen Architektur: «Architektur ist nicht Konstruktion und noch weniger die Erfüllung von Bedürfnissen materieller Art; sie ist etwas darüber hinaus; sie ist die Kraft, die diese konstruktiven und utilitaristischen Prämissen zu einem weit höheren Ziel von ästhetischem Wert diszipliniert. Wenn jene „Harmonie“ der Proportionen erreicht ist, die den Geist des Betrachters in Kontemplation oder Bewegung versetzt, nur dann wird aus dem konstruktiven Gerüst ein Werk der Architektur.»

Eine immer gehaltloser werdende Diskussion und vor allem ein «polemischer Saal» der Ausstellung von 1931 mit der «Tafel der Schrecken», die als Angriff auf die Gewerkschaftsdisziplin der nationalen Faschistischen Architekturgewerkschaft – der die Rationalisten angehörten – gewertet wurde, machten der «Italienischen Bewegung für rationale Architektur» ein bedeutungsloses Ende.

Eine Architekturtheorie des Rationalismus der zwanziger Jahre gibt es nur im Umriss. Die zunehmende ideologische Verklammerung mit dem Faschismus darf nicht ausser acht gelassen werden, da die faschistische Ideologie einzelne Programmpunkte der Rationalisten konstituierte (Führungsanspruch der italienischen Architektur, «militärische» Erscheinungsform usw.). Einige ihrer wenigen bedeutenden ausgeführten Bauten wie Terragnis Casa del Fascio in Como sind für das Regime gebaut.

Das Bedürfnis nach «romanità» motivierte Mussolinis totalitäres Regime immer mehr zur Anwendung eines «imperialen» Stils. Diese Entscheidungen fallen mit dem Ende des Rationalismus zusammen.

Die Stellung der XV. Triennale

Ein Wiederaufgreifen des Rationalismusbegriffes in Italien, wie es seit 1973 stattfindet, bleibt ohne die Kenntnis der theoretischen Diskussion zwischen 1926 und 1933 unverständlich. Liest man die Publikation der XV. Triennale, so fällt die Vermeidung direkter Bezüge auf die «Italienische Bewegung für rationale Architektur» auf. Der Grund liegt ohne Zweifel im ideologischen Dissens. Aldo Rossi versichert in der Einleitung, dass die Ausstellung ihr Material «ohne jeden ideologischen Mantel» präsentierte. Man wird jedoch argwöhnisch, wenn man wenige Zeilen später liest: «Wir haben die U-Bahn und die Universität von Moskau wie die Karl-Marx-Allee in Ostberlin verteidigt, als diese Ereignisse eine tiefe Bedeutung besassen, die über jede Stilfrage hinausging. Und auch heute blicken wir mit tiefem Interesse auf diese Bauten wie auf alle jene ästhetischen Ereignisse allgemeiner Natur, die die Technik erschüttern und erlauben, ihr einen progressiven Inhalt zu geben.» Von ideologiefreiem Verhalten kann keine Rede sein.

Fragt man nach den Kriterien für eine «rationale» Architektur, wie sie von der XV. Triennale aufgestellt sind, so stösst man zum Teil auf eine direkte Wiederholung von Postulaten der «Gruppe 7». So fordert Rossi in der Einleitung «eine Architektur, die die Individualität überwindet und sich einer strengen architektonischen Welt weniger Objekte zuwendet».

Massimo Scolaris Essay «Avantgarde und neue Architektur» ist am aufschlussreichsten für die neue Interpretation alter Postulate. Monumentalität wird als «demokratischer» Ausdruck einer kollektiven Gesellschaft und als Widerstand gegen den Konsumismus der kapitalistischen Gesellschaft interpretiert: «Die neue Monumentalität bedeutet daher den Anspruch der Einheit und Einfachheit: sie ist eine Antwort, die sich der Unordnung der modernen Stadt mit der Klarheit weniger und entscheidender Regeln widersetzen will. Sie will am Ende der Stadt einen Charakter zurückgewinnen, indem sie von der Einfachheit der Bedürfnisse des kollektiven Geistes und dem Gefühl der Einheit bei den Mitteln zu ihrer Befriedigung ausgeht.»

Die gleichen Architekturmittel wurden in den zwanziger Jahren zur Sichtbarmachung der Ordnungsprinzipien faschistischer Ideologie empfohlen. Die ideologische Besetzung architektonischer Formvorstellungen bedeutet keine Bewertung dieser Formen an sich. Doch wenn gleiche Mittel zur Sichtbarmachung völlig divergierend erscheinender Ideologien eingesetzt werden können, werden sie verdächtig. Monumentalität entspricht einem menschlichen Ausdrucksbedürfnis, doch ihr programmatischer Einsatz für die «neue Ordnung» Mussolinis, den Weltherrschaftsanspruch Hitlers oder eine neue sozialistische Gesellschaft ist ein Missbrauch, der diese Form diskreditiert. Dies führt unweigerlich zur Verdächtigmachung und Unterdrückung primärer Bedürfnisse.

Der heutige Rationalismus in Italien ist im Begriff, sein formales Potential in ähnlicher Weise zu verspielen, wie es seine Vorgänger in den zwanziger Jahren getan haben. Wenn es dem Rationalismus international gelingt, sich ideologisch freizuschwimmen, hat er eine Chance.

Der vorliegende Beitrag gibt die zentralen Ueberlegungen eines Aufsatzes wieder, der unter dem gleichen Titel in der Zeitschrift «architettura» erscheint. Die Zitate wurden vom Verfasser aus den beiden Dokumentationsbänden von Michele Cennamo, «Materiali per l'Analisi dell'Architettura moderna. La prima Esposizione italiana di Architettura razionale», Neapel 1973, und «Il MIAR», Neapel 1976, ins Deutsche übersetzt.

Richard Häsli

Der Schatten des Bruders

Hinweis auf Alberto Savinio

Im Selbstbildnis mit dem Bruder – einem romantischen Freundschafts- und Bruderbildnis des 20. Jahrhunderts – sitzen die Brüder de Chirico an einer fensterähnlichen Oeffnung vor einem pathetisch gestimmten Wolkenhimmel; Giorgio, der um drei Jahre ältere (geboren 1888), wendet seinen Kopf dem Betrachter zu und fasst ihn provozierend ins Auge; Andrea de Chirico, der – in der Bildmitte – so dicht neben beziehungsweise hinter dem Bruder sitzt, dass sein Oberkörper von jenem halb verdeckt wird, schaut nach rechts aus dem Bild, wobei er sein Kinn auf der Hand des rechten, angewinkelten Armes ruhen lässt. Lorbeerzweige wachsen – vom linken und rechten Bildrand – den beiden entgegen, für jeden gleich viele. Jeder ist mit dem andern verbunden und doch allein in seiner Eigenart: gefühlvoll, melancholisch, doch in der herrischen Pose eines grossen Schöpfers Giorgio, als der Intellektuelle, in sich Geklärte profiliert sich – im Sinne des Wortes – Andrea.

Das in einer ungenannten Privatsammlung befindliche Doppelbildnis hat eine biographische und eine ikonographisch-psychologische Geschichte. Sein Entstehungsjahr 1924 weist auf die gemeinsame Arbeit der Brüder am *«Tod der Niobe»;* Giorgio entwarf die Bühnendekorationen und Kostüme; die Musik der Oper, die im Teatro Odescalchi in Rom aufgeführt werden sollte, hatte sein Bruder (bereits 1914) geschrieben. – Den formalen und inneren Kommentar liefern zwei Bilder von de Chirico. Erstens das Doppelselbstbildnis in Toledo, wiederum von 1924; es zeigt den Künstler in gleicher Dreiviertelansicht, ebenfalls pathetisch stilisiert und mit dem gleichen grossäugigen stolzen Spiegelblick, und in der andern Bildhälfte die steinerne Bildnisbüste seiner selbst, diese in reiner Seitenansicht nach rechts aus dem Bilde blickend. Zweitens das Selbstbildnis mit der Mutter (Worthing, Edward James Foundation, 1919); in ihm hatte Giorgio die Komposition des Selbstbildnisses mit dem Bruder erfunden; nur dass in dem um fünf Jahre früheren Werk die Mutter seinen und er den Platz des Bruders einnimmt. «Einverleibung» des Bruders durch Identifikation, «mütterliche» Inbesitznahme – jedenfalls fällt dem Bild symptomatischer Wert für die dicht und kompliziert gewebten Beziehungen zwischen den beiden Brüdern (und ihrer Mutter) zu.

Hat Giorgio de Chirico mit seiner Biographie nicht auch jene seines Bruders geschrieben? Was half diesem, dass er sich seit 1910 hinter das Pseudonym Alberto Savinio verbarg? Seinem Schicksal, das den Namen des Bruders trug, entging er nicht. Anfangs schien es zwar, als öffneten sich getrennte Wege: jenen der Malerei für Giorgio, jenen der Musik für den Jüngeren. Andrea studierte bei Max Reger Harmonie und Kontrapunkt, mit sechzehn schrieb er die Oper «Carmela», und 1910 dirigierte er, zwar ohne grossen Erfolg, ein Orchester. Das war in München. In Paris brachte er in den Räumen der Zeitschrift «Les Soirées de Paris», unter den Augen der Avantgarde-Protagonisten, ein Konzert zur Aufführung und begründete so den «Sincerismo». Aber schon holte ihn der Schatten des Bruders ein: Apollinaire schilderte die prädadaistische Aufführung als «in Musik übertragene Malerei von Giorgio de Chirico». Und der italienische Maler Soffici berichtete darüber in der Zeitschrift «Lacerba»; sein wichtigerer Artikel galt indes in der gleichen Nummer der Malerei von de Chirico.

In Ferrara begann Alberto Savinio zu schreiben; aber auch darin war ihm sein Bruder, der an seiner Seite in der «Stadt der 100 Wunder» (de Pisis) Militärdienst leistete, vorausgegangen. 1916 veröffentlichte er Teile des Romans «Hermaphrodito», dann folgten «La Partenza dell'Argonauta», in Zeitschriften propagierte er den Dadaismus. In Rom und Mailand – immer auch die Schauplätze von Giorgio – kam die Neubesinnung im Zeichen der «valori plastici». Neben der kunstschriftstellerischen Arbeit entstanden in den 1920er Jahren auf autobiographischer Grundlage die Romane «La Casa ispirata», «Tragedia dell'Infanza», «Angelica o la Notte di Maggio».

Dann, 1926, beginnt Savinio zu malen. Aber schon bei der ersten Ausstellung, in Paris bei Bernheim, ereilt ihn wieder das Los des schwächeren Bruders, diesmal im Urteil des «Bulletin des Arts»: Savinio verhalte sich zu de Chirico wie Cocteau zu Apollinaire. Die Malerei scheint ihn noch mehr seinem Bruder anzunähern; wie dieser überwirft er sich mit Breton, gleich diesem schliesst er sich um 1930 den «Italiani di Parigi» an, kehrt nach Italien zurück, wo er, wie immer, die gleichen Zeitschriften beliefert und in den gleichen Galerien ausstellt wie sein Bruder. Er schreibt mehr denn je: 1938 «Achille innamorato», 1941 «L'Infanzia di Nivasio Dolcemare», 1943 «Ascolto il tuo cuore, città», und den dreiteiligen Lebenszyklus «Narrata, uomini, la vostra storia» (1942), «Casa „La Vita“» (1943) und «Tutta la Vita» (1945).

Wie sein Bruder begeistert Andrea sich für das Theater, arbeitet fünf Jahre als Szenograph, Kostümbildner und Regisseur für das Teatro alla Scala, das 1951 sein autobiographisches Ballett «Vita dell'Uomo» aufführt. 1951 inszeniert er in Rom seine Oper «Orfeo vedovo», im gleichen Jahr für das Piccolo Teatro di Milano «Alcesti di Samuele». Kurz nach seiner Inszenierung von Rossinis «Armida» in Florenz stirbt er am 5. Mai 1952.

An der Malerei hat er stets festgehalten. Was Jahr für Jahr entstanden war, zog sich kürzlich durch manche Säle der Galleria civica d'arte moderna des *Palazzo dei Diamanti* in *Ferrara*. Die Kunst seines Bruders, aus der sein gemaltes Werk seine Inspiration schöpft, dessen Wende zum Klassizismus es jedoch nicht im gleichen Masse mitvollzieht, sowie dessen Ausstellungen in den Weltstädten legten schwere Schatten auf die von Savinio einst «La città più moderna del mondo» genannte Schau – hinterher will es einem vorkommen, als hätte es sie nie gegeben. Aber es gab sie; ein Katalog zeugt von ihr, eine erste gründliche Dokumentation der vielfältigen künstlerischen Aeusserungen dieses Mannes, der immer Andrea de Chirico blieb, auch wenn er sich Alberto Savinio nannte, und der vielleicht sein künstlerisches Ueberleben weniger seinem eigenen Schaffen als jenem Bild von 1924 verdankt, worin sein Bruder Giorgio ihn als Teil seines Selbst, mütterlich betreuend, in die Obhut seines Selbstbildnisses genommen hat.

Hugo Debrunner

Erste Begegnung mit der Moderne

Aus Gesprächen mit Carola Giedion-Welcker

Wir trafen uns im Sommer 1974 in Sils. Schon mehrfach hatte Frau Giedion mir von dieser oder jener Episode aus ihrer Jugend und ihren Begegnungen mit der modernen Kunst gesprochen. Nun reichte die Zeit für ein ausführliches Gespräch, über das nachfolgend zum Thema der Moderne berichtet wird.

Sie fragen mich, wie sich bei mir die Umstellung von meiner frühen Opposition gegen das preussische Kaisertum zu der so andersartigen Haltung der damals aufbrechenden neuen Kunst vollzogen hat. Das geschah natürlich schrittweise. Wichtig für diesen Uebergang wurde meinem Mann und mir seit 1922 unsere Freundschaft mit Moholy-Nagy, der damals am Bauhaus lehrte. Eine zweite Schlüsselposition lag bei Hans Arp, den ich über Moholy in Zürich kennengelernt hatte. Beziehungen zu Kandinsky ergaben sich sowohl vom Bauhaus wie von Arp aus. Da Arp schon in den ersten Kriegsjahren, als er Mondrian noch nicht kannte, Collagen rektangulär zu bauen begann, öffnete sich für ihn früh auch ein Zugang zu Mondrian. Die Bedeutung Klees blieb zunächst eher verkannt; Moholy und Arp äusserten sich etwas skeptisch über Klees gelegentlich für sie anekdotisch empfundene Form. Doch zu Mondrian schlug Arp etwas später eine Brücke. Er regte uns an, für diesen einzutreten und ihm durch Käufe zu helfen. So spannten sich im Laufe der zwanziger Jahre Beziehungsfäden zu führenden modernen Künstlern.

Die Bekanntschaft zu Moholy selbst vermittelte eine Freundin aus Köln, Schülerin am Bauhaus. Unsere damaligen Beziehungen zum philosophischen «Wiener Kreis» mit den führenden Persönlichkeiten von Carnap und Reichenbach wurden durch unsern Kollegen Franz Roh übermittelt. Es bestand, so könnte man sagen, von daher eine unterirdische Beziehung zwischen dem abstrakten Denk- und Sprachstil der «Wiener Schule» und der abstrakten Kunst.

Zu Mondrian kam ich erst Anfang der dreissiger Jahre ins Atelier. Er war damals mit letzter Akribie auf moderne Tänze eingestellt, und oft tanzten wir zusammen in der Nähe des Café du Dôme im Montparnasse. Grammophonplatten der Tänze, die er besonders liebte, führte er mir jeweils in seinem Atelier vor. In jener Zeit tanzte man vor allem den Step und den Foxtrott. Er erlebte und tanzte sie nicht gefühlsbetont, sondern als eine ernste, strenge rhythmische Angelegenheit, den Takt präzis mit den Füssen schlagend, fast wie gehämmert.

Der Begegnung mit den abstrakten Richtungen der Moderne war ein allmähliches Vertrautwerden mit dem schon um die Jahrhundertwende einsetzenden Stilumbruch vorangegangen. Wichtig wurde mir hier vor allem die Freundschaft mit dem Maler und Graphiker Paul Adolph Seehaus, einem Schüler von August Macke. Er war auch Kunsthistoriker. 1914/15, nachdem ich zunächst als Krankenschwester für die Kriegsverletzten gearbeitet hatte, hörte ich in meinem ersten Bonner Semester von ihm Seminarvorträge. Ich weiss noch, er sprach von Delacroix, und zwar in einem für damals umstossend modernen Sinn von der Symbolik und freien Ausdruckskraft der Farben, Rot, das war für Delacroix primär eine emotionale Ausstrahlung und eine dem Bildinhalt gegenüber selbständige Intensität.

Das war ein erster Schritt zu einem neuen Sehen. Seehaus, der etwas schief gewachsen war, überwand durch geistige Intensität sein körperliches Schicksal. Er war als Wegweiser faszinierend. Wichtig auch: er kannte Max Ernst. Aus dem Krieg kam dieser mit verwundetem Auge zurück. Seehaus verdanke ich die erste Begegnung mit deutschen Expressionisten. Sie haben mich tief beeindruckt – und von da aus kam ich dann später zu Klee, zum frühen Braque und schliesslich zu den Kubisten. August Macke war auch mit Delaunay befreundet. Schrittweise öffneten sich nach allen Richtungen neue Aspekte.

Wichtig im Sinne einer antinaturalistischen Kunstbetrachtung, gerichtet gegen das Imitative, waren damals die Vorlesungen meines Lehrers Wilhelm Worringer. Seine Schriften «Abstraktion und Einfühlung» (1908) sowie «Formprobleme der Gotik» (1912) wirkten sich auch positiv auf die Einstellung zur modernen Kunst aus. Auf poetischem und visuellem Gebiet trat Worringer für sie ein. Seine Frau war expressionistische Malerin und Illustratorin und nah befreundet mit Luise Dumont, die damals am Düsseldorfer Schauspielhaus eine belebende moderne Aktivität entfaltete.

Da steigt noch eine andere Erinnerung auf. Das Rheinland war alles andere als deutschnational gesinnt. Ich habe noch vor Augen, wie die ersten französischen Gefangenen in Köln und

Bonn eintrafen. Seehaus war seltsam ergriffen, atmete wie befreit auf: «Sehen Sie! sehen Sie! da begegnet man endlich wieder humanen Gesichtern!» Er war begeistert von der Milde dieser so gar nicht martialischen Gestalten. Durch Seehaus und seinen Kreis wurde mir zudem die keltische Literatur erschlossen, Fiona Macleods Sagenwelt und «Reich der Träume», auch das finnische Epos «Kalewala». Dem naturoffenen Atem dieser Dichtung begegneten wir später auch bei Aalto, dem Architekten. Da Seehaus die keltischen Küstenländer aus eigener Erfahrung kannte, erhielt alles, was er erzählte, wirklichkeitsnahe Lebendigkeit. 1919 starb er allzufrüh an der Grippe.

Durch das Keltische wurde ich zugleich auch in gewisser Hinsicht auf Joyce vorbereitet – dieser war es, der mich später in Paris auf die Megalithe von Carnac und Gavrinis hingewiesen hat. «Gehen Sie in die Bretagne, das müssen Sie sehen», sagte er. Christian Zervos, der Herausgeber der «Cahiers d'art», griff diese Anregung – als ich sie weitergab – begeistert auf. Ich brachte eine kleine Reisegesellschaft zusammen, an der auch der Maler Magnelli und seine spätere Frau teilnahmen, und zu viert sind wir dann in die Bretagne in die prähistorischen Welten gefahren. Das mag um 1932 gewesen sein. Der Museumsdirektor dort war ein grossartiger alter Mann, Le Rouzic. Er sprach von den «Steinen, die klingen». In «Finnegans Wake» lässt Joyce zwei Ursteine miteinander reden und raunen (Jute and Mute).

In meinen Studienjahren habe ich den weiteren Anschluss an die Moderne in München gefunden. Ich wollte – oder, genauer gesagt, ich «sollte» – ursprünglich in Bonn Archäologie studieren. Gottfried Welcker, ein Vetter meines Vaters, war ein bedeutender Archäologe in Bonn gewesen. Mein Vater hoffte, seine Tochter könne in ihrem Studium diese Tradition weiterführen. Er sagte von seinem Vetter: «Er ist so revolutionär wie ich» – dies war für seine Person nicht politisch gemeint, sondern in der geistigen Haltung, in der Hochachtung des menschlichen Ethos, auch im Geschäftsleben, wo mein Vater als Bankier alle unsauberen Methoden verurteilte. So begann ich also mit Archäologie. Schon als Schülerin ging ich zwei Abende in der Woche in die Vorlesung des Archäologen Loeschke, und was ich da hörte, schien mir essentiell. Das Archaische, das dieser behandelte, war und blieb mir wichtig – doch während des Krieges sattelte ich zur Kunstgeschichte hinüber.

Sie fragen nun, wie ich schon Anfang der zwanziger Jahre zu Joyce und seinem «Ulysses» kam. – 1925 verbrachten wir mit den beiden Moholys auf der bretonischen Insel «Belle Isle en

Mer» unsere Ferien. Von Paris kommend, hatte Lucia Moholy den «Ulysses» in englisch mitgebracht. In Paris hatte sie ihn – angeregt durch den Musiker George Antheil – bei Sylvia Beach in ihrem kleinen Buchladen im Quartier Latin gekauft. Er faszinierte mich von der ersten Zeile an. Vielleicht die Hälfte des grossen Romans las ich am Meer.

Erst in späteren Jahren ging ich in Paris in den Laden von Sylvia Beach und erzählte ihr von meinen Eindrücken. «Was hat Sie denn so umgeworfen?» fragte sie mich. «Wissen Sie, dies Buch zu erleben war so etwas Tolles wie die Geburt eines Kindes. Es hat mich primär erfasst als menschliches Erlebnis.» Und sie sofort darauf: «Sagen Sie es noch einmal» (say it once more). Es war für mich wie eine nackte, ehrliche Enthüllung des Lebens, von dem, was wirklich geschieht, der Mensch durchschaut bis in seine geheimsten, noch embryonalen Gedanken, und dies alles mit einer inneren Hellsicht. Es war für mich etwas Ungeheures. Bis ich meinen Ulysses-Artikel geschrieben habe, dauerte es freilich noch über zwei Jahre; erschienen ist er erst 1928.

Als diese Arbeit vorlag, ging ich in Zürich zu Max Rychner, dem hellhörigen, initiativen Herausgeber der «Schweizer Rundschau». Rychner und Ernst Robert Curtius, den ich von meinen Bonner Studienjahren her kannte, waren eng befreundet. Rychner war sehr orientiert über die westliche Kultur, und er schlug wichtige Brücken zu Frankreich. Alles feinfühlig Humane zog ihn magisch an, und bis ins elegant Aesthetische hinein faszinierte ihn ein schöpferisch neuer Ausdruck. Er hat die Arbeit sofort genommen: «Wir müssen hier endlich wissen, wer Joyce ist», rief er aus; «ich bringe das sofort.» Von Curtius war in Deutschland bereits eine erste kurze Würdigung des «Ulysses» erschienen. Dieser besprach dann auch meinen Artikel in der «Literarischen Welt», wohl mit Freude, dass nun auch in der Schweiz etwas über Joyce geschrieben worden war.

Wann ich Joyce selbst begegnet bin? – In der deutschen Ausgabe des «Ulysses» (Claassen-Verlag) habe ich darüber berichtet. Einen Aufenthalt in Paris benützte ich, um Sylvia Beach meinen Artikel zu bringen. Hier in einem kleinen Nebenraum sah ich Photos von Joyce. Als Sylvia Beach den Artikel in ihren Händen hielt, kam eine hell gekleidete Gestalt auf uns zu. «Oh, James Joyce!» sagte sie, und zu diesem gewandt: «Frau Giedion aus Zürich.» Joyce liess sich den Artikel geben, und in einer unpersönlichen Art fragte er mich allerhand über Zürich, erzählte, wo er dort gewohnt habe, und wir tauschten allerlei nebensächliche Erinnerungen aus, er, scheinbar fast unbeteiligt, mit seinem schlanken Stöckchen unter dem Arm. Für den Nachmittag lud er mich zum Tee ein, in die Rue de Grenelle. «Wo, möchten Sie wissen, und wie man hinkommt? Der Eiffelturm wird Ihnen den Weg zeigen.»

Dort habe ich dann sehr Seltsames erlebt. Mit seinen kranken Augen war es damals für ihn seine schlimmste Zeit. Für den Tee hatte seine Frau alles hergerichtet, selbstgebackenen Kuchen und anderes mehr – aber sie selbst war nicht da. Ich glaube, es geschah aus feinfühliger Diskretion. Nora wollte unsern direkten Dialog nicht stören. Erst hat er wieder seine Zeit in Zürich berührt. Dann tauchte unerwartet das Thema «Auto» auf, wenn ich mich recht erinnere, als ich vom Skilaufen sprach. Unvermutet richtete er an mich die seltsame Frage: «Wie wäre das Wort „Automobil" im Mittelalter aufgefasst oder gedeutet worden?» Ueber diesen Gedankensprung war ich platt. Darauf er: «Das „Automobil", das wäre für den damaligen Menschen „Gott" gewesen – denn er ist das „Sich-selbst-Bewegende". Diese göttliche Kraft vermag alles umzuwerfen.» – Ich fiel beinahe von meinem Stuhl. Eine derartige Kühnheit und auch Voraussage, vorgelegt mit unscheinbarer Bescheidenheit!

Da Joyce so schlecht sah, begleitete er mich beim Abschied keine der Treppenstufen hinunter. Ich war erschüttert und tief betrübt, überwältigt vom Gedanken, dass ihn völlige Blindheit bedrohe. Unten kam der Taxichauffeur, dem ich, von Leid überwältigt, gewinkt hatte, auf mich zu und tröstete mich: «Madame, ne pleurez pas – il y en a d'autres», nicht ahnend, was der Grund meiner Betrübnis war. In Paris ist es halt so selbstverständlich, bei den Tränen einer Frau an erotische Enttäuschungen zu denken.

Dem amerikanischen Biographen gegenüber, der dem Dichter nie persönlich begegnet ist, muss man Frau Nora Joyce in Schutz nehmen, wenn er ihren «niederen Rang» hervorhebt. Sie stammte aus der irischen Landbevölkerung, war zuerst in einem klösterlichen Institut erzogen worden, gelangte dann au pair nach Dublin, wo sie in einem Restaurant mitgearbeitet hat. Sie war eine stolze Person und mit ihrem irrationalen Spürsinn kräftespendend für Joyce. Für ihn, den Exilierten, war sie ein ewig präsentes Stück wildes Irland, lebendiges, unverlierbares Erbe. Dem Kalender gemäss wurden alle irischen Heiligen getreulich gefeiert, auch in dem, was jeweils nach traditionellem Brauch auf den Tisch kam. Er brauchte auch ihre Witze; auch hierin verkörperte sie ein Stück Urnatur. 1939 wurde in Paris bei einem Abendessen mit Huhn im Hause von Paul Léon, der Privatsekretär von Joyce im Nebenberuf war, über Hitler gesprochen. Joyce charakterisierte Hitler als «ungeheuerliches Teufelsphänomen mit genialer Potenz in dieser Richtung». Da ergriff Nora ihr

Tranchiermesser: «Wenn du von dieser Bestie noch einmal etwas Positives sagst, dann steche ich los!»

In ihrer weiblichen Eigenart war Nora sehr hellhörig, zupakkend und einfallsreich. Alles, was ihr an ihrem Mann begegnete, hat sie auf ihre besondere Art interpretiert. Im Vergleich zu ihrer vitalen Aktivität war er still, gedanklich nach innen konzentriert. Leute, die sie nicht verstanden, sprachen von ihr als von einem «verrückten Huhn», das bei aller Originalität nichts verstehe. Mit Geld konnte Joyce schlecht umgehen – wie sie sagte. War es einmal in Fülle da, so erging es ihm «wie einem Matrosen, der ans Land kommt und alles, was er hat, ungezügelt vergeuden muss». In Geldsachen (wenn er zum Beispiel einmal borgen musste) verhielt er sich, wie ich es selbst erlebt habe, äusserst korrekt.

Nora besass einen unerhörten Instinkt für Joyces ungewöhnliche Qualitäten, aber ihr bewusstes Verständnis reichte natürlich nicht weit. Als er schon tot war, traf ich sie in Zürich in der Pension Fontana an der Voltastrasse, wo sie noch mit dem Sohn lebte, liegend auf dem Sofa, wo Joyce – wie sie sagte – «wie eine zusammengerollte Katze» immer gelegen und gelesen habe – und sie selbst nun, fast hilflos im Versuch, «Finnegans Wake» zu lesen und sein sprachlich durch und durch geheimnisvoll verschlüsseltes Spätwerk zu verstehen.

Emil Maurer

Ganz gross und ganz klein

Notizen zum Massstab von Kunstwerken

Grosse und kleine Kunstwerke hat es natürlich immer gegeben, die grossen zumeist in ihrer Funktion am Bau, die kleinen als Kostbarkeiten. Ob riesenhaft und überwältigend, ob winzig und entzückend – immer ist der Massstab ein Wirkungsmittel ersten Ranges, unmittelbar der Funktion und dem Anspruch des Werks entsprechend. Dennoch hat die Kunstwissenschaft (und mit ihr die Wahrnehmungspsychologie) bisher kaum auf ihn geachtet. Ja der Umgang mit den Objekten in Reproduktionen, Photographien und Diapositiven hat die Grössenverhältnisse gleichgeschaltet und den Sinn für sie abgestumpft. Um so jäher und überraschender kann die Begegnung mit dem Original sein – ein unerlässliches Korrektiv.

Eine präzis gesteuerte Beeinflussung des Betrachters durch die Grössenordnung des Werks setzt ein rationales Beziehungssystem zwischen Werk und Adressaten voraus. Eine solche Vermittlung ist erst in der Doktrin der Perspektive gegeben, der folgenreichsten Eroberung des 15. Jahrhunderts. Gleichzeitig verfügt die Lehre vom Menschen als dem Mass aller Dinge, dass die Grössenverhältnisse «humano modo» zu regeln seien. L. B. Alberti (um 1436) missbilligt sehr kleine und sehr grosse Bilder.

Diese Grundsätze sind die Voraussetzungen für Konsequenzen im 16. Jahrhundert: für die Ausbildung kalkulierter Monumentalität – und gleich darauf für deren Exzess im Monströsen – wie auch für ihren Widerpart, das Winzige und Preziöse. Die Erkundung solcher Gegensätze, ihrer Wirkungen und ihrer Geheimnisse, gehört zu den Sonderleistungen der «maniera»-Künstler. Mit ein paar kritischen Fällen aus ihrem Schaffen lässt sich das Problemfeld abstecken.

Gigantomanie

Es ist bezeichnend, dass die Villa, samt dem Bereich des Gartens, im 16. Jahrhundert dem Geschlecht der Giganten und Riesen zuerst Einlass gewährt. Man befindet sich hier auf der

Schwelle zwischen Kultur und Natur, zwischen geregelter Gestaltung und Wildwuchs. Da ist mit Ueberraschungen und Ueberfällen zu rechnen.

In der Tat lässt sich der einäugige, menschenfressende Zyklop Polyphem in der Sala di Galatea der *Villa Farnesina* (Rom) riesengross nieder (gemalt von Sebastiano del Piombo um 1511), unweit der Galatea Raffaels, der seine verschmähte Liebe gilt. In der zierlichen humanistischen Dekoration nimmt sich der Zyklop als ein Ungeheuer aus, allein durch seine unmässige Grösse. Indessen ist seine Erscheinung veredelt durch Anklänge an Michelangelos Sixtina-Jünglinge. – Vollends sprengt jedoch den Massstab der Jünglingskopf (von Peruzzi), der allein eine Lünette der Schmalwand in Anspruch nimmt, während die übrigen Felder mit kleinfigurigen Göttergeschichten besetzt sind. Was soll dieser isolierte, weder ikonographisch noch technisch zugehörige Riesenkopf?

Ist da – eilig hingeworfen, grau in grau – ein Künstlerscherz stehengeblieben? Gilt der schwärmerische Aufblick vielleicht der Nachbarszene, als ein Inbild der Bewunderung? Ist eine Personifikation der Sonne gemeint, neben den astrologischen Himmelsbildern? Oder sollte eine Künstleranekdote aus dem 17. Jahrhundert einen Kern von Bedeutung enthalten: Michelangelo habe hier dem Rivalen Raffael die kümmerliche Grösse seiner Figuren vorwerfen wollen? Was immer zutreffen mag – mit der Durchbrechung der massstäblichen Einheit halten Giganten ihren Einzug, messbar übergross innerhalb der starken kleinteiligen Metrik des Dekorationssystems.

Ausgerechnet in der Raffael-Schule ist das Ungetüm Polyphem weiterhin beliebt, am eindrücklichsten gewiss im Palazzo del Tè in Mantua (Sala di Psiche, 1527/28, von Giulio Romano), wo der Unhold illusionistisch gewaltig auf dem Kamin sitzt, dreimal grösser als die Figuren der anliegenden «Reliefs», nicht als Bild, sondern ohne Rahmen, ganz und gar in den Realraum eingebrochen; ferner in den Loggien des Vatikans (von Giovanni da Udine), der Villa Madama (wiederum von Giulio) und so weiter.

Pfiffigster Regisseur des Kolossalen ist derselbe Giulio andernorts im Palazzo del Tè, diesem Laboratorium der «maniera» (1532–34). Man durchschreitet ahnungslos die «Sala degli Stucchi» und die «Sala dell'Imperatore» mit ihren kleinformatigen, klassizistisch weissen Stuckfriesen – da überfällt einen der Gigantensaal mit der Katastrophe seines eigenen Einsturzes. In dem Panoptikum des vollständig ausgemalten Gewölberaums, unter dem zürnenden Zeus, lässt Giulio Gebirge und Bauwerke bersten; die Ungetüme der Giganten zappeln zerquetscht und zähnefletschend zwischen Felsmassen. Man ist dem Krachen und Stöhnen ausgeliefert, es gibt keinen Rahmen, keine ästhetische Grenze, das «Happening» ist total und unentfliehbar.

Der Custode erzählt von den Schreckensschreien italienischer Bäuerinnen und vom Gelächter der Snobs. Es versteht sich: der Effekt des «stupore» ergibt sich vor allem aus den Gegensätzen zwischen den Sälen. Auf Klein folgt Gross; auf distanzierte, feine Stukkatur folgt ungeschlachte Illusion, auf die Perfektion der Form deren Zerstörung und Auflösung. Die Umstellung ist zuerst ein Schock (solange man sich erwischen lässt), dann aber auch ein Spass, ein ironisches Wechselbad, von der Art der höfischen Vergnügungen, wie sie in manieristischen Residenzen beliebt waren. Giulio liefert den Besucher unversehens der Wucht des Riesengeschlechts aus, indem er den ästhetischen Massstab im Massstab der Betrachterrealität aufhebt und die faktische Grösse allein wirken lässt. Wo eine ästhetische Grössenordnung nicht gegeben ist, setzt der Betrachter erst recht sein eigenes Körpermass als Orientierungsinstanz ein, und seine Anteilnahme ist um so heftiger.

Das Thema des Gigantensturzes tritt im 16. Jahrhundert plötzlich sehr häufig auf. Gewiss hat es politische Implikationen, als eine Methapher fürstlicher Souveränität über Anmassung und Rebellion. Wenn ein anderer Raffael-Schüler, Perino del Vaga, den Sieg des Herrschers alias Zeus im Palazzo Doria Pamphili in Genua malt (1528), so haben die Riesen in ihrem Sturz nicht einmal körperliche Aufdringlichkeit, im Fallen demonstrieren sie eine graziöse Art von Ohnmacht.

Kolossalskulptur

Unmittelbarer als die Malerei kann die Skulptur mit dem Grössenmassstab wirken: ihre Figuren nimmt der Betrachter als Lebewesen seines eigenen Lebensraumes an. Es fällt auf, dass die Skulptur im 16. Jahrhundert auf vielen Wegen enorme Ausmasse anstrebt. Allein in Italien hat man über fünfzig Kolossalstatuen aus der Epoche registriert (Virginia Bush, 1976). Die Anstösse gehen von der Antike und ihren Weltwundern wie dem Koloss von Rhodos und dem Zeus von Olympia aus. In Rom waren sieben antike Kolosse erhalten, die, besonders auf dem Kapitol, für Insignien der altehrwürdigen Stadt gehalten wurden. Als erste wagten sich Leonardo und Michelangelo wieder an solche Dimensionen.

Die Fürsten des Cinquecento, weltliche und geistliche, bemerkten rasch die triumphalen Möglichkeiten des alt-neuen Typus. Das Reiterdenkmal für Francesco Sforza in Mailand sollte nach Leonardo dem Herzog «gloria immortale e onore eterno» sichern. Solche mächtige Reitermonumente und Standbilder der Regenten besetzten in der Folge die öffentlichen Plätze, beispielsweise in Florenz zu Ehren der Medici. Ferner entstanden überlebensgrosse Ehrenbildnisse und Grabmäler der Päpste, mit offener Lobpreisung ihrer imperialen und kriegerischen Macht.

Diskreter und weniger persönlich in ihren Ansprüchen sind die zahlreichen kollosalen Standbilder antiker Götter und Heroen wie Herkules, Neptun und Mars. In ihnen sollen, auf allegorische Weise, bestimmte Tugenden und Patronate als «cosa pubblica» propagiert werden. Seit Michelangelo (mit dem David) sind alle bedeutenden Bildhauer der Epoche daran beteiligt.

Alle diese öffentlichen Kolossalstandbilder haben als Bezugsrahmen die Architektur der städtischen Plätze und das Hin und Her der Einwohner. Das Uebermass ihrer Grösse hebt sich darin wie auf einem Koordinatennetz ab, und entsprechend pathetisch verbreitet sich ihr Appell.

Das Gebirge in Person

Unmässig und unbändig, einmal mehr, verhält sich die Gartenplastik. Ihr ist ja seit L. B. Alberti alle «licenza» erlaubt, zwischen Wildwuchs und Perfektion, zwischen Gross und Klein. Sie nutzt sie denn auch mit Vergnügen bis in die Extreme, um mit dem Garten ein künstliches Universum zu schaffen, mit dem Fürsten als Demiurgen. Grenzenlose Grösse ist geboten, wo es gilt, ganze Gebirge und Flüsse als Personifikationen darzustellen, im Sinne von Herrschaftszeichen. Am bekanntesten sind die entsprechenden Kolosse in den Medici-Villen um Florenz; aber auch in Caprarola, Bagnaia, Tivoli, Bomarzo finden sich ähnliche. In der Villa Castello sollen der Monte Asinaio, der Monte Falterona, der Apennin, in der Villa Pratolino der Fluss Mugnone und wiederum der Apennin auf diese Weise zugegen sein.

Auch hier liegen antike Vorstellungen zugrunde. Vitruv berichtet, der Architekt Deinokrates habe den Berg Athos zu einer menschlichen Gestalt, als Ebenbild Alexanders des Grossen, umbilden wollen, so gross, dass er in der rechten Hand eine bewohnbare Stadt von zehntausend Einwohnern hätte halten können. Ein ähnlicher Traum suchte den jungen Michelangelo in den Marmorbogen von Carrara heim: «Es überkam ihn die Lust, aus einem Berge, der auf das Meer hinausschaute, einen Koloss zu formen, ... im Wettbewerb mit den Meistern des Altertums» (Condivi).

Eine solche Unmöglichkeit möglich zu machen, war dem

grossen manieristischen Bildhauer Giambologna vorbehalten. Im Garten der Medici-Villa *Pratolino,* Retraite des Grossherzogs Francesco I. und seiner Geliebten Bianca Capello, seinerzeit weltberühmt wie Tivoli, aber längst weitgehend zerstört, errichtete er um 1580/81 den «Apennin» in Gestalt eines kauernden Riesen über einem Bassin. Der Gigant hockt am oberen Rand des Wiesenplateaus, stellvertretend für das anstehende wilde Gebirge, ähnlich wie Ammanatis gleichnamige Skulptur in der Villa Castello. Bezeichnenderweise wird seine Grösse in den historischen Beschreibungen überschätzt: 25 oder gar 35 Meter, während er in Wirklichkeit etwa 11 Meter misst. Baldinucci (1688) berichtet, die Gehilfen hätten während der Arbeit jegliches Augenmass verloren. Verglichen mit den übrigen, normalen Skulpturen des Parks gehört er in der Tat einer anderen Welt an. Die Figur ist nicht aus Marmor gehauen, sie besteht aus Bruchsteinen, Tuff, Backsteinen und Mörtel mit einem Eisengerüst, eine naturnahe «figura rustica».

Man muss wissen, dass der Koloss ursprünglich ganz von einer hohen Felsnische hinterfangen war (die im 19. Jahrhundert verfallen ist), so dass er wie eine Ausgeburt des Bergmassivs anmutete, aus demselben Material gefügt, eine metamorphische Hybride zwischen Gestein und Gestalt. Zu diesem Eindruck trägt ferner bei, dass Haare, Bart und viele Teile des Körpers aus Stalaktiten bestehen. Zu ergänzen sind ferner die Wasserspiele, die ihn umgaben, unter anderem eines, das seinen Kopf wie ein schäumend glitzerndes Diadem bekrönte. Zudem presst die gewaltige Linke den Schädel eines Untiers, so dass diesem ein Wasserstrahl entfährt. Neben dem Gebirgselement Fels ist so auch das Gebirgselement Wasser «in actu» zugegen; der «Apennin» ist zugleich ein Flussgott. Rauhe Wucht und Uebergrösse waren seinerzeit noch gesteigert durch eine feingearbeitete Marmorbalustrade, die das Bassin säumte.

Der Effekt der Gegensätze findet seinen Höhpunkt schliesslich im Innern des Riesen. Der Hohlraum birgt auf mehreren Geschossen kleine Räume, die mit automatischen Wasserspielen von dem international begehrten Florentiner Spezialisten Tommaso Francini ausgestattet waren. Besonders bewundert wurden ein drehfreudiger flötender Pan mit Herde, ein unermüdlicher Herkules im Kampf mit der Hydra, ein Thetis-Brunnen aus Muschelwerk, Perlmutt und Korallen. Auch wird berichtet, der Grossherzog habe aus den Augenöffnungen des Kolosses zu fischen gepflegt. (Die Freiheitsstatue in New York und das Ungetüm Hon der Niki de Saint-Phalle haben ihre Ahnen.) Jedenfalls ist der «Apennin», Repräsentant der ungeschlachteten Natur, mit seinem feinen automatischen Innenleben zugleich ein

Maschinenmensch, ein Gleichnis der durchschauten Natur. Wer aber drin ist in diesem subtilen Bauch, findet sich eher ungemütlich als triumphierend: wispernde, zirpende, tickende Figurinen, blinkende Schätze des Meers, Treppchen und Türchen – da ergreift einen die schwindelnde Vorstellung, der all dies bergende Riese müsse unermesslich sein wie das Gebirge selbst, das er darzustellen hat.

Die Regie des Kontrastes und der Polarisierung gehört von Anfang an zur Konzeption von Pratolino. Der Schriftsteller Francesco De Vieri, persönlich bekannt mit dem Medici-Fürsten und seinem genialen Architekten Buontalenti, meint in seiner Beschreibung von Pratolino (schon 1586), die Anmut der Villa ergebe sich aus dem Gegensatz zu ihrer unwirtlichen gebirgigen Lage. Darauf folgt der Schluss, jede Vollendung und jede Schönheit auf Erden hätten ihren Ursprung und ihr Prinzip in ihrem Gegenteil.

Dagegen – Kult des Diminutivs

Die Auftraggeber der Kolosse – bleiben wir bei den Medici in Florenz – sind aber zugleich die grössten Liebhaber der kleinsten Dinge. Sowohl Francesco I. und Fernando I. wie auch schon Cosimo I. werden nicht müde, mit der Gründung neuer Werkstätten (etwa dem berühmten «Opificio di via Albani» für Gemmen und «pietre dure») und mit der Berufung der ausgewiesensten Spezialisten das Kunsthandwerk zu fördern. Sie gefallen sich in der Rolle von Connaisseurs, mit Vorliebe für kleine Kostbarkeiten und Virtuositäten. Zwei Schwerpunkte kennzeichnen ihr Patronat: das «Studiolo» Francescos, ein kleiner privater Meditations- und Sammlungsraum im Palazzo Vecchio, in seiner Ausstattung selber ein Juwel, und die «Tribuna» in den Uffizien, neues Zentrum der Kunstsammlung mit den erlauchtesten Preziosen.

In solchen Nischen eines verfeinerten Geschmacks kann die Bildhauerei es wagen, die Spezialität der Bronzestatuette zu entwickeln: Skulptur in Handgrösse, von perfekter, goldschmiedehafter Ausführung, meist mit profanem Thema, Objekte einer intimen Kennerschaft für das Raritätenkabinett. Darin ist Florenz, nach Padua und Venedig, führend für einige Jahrzehnte, mit Künstlern wie Bandinelli, Tribolo, Cellini, Giambologna und den Meistern des «Studiolo» – bevor der Barock ganz andere Massstäbe setzen und die Marmorstadt Rom das Zepter übernehmen wird. Besondere Pointen stellen sich ein, wenn Ammanati oder Giambologna ihre Monumentalhelden wie Herakles und Neptun im Diminutiv herstellen, als Statuetten, in der Paradoxie von Miniaturkolossen.

Nie haben die Spitzenwerke der sogenannten «arti minori» – besonders der Goldschmiede, Gemmenschneider und Juweliere – höhere Schätzung genossen als an den Höfen des Cinquecento. Ein Blick auf die Fürstenbildnisse der Medici von Bronzino könnte genügen: der Schmuck, den sie tragen, charakterisiert sie mehr als ihr Gesicht. Ja die Porträts, besonders die Miniaturbildnisse mit ihrer mineralischen Glätte und ihrer ziervollen Rahmung, geben sich selber als Schmuckstücke aus. Zahlreich sind die Goldschmiedearbeiten, Medaillen und Kameen, die sich rühmen, Werke der Antike und der Renaissance in Zentimetergrösse wiederzugeben. Ein Kenner wie del Riccio amüsiert sich bei der Feststellung, «che intagliavano in una piccola pietra la città di Firenze», die Stadt in der Grösse einer Münze. Der Bekenntnischarakter des fürstlichen Schmucks bringt es mit sich, dass eine breite figürliche Thematik aus Mythologie, Allegorik und Emblematik «en miniature» verarbeitet wird, als «minj rarissimi».

Den Triumph der Kleinkünste führte schliesslich Buontalenti, der Architekt von Pratolino, in der *«Tribuna»* herbei, der (noch bestehenden, aber vielfach verstümmelten) Schatzkammer der Uffizien-Sammlungen. Dieser kleine Zentralbau, mit glänzenden Materialien ausgekleidet, enthielt die Mirabilien des Medici-Besitzes, ähnlich wie zuvor das «Studiolo» Francescos: «una guardaroba di cose rare et pretiose, et per valuta, et per arte, come sarebbe a dire, gioie, medaglie, pietre intagliate, cristalli lavorati e vasi, ingegni, et simil cose non di troppa grandezza» (Borghini). Dazu kamen Waffen, Globen, Bronzestatuetten von antiken Göttern, die Herkules-Taten von Giambologna und die dreissig geschätztesten Bilder aus der «goldenen Zeit» der Renaissance. Es ist der enzyklopädische Sammlungstypus der Wunderkammer, eher Rarothek als Kunstmuseum, mit vielen minuziösen Vertretern aus Wissenschaft, Natur, Kunst und Geschichte, also allen Sektoren des Wissens. Das Bildprogramm der Kuppel, mit den kosmologischen Symbolen der Winde und der Elemente, dazu die Herkules-Taten als Exempel der fürstlichen Tugenden – sie verraten am klarsten den Sinn der Einrichtung: eine Allegorie, die den Reichtum und die Macht des Grossherzogtums innerhalb der himmlischen Ordnung darzustellen hat (Heikamp), ein Mikrokosmos als Abbild des Makrokosmos. Das geschah auf wenigen Quadratmetern, diskret und gelehrt, allein durch die Preziosität sinnreicher kleiner Dinge.

Ganz gross und ganz klein: die Epoche hat sowohl das Fernrohr als auch das Mikroskop erfunden. Die Künstler, jedenfalls die führenden, arbeiten ihrerseits nicht mehr nach den Normen «ewiger» Kunstregeln, sondern mit dem Experiment als der Methode der Neugier und des Zweifels. Ihrerseits wagen sie Grenzüberschreitungen, hinüber zur Ausnahme und zur Hypothese, so auch zu den Abenteuern und Risiken des ganz Grossen und des ganz Kleinen. Erst die Kunst des Barocks wird die psychologischen Wirkungen des Grossen und des Kleinen – besonders die Ueberwältigung – zielbewusst als Waffen einer optischen Rhetorik einsetzen: als Manipulationen im Dienste der Kirche und des Absolutismus.

Hans-Georg Gadamer

Hermeneutik und bildende Kunst

Von der ganz schlichten und trivialen Feststellung ausgehend, dass jeder Satz, jede Aeusserung im Grunde erst dann verstanden ist, wenn sie als die Antwort auf eine mögliche Frage verstanden werden kann, habe ich die Frage-Antwort-Struktur des Verstehens analysiert. Das ist bei gewissen Nachfolgern Hegelscher Denkweise, insbesondere bei Collingwood, schon in einigem Ansatz zu finden. Ich habe daran angeknüpft und die Dialektik in dem Verhältnis von Frage und Antwort aufgedeckt. Sie zerstört den Schein, als handelte es sich beim «Verstehen» um eine Methode, die man gebraucht. Das eigentümliche Wechselspiel der Herausforderung, die das Andere, Unverständliche darstellt und auf das der Verstehenwollende antwortet, indem er es befragt und als Antwort zu verstehen sucht, spielt nicht nur zwischen Ich und Du und dem, was wir einander sagen, sondern gerade auch zwischen dem «Werk» und mir, dem es etwas sagt und der wissen möchte, immer wieder, was es ihm sagt. Ich habe an dieser Struktur des Verstehens die Wiedergewinnung der Frage in den Vordergrund gestellt.

Aber genügt diese allgemeine Struktur der Frage und der Dialektik von Frage und Antwort als Ausgangspunkt für ein Reflektieren über die Erfahrung von Kunstwerken? Es scheint ganz dunkel, wie sich am Umgang mit dem Kunstwerk die dialogische Struktur von Frage und Antwort überhaupt bewähren soll. Welche Fragen werden denn in einem Kunstwerk erhoben und damit: welche Antworten des Verstehens in uns ausgelöst, und zwar so, dass wir am Ende das Kunstwerk selbst als die Antwort auf solche Fragen verstehen?

Ich möchte einige konkrete Beispiele vorlegen, um daraus meine theoretischen Folgerungen zu ziehen. Ich war mehrmals in der Kathedrale von St. Gallen und empfing dort den eigentümlichen Raumeindruck dieses Bauwerks, der dadurch entsteht, dass ein Längsschiff und eine sehr stark ausgebaute Vierung und der

Chor in eine seltsam spannungsvolle und grossartige Form von Einheit gebunden sind. Das Schiff und die Vierung, das ist offenbar die grosse Baufrage, die der abendländische Kirchenbau durch die Jahrhunderte zu beantworten gesucht hat. Jede Lösung dieser Vereinigung des Zentralbaugedankens und des Schiffgedankens im Laufe der Geschichte unserer abendländischen Baukunst ist, wie mir scheint, das, was die Kunsthistoriker in ihrer Art «Baugedanken» nennen. Zweifellos ist es eine Frage, die in dem Moment, in dem man sie sich bewusst macht und sozusagen selber fragt, das Gebilde sprechend macht, vor dem man steht. Es gibt uns eine Antwort. Die Antwort der St. Galler Kirche ist nun eine sehr späte und, durch die Baugeschichte mitbedingt, eine besonders verspätete Antwort, deren Grossartigkeit trotzdem jeden Besucher überzeugt. Sie nimmt gleichsam wie ein letztes Résumé die Spannung zwischen Schiff und Zentralbaupartie noch einmal zu einer Einheit zusammen, aber so, dass der Raum für den ihn Durchschreitenden förmlich umspringt, als ob er zweifach gelesen werden könnte.

Wenn wir in den Kirchenraum treten, erfahren wir diese Spannung wie eine Antwort. Die Erfahrung, die wir da machen, scheint mir eine gute Exemplifizierung für das, was Interpretation ist: Was der Kunsthistoriker aus baugeschichtlichem und stilgeschichtlichem Wissen mitbringt, führt am Ende nur zur Auslegung von etwas, was wir alle spüren und geradezu leiblich verstehen, wenn wir durch diese Gewölbe schreiten.

Blick auf Giorgione

Oder ein anderes Beispiel. Ich erinnere an das berühmte Bild von Giorgione, das in der Accademia in Venedig hängt. Man kann das Original leider nur unter Glas sehen, weil die Farben sehr gefährdet sind. Es ist dadurch besonders interessant, dass kein Mensch weiss, was auf dem Bild eigentlich dargestellt ist. Man erkennt natürlich die Einzelheiten: Da steht ein junger Mann, und da ist eine Mutter mit einem Kind, und hinten ist ein Gewitter über einer Stadt, deren Zinnen und Dächer sichtbar sind, aber wie ohne Leben scheinen. Man nennt das Bild «Das Gewitter», aber was es eigentlich sagen will, was da das Dargestellte ist, ist bis heute ein offener Gegenstand der Diskussion. Ist es eine Genre-«Szene», oder ist es eine allegorische Komposition?

Aber wie dem auch sei – ich möchte an diesem Bilde und seiner Rätselhaftigkeit die verschiedenen Möglichkeiten des Die-Frage-Gewinnens vor Augen stellen. Es soll uns im Laufe unserer theoretischen Darlegung hilfreich sein, dass wir alle gemeinsam an dieses Bild denken dürfen, das auch durch seine Koloristik einen der grossen Wendepunkte in der Renaissance-Malgeschichte darstellt.

Die Fragen, die bisher aufgeworfen worden sind, weisen offenbar in zwei sehr verschiedene Richtungen. Was Giorgiones Bild eigentlich darstellt, ist für uns dunkel. Das schliesst offenbar ein: Wenn uns jemand überzeugend machen würde: das und das ist da dargestellt, dann hätten wir etwas verstanden, was wir bisher nicht verstanden haben. Es wäre ein hermeneutischer Gewinn. Freilich möchte ich kühn sagen, es wäre ein sehr bescheidener hermeneutischer Gewinn. Ob die Aufgabe, dies Gemälde, ein Meisterwerk der Malerei, zu verstehen, wirklich darin aufgeht, es ikonographisch zu deuten? Ist vielleicht doch eher die Atmosphäre, die eine geheimnisvolle Landschaft sprechen lässt und die für den Kunsthistoriker die Bedeutung dieses Bildes im Verlaufe der Malgeschichte des Abendlandes ausmacht, das, was von uns allen «verstanden» wird, wenn wir von dem Anblick dieses Gemäldes wie elektrisiert werden?

Und wenn es so ist: Was ist die Frage, die wir zu gewinnen haben, um sagen zu können: Jetzt habe ich es besser verstanden? Wie gehen diese beiden Fragen zusammen, die Frage, die wir in der Kunstwissenschaft die ikonographische Frage nennen (wörtlich: das Beschreiben des Ikons, des Dargestellten, des Abgebildeten), und die andere Frage: Was «sagt» uns das Bild – und das selbst dann, wenn wir, wie in diesem Falle, nicht wissen, was der ikonographische Inhalt des Bildes ist? Sicher bleibt das Bild von Giorgione für jeden, der es einmal gesehen hat, ein tiefer Eindruck, und noch in der Reproduktion spürt man darin etwas Geheimnisvolles, etwas Vielschichtiges, das einen nicht loslässt. Manche Betrachter weisen etwa auf die menschenleere Stadt im Hintergrunde, andere sprechen über die Bezugslosigkeit zwischen diesem schön aufgebauten Jüngling – wir wissen, dass es ursprünglich ein Mädchen war, das Giorgione da konzipiert hatte, das ist mit Hilfe moderner Technik inzwischen herausgekommen – und auf der anderen Seite der Mutter mit dem Kind, die zu uns hinblickt. Was bedeutet der abgeschrägte Säulenstumpf? Hier braucht man zwar nicht zu fragen, was er bedeutet, denn wir verstehen unmittelbar, was er bedeutet. Wir erkennen ihn unmittelbar als das Sinnbild des Halben, des Endlichen, des Verstümmelten. Aber was sagt dies bekannte Symbol hier? Oder der Kontrast zwischen dem arkadischen Vordergrund und dem in der Ferne tobenden und offenbar nicht drohenden Gewitter? Ich mache diese Fragen an das Bild bewusst, um die theoretische Frage zu exponieren: Was ist das, was wir da zu verstehen suchen? Würde uns die Lösung des ikonographischen Rätsels all diese Fragen beantworten? Welche anderen Fragen möchten wir beantwortet sehen, wenn es sich um das Verstehen dieses Kunstwerkes handelt?

«Etwas sprechen lassen»

Die Metapher «Es beginnt zu sprechen» drängt sich auf. Es ist die einfachste Bestimmung dessen, was Hermeneutik im Bereich von Kunst und Geschichte ist: sie ist die Kunst, etwas wieder sprechen zu lassen. Nun liegt es auf der Hand, dass wir für die Kunst, etwas sprechen zu lassen, voraussetzen, dass es ohne unsere Bemühung nicht spricht oder sich nicht genügend ausspricht. Das handgreiflichste Beispiel für die Bemühung, etwas wieder sprechen zu lassen, ist daher das Lesen von Geschriebenem oder Gedrucktem, das die Struktur des Textes hat. Wir werden aber etwas ein «literarisches» Werk, ein Dichtwerk nur dann nennen, wenn es noch sehr viel mehr verlangt als «lesen» können. Gleichwohl ist die elementare Forderung, die das Werk an uns stellt, lesen zu können, nicht so trivial, wie es aussieht. Ueberhaupt lesen können ist noch nicht «wirklich» lesen können, und das gilt allgemein.

Auch vom Werk der bildenden Kunst gilt, dass man lernen muss, es zu sehen, und dass es nicht in dem Naivblick auf das anschauliche Ganze, das da vor einem steht, bereits verstanden, d. h. als Antwort auf eine Frage erfahren wird. Wir werden es «lesen» müssen, wir werden es sogar buchstabieren müssen, bis wir es lesen können. Aehnlich gilt für das Bauwerk, dass wir es «lesen» müssen; und das heisst, dass wir es nicht nur – wie eine photographische Reproduktion – anschauen, sondern auf es zu, um es herum, in es hineingehen und es auf diese schreitende Weise gleichsam für uns aufbauen.

Wir müssen diese Analogien zwischen Literaturwerk und den Schöpfungen der bildenden Künste uns zunutze machen. Solche Analogien verkörpern die grosse Weisheit eines noch nicht formulierten Allgemeinen. An einem klassischen Beispiel der grossen philosophischen Weltliteratur lässt sich das gut illustrieren. Bekanntlich ist das grosse Gespräch Platos über den idealen Staat als Analogie für die Einsicht in die Gerechtigkeit als die oberste Tugend der Seele konzipiert. Plato führt uns den idealen Staat als Konstruktionsaufgabe vor, um die «Verfassung» der «Seele» sichtbar werden zu lassen. Seele und Staat sollen sich wie zwei Feuersteine aneinander reiben, damit der Funke des Verstehens entspringt.

So sollen sich hier das literarische Kunstwerk und das Kunstwerk der bildenden Kunst ein wenig aneinander reiben, damit wir die Aufgabe, die uns beschäftigt, in die rechte Weite stellen:

was ist das, was verstanden werden muss, und welche Frage ist es, auf Grund deren ein «Werk» als Antwort verstanden werden kann? Man sollte auch in unserer Zeit, in der es so viel bemerkenswerte künstlerische Produktion auf dem Gebiete der informellen und der gegenstandslosen Kunst – oder wie immer man das bezeichnen mag – gibt, nicht bestreiten, dass das Wiedererkennen von etwas, so dass man es als das, was es «darstellt», erkennt, ein Verstehensmoment im Betrachten darstellt. So waren etwa die Einzelheiten des Giorgioneschen Bildes für uns alle kenntlich und selbstverständlich, wenn auch die Frage: Was geht da vor, was ist da dargestellt? – und erst recht die eigentliche Frage: Was spricht uns da an? – für uns unbeantwortet blieb.

Die Frage ist: Wie werden wir mit diesem Primat des im Bilde Wiedererkennbaren fertig? Denn es ist klar: Etwas ist dadurch noch lange nicht ein Bild, dass es etwas abbildet. Die Abbildung in einem Verkaufskatalog ist zweifellos kein Bild. Im Bild haben wir ein bestimmtes Wie des Dargestelltseins, durch das das Dargestellte nicht als ein Musterstück aus einer in der Wirklichkeit antreffbaren Kollektion erscheint, sondern so, dass das Dargestellte plötzlich wie einzig in seiner Art erscheint. Wir kennen alle die leisen Beschwerden, die wir haben, wenn ein Meister das Motiv eines Bildes zu oft variiert: Etwas zu viel Sonnenblumen, etwas zu viel Bauernschuhe machen es für uns schwierig. Ich will nicht sagen, dass das stets eine berechtigte Kritik wäre, aber dass es für den Betrachter nicht ganz leicht wird, die Einzigkeit jedes Paars Bauernschuhe oder jeder Sonnenblume wirklich zu realisieren. Und doch ist es offenbar erst dann verstanden, wenn das Bild nicht mehr unter den Verständniszusammenhang Bauernschuhe oder Sonnenblumen subsumiert wird (oder gar unter dem Verständniszusammenhang «Ah, wieder einmal Sonnenblumen» oder «Wieder einmal Bauernschuhe»), sondern wenn es in seiner eigenen Darstellungsfunktion zugleich sich als das Werk und nicht nur das Dargestellte sprechen lässt.

Das ist das Problem: Wie geht das miteinander zusammen? Dass wir etwas als etwas erkennen, schliesst ein, dass wir sogar eine gewisse Leitfunktion des gegenständlich Wiedererkennbaren für das Eindringen in ein Werk anerkennen müssen. Wenn etwa im Hörsaal Dürersche Holzschnitte in der Projektion gezeigt werden, entstehen schon durch die Uebergrösse des Projektionsformates plötzlich neue Entzifferungsschwierigkeiten. Erst wenn man das Dargestellte auch erkannt hat, bekommt das Spiel der Schwärze und der Weisse, der Linien und der Flächen seine volle Geschlossenheit. Auch kubistische Porträts wie die eines Picasso wollen so entziffert werden.

Dass eine bestimmte Einungsfunktion des gebrauchten Bildvokabulars (wie der Einheitssinn von Rede) sehr oft erst in der Erkenntnis des Dargestellten entspringt, lässt sich, wie ich meine, nicht leugnen. Es besteht ein eigentümlicher Zusammenhang zwischen dem Ikonographischen – mindestens in seiner schwächsten Potenz, dem Wiedererkennen von erkennbaren Bildelementen – und der Einheit der Werkgestalt: ein Wechselverhältnis, das wie eine besondere Art des Lesens ist.

Denn wie ist es beim Lesen? Wenden wir uns zum sprachlichen Text zurück. Da ist Lesen nicht so, dass wir erst buchstabieren. Das Kind, das lesen lernt, kann bekanntlich noch nicht lesen. Das kommt vollends beim Vorlesen heraus. Die meisten Erwachsenen können es auch nicht. Das hat seinen guten Grund: Man kann nur etwas vorlesen, was man auch versteht. Wenn man im stillen Lesen plötzlich einmal nicht mitkommt, stockt man ja auch, und wenn man beim Vorlesen, ohne zu verstehen, weiterliest, kann es ein anderer schon gar nicht verstehen. Das ist ein sicherer Beweis dafür, dass im Vorlesen, auch im wirklich vollzogenen stillen Lesen, am Ende alles noch so artikuliert Aufgenommene zu der konkreten Einheit des Verstehens zusammengegangen ist. Gehört der ikonographische Gehalt eines Bildes etwa auch nur zu den Buchstaben?

Lesen lernen

Wie lernen wir lesen? Wie lernen wir verstehen? Im Lesen stokken wir, fallen heraus aus der Selbstverständlichkeit des Weiterlesens, müssen zurückgreifen, weil sich ein Erwartungshorizont offenbar nicht erfüllt hat. Das ist wie ein Schock. Wir gehen zurück. Wir lesen noch einmal, wir berichtigen, wir verändern die Betonung und all das, wovon wir alle wissen, dass es etwas Geschriebenes oder Gedrucktes erst wieder zum Sprechen bringt. Bekanntlich ist nun ein literarisches Werk dadurch ausgezeichnet, dass es durch die Art, wie es sprachlich geformt ist, selber vorschreibt und dem Ohr vermittelt, wie wir zu lesen haben, wie wir zu betonen haben. Die sogenannten Lesehilfen sind sekundär. Interpunktion im lyrischen Gedicht ist eigentlich für Schwächlinge. Darin hatte George ganz recht, wenn er das möglichst wegliess. Wenn man nicht imstande ist, das Klang- und Sinngebilde eines Verses dadurch aufzubauen, dass man die rechten Modulationen, Rhythmisierungen, Phrasierungen selber anbringt, versteht man es nicht. Aus der Musikausübung wissen wir auch, welche Rolle die Phrasierung spielt, die nicht in der Komposition steht und doch in der Musik ist.

Offenbar haben wir es im Lesen mit einem solchen Vorgang

des Aufbauens einer Zeitgestalt tun. Das Problem, das mich seit Jahrzehnten beschäftigt, ist nun: was Lesen eigentlich ist: Ist es eine Art innerer Reproduktion, so wie eine Theateraufführung eine ins Sinnenhafte herausgesetzte Reproduktion ist? Man wird zweifellos sofort sagen: Nein, selbstverständlich versetzt die Theateraufführung in ein neues Wirklichkeitsmedium. Davon ist beim Lesen keine Rede. Da sind es alles nur Phantasien, innere Produkte der Einbildungskraft, die wir durch unser Lesen erzeugen. Aber das ist noch lange nicht klar. Lesen ist keine innere Theateraufführung. Das Erstaunliche ist doch, dass die unermüdlichen Produktionen unserer Einbildungskraft ständig wie auf einem reissenden Strome dahintreiben, so dass ich nicht erst das eine und dann das andere Bild in seiner bildhaften Einheit fest erfasse.

Roman Ingarden, der Phänomenologe, hat sehr schön am Roman gezeigt, welche Evokationskraft in der Schemafunktion einer Beschreibung steckt, so dass eine noch so minuziöse Beschreibung in einem dichterischen Werke von jedem Leser verschieden ausgefüllt wird, und doch ist dieselbe Sache beschrieben. Das ist, so trivial es klingt, in seinen theoretischen Konsequenzen sehr weitreichend. Es zeigt nämlich, dass das durch die Worte Evozierte eine Art von Virtualität besitzt. Es hat keine Wirklichkeit, keine ausaktualisierte Determiniertheit, sondern lässt gerade in seiner Virtualität eine Art Spielraum von Aktualisierungsmöglichkeiten anklingen.

In dieser Weise scheint mir in der Tat «Lesen» ein Prototyp für die Forderung, die an jede Betrachtung von Kunstwerken, gerade auch von Werken der bildenden Kunst, gestellt wird. Es gilt zu lesen, mit all diesen Vorgriffen und Rückgriffen, mit dieser wachsenden Artikulation, mit diesen sich anreichernden Sedimentierungen, so dass am Ende einer solchen Leseleistung das Gebilde in all seiner artikulierten Reichhaltigkeit dennoch wieder zur vollen Einheit einer Aussage zusammenschmilzt.

Nun ist meine These: Interpretieren ist nichts anderes als Lesen. Das gilt in dem Sinne, den wir mit dem deutschen Worte «Auslegen», wie ich glaube, sehr schön bezeichnen. «Interpretation» wird oft als Auslegung übersetzt oder wiedergegeben, und das trifft. «Auslegen» ist ein Wort, das in seiner eigenen spekulativen Dimension schon enthält, dass wir hier nichts zum Lesen hinzutun. Einmal meint es, dass wir nichts hineinlegen: Man denke an den mephistophelischen Rat: «Legt ihr nicht aus, so legt ihr unter.» Zweitens aber, dass das Auslegen im Grunde genommen nur das, was schon darin ist, herauslegt, um es dann wieder zusammenzulegen.

Das geschieht selbstverständlich in einem Verfahren, das sich in gewissen Grenzen als methodisches Wissen und auf methodischem Wege erlernen lässt. Doch ist selbst das nicht so einfach. Vielmehr stellt es einen ganzen Prozess der inneren Ausbildung dar, bis man anfängt, für Beobachtungen an einem Bild oder einem Text die «richtigen» Gesichtspunkte zu finden, die für den Verständniszusammenhang des Gegebenen wirklich fruchtbar werden. Selbst da, wo wir unser Metier treiben, als Philologen, als Historiker, als Kunstkritiker methodisch vorgehen, stellt die sinnvolle Anwendung der Methode die eigentliche Aufgabe dar, die nicht selber wieder durch Methode vermittelt wird.

Sinnfigur

Nun ziehe ich den Schluss. Was ich durch die Analogie des Lesens des Textes und des Eindringens in ein künstlerisches Gebilde anderer Art zu zeigen versucht habe, ist, dass es nicht so ist, dass da ein Betrachter oder Beobachter als eine Art Neutraler einen Gegenstand dinghaft macht. Derart sind zwar die methodischen Aspekte, mit denen die Geisteswissenschaften arbeiten und deren Gebrauch man lernen muss. Aber das Eigentliche ist doch offenbar etwas anderes, nämlich dass wir an der Sinnfigur, der wir begegnen, Teil gewinnen. Sie als Ganzes ist offenbar etwas, was sich nicht in seiner objektiven Gegebenheit festlegen und bestimmen lässt, sondern in der Sinngerichtetheit, in der Bedeutsamkeitsstrahlung, die sie als Gebilde auszeichnet, uns, wie wir sagen, «einnimmt».

Wir sind von dem Werk gleichsam ins Gespräch gezogen. So ist die Struktur des Gespräches keineswegs weit hergeholt, wenn man das anscheinende Gegenüber zwischen einem Kunstwerk oder einem Literaturwerk und seinem Interpreten richtig beschreiben soll. Dies Gegenüber ist in Wahrheit ein Wechselspiel der Teilhabe. Wie in jedem Gespräch ist der andere immer ein entgegenkommender Zuhörer, so dass sein Erwartungshorizont, mit dem er mir zuhört, meine eigene Sinn-Intention sozusagen auffängt und mitmodifiziert. In der Analyse der Struktur des Gespräches zeigt sich, wie eine gemeinsame Sprache entsteht, indem sich die Sprecher verwandeln und ein Gemeinsames finden.

Das scheint mir in Wahrheit auch für unsern Umgang mit «Werken» zu gelten. Der Kunstausdruck, den wir dafür zu gebrauchen pflegen, heisst Kommunikation. Kommunikation meint nicht: ergreifen, begreifen, übermächtigen und in Verfügung nehmen, sondern meint gemeinsame Teilhabe an der Welt der Verständigung. Offenbar ist das, was wir ein Werk nennen, nicht ablösbar von diesem Strom gemeinsamer Teilhabe, durch den es sich in seine Zeit oder seine Nachwelt hineinspricht, und sofern wir alle miteinander zu dieser Welt der Verständigung und der Kommunikation gehören, in der uns mancher und manches etwas zu sagen hat, gehören dazu die Dinge, die uns nicht nur im Augenblick, sondern immer etwas zu sagen haben, wohl an erster Stelle.

Kurt Blaukopf

Akustische Umwelt und Musik des Alltags

Hinweis auf ein neues Arbeitsgebiet

Es ist an der Zeit, die Musik des Alltags zum Gegenstand theoretischer Reflexion zu machen. Die herablassende Haltung, mit der die Wissenschaft dem Alltäglich-Musikalischen von heute in unserer industriellen Gesellschaft häufig begegnet, steht in seltsamem Gegensatz zu dem lobenswerten Eifer, mit dem die Musikethnologie alle Zeugnisse des alltäglichen Umgangs mit Musik in aussereuropäischen Kulturen sammelt und analysiert. Selbst im Bereich der europäischen Musikgeschichte ist die Forschung bemüht, Anhaltspunkte zu entdecken, aus denen sich der musikalische Alltag vergangener Epochen erschliessen liesse. Was gäben wir darum, wenn wir über die Pariser Alltagsmusik rund um das Jahr 1300 mehr wüssten als das, was in dem Traktat des Johannes de Grocheo zu finden ist? Wie eifrig fahnden wir nach der Alltagsmusik zur Zeit der Wiener Klassiker, um den sozialen Boden kennenzulernen, auf dem sich bedeutende Kunstwerke entfaltet haben!

Schwierigkeiten der Erfassung

Wie begierig sind wir doch – und mit gutem Recht –, dem Einfluss der volksmusikalischen Praxis auf die jeweilige Kunstmusik nachzuspüren! Bloss in bezug auf den uns präsenten Alltag ist unsere wissenschaftliche Neugier noch allzu wenig angefacht. Was hier erklingt, ist gleich weit entfernt von der Kunstmusik einerseits und von der authentischen Volksmusik anderseits (wie immer sie definiert werden mag). Es ist ein Schauplatz oder – wie man besser sagen sollte – ein akustisches Feld der Hybridisierung, ein Tummelplatz der musikindustriellen Giganten, ein Gebiet der elektroakustischen Transformation, das der Beschreibung harrt.

Schon die phänomenologische Arbeit zur Erfassung dieses Feldes ist schwierig – und das mag einer der Gründe dafür sein, dass hier noch relativ wenig versucht worden ist. Die Begriffswerkzeuge der *Musikwissenschaft* sind vornehmlich auf die

Kunstmusik hin zugeschnitten, diejenigen der *Musikethnologie* in erster Linie auf eine Facette der Alltagsmusik vorindustrieller Gesellschaften, nämlich auf die Volksmusik. Die diesen Kategorien zugrunde liegenden Wertbegriffe scheinen auf die Alltagsmusik der industriellen Gegenwart nicht zu passen. Um einen Zugang zu dieser zu gewinnen, scheinen wertfreie Ansätze geboten. Einen solchen Ansatz stellt die Methode der Bestandesaufnahme dar. Sie knüpft an die Soziographie einerseits und an die Feldforschung der Musikethnologie anderseits an. Ein rezentes Beispiel hiefür ist das kürzlich vom Phonogrammarchiv der Oesterreichischen Akademie der Wissenschaften in Angriff genommene Projekt einer akustischen Dokumentation des heutigen Musizierens.

Dabei wird nicht nur dem vermeintlich Echten und Authentischen der Volksmusik nachgejagt, sondern der Versuch unternommen, ein realistisches Bild des tatsächlichen Musizierens zu gewinnen. Konsequent fortgesetzt, müsste dieses Unternehmen für einen bestimmten geographischen Bereich einen Beitrag zu jener Musiksoziographie liefern, die neuerdings von der musiksoziologischen Forschung angestrebt wird (Blaukopf 1979, Ostleitner 1980).

Die Motivation solcher Forschung ist dreifach:

1. Ihre Ergebnisse liefern einen Beitrag zur Erkenntnis der musikalischen Umwelt des Menschen von heute, das heisst seiner Hörerwartungen und Hörgewohnheiten;

2. sie liefern Entscheidungshilfen für die Musikpolitik und Musikförderung des Staates, der Länder und der Gemeinden; – und

3. sie schaffen die Voraussetzung für die Orientierung der Musikerziehung in einer sich stetig verändernden Welt.

Begriffsbestimmungen

Was liesse sich als Musik des Alltags bezeichnen? Die ungarische Soziologin Agnes Losonczi (1969) hat den Begriff in einer empirischen Studie verwendet und ihn definiert als jene Musik, die zum Alltag des Individuums gehört, deren Verständnis keine intellektuelle Anstrengung erfordert und deren Reproduktion ohne Ausbildung oder besonderes Lernen möglich ist. Die Bestimmung ist weit genug, um alles zu umfassen, das unserer Ansicht nach hierher gehört: spontanes Musizieren von Amateurgruppen ohne besondere musikalische Fachkenntnisse ebenso wie der Konsum von Hörfunksendungen, die das Autoradio vermittelt; Tanzmusik, die von Tänzern konsumiert wird, ebenso wie Lautsprechermusik in der Wartehalle des Flughafens oder im Kaufhaus; die Musik, die eine kirchliche Prozession begleitet, ebenso wie die Musik in der Teenager-Diskothek usw.

Eine Schwierigkeit bereitet in der angegebenen Definition das Wort «Reproduktion»; denn wir wissen sehr wohl, dass ein Teil dieser Alltagsmusik durchaus nicht von Amateuren gespielt wird, sondern von geschulten Musikern. Mit anderen Worten: Es gibt Musik, die für den Hörer wohl lebensgebunden ist und keine intellektuelle Anstrengung erfordert, die jedoch vom Standpunkt des Produzenten als höchst professionelle Darbietungsmusik anzusehen ist. Die Leistung dieser Produzenten kann also nicht ohne weiteres dem Begriff der Alltagsmusik in dem zitierten Sinne zugeordnet werden.

Die Loslösung der ursprünglichen musikalischen Darbietung von ihrer technischen Reproduktion schafft jedoch einen neuen, zweiten Typus des Reproduzierenden: den Menschen, der mit Knopfdruck und mit Betätigung von Reglern die einmal gespeicherte Musik in jedem beliebigen Moment erklingen lassen kann. Unser Alltag hat es also auch mit diesem neuartigen Begriff der Reproduktion zu tun, der vor Erfindung der Schallaufzeichnung nicht denkbar gewesen wäre. Diese technische Reproduktion von Musik ist das auffallendste Kennzeichen, welches die Musik des Alltags unserer Epoche von der Musik des Alltags vergangener Epochen unterscheidet. Die Musik, die schon von Kant als zudringliche Kunst empfunden worden ist, gewinnt damit einen noch höheren, vordem ungeahnten Grad der Zudringlichkeit.

Dies ist das Charakteristikum der Lautsprecher-«Kultur», die die unsere ist. Was aus diesen Schallwandlern tönt, prägt unsere musikalische Umwelt, wird zum Bestandteil unseres akustischen Haushalts. Dieser Sachverhalt ist, wie noch zu zeigen sein wird, auch für die Hörgewohnheit und die Hörerwartung des Menschen von heute bedeutsam. Der Mensch wird durch seine Umwelt bestimmt. Im akustischen Sinne ist dies jedoch nicht nur die Musik allein, sondern die gesamte Schallumwelt. Eine Betrachtung der Alltagsmusik kann nicht ignorieren, dass sich – nahezu gleichzeitig mit der Entwicklung unserer Lautsprecherkultur – auch die akustische Umwelt insgesamt geändert hat.

Schallumwelt

Die folgenden Ausführungen stützen sich zu einem erheblichen Teil auf die Forschungsarbeiten und Schriften meines Freundes R. Murray Schafer. Dieser kanadische Komponist und Musikerzieher hat es sich zur Aufgabe gemacht, in mehrjähriger Arbeit die spezifischen Merkmale unserer Schallumwelt zu erheben

(1971 und 1977). Es gelang ihm dabei, den sinkenden Anteil von natürlichem Schall und den steigenden Anteil von gesellschaftlich produziertem Schall näher zu bestimmen. Industrie- und Verkehrslärm haben Vorrang gewonnen vor dem Erlebnis von Wind und Regen, Wasserrauschen und Vogelsang.

Dieses gegenüber früheren Epochen geänderte Verhältnis ist durch zwei Merkmale ausgezeichnet:

1. die akustische Andersartigkeit der dominierenden industriellen Schallereignisse – und
2. die verstärkte Schallintensität der urbanisierten Schallumwelt, das also, was wir als Lärm bezeichnen.

Dieser Sachverhalt hat unmittelbare Folgen für die Musik insgesamt. Damit Musik sich von diesem gewohnten Lärmhintergrund abhebt, müssen ihre leisesten Abschnitte lauter werden, als sie zuvor gewesen waren. Wir haben für diese Hypothese neben unsystematischer Beobachtung nur wenig zuverlässige Belege. Eine Dokumentation, die mir bekannt geworden ist, stammt von einem französischen Musikwissenschafter (Philoppot 1974), der die Deutung dynamischer Vorschriften bei Tonaufnahmen während einer Reihe von Jahren beobachtet hat und dabei zum Schluss kam, dass zur Erweckung des subjektiven Eindrucks von *piano, forte, fortissimo* usw. im Verlauf von etwa zwanzig Jahren immer grössere Schallintensitäten erforderlich geworden sind, so dass das messtechnisch erfasste heutige *piano* so intensiv ist wie das technisch gemessene *forte* von ehedem.

Die Reizsteigerung in der akustischen Umwelt hat demnach zu einer Verschiebung unserer Dynamikskala geführt. Diese Verschiebung selbst ist vor allem möglich geworden durch den Einsatz der Verstärkertechnik bei der Wiedergabe von gespeicherter und übertragener Musik. Man kann nun feststellen, dass der technische Fortschritt, der die Verlagerung der Dynamikskala erzwungen hat, auch wieder die Mittel liefert, um diese Verlagerung zu ermöglichen. Diese Mittel stehen im elektrischen Bereich zwischen Mikrophon und Lautsprecher komfortabel zur Verfügung.

Elektrische Spannungen

Auch die Elektrifizierung unserer Umwelt hat Einfluss auf unser Hören. Schafer hat dazu einige Versuche mit überraschendem Ergebnis gemacht. Er entdeckte dabei nämlich einen unserer akustischen Umwelt innewohnenden Grundton, den wir offenbar bewusst nicht wahrnehmen. Schafers Versuche erinnern an die überlieferten chinesischen Legenden, die von einem Grundton sprechen, der der chinesischen Zivilisation eigen ist und der in Klangsteinen mit festen Tonhöhen überliefert wurde. Die jüngste Forschung hat den Beweis dafür erbracht, dass dieser chinesischen Ueberlieferung, die die Ordnung des Staates mit der Ordnung der Töne in Beziehung setzen wollte, sehr reale Umstände zugrunde lagen: die Klangsteine standen nämlich in fester Beziehung zu den Gewichten und Hohlmassen. Die Legende, weit davon entfernt, nur metaphorischen Charakter zu haben, beruhte also auf einem Normensystem, das Relationen zwischen Tonhöhe, Volumen und Gewicht herstellte. In unserem technischen Normensystem gibt es keine derartigen Beziehungen.

Doch zeigten die Untersuchungen Schafers, dass man von einer Bevorzugung bestimmter Tonhöhen in unserer Zivilisation sprechen darf. Er veranstaltete mit Gruppen von Versuchspersonen in Stille Entspannungsübungen und bat die einzelnen Personen dann, spontan einen frei gewählten Ton zu singen. In Europa wählte ein statistisch signifikanter Anteil der Versuchspersonen den Ton Gis, in den Vereinigten Staaten wählte ein ebenfalls sehr grosser Anteil der Personen den Ton H. Hiefür konnte nicht sogleich eine erklärende Hypothese angeboten werden. Die Analyse der akustischen Umwelt ergab jedoch, dass der von den Europäern bevorzugte Ton mit der Spannung des europäischen Wechselstromnetzes, nämlich 50 Hertz, übereinstimmt, das heisst, dass offenbar dieser Summton dem Europäer präsent ist. Die Abweichung in Amerika (H statt Gis) erhärtet diese Hypothese, denn die Wechselstromfrequenz in den Vereinigten Staaten liegt bei 60 Hertz, das heisst um eine kleine Terz höher als in Europa.

Dieser Sachverhalt hat vermutlich keine unmittelbare Bedeutung für die Musik, wenngleich dies ohne weitere Untersuchungen nicht unbedingt auszuschliessen ist; er zeigt aber, dass der Mensch von den akustischen Umwelterscheinungen nicht unabhängig ist und dass die Wechselstromfrequenz einen nicht unwesentlich konstanten Teil unserer Schallumwelt ausmacht. Es ist denkbar, dass die Allgegenwart dieser Wechselstromfrequenz ihrerseits auch wieder zur Erhöhung der in der Musik angewandten Schallintensitäten beiträgt.

Man könnte hier einwenden, dass die Tendenz, grössere Klangmassen zu entwickeln, in der Musik schon vor der Heraufkunft der Elektroakustik konstatierbar war. Beethoven und Berlioz, Liszt und Bruckner haben dafür Beispiele geliefert. Mahler hat in einem Brief aus dem Jahre 1893 seine eigene Vorliebe für starke Schallereignisse sogar ausdrücklich zu rechtfertigen versucht. Er schrieb:

«Wir Modernen brauchen einen so grossen Apparat, um unsere Gedanken, ob gross oder klein, auszudrücken.

Erstens weil wir gezwungen sind, um uns vor falscher Auslegung zu schützen, die zahlreichen Farben unseres Regenbogens auf verschiedene Paletten zu verteilen; zweitens weil unser Auge im Regenbogen immer mehr und mehr Farben und immer zartere und feinere Modulationen sehen lernt; drittens weil wir, um in den übergrossen Räumen unserer Operntheater und Konzertsäle von vielen gehört zu werden, auch einen grossen Lärm machen müssen.»

Die Notwendigkeit des «grossen Lärms» ergab sich dabei aber nicht aus der akustischen Oekologie der Epoche, sondern vielmehr aus der räumlichen Ausdehnung der Aufführungsräume. Sie zielte nicht auf eine *Verlegung* des Dynamikbereichs in die stärkeren Regionen ab, sondern auf eine *Erweiterung* des Dynamikbereichs durch Einbeziehung der intensiveren akustischen Reize unter Beibehaltung der subtileren akustischen Reize. Gerade Mahlers Musik bestätigt dies.

Neuartige Umwelt

Anders liegen die Dinge in der im wesentlichen nach dem Zweiten Weltkrieg entstandenen neuartigen akustischen Umwelt. Diese trägt dazu bei, den Hörer für feinere Reize unempfindlich zu machen. Sie bringt nicht nur Gehörschädigungen hervor, sondern auch ein viel allgemeineres Unempfindlichwerden in bezug auf feinere akustische Stimuli. Die Gehörphysiologie und die Gehörpsychologie haben diesen durch äussere Ereignisse hervorgerufenen Verlust an Sensibilität belegt. Insbesondere gilt dies für die temporäre oder dauernde Verschiebung der Hörschwelle durch Lärmeinwirkung (Bagliarello 1976).

Die Elektroakustik scheint dazu angetan, diesen Verlust wiederum wettzumachen. Das auffallendste Beispiel hiefür ist im Bereich der sogenannten ernsten Musik das, was die Schallplatte durch Transformationen im elektrischen Bereich zustande bringt. Da ist es möglich, die untere Grenze der Dynamik höher zu legen, so dass störende Geräusche der Umwelt und der Apparatur nicht mehr hörbar werden, und dennoch in dem relativ eingeschränkten höheren Bereich die dynamischen Relationen im Sinne der Partitur zu gestalten. Diese Kompression der Dynamik – bei Aufrechterhalten ihrer feineren Abstufungen – gehört zu den auffallendsten Leistungen der Tonaufnahmetechnik unserer Epoche. Im Verein mit der Stereophonie kann dieses Verfahren eine Transparenz der musikalischen Darbietung erzielen, die alle bisherige Erfahrung hinter sich lässt.

Da die Vermittlung von Musik auf technischem Wege eine für unsere Musikzivilisation quantitativ entscheidende Rolle spielt, darf es nicht wundernehmen, dass die Klangerwartung des zeitgenössischen Hörers mehr und mehr davon bestimmt wird. Karl Breh spricht in diesem Zusammenhang vom «zweiten Weg der musikalischen Kommunikation» (1980), der dem traditionellen ersten Weg seinen Platz und Rang mehr und mehr streitig macht. Dies deutet auf eine *historische Mutation* des Musiklebens hin, die sich freilich nicht bloss auf die ernste Musik erstreckt.

Hörerwartungen werden in steigendem Masse durch den technisch-künstlerischen Transformationsprozess auf diesem zweiten Wege der musikalischen Kommunikation bestimmt. So sehr, dass auch im Musiktheater und im Konzertsaal der Versuch unternommen wird, dem durch die Elektroakustik etablierten Klangideal nachzueifern. In den sechziger Jahren bereitete es mir noch einen gelinden Schock, wenn bei einer Aufführung von Schönbergs «Gurreliedern» in der riesigen Wiener Stadthalle Mikrophone, Verstärker und Lautsprecher eingesetzt wurden oder wenn ein Pariser Theater das Orchester einer Operette von Offenbach durch einen Dirigenten am Mischpult verstärken liess. Seither haben auch zahlreiche Komponisten das Mischpult in ihre Partituren aufgenommen.

Zur Elektroakustik

Welche Verlockung ist es nun, die den elektroakustisch manipulierten Klang so anziehend macht? Neben der Möglichkeit gesteigerter Schallintensität und manch anderen Aspekten der Transformation ist es vor allem die Vermittlung des Eindrucks räumlicher Nähe zur Schallquelle, der hier eine Rolle spielt. Die Techniker sprechen in diesem Zusammenhang von der sogenannten «Präsenz» des Klanges, und dieser Begriff umschreibt das Phänomen sehr zutreffend. Es handelt sich dabei um die Akzentuierung des Frequenzbereiches etwa rund um 3000 Hertz. Aus Analysen berühmter Sängerstimmen (Winckel 1953, 1971) wissen wir, dass die sogenannte Tragfähigkeit der Singstimme aus starken Klanganteilen in diesem Frequenzbereich herrührt. Die Akzentuierung verstärkt den Kontakt zwischen Schallquelle und Hörer. Im elektroakustischen Verfahren kann diese Akzentuierung künstlich besorgt werden. Die dadurch entstehende Präsenz des Klangeindrucks ist so verlockend, dass sie von findigen Erzeugern von Verstärkern oft schon in ihre Geräte sozusagen eingebaut wird.

Stärker als im Bereich der literaturgebundenen E-Musik macht sich die elektroakustische Manipulation im Feld der partiturungebundenen U-Musik geltend. Hier ist der Umformung des ursprünglich erzeugten Klangs keine Grenze gesetzt. Ein Beispiel dafür ist die freie Anwendung des Nachhalles. Dadurch entstehen Klangbilder, die in der realen Musik keine Parallele haben. Auch dies ist als ein Element der gegenwärtigen Mutation der musikalischen Kommunikation anzusprechen. Angesichts der Allgegenwart solcher U-Musik, die nicht nur unmittelbar von Schallplatten und Musikkassetten geboten wird, sondern auch mittelbar durch den Hörfunk, kann die Bedeutung dieser musikalischen Mutation nicht hoch genug eingeschätzt werden. Diese Art von Musik ist es vor allem, die den musikalischen Alltag von Millionen von Menschen prägt, und darum ist es in unserem Zusammenhang geboten, darauf näher einzugehen.

Vor Erfindung der Langspielplatte war die auf Platten dargebotene Musik aus technischen Gründen auf eine Spieldauer von drei bis vier Minuten beschränkt. Es muss auffallen, dass das, was man als Grundeinheit der U-Musik bezeichnen darf, sich auch unter geänderten technischen Bedingungen in der Regel mit einer solch kurzen Spieldauer begnügt. Es ist müssig, darüber zu spekulieren, ob der alte Drei-Minuten-Hit ein gesellschaftliches Bedürfnis antizipiert hat oder ob umgekehrt die Tradition der Schellack-Kurzspielplatte erst die U-Musik-Praxis geprägt hat. Tatsache ist, das diese Art von Alltagsmusik musikalisch kurzen Atem hat und dass diese kurzatmige Ueberschaubarkeit einen wesentlichen Beitrag zu jener Identifikation des Hörers mit dem Gehörten bildet, den Gunnar Sønstevold und Kurt Blaukopf schon vor mehr als einem Jahrzehnt beschrieben haben (Sønstevold/Blaukopf 1969). In Anlehnung an einen Begriff, den der amerikanische Soziologe David Riesman geprägt hat, bezeichneten wir diese U-Musik als «Musik der einsamen Masse». Dabei konnten wir einige Identifikationsmechanismen formaler, harmonischer und aufnahmetechnischer Art dingfest machen.

Im Nachwort zur Taschenbuchausgabe seiner «Musiksoziologie» (1968) hat Theodor W. Adorno auf die Bedeutung dieses Entschlüsselns von Identifikationsmechanismen in der U-Musik hingewiesen. Leider hat die spätere Forschung, soweit ich sehen kann, diesen Weg nicht weiter verfolgt. Deswegen ist jetzt wohl einiges nachzuholen, denn die Einbettung dieser U-Musik in den akustischen Alltag des Menschen hat in den mehr als zehn Jahren, die seither vergangen sind, weitere Fortschritte gemacht.

Hans Oesch

Weht der Wind von Osten?

Kritische Gedanken zur Rezeption orientalischer Musik durch abendländische Komponisten

In den verschiedensten Lebensbereichen ist heutzutage – insbesondere bei der Jugend – eine Faszination für das Exotische zu beobachten, die zu denken gibt. Für viele ist indische Musik ein Mittel, das Bewusstsein zu steigern und über sich selbst hinauszuwachsen, mithin also ein Ersatz für Drogen oder ihre Entsprechung. Die Beatles waren für manche Ensembles wegweisend in der Uebernahme des indischen Sound. George Harrison hat sogar versucht, vollständige Melodien aus dem Indischen herüberzunehmen und sie mit einem umfangreichen englischen Text zu versehen (zum Beispiel in «We were talking»).

Fragwürdigkeiten

Was ist von solchen Hinwendungen zu asiatischen Musizierpraktiken zu halten, wo liegen ihre Wurzeln? Wenden sich diese Musizierenden und Musikhörenden wie die Orientalen nach innen, um Wirklichkeitserfahrung zu erlangen (Meditationsmusik)? Man zweifelt, denn Ausübende wie Rezipienten solcher Musik neigen eher zum existentiell erfahrbaren als zum intellektuell erworbenen Wissen. Von Indien aus gesehen, ist solches Musizieren ein Missverständnis. Obgleich sich etwa die Beatles zum Teil an Ort und Stelle um das Wesen des Indischen bemüht und den Rat von Gurus eingeholt haben, blieb ihr Indienerlebnis – musikalisch nicht uninteressant – randständig und drang nicht vor zum Wesen indischen Musikdenkens.

Was sich im Westen indisch gibt, ist blosse Nachahmung, blosses Tun-als-ob, ist Flucht aus der abendländischen Wirklichkeit, der seelenlosen Industriekultur des zwanzigsten Jahrhunderts. Der indische Sound ist das Pendant zur Sprache der drogenkonsumierenden Subkultur einer vaterlosen Gesellschaft, die überzeugt ist, dass gerade sie die schlimmste aller Welten geerbt habe. Opiat stösst immer in eine Lücke, und indischer Sound tut es auch.

«Wenn ich musiziere, dann verliere ich den Kontakt mit der Aussenwelt. Die Augen fallen mir zu. Ich suche zu ergründen, was ich dann in mir fühle. Es ist das traurige Verlangen, etwas zu sein, das ich bisher noch nicht erreichen konnte.» Diese Zeilen schrieb (in einem Programmheft, Köln, Mai 1971), man bemerkt es an der gewählten Sprache, kein Anhänger der Rockkultur, dem der Begriff «cool» zum Leitstern geworden ist, der «durchblickt», dem man nichts mehr vormachen kann. Der solches formulierte, war Ravi Shankar, der grosse sitār-Virtuose, der so viel zum Verständnis indischer Musik im Westen beigetragen hat. Er hat nicht nur die klassische Konzertmusik Nordindiens zu uns gebracht, oft in einer unserem Musikdenken angepassten Art, was ihm in Indien viel Tadel einbrachte, sondern er hat auch versucht, durch Kompositionen wie das «Concerto for Sitār and Orchestra» (His Master's Voice, ASD 2732) oder durch gemeinsame Improvisationen mit dem Geiger Yehudi Menuhin («West meets East», His Masters's Voice, ASD 2294) – von Asien her – eine Begegnung orientalischer Musik mit abendländischer herbeizuführen.

Dieser Versuch schlug fehl, erbrachte nicht den Nachweis der Nähe oder Vereinbarkeit zweier Musikkulturen, sondern ihrer Unüberbrückbarkeit. Im Vorspiel zu «West meets East» empfindet man das sitār-Solo ganz und gar als indisch. Menuhins Violinkadenz – trotz einigen Anklängen an die indische Melodie – dagegen als westlich. Beim Beginn des Hauptthemas (mit Trommel) gehen Violine und sitār parallel; wo Shankar spezifische Gleitornamente vorträgt, spielt Menuhin exakte (für einen Inder leblose) Tonhöhen. Der Rhythmus der Violine ist in europäischem Sinne taktmässig empfunden, wodurch die Zeitgliederung des tāla verunklärt wird; rhythmische Verschiebungen in der sitār-Melodie werden von Menuhin als Taktwechsel missverstanden und imitiert. Es bleibt auch bei dieser Ost-West-Begegnung beim blossen Aneinander-vorbei-Musizieren.

Ein historischer Rückblick

Sucht man nach den Wurzeln des abendländischen «Ex oriente lux», wird man in die frühe Zeit des Kolonialismus und der Mission gewiesen; später sind sie entscheidend genährt worden durch die Orientsehnsucht der Romantiker. Die Chinoiserien des 17. und 18. Jahrhunderts – erst in Malerei und Plastik, dann auch in der Musik – führten zu keiner objektiven Begegnung mit der Kultur Chinas, sowenig wie später die Alla-turca-Mode den Vorderen Orient ernsthaft zu verstehen versuchte. Wenn damit auch die strengen Gesetze abendländischer Kunst spielerisch durchbrochen werden konnten, war chinesische oder türkische Musik nichts mehr als Kolonialware. Diese ausbeuterische Haltung der Kolonisatoren belastet das Verhältnis Europas zu den Kulturen der östlichen Welt bis auf den heutigen Tag.

Doch der Kolonialismus hatte die Segel nicht nur in Richtung auf Ausbeutung gehisst. Mersenne veröffentlichte bereits 1636 erste Beispiele aussereuropäischer Musik, und Rousseau publizierte im Anhang zu seinem «Dictionnaire» 1768 neben den von Mersenne übernommenen Transkriptionen amerikanischer Gesänge auch eine chinesische Melodie und ein persisches Lied. Die ganze Diskussion des 18. Jahrhunderts über das Verhältnis von Natur und Geschichte ist nicht denkbar ohne diese vorurteilslose Begegnung mit fremden Kulturen. Auch die erste eigentliche ethnomusikologische Monographie («De la Musique des Chinois», 1779) des Missionars J. J. M. Amiot, in hohem Masse Rousseaus aufklärerischen Gedanken verpflichtet, zeigt, dass gedankliche Auseinandersetzung mit aussereuropäischen Kulturen eine vorwiegend französische Spezialität war. Auch in der musikalischen Rezeption exotischer Phänomene blieb Frankreich lange Zeit führend, denke man nur an den Schumann-Zeitgenossen Félicien César David, der mit Recht als der Vater des musikalischen Exotismus gilt. Mächtigen Auftrieb bekamen diese Tendenzen dann durch die Pariser Weltausstellungen von 1889 und 1900, wo Claude Debussy indonesische und kambodschanische Orchester hörte.

Debussys exotischer Sinn

Der Fall Debussy kann uns helfen, Kriterien echter Rezeption aussereuropäischer Musik zu finden. Sein kompositorisches Bemühen war es, die verlöschende form- und gestaltbildende Kraft der Kadenzharmonik zu kompensieren durch neue Klangorganisationen wie Verschleierungstechnik oder Ganztonfortschreitungen. In der javanischen Musik fand er eine traditionelle Tonleiter, die slendro-Skala, die sich dem diatonischen Musikdenken dadurch widersetzt, dass die Oktave in fünf prinzipiell gleich grossen Schritten (angenähert $\frac{5}{4}$-Töne) durchmessen wird. In «Pagodes» aus den 1903 entstandenen «Estampes» für Klavier imitierte er diese exotische Klanglichkeit mit dem Mittel der akustischen Täuschung. Das Javanische wurde für Debussy zum Jungbrunnen, denn Elemente dieser Musik halfen dem nach neuen Organisationsformen der Musik suchenden Komponisten, im eigenen Schaffen voranzukommen. Die eigene (französische) Folklore war ja nicht dazu angetan (im Gegensatz zu Strawinsky und Bartók), solche Kräfte zu offenbaren. Dieses Suchen und Finden führte den Franzosen notgedrungen in aussereuropäische

Regionen. So war er ja auch der erste, der zur Erneuerung der Rhythmik seiner Kunstsprache Jazzelemente ins Eigene verwandelte («Golliwog's Cake Walk» aus «Children's Corner», 1906/1908).

Dass Debussy die javanische gamelan-Musik für ein Naturprodukt hielt («der ewige Rhythmus des Meeres») und nichts ahnen konnte von der strengen Gesetzmässigkeit, die in ihren Cantus-firmus-Sätzen waltet, tut wenig zur Sache. Die Begegnung mit dieser fremdartigen Klanglichkeit brachte ihn weiter auf seinem schöpferischen Weg.

Messiaen und seine Schüler

Hatte Debussy die Begegnung mit aussereuropäischer Musik auf der Ebene der Klanglichkeit realisiert, so wurden für Olivier Messiaen musiksprachliche Elemente wie Versstrukturen und Akzente zum Vehikel musikalischer Erneuerung. Er kannte damals, als er seine melodischen und rhythmischen Modi entwikkelte, aussereuropäische Musik fast nur aus Büchern und hatte überdies den Europazentrismus noch nicht überwunden. In Anlehnung an die indischen rāga schuf er seine nur begrenzt transponierbaren melodischen Modi, und mit seinen nicht umkehrbaren rhythmischen Gestalten rezipierte er Sachverhalte der indischen tāla-Theorie. Nicht unähnlich Debussy verwandte er indes diese neuen musikalischen Bausteine nicht nach aussereuropäischer Manier; er kombinierte sie vielmehr in völliger schöpferischer Freiheit nach prinzipiell traditionellen abendländischen Methoden wie Krebs, Ostinato, Kanon und so fort. Die fremden Elemente halfen auch ihm, neuartige Stimmverbände (polyphone und polyrhythmische) zu erzielen, seine eigene Sprache zu erneuern. Er verfuhr mit diesem Lehngut nach Methoden, die ihm und nicht der Fremdkultur eigen sind.

Bei Messiaen blieb es indes nicht bei der Uebernahme und Neudeutung aussereuropäischer Materialien – oder bei den für ihn so wichtigen Vogelrufen sogar aussermusikalischen! –; die Integration des Fremdgutes führte zu einer Veränderung auch des Musikdenkens, denn sein rhythmisches System kennt weder das Mass des Taktes noch der Zeit in einem traditionell abendländischen Sinne. Und damit hat er Schule und möglicherweise auch Geschichte gemacht.

Die Generation der Schüler Messiaens hat hier angeknüpft. Pierre Boulez gestand einmal: «Für mich war die nichteuropäische Kultur wirklich eine Entdeckung. Ich empfand sie gleich als willkommenes Gegengift zur europäischen Kultur.» Insbesondere war es der in Japan, Indien oder Bali so gänzlich andere

Zeitbegriff, etwa das abstrakte Konzept der Zeit in Japan oder die Konzeption langer Perioden auf Bali. Man könnte diese Ebene des Kontaktes mit aussereuropäischer Musik die «philosophische» nennen, der teilweise auch John Cage zuzurechnen ist, für den das chinesische Weisheitsbuch «I Ging» bei der Einbeziehung des Zufalls in die Komposition gewissermassen Pate stand. Ein wesentliches Kriterium echter Rezeption scheint auch bei dieser Uebernahme von Begriffen zu sein, dass sie das Musikdenken erweitern und erneuern, dass es aber abendländisches Musikdenken bleibt und nicht zu indischem oder japanischem wird.

Ablehnung blosser Annexion

Wer sich nicht erfolgreich bemüht, Musik mit den eigenen Klangmitteln und Methoden im Lichte der Kenntnis nichtwestlicher Strukturprinzipien zu schreiben, sondern sich zu sehr den fremden Kulturen überantwortet, erleidet das Schicksal eines Steve Reich. Er liess sich durch Balier in das Spiel der gamelan-Instrumente einführen und studierte beim Stamm der Ewed westafrikanische Trommeltechniken. Das alles fand seinen Niederschlag in Kompositionen, die darum problematisch sind, weil das Fremde nicht ins Eigene integriert ist, weil hier wieder Musik nach Stilen geschaffen wurde, die sich gegenüber der Musik Westafrikas oder auf Bali ungemein reaktionär ausnimmt.

Luigi Nono hat musikalische Annexionen dieser Art mit scharfen Worten angeprangert, denn «es ist kein funktioneller Unterschied zwischen einer hohlen indischen Beschwörtrommel, die in einem modernen europäischen Haushalt als Mülleimer dient, und den Orientalismen, deren sich eine abendländische Kultur bedient, um ihr ästhetizistisches Materialgebastel attraktiver zu machen». Nono selber gesteht, er habe fremde Kulturen studiert (die chinesische Oper, das japanische Kabuki- und das Nō-Theater), nicht um sie zu übernehmen, sondern um ihre phonetischen Elemente zusammen mit ihren menschlichen Problemen und sozialen Funktionen zu erkennen: «Ich denke, diese Art von analytischer Arbeit habe ich theoretisch aus dem marxistischen Denken gelernt, praktisch vielleicht aus der Arbeit im elektronischen Studio.»

In dieser Haltung scheinen sich die meisten der führenden Komponisten in der Nachfolge Weberns einig zu sein. Wenn Boulez im «Marteau sans Maître» die Gitarre nach Artikulationsprinzipien des japanischen koto verwendet, wenn sich die Aleatorik auf Zufallsmusik in Indien und Japan beruft, wenn Cage das präparierte Klavier nach Hörvorstellungen konzipierte, die ihm indonesische gamelan-Musik bot, dann handelt es sich in all diesen und beliebig zu erweiternden Fällen um abendländische Musik, geschaffen im Lichte orientalischer Erleuchtung.

Karlheinz Stockhausen

Einen Sonderfall stellt Karlheinz Stockhausen dar. Bei ihm scheint der Universalitätsgedanke, ein Kind der Romantik, in ganz besonderer Weise fortzuwirken. Er lebte in schintoistischen und buddhistischen Klöstern, arbeitete auf Bali und nahm mehr aussereuropäische Musik in sich auf, als er weiss oder wahrhaben will. Ob er nun wie in «Aus den sieben Tagen» (1968) intuitive Musik konzipiert, bei deren Interpretation alles musikalische Denken dem Ueberrationalen dient, oder ob er wie in «Stimmung» meditative Musik schreibt, die Ueberwachheit und schöpferische Ekstase ist, immer wieder fliessen ihm, vergleichbar chemischen Verbindungen, auch asiatische «objets trouvés» in seine symbiotischen Kompositionsformen mit ein: «Wenn ich das Gesetz einer allgemeinen musikalischen Genetik entdeckt habe und damit arbeite, so kommen alle historischen Exemplare, die sich irgendwo einmal als Inselkultur kristallisiert haben, sowieso mit vor.»

Symbiotische Kompositionsformen sind nach Stockhausen solche Individualstile, die bewusst geformt sind aus den Kreuzungen der merkwürdigsten Einflüsse aller historischen und frei erfundenen Möglichkeiten. Ihr Nutzen und ihre Wirkung liegen darin, dass sie auf neue Weise die Welt musikalischer Formen und Aufführungsriten erweitern, eine Art künstlicher neuer Folklore («Telemusik», «Hymnen», «Kurzwellen», «Spiral», «Stimmung», «Mantra»).

Die Beschäftigung mit Musik anderer Kulturen ist für Stockhausen in diesem Sinne weder eine Modeangelegenheit noch ein Hobby, sondern notwendige Voraussetzung, um andere Menschen besser zu verstehen und um von ihnen besser verstanden zu werden. Diese artifizielle neue Folklore stellt im Selbstverständnis Stockhausens eine Symbiose verschiedenster musikalischer Kulturen dar. Die Integration asiatischer Musik dient nicht als Kolorit, sondern hat zum Ziel, eine Verbindung zu den Denkstrukturen anderer Menschen herzustellen. Seine symbiotischen Kunstwerke sind das Ergebnis einer Gleichheit verschiedenster Stile, sind Individualstil auf der Basis einer utopischen Fiktion. Nur in sehr wenigen Fällen hat er aussereuropäische Elemente bewusst übernommen: in «Am Himmel wandere ich ...» (1972) aus «Alphabet für Liège» ist es die Zwölftonreihe, die nach der Art eines indischen rāga allmählich vorgestellt wird; bereits unbewusst ist die auffallende Uebereinstimmung des Anfangs von «Carré» mit tibetischer Tempelmusik, und «Mantra» hat zu indischer Kultur, ausser durch seinen Werktitel (die 13tönige Formel ist ein Mantra), nicht die geringste Verbindung.

Trivialisierung oder Verständnis?

Seit dem Zweiten Weltkrieg sind nicht nur die Weltkulturen nahe zusammengerückt, sondern ist auch der Glaube an Qualität und Tragfähigkeit der kulturellen und zivilisatorischen Errungenschaften des Abendlandes weiter geschwunden. Die romantische Sehnsucht nach der Inspiration aus der Ferne ist auch in der Musik der All-Präsenz aussereuropäischer Kunst gewichen. Die Gefahr besteht darin, dass das Streben nach Universalität bloss ein Pendant zur Opposition gegen Staat und Gesellschaft, zur Flucht in Meditation, Yoga, Zen sowie zur Droge ist; die Gefahr liegt heute, konkret gesprochen, in der *Trivialisierung* des Universalitäts-Gedankens. Denn echte Universalisierung kann nur stattfinden, wenn sich die Weltkulturen gegenseitig verstehen, wenn eine gemeinsame Basis für eine Integration so verschiedenartiger Musikstile gesucht und gefunden wird.

Das universelle Denken ist auch in der *Musikwissenschaft* erwacht. Auf musikwissenschaftlichen Kongressen hat man die Möglichkeiten und die Wünschbarkeit einer Weltgeschichte der Musik erwogen, und heute besteht bereits ein konkretes Projekt der Unesco, in Verbindung mit der Internationalen Gesellschaft für Musikwissenschaft durch ein Autorenteam eine «World History of Music» erarbeiten zu lassen.

Die Sicht von Osten aus

Der Universalitäts-Gedanke ist in der modernen Tonkunst wesentlich gestärkt worden durch die Tatsache, dass es heute eine ganze Reihe von asiatischen Komponisten gibt, die aus ihrer eigenen Tradition heraus ohne Substanzverlust Werke schreiben, die japanisch oder koreanisch sind und gleichzeitig auch von uns verstanden werden. Diese internationale musikalische Konvergenz ist eine Folge des Umdenkens im Abendland. Asiatische Erfinder neuer Musik konnten indes erst für das abendländische Instrumentarium komponieren, nachdem spezifisch westeuropäische Gegebenheiten der musikalischen Tradition im Westen selbst in Frage gestellt oder gar aufgegeben waren. Zu ihnen gehören die funktionale Harmonik, das europäische Verständnis von Polyphonie, musikalischer Form, musikalischer Zeit sowie auch der Glaube an ein autonomes Kunstwerk. In den Konzertsälen Westeuropas und Amerikas begegnet man immer häufiger

Kompositionen eines *Yoritsume Matsudaira, Toru Takemitsu* oder *Maki Ishii,* und man hält sie für Vertreter der «Avantgarde», ohne zu wissen, dass sie in ihrer japanischen Heimat zwar auch als Erneuerer empfunden, aber durchaus als im Einklang mit der japanischen Tradition befindlich verstanden werden. Mehrere Asiaten – nicht nur Japaner – studierten gar im Westen: der Koreaner Isang Yun in Europa (wo er heute auch wohnt), der Chinese Chou Wen-chung bei Varèse in Amerika. Sie lernten, sich als Komponisten «westlich» zu geben, ohne sich als Asiaten zu verleugnen.

Es wäre nun aber ein zu vorschneller Schluss, wollte man angesichts einer solchen Tendenz gleich von einer sich anbahnenden Weltsprache der Musik sprechen. Wenn sich Kompositionen eines *Isang Yun* – um nun einmal bei ihm zu bleiben – mit Werken seiner europäischen Kollegen vergleichen lassen, dann darum, weil er sein angestammtes Musikdenken nach modernen westlichen Form- und Strukturprinzipien formuliert hat: für ein Doppelkonzert für Oboe und Harfe gibt es aus koreanischer Tradition keine Veranlassung!

In der abendländischen Musik bestimmte sich die Bedeutung eines Einzeltons von jeher aus dem Kontext, in dem er steht: dem horizontalen in der Melodie, dem vertikalen in der Harmonie. Dieses Prinzip ist erst in neuester Zeit durchbrochen worden, in Korea aber hat es nie existiert. In der koreanischen Musik ordnet sich der Einzelton in unmittelbar realem Zusammenhang einem Hauptton unter, der eine ganze Klangfläche beherrscht. Das musikalische Geschehen schreitet so von Hauptton zu Hauptton oder von Klangfeld zu Klangfeld fort. Die in diesem Klangfeld vorkommenden Töne, die nicht so abstrakt gedacht sind wie in westlicher Musik, behalten ihr vollkommenes Eigenleben, werden verlebendigt durch Vibrati, Glissandi, Pizzicati, durch Schwebungen und individuelle Lautstärke. Der Spieler, der solche Einzeltöne mit Intensität erfüllt, ist kein Vollstrecker abstrakter Vorschriften, sondern ist in die Lage versetzt, sich spielenderweise selbst zu verwirklichen. Einzeltöne im Kontext sind nicht einem Strich mit dem Silberstift zu vergleichen, sondern einem Pinselstrich, einer Fläche mit innerem Leben und einem Zentrum. Taoistisch könnte man sagen: Das Ganze ist im Teil, und der Teil ist das Ganze.

Solchermassen entwickelt sich, von Klangfeld zu Klangfeld fortschreitend, etwa der dritte Satz von «Loyang» (1962) von Isang Yun, der höfischer Zeremonialmusik Koreas vor tausend Jahren (als Loyang Hauptstadt war) besonders nahekommt. Vergleicht man die moderne Komposition mit einem traditionellen höfischen Instrumentalsatz wie beispielsweise «Yong San», dann stellt man hier wie dort das gleiche Satzprinzip fest: ein breiter Klangstrom, intensiv gehalten, dann wieder abrutschend, interpungiert durch Schlagwerkzeuge, von Zentraltönen beherrscht, denen chromatische Nachbartöne zugegeben sind. Der hier waltende Zeitbegriff widersetzt sich beharrlich traditionell westlichen Vorstellungen, kommt aber dem Verständnis postserieller Komponisten («Wie die Zeit vergeht») sehr nahe. Was heute von Vertretern der Avantgarde, von Boulez und Stockhausen bis hin zur jüngsten Generation, unentwegt gesucht wird, wie sich Determiniertes und Indeterminiertes, wie sich Intuition und Komposition in eins setzen lassen, ist hier auf alltägliche Weise gelöst und ist jahrhundertelang praktiziert worden.

Prinzip Hoffnung?

So konzipierte Werke asiatischer Musiker und Formulierungen abendländischer Erfinder neuer Musik kommen sich bisweilen fraglos sehr nahe. Darum sind auch manche Asiaten von der Vorstellung getragen, wir würden uns auf eine kommende Weltsprache der Musik hin bewegen. *Chou Wen-chung* hat den Gedanken einer Orient und Okzident umspannenden musikalischen Weltanschauung 1965 in einem New Yorker Radiointerview (Contemporary Composers on Contemporary Music. New York 1967, Seite 308–315) nachdrücklich formuliert.

Gleichzeitig hat er aber auch auf fundamentale Unterschiede im Musikdenken beider Kontinente hingewiesen. Wenn er von einem traditionell buddhistischen Konzept sprach, das im Westen zu beherzigen wäre, wonach nämlich das Material unwesentlich und das Unwesentliche Material ist, und wenn er in Anlehnung an klassisch chinesische Philosophie zum Prinzip erhob, «Dinge als Dinge zu benutzen, nicht aber von Dingen als Ding benutzt zu werden», so wies er mit asiatischer Höflichkeit darauf hin, wie materialistisch abendländisches Denken im Grunde ist. Die extremste musikalische Fruchtbarmachung materialistischen Denkens ist wohl in der kurzen Phase der seriellen Technik erreicht worden; sie führte zu einem eigentlichen Materialfetischismus. Doch an serielle Musik hat Chou Wen-chung bei seinem Diktum nicht gedacht; die Asiaten haben diese Entwicklung nie mitgemacht. Der Vorwurf zielt tiefer und meint, Materialismus sei etwas durch und durch Abendländisches und unvereinbar mit östlichem Denken. So besehen kann es in der Musik Europas und Asiens allenfalls zu Annäherungen kommen, können sich «die Bilder gleichen», eine Gemeinsamkeit des Musikdenkens wird sich aber nicht ergeben, solange die geistigen Voraussetzungen in Ost und West verschieden sind.

Nun mehren sich indes die Zeichen, dass das materialistische Credo in der Musik des Westens da und dort in Frage gestellt wird. Ist Stockhausens intuitive oder meditative Musik etwa ein solcher Aufbruch im Zeichen asiatischen Denkens? Einstweilen geht er diesen Weg weitgehend ohne Gefolgschaft. Oder ist die rein aleatorische Kunst eines Cage Ausdruck der Verachtung des musikalischen Materialismus? Einstweilen wissen wir nicht, ob solche Negation des musikalischen Materials als Erfüllung oder als Kapitulation zu werten ist. Und einstweilen bleibt es dabei, dass unterschiedliches Musikdenken den Westen vom Osten trennt.

Andres Briner

Hörvorlieben jugendlicher Musikhörer

Chancen eines Ausgleichs zwischen Unterhaltung und Kunstanspruch

Noch stehen sich die Schöpfungen professioneller Komponisten und die Hörpräferenzen der grossen Mehrheit jugendlicher Hörer – von wenigen, nicht unwichtigen Ausnahmen abgesehen – scheinbar unversöhnlich gegenüber. Aber die Divergenzen sind auf der Bewusstseinsebene krasser als auf den Ebenen des praktischen, mehr aus Intuition als aus bewusstem Willen strömenden Tuns. Neue komponierte Musik verlangt gewöhnlich nach einem hohen Grad der Bewusstwerdung, gerade dort, wo sie nicht Werte preisgeben will, während sich Unterhaltungsmusik Serien von Momentanimpulsen, von sensuellen Reizen überlässt, die einfachsten Hörgewohnheiten entgegenkommen.

Indessen fallen Berührungspunkte darin auf, dass Beginn und Ende eines musikalischen Verlaufs, und oft auch seine innern Konturen, gern verwischt werden. Ob man im schummrigen Licht einer Diskothek einigen Unterhaltungsstücken das Recht auf «Background» gibt (denn mehr kann diese Musik trotz ihren Lautstärken ja nicht leisten), oder ob man einer professionellen Vokalgruppe dabei folgt, wie sie Stücke von Karlheinz Stockhausen «Aus den sieben Tagen» nach Verbalanweisungen improvisiert: in beiden Fällen schleicht Musik dahin, ohne sich zu definitivem Anfang und Ende zu bekennen, ohne den zeitlichen Verlauf zu «funktionalisieren». Das, was zu den Formen westlicher Musik seit dem Spätmittelalter unabdingbar gehörte, dass sie aus der Aufstellung einer musikalischen Einheit in eine Weiterspinnung, Verarbeitung übergehen und schliesslich eine Endphase vorbereiten und ausführen – das wird nun mit verschiedenen Anteilen von Bewusstheit umgangen.

Moment- und Kurzformen

Zwar gibt es auch in der Kunstmusik Strömungen – sie sind vor allem von John Cage und von den Vereinigten Staaten insgesamt ausgegangen –, die das Eingehen von Musik in die akustische

Tagesumwelt oder das Hervortreten aus ihr praktizieren, aber mehrheitlich hält doch Kunstmusik am Anspruch fest, ein strukturiertes akustisches Gebilde in den allgemeinen Zeitfluss hineinzubauen, also Zeit *durch* ihre künstlerische Strukturierung (wie dies Strawinsky seinerzeit festhielt) bewusst werden zu lassen. In der bewussten Verminderung der Dauer ergibt sich der Begriff der «Momentform», wie ihn Stockhausen beschrieben hat:

«Jeder Moment, ob Zustand oder Prozess, ist ein Persönliches, Zentriertes, das für sich bestehen kann. Das musikalische Geschehen nimmt nicht von einem bestimmten Anfang bis zu einem unausweichlichen Ende seinen determinierten Verlauf; ein Moment ist nicht bloss Folge des Vorausgegangenen und Ursache des Kommenden; vielmehr macht die Konzentration auf das Jetzt, auf jedes Jetzt gleichsam vertikale Schnitte, die eine horizontale Zeitvorstellung quer durchdringen bis in die Zeitlosigkeit, die ich Ewigkeit nenne ...»

Solche Vorstellungen nähern sich jenen, die aussereuropäischen Musikkulturen zugrunde liegen: das musikalische Geschehen entspricht nicht den Linien der Musikschriften, die sich von links nach rechts horizontal erstrecken und durch Taktmasse unterteilt werden können; «temps vécu» (Bergson) stellt sich je nachdem verweilend, kreisend oder wild treibend, auf jeden Fall aber irrational vor, in eklatantem Gegensatz zum «temps mesuré» der westlichen Musikmetrik.

Die Absage an hohe Funktionalisierung langer Dauern öffnet sich in der Unterhaltungsmusik, da sie im allgemeinen an einfachen tonalfunktionalen Gebilden mit leicht fasslicher Periodik und eingängigen Wiederholungsformen festhält, nicht dem Verständnis andersartiger Musikkulturen – sieht man einmal vom Jazz ab, dessen Akkulturationsvorgänge nun schon Jahrzehnte zurückliegen. Ja, von der Geschichte der Neuen Musik, insbesondere der sich von Schönberg herleitenden, aus erscheint es wenig wahrscheinlich, dass die Masse der Unterhaltungsmusik bevorzugenden jungen Hörer so bald an die neue Komposition herangeführt werden könne. Denn diese Musik hat bewusst jene Merkmale fallengelassen, die den Hörvorgang erleichtern. Die Strophen- und Refrainformen, die eine musikalische Einheit kaum über eine Minute anwachsen lassen und als Kurzformen die universellste Strukturierung von Unterhaltungsmusik ausmachen, sind verschwunden und mit ihnen nicht in absolutem, aber in relativ wirksamem Zusammenhang auch die Periodik des Themenbaus, die musikalische Erwartung in einfache Bahnen lenkt. Dass pulsierender Rhythmus innerhalb einer einfachen Metrik das enorm erleichtert, was heute allgemein als «Rezeption» von Musik angesprochen wird, ist auch experimentell durch verschiedene Versuche erhärtet worden. Der letzte, aber nicht unwichtigste Ordnungsfaktor, jener der Tonalität, ist ebenfalls von den Schönberg-Nachfolgern am radikalsten umgewandelt, allerdings nicht fallengelassen worden, denn auch in dem, was Schönberg selber eher «Pantonalität» als «Atonalität» genannt haben wollte, spielen tonale Beziehungen zwischen Tönen.

Aber die Emanzipation der früher (und in der Unterhaltungsmusik auch weitgehend heute noch) als «Dissonanzen» angesprochenen Intervalle hat die Orientierung für das Ohr wesentlich erschwert. Künstler wie der heute achtzigjährige Ernst Křenek halten dafür, dass die Entwicklung des Gehörs der musikliebenden Menschheit bis hin zur Erfassung von «atonaler», aperiodischer, athematischer und formal ohne fassbare Wiederholungen «arbeitender» Musik nur eine Frage der Zeit sei, während andere Künstler und Wissenschafter, darunter auch erstaunlich viele junge, den Wiedergewinn von Hörerleichterungen als ein wesentliches Ziel neuer Komposition und Improvisation erachten. Die von den Vereinigten Staaten ausgegangene «minimal art» gehört diesen Tendenzen ebenso zu wie die sich an vielfältige asiatische Praktiken anlehnende Repetitionsmusik und schliesslich all das, was man heute summarisch als «Neue Einfachheit» versteht. Von der «Kunstmusik» her werden indessen heute tatsächlich Brücken gebaut im Versuch, den breiten Hiatus zwischen der Zahl der heranwachsenden Musikfreunde und der gegenwärtigen Komposition zu überwinden – und ob sie im jenseitigen Festland der Unterhaltungsmusik einen Stand finden und wie sehr sie zu tragen vermögen, das können erst die kommenden Jahrzehnte erweisen.

Schrumpfung der Perspektive

Angesichts solcher Ungewissheit fällt um so deutlicher auf, dass die moderne Komposition schon in den fünfziger und sechziger Jahren, als sie in mehreren Staaten Europas auf einen Glauben an ein kommendes Reich strikt «atonaler», aperiodischer und athematischer Musik bauen konnte, auf verschiedene Arten die Zeit der klingenden Musik aus der Funktionalität zu entlassen gewillt war, in die sie durch das 18. und das 19. Jahrhundert hindurch immer deutlicher geraten war. Dieser Verzicht hing eng mit der Aufgabe einer funktionalisierenden Harmonik zusammen, also mit der formbildenden Wirkung von Tonika (Grundklang eines ganzen Formzusammenhangs), Unterdominante (eine der beiden Gegenfunktionen zur Tonika, Trägerin vieler Sätze und formaler Einheiten in Formzyklen) und Dominante (zweite Gegenfunktion zur Tonika, in diese zurückleitend). Dieser historisch unvermeidliche Verlust wird richtig als Aufgabe der «Tonikalität» der Musik bezeichnet, denn solange Töne (und die Intervalle zwischen ihnen) verwendet werden, kann «Tonalität» im eigentlichen Sinn des Begriffs nicht aufgegeben werden (was nicht hindert, dass Musik mit schweifenden Tonskalen und Geräuschen sie doch verlässt).

Der Rückzug Anton Weberns auf formale Miniaturen gehört ebenso zu den Folgen der «entfunktionalisierten» Zeit wie der Ausbau «serieller» Strukturprinzipien, die das Erlebnis der Zeitdauer vermeiden, um die andern Faktoren («Parameter») der Musik dem Rhythmus gleichordnen zu können. Während die Metrum-Rhythmus-Verhältnisse in seriell gebauter Musik scheinbar die Entwicklung zu stetiger Zunahme kompositorischer Komplikation und damit zu ständiger Abnahme an Zugänglichkeit für den unvorbereiteten Hörer fördern und exemplifizieren, haben sie, wie sich seit den sechziger Jahren und vor allem in der Konfrontation mit John Cage zunehmend ergeben hat, die musikalischen Verläufe dem Ohr «beliebiger» gemacht und dabei, sofern keine hörbaren Ordnungsprinzipien oktroyiert wurden, eine Annäherung an «Chance-Music», an Zufallsverläufe, ermöglicht. Die rational vielleicht am höchsten organisierte Musik des Westens, eben die serielle Musik, hat sich so als eine Voraussetzung entpuppt, wieder näher an die Befriedigung durch unmittelbare Impulse heranzukommen, als es innerhalb der romantisch-spätromantisch-neuromantischen Tradition (zu der auch Schönberg zählt) möglich war.

Diese Entwicklung zu betrachten, ohne qualifizieren zu wollen, ist schwierig. Man vermag ja das Auge kaum zu verschliessen vor der Tatsache, dass die abendländische Tradition in den musikalischen Formen vor allem der Perioden zwischen dem Spätmittelalter und der Spätromantik Wunderwerke hervorgebracht hat, denen die Gegenwart scheinbar nichts Gleichwertiges an die Seite zu stellen hat. Diese Perioden waren, wohl nicht zufällig, auch jene gültiger perspektivischer Sichten in den bildenden Künsten. Der partielle Verlust der Perspektive der funktionalen Harmonik in der Musik seit den zehner und zwanziger Jahren unseres Jahrhunderts hat anderseits mobile Verhältnisse geschaffen, in denen sich verschiedene neue tonale, rhythmisch-metrische, thematisch-athematische, strukturierende und «aleatorische» (mit einem gewissen Grad von Zufälligkeit rechnende) Vorstellungen heranbilden konnten. Mit dem Verlust der funktional-harmonischen Perspektive ist auch ein in hohem Masse produktives Verhältnis zu aussereuropäischen Musikkulturen möglich geworden. Mögen wir auch in den letzten Jahren einer spezifisch westlichen Kompositionskultur leben, so überlappen sie sich doch sehr wahrscheinlich mit den ersten Jahren werthaltiger Symbiosen westlicher Komposition und Improvisation mit Praktiken, die aus andern Erdteilen stammen.

Chancen der Annäherung

Von hier aus sehen die Brücken, die etwa zwischen dem Free Jazz und der improvisierenden E-Musik gebaut werden, nicht so fragil aus. Von diesem Gesichtspunkt aus nimmt sich das Verschwinden jener traditionellen Formen wie der (immer längere Zeitspannen «funktionalisierenden») Fugen, Sonatenhauptsätze, Adagioformen, weitgesponnenen Variationssätze, der vielgestaltigen Rondos und endlich jener fast immensen Satzgebilde, die Komponisten wie Anton Bruckner, Gustav Mahler und Richard Strauss zu meistern verstanden, nicht nur als Verlust aus. Von der Erfahrung des Einstroms rhythmischer Energien bei Künstlern wie Bartók, Hindemith und Strawinsky über jene der Fragmentierung der Formen und des weitgehenden Dispenses von «grossen» Formgebäuden bis zu den heutigen Verschmelzungen mit Elementen europäischer Unterhaltungsmusik und aussereuropäischer Idiome zieht sich eine Linie, die es gar nicht unwahrscheinlich werden lässt, dass in einiger Zukunft das weitverbreitete Unterhaltungsbedürfnis der Jugend, der Wunsch nach dem unmittelbar vom musikalischen Geschehen ausgehenden Impuls, sei er farblicher, intervallischer, rhythmischer oder noch anderer Art, mit den Hervorbringungen schöpferischer Musiker in Komposition und Improvisation – die sich beide weiter annähern mögen – weitgehend zusammenfallen werden, und dies nicht in minderwertigen Produkten.

Dann wären die allgemeinern Bedürfnisse der Heranwachsenden mit dem kulturellen Angebot in eine Deckung gebracht, so gut man sie sich überhaupt vorzustellen wagt. Dass zunehmend junge Musiker für Jazz und «ernste» Musik begabt sind und beides weiterverfolgen wollen, ist kein schlechtes Omen.

Ohne die Lösung von Bildungsaufgaben wird die Annäherung allerdings schwieriger zu erreichen sein. Mit der Feststellung von übereinstimmenden Phänomenen in der Diskomusik und in der Kunstmusik – in der Absage an streng funktionalisierte Zeit, im Verlangen nach undeutlichem Beginn und noch undeutlicherem Ende von Musik – ist es nicht getan. Es sollte jungen Hörern zum Bewusstsein gebracht werden, was sie verlangen, was sie vorziehen, vor allem auch, was sie hören.

Vor wenigen Jahren hat *Hans-Christian Schmidt* eine Untersuchung *«Jugend und Neue Musik – Auswirkungen von Lernprozessen auf die Beurteilung Neuer Musik durch Jugendliche»* bei

Arno Volk und Hans Gerig in Köln veröffentlicht. Unter den etlichen Publikationen, die sich diesem oder einem verwandten Themenkreis widmen, nimmt sich diese als besonders gut dokumentierte und klar darstellende aus. Die Untersuchungen fanden zwischen 1971 und 1973 statt und betrafen Schüler westdeutscher Gesamtschulen und Gymnasien; man kann keinen Grund sehen, warum die Ergebnisse in der Schweiz hätten entschieden anders ausfallen müssen. Von Untersuchungsergebnissen ausgehend («Empirische Untersuchungen der Einstellung von Jugendlichen zur Neuen Musik»), werden die «Aspekte der Fremdartigkeit von Neuer Musik» geschildert und von dort die sich stellenden Bildungsaufgaben einzukreisen versucht («Zum Stellenwert der Neuen Musik in neuzeitlichen Unterrichtsempfehlungen» und «Motivationspsychologische Probleme»). Endlich werden die durchgeführten Hörversuche eingehend dargelegt und zu «Thesen zur Didaktik und Methodik der Neuen Musik im Musikunterricht» zugespitzt.

Die Studie konstatiert «die ausgeprägten Neigungen der Jugendlichen zu barocker, klassischer und romantischer Musik (wer wollte sie ihnen austreiben?)», registriert aber eine ähnliche Problemlage für ein vertieftes Verständnis von historischer und Neuer Musik: durch den Fähigkeiten und Situationen angepasste Lernprozesse können die intellektuellen und affektiven Beziehungen zu allen Arten von Musik mit höheren Höranforderungen gesteigert werden. Dass falsch verstandene «Fortschrittlichkeit» hemmend wirken kann, kommt in den Thesen zum Ausdruck, deren erste vier anzuhören sich lohnt:

«1. Die quantitative Integration von Neuer Musik in den Inhaltskanon des Musikunterrichts sollte sich am Wertgefüge und an der Urteilsfähigkeit des Jugendlichen und nicht an den Wunschvorstellungen vermeintlich fortschrittsbewusster Lehrplangestalter bemessen.

2. Entscheidend ist die Fähigkeit des Jugendlichen zur Bewältigung von Neuer Musik, nicht der Zwang zur Vermittlung dessen, was sich im heutigen Kunstschaffen verbindlich zuträgt. Was gilt denn als verbindlich, wenn es den Jugendlichen primär nicht berücksichtigt, zu dem doch letzten Endes die Verbindung herzustellen wäre?

3. Der Ersatz traditioneller Inhalte zugunsten Neuer Musik in dem Umfang, wie es heute in Curricula und didaktischen Handreichungen geschieht, entbehrt zwingender Begründung, denn: nicht die Traditionsorientierung verstellt den Blick auf die Neue Musik, sondern mangelndes Wissen und fehlende analytische Fähigkeiten des Jugendlichen sind die eigentlichen defizitären Gründe.

4. Die Alternative heisst nicht: mehr Neue Musik oder mehr alte Musik; sie heisst: Vermittlung gründlicher Musikkenntnisse und optimale Entwicklung der Hörfähigkeit oder nicht.»

Aus der Notlage heraus, dass die Neue Komposition der fünfziger und der sechziger Jahre, in bereits gemindertem Masse die der siebziger Jahre die jungen Generationen nur in schmalen Sektoren – immerhin bei günstigen Veranstaltungsmodi zu Hunderten oder Tausenden – zu erreichen vermag, hat die Rezeptionsforschung in der Musikwissenschaft, haben Medienstudien und musiksoziologische Betrachtungen kräftigen Auftrieb erhalten. Aus der Erfahrung heraus, dass Hörererwartungen bei Hörern aller Alter entscheidende Faktoren sein können, haben sich Komponisten, Lehrer und Wissenschafter den Fragen der «Umwelt» der zu absorbierenden Musik zugewandt. Unkonventionelle Hörmodi, wie legeres Sitzen auf dem Boden, Arenaanordnungen mit den Musikern in der Mitte, Gesprächskonzerte, Werkstattbühnen, musikalische «Animation» eines ganzen Hauses, dessen verschiedene musikalische Angebote im Durchschreiten «angezapft» werden können – was wieder nach Moment- und Kurzformen ruft –, haben Erfolge verzeichnet, aber nicht jene deutlichen Annäherungen hervorgerufen, die nur durch angemessenen Unterricht und optimale Einführungen zu bewerkstelligen sind.

Solche auf die Individuen der Jugendlichen zugeschnittenen Veranstaltungen sind um so notwendiger, als der durchschnittliche Jugendliche, wie schon seine Reaktion auf Momentanimpulse zeigt, sich im Hören so aktiv wie möglich verhalten möchte. Die volle Passivität des «reinen» Musikhörens ist ihm oft verdächtig. Aus diesem Drang zur Aktivität und aus dem richtigen Bewusstsein heraus, dass Musik essentiell eine soziale Kunst ist, hält er auch immer wieder die Frage wach, ob und wieweit Musik «politisches» Bewusstsein zu verändern vermöge. Dass sie in den besten Lernprozessen das *soziale* Bewusstsein, durch Einsicht in das Wesen der Musik, zu verändern vermag, das könnte er erfahren.

Hanno Helbling

Jugend – Klasse – Kultur

Zwei Fragen zu drei Stichwörtern

Ein Thema, mit dem wir uns immer wieder beschäftigt haben und beschäftigen werden; «abschliessend» lässt es sich nicht behandeln. Schon die genaue Formulierung ist schwierig: Jugend und Kultur? Kultur der Jugend? Der Kultur*betrieb* und die Jungen? Das kulturelle Angebot *an* die Jungen? (Die) Jugend *im* Kultur*konsum?* Der Akzent verschiebt sich von einer zur anderen Ueberschrift. Ungefähr weiss man, wovon man reden möchte. Gleichzeitig spürt man, dass jedes Reden das Thema eingrenzt, jedes Nennen eines Sachverhalts einen anderen ausschliesst und so das Gesamtbild verzerrt. Zwei generelle Fragen können vielleicht an das Thema heranführen.

Ist die Jugend eine Klasse?

Die Antwort scheint einfach. Junge Leute bilden eine «Altersklasse» kraft der Tatsache, dass sie einstweilen nicht älter sind, als sie sind. Aber die Gesamtheit künftiger Kleinbauern und Grossunternehmer, Arbeiterinnen und Professorenwitwen, Chefbeamten und Zuhälter, Fürsorgerinnen und Sängerinnen – diese Gesamtheit ist, gesellschaftlich, keine Klasse. Sie zerfällt, nach Interessen und Voraussetzungen, in ebenso viele Klassen, wie es im Ganzen gibt; die Zahl steht schon längst nicht mehr fest, mag auch die Zweiteilung der Gesellschaft in Bürger und Proletarier bei veralteten Ideologen noch fortleben.

Aber ein differenzierter Zustand oder ein Differenzierungsprozess ist teilweise darauf angewiesen, dass er anerkannt oder dass er bewusst vollzogen wird. Egalisierende Tendenzen können ihn stören, zumindest verschleiern. Wenn eine Altersklasse als *ein* Konsumbereich erfasst wird, ob nun von Hosenfabrikanten, Schallplattenherstellern, Schlagerdichtern oder Wahlkandidaten, so ist die Wirkung vielleicht nur oberflächlich und ist doch suggestiv – vor allem nach aussen hin, für die nicht «Angesprochenen», nicht Zugehörigen. Denn das Angebot an die «Klasse» der Jungen ist zwar höchst vielfältig, trägt den verschiedensten Bedürfnissen Rechnung und kennzeichnet sich dennoch als ausschliessend Jugend-bezogen.

Bedeutsamer sind Widerstände gegen die Differenzierung von innen heraus. Die Tatsache der Ungleichheit, weniger mit Bezug auf die Herkunft als auf das mutmassliche Lebens- oder Berufsziel, die künftige «Position», vermittelt den Eindruck des Vorgezeichneten, Kanalisierten, der unfreiwilligen Trennung. Gegenüber der festgelegten, «verwalteten» Welt empfiehlt sich das unzerstückelte Kollektiv der vorerst noch Uneingeordneten als ein Freiraum oder wenigstens als ein Ort der Offenheit. Daraus kann eine Art von Jugend-Klassenbewusstsein entstehen, für die Einzelnen provisorisch, da und dort kontinuitätsfähig, dies aber wiederum nur in einem bestimmten sozialen Rahmen, der zur Gesamtheit der Jungen keine reale Verbindung zulässt.

Ist Kultur klassenbezogen?

Die Antwort scheint einfach. Die «gebildeten Stände», an die sich das kulturelle Angebot ehedem richtete, lösen sich auf, aber der Bildungsanspruch, den es enthält, bleibt bestehen. Die Menschen, die eine Aufführung von «Wozzek» oder «Die lustige Witwe» besuchen, bilden keine Klasse, bilden auch nicht verschiedene Klassen je nachdem, ob sie Oper oder Operette bevorzugen, Oratorien hören oder Romane lesen. Wer Mühe hat mit Fremdsprachen, hält sich an Uebersetzungen, wer mit Elgar nichts anfangen kann, geht in der Pause weg.

Wie war das mit dem Bildungsanspruch? Er ergibt sich aus der Sache, aber die Sache lässt sich durch Darbietung und Auswahl verändern oder – das Wort kehrt wieder – verschleiern. Es gab in Zürich vor Jahren einen sozialdemokratischen Gemeinderat, der ehrlich genug war, im Interesse seiner Wähler zu fordern, dass im Opernhaus (damals Stadttheater) weniger Tristan und mehr Zigeunerbaron gespielt werde. Solche Selbstdiskriminierung einer «ungebildeten» Klasse wäre heute kaum mehr denkbar und nicht mehr notwendig. Das Gefühl, von irgendeinem Bereich des Kulturlebens ausgeschlossen zu sein, hat sich verflüchtigt, zum Teil dank der All-round-Bedienung durch das Fernsehen, zum Teil durch kulturpolitische Vorsorge, die das Publikum aufwertet, indem sie das Durchschnittsniveau der Produktion senkt, und zum Teil durch eine Entmythologisierung des grossen Repertoires, die bis zur Diffamierung oder zu gründlichen Entstellungen gehen kann.

Das kulturelle Angebot gilt also nicht (mehr) einer Klasse, es gilt im Gegenteil einer Gesellschaft, die als möglichst egalitär vorausgesetzt wird auf Kosten der unterscheidenden Ansprüche, die den vermittelten Werken doch innewohnen; und auf Kosten der Wirklichkeit. Denn der Jedermann, der überall «herzlich eingeladen» ist, findet sich nicht in ihr. Die ungezielte Wurfsendung ist für Niemand verbindlich, und dem Absender, der alles anbieten wollte, antwortet zuletzt nur noch der, der von allem genug hat.

Solche nun, die von allem genug haben, machen sich heute bemerkbar. Nicht nur im Kulturbereich. Aber die Opposition, die sie anmelden, gilt auch ihm. Die «Zürcher Unruhen» haben zum Beispiel mit dem Protest gegen einen Umbaukredit für das Opernhaus, also gegen die Förderung offizieller, etablierter Kunstpflege, angefangen. Gleichzeitig sind sie Jugend-Unruhen. Eine ihrer Stossrichtungen kam einmal zum Ausdruck in dem merkwürdigen Satz: «Hört doch endlich auf, sinnvoll zu sein.» Diese Aufforderung war offenbar an die Erwachsenen gerichtet; sollte man sagen: an die Klasse der Erwachsenen? An die Verwalter der verwalteten Welt. Ihr Wortlaut scheint sich selbst zu bestätigen; er ist auf boshafte Weise sinn-los.

Trotzdem glaubt man zu spüren, was gemeint ist. Der Sinn einer Sache ergibt sich aus ihrem Zusammenhang. Sinnvoll ist die Sache, die zu einer andern Sache passt, die wieder zu einer anderen Sache passt. Man spricht von Interdependenz – von der Notwendigkeit des Zueinanderpassens vieler Sachen, die man teilweise überblickt, deren weiteren Zusammenhang man oft nur ahnt und von denen man insgesamt annimmt, dass ihre gegenseitige Abhängigkeit so etwas wie ein System bildet, an dem man – sinnvollerweise – nichts ändern kann, ehe man sich darüber im klaren ist, was die Aenderung «nach sich zieht».

Unnötig zu sagen, dass dies keine philosophischen Auskünfte sind. Wir haben es nicht mit Lehren zu tun, sondern mit Stimmungen einer gesellschaftlichen Opposition, die einen Zug ins Totale aufweist. Die Interdependenz, die Verflochtenheit vieler, potentiell aller Momente des wirtschaftlich-staatlich-sozialen Lebens, wird ihrerseits als total empfunden: als totale Sinngebung. Das Unbehagen über einen solch geschlossenen Gesamtzusammenhang mündet in die gesamthafte Ablehnung eben der Sinnfülle, aus der er sich rechtfertigt.

Der Verdacht, dass der Sinn keinen Sinn habe, ist in der Kunst, in den Künsten keineswegs stumm geblieben. Er ist, ganz im Gegenteil, etabliert, integriert und domestiziert – in seiner Kunst-Form. Er strahlt aber auch ins Agitatorische aus, und er strahlt aus in den kulturellen Freiraum, der von Jungen beansprucht wird, beansprucht freilich von manchen so, als sei doch auch er wieder zu betreuen, in einen Gesamtplan einzubeziehen, mit einem Wort: sinnvoll ... Weniger leicht sind Verhaltens- und

Ausdrucksformen des Sinn-Zweifels in der Rezeption zu verfolgen: im Kunsterlebnis der Jugend. Hier tut man wohl gut daran, Feststellbares zu registrieren, aber nicht zu generalisieren und die Kraft der Veränderung nicht zu unterschätzen, die allen Zweifeln zum Trotz fortwährend am Werk ist.

Martin Meyer

Rückkehr zum Mythos?

Man sagt: dies oder jenes sei ein Mythos; oder: ein Sachverhalt beruhe auf mythischen Voraussetzungen; oder: ein bestimmtes Denken sei von bestimmten Mythen abgeleitet. Und gemeint ist: dass dahinter Mächte und Gestalten wirksam sind, die sich der Logik des Rationalen widersetzen. So spricht man vom Mythos des Fortschritts und von den mythischen Grundlagen des Marxismus.

Der Mythos gehört zunächst zur Welt der Götter. Dem Menschen begegnet Wirklichkeit anfangs als Raum von Geheimnis und Abenteuer. Wo menschliches Handeln im Guten wie im Schlechten gestört wird, sind mythische Mächte im Spiel. Prometheus, der Lichtbringer, wird an die Felsen des Kaukasus geschmiedet – Strafe für einen, der Vernunft in die Welt setzen wollte. Später, nach dem Sieg des Christentums, werden die Mythen zentralisiert. Sie leben allerdings weiter im Begriff der Natur. Vor Benjamin Franklin können die Blitze nicht abgeleitet werden.

Die Aufklärung räumt auf mit der mythischen Zentralgewalt, und damit beginnt der Prozess der Entmythisierung. Zuerst befreit man Gott von der Rolle des Demiurgen; dann löst man die Rätsel der Natur. Der Machbarkeit sind nicht mehr prinzipielle Grenzen gesteckt. Doch dafür braucht man eine neue Vorstellung von der Zeit. Diese wird aus dem zyklischen Kontinuum der Jahreszeiten gelöst und mit einer offenen Zukunft identifiziert. Was man nicht erklären kann, wird nicht mehr durch mythische Bilder vergegenwärtigt – und angeeignet; die Zukunft wird die Antwort finden. Damit verliert Fremdes die Aura der Bedrohung, die ihrerseits dem Optimismus der Neuzeit weicht.

Ist die Neuzeit – die ihrem Begriff nach das Ende epochaler Abfolgen nahelegt – zugleich das Ende des Mythos? Es gibt eine Dialektik der Aufklärung, die sich vom Herrschaftsanspruch der Vernunft ableitet. Je grösser das Vertrauen in die Erklärbarkeit von Welt und Geschichte ist, um so grösser wird die Enttäuschung, wenn Ereignisse und Prozesse nicht dem vernünftigen Gang des Fortschritts eingegliedert werden können. Da ist die Chance für den Mythos. Und folgerichtig zeigt sich zuerst eine kritische Funktion des Worts von den Mythen; die Aufklärung selbst wird, gemessen an ihren Ansprüchen, als Mythos entlarvt.

Damit gewinnt die Ambivalenz des Begriffs vom Mythos an Kontur. Wenn das Reich der Vernunft von der mythischen Voraussetzung einer wachsenden Einsicht in die Plausibilität des Weltgeschehens lebt, dient dieser Nachweis der Ideologiekritik. An die Mythen erinnern heisst dann: an die Grenzen erinnern, die dem Logos gesetzt sind. Umgekehrt scheint dem Denken immer schon eine mythenbildende Kraft zu eignen; sie wird geweckt in der Erfassung von Welt. Und der andere Nachweis: dass der Mensch mythenpflichtig ist, macht den Mythos, spätestens seit Nietzsche, wieder salonfähig.

Man kann allerdings nicht von der Renaissance des Mythos im 20. Jahrhundert sprechen, ohne an bestimmte geschichtliche Bedingungen zu erinnern, die zur Wiederentdeckung des mythischen Denkens beigetragen haben. Zur Charakteristik der Neuzeit gehört die Erfahrung der sich beschleunigenden Zeit. Je schneller Realität sich verändert, um so stärker wird das Bedürfnis nach den Konstanten im Wandel. Nietzsches ewige Wiederkehr wirft den Verlauf des Lebensrhythmus an seinen vor-aufklärerischen Anfang zurück – die zyklische Bewegung versöhnt den Menschen, nach dem Sündenfall der Aufklärung, wieder mit der Natur. Der Ausbruch aus dem naturalen Kontinuum wird zur Episode.

So kann man, am Ende des neuzeitlichen Geschichtsoptimismus, das Verlöschen eines Epochenbegriffs beobachten. Der Begriff «Neuzeit», anfänglich bloss als neue, nämlich das Mittelalter ablösende Zeit verstanden, hat die Eigentümlichkeit, dass er, insofern polemisch, die Zukunft schon in sich birgt. Es ist dann immer Neuzeit. Wenn Nietzsche die linear fortschreitende Zeit in eine Kreisbewegung zurückbiegt, sucht er das Neue – und damit die Geschichte als Gestalt des Neuen – aufzuheben.

Das Bedürfnis nach dem Mythos wird da artikuliert, wo menschliches Handeln – und allgemeiner: Kultur überhaupt – der Einsichtigkeit entbehrt. Der antike und der moderne Mensch treffen sich da, wo, antik wie modern, die Irritation als Folge gestörter Harmonie herrscht. Eine Pointe der Aufklärung war, dass diese die Irrationen verzeitlichte; das Staunen über Geschehnisse, die jenseits der Erfahrung lagen, wurde relativiert: schon der nächste Tag konnte des Rätsels Lösung bringen. Das späte 19. Jahrhundert vermag dem Gang der Geschichte keinen Sinn mehr abzugewinnen. Das Tempo des wissenschaftlichen und sozialen Wandels lässt den Menschen erneut seine Ohnmacht fühlen. Die antike Welt ist noch mythisch; die moderne ist es wieder.

Gehlen hat für das 20. Jahrhundert einen Begriff geprägt, der als Gegen-Begriff zum Begriff der Neuzeit verstanden werden muss. «Posthistoire» – Nachgeschichte, womit gemeint ist, dass Wirklichkeit nicht mehr als Ergebnis von Handlungen und geglückten Absichten, sondern als undurchschaubare und sinnentfremdete «Struktur» erfahren wird. Die Literatur hat die symbolische Bedeutung des Ersten Weltkriegs mit dieser Erfahrung zusammengebracht.

Eine Erfahrung, die die Rückkehr der Mythen begünstigt. Der Mythos hat eine stabilisierende, beruhigende Wirkung. Einfaches Leben, Autarkie, ländliche Abgeschiedenheit, Heimat, Boden: in solchen Worten drückt sich überzeitliche Dauer aus, und dies: die ungeschichtliche Qualität mythischer Bilder, macht den Mythos attraktiv. Solang eine Gesellschaft von ihren Entwicklungsmöglichkeiten lebt, ist der Bedarf an Mythen beschränkt. Wenn jedoch die Frage nach dem Wohin im konkreten Sinn aussichtslos wird, tritt an ihre Stelle die Frage nach der Herkunft.

Woher man kommt: das lässt sich mit der Geschichte einerseits, mit der Natur anderseits beantworten. Der mythischen Vergangenheitserweckung entspricht indessen die Ueberlagerung von Natur und Geschichte. Als die literarische Romantik sich für das Mittelalter begeisterte, forschte sie nicht nach historischen Genealogien. Sie entdeckte einen Idealzustand von Welt. Und die marxistische Lehre, wie analytisch sie auch im Einzelfall verfahren mag, träumt immer noch von vor-geschichtlicher Ueberfülle der Natur.

Dasein im Raum verdrängt Dasein in der Zeit. Der Held von Handkes «Langsamer Heimkehr» haust anfangs in einer Hütte im hohen Norden. Er schreitet den Lebensraum ab, misst die tektonische Beschaffenheit des Bodens. Die Lehre des Orts – ein Kennzeichen zeitgenössischer Literatur, hinter dem die Verräumlichung von Wirklichkeit steht. Als Tendenz spiegelt diese die moderne Erfahrung einer Zukunft ohne Perspektiven.

Der Mythos ist die Vereinfachung von Komplexität – und letztlich von Welt. Darin gründet seine Macht. Er stiftet Identität, wo Unsicherheit ist. Darauf beruht seine Wirkung, die im Politischen zur Gefahr werden kann. Es ist dem Mythos eigentümlich, dass er zur Verwirklichung drängt und doch sich nicht als Theorie des Handelns eignet. Insofern ist jeder Rückfall hinter die Aufklärung mit Folgen verbunden, die tendenziell totalitär sind. Wenn Hans Blumenberg ein dickes Buch mit «Arbeit am Mythos» betitelt, ist in dem Wort vom Ab-arbeiten ein aufklärerisches Pathos angedeutet, das durchaus ernst zu nehmen ist.

Hans Blumenberg

«Nachdenklichkeit»

Alles Leben strebt danach, seine Antworten auf die Fragen, die sich ihm stellen, unverweilt und unbedenklich zu geben. Zwar ist das Schema von Reiz und Reaktion eine zu grosse Vereinfachung der Sachverhalte, aber doch das heimliche Ideal für die Funktionstüchtigkeit organischen Verhaltens.

Der Mensch allein leistet sich die entgegengesetzte Tendenz. Er ist das Wesen, das zögert. Dies wäre ein Versäumnis, wie es das Leben nicht verzeiht, wenn der Nachteil nicht durch einen grossen Aufwand an Leistungen ausgeglichen würde, dessen Resultat wir Erfahrung nennen. Dass wir nicht nur Signale, sondern Dinge wahrnehmen, beruht darauf, dass wir abzuwarten gelernt haben, was sich jeweils *noch* zeigt. Die riskante Unentschiedenheit vor der Alternative: *Flucht oder Angriff* mag der erste, in keiner Ausgrabung jemals nachweisbare Schritt zur Kultur als einem Verzicht auf die raschen Lösungen, die kürzesten Wege gewesen sein.

An der Norm glatter Funktion gemessen, kann man das Zögern durchaus als Folge einer Störung verstehen: Ein Wechsel des Biotops oder eine Veränderung von Flora und Fauna durch Klimaschwankung könnte die Eindeutigkeit und Vertrautheit von Umweltdaten für Verhalten getrübt, verformt, entstellt haben. Die erkenntnistheoretisch berühmte Synthese einer Mannigfaltigkeit von Empfindungen wäre dann aus dem Mangel an Deutlichkeit, aus der Entfremdung der Umwelt hervorgegangen.

Im Zögern steckt keine Funktionslust, aber im erzwungenen Aufschub der Aktion könnte Lust am Zögern gefunden worden sein. Jedes neu gewonnene Stück Geborgenheit hätte erlaubt, den Spielraum für solchen Lustgewinn zu erweitern. Das Leben verlangt Zweckmässigkeit, doch seinen Günstlingen gewährt es das Erlebnis der Zweckfreiheit. Daraus wächst jede Kultur. Noch in ihren primitivsten Aeusserungen, dem Schmuck, dem Ornament auf Nutzgerät, ist der Gestus des Gewinns von Zweckfreiheit, von suspendierter Oekonomie, enthalten. Aus dem Zögern als momentaner Ratlosigkeit, als blosser Ausnutzung eines Aufschubs, kann Zuständlichkeit werden, die einen anderen Lebenswert als den der Abwägung von Optionen hat.

Für diesen Lebenswert erscheinen die sprachlichen Aequivalente weithin als abgenutzt. Etwa jene Beschaulichkeit des Alters, von der man einmal sprach und in der es nicht darauf ankommen sollte, etwas zu beschauen, um mit ihm fertig zu werden. Auch Nachdenklichkeit geniesst nicht das Wohlwollen der Zeitgenossen, die Entscheidungsfreudigkeit zumindest von anderen verlangen. Nachdenklichkeit gilt als unziemlich müssiger Zeitverbrauch. Denken und Denken über Denken mag eine Fachkompetenz verleihen; Nachdenklichkeit wird von keiner Profession oder Disziplin als ihr Teil beansprucht.

Unser Bild vom Denken ist, dass es die kürzeste Verbindung zwischen zwei Punkten herstellt, zwischen einem Problem und seiner Lösung, zwischen einem Bedürfnis und seiner Befriedigung, zwischen den Interessen und ihrem Konsens – entlang an dem diskursiven Seil, an dem schon kritische Kinder zu raschen Folgerungen und Emanzipationen kommen sollen.

Der Nachdenkliche geniesst allenfalls Nachsicht. Resultate werden von ihm nicht erwartet, wenn er sich erhebt. Es regt niemanden auf, was er tut oder vielmehr nicht tut, am wenigsten ihn selbst. Eine der Beschreibungen von Nachdenklichkeit lautet, man lasse sich durch den Kopf gehen, was und wie es gerade kommt.

In der Nachdenklichkeit liegt ein Erlebnis von Freiheit, zumal von Freiheit der Abschweifung. Die Bandbreite, in der auf Abschweifung reagiert wird, reicht von den Höhepunkten des Humors bis zur blanken Verzweiflung derer, die mit einer Sache vorankommen möchten.

Keine Intersubjektivität kann ihren Mitgliedern das Ausscheren aus dem Funktionsverbund gestatten. Der Exkurs beansprucht Freiheitsgrade, die man sich im Diskurs der Denkvermögen nicht leisten kann. Dialogstrategien überlassen keinen seiner Nachdenklichkeit. In ihr nämlich wäre erlaubt, dieses für jenes hingehen zu lassen, die Strenge der Kontrolle zu lockern und dafür der Grösse der Fragen kein Mass anzulegen. Ob über den Sinn des Lebens ein Denken nach Regeln der Kunst möglich ist, lässt sich bezweifeln; nachdenklich wird man darüber sein dürfen, ohne je einer Antwort – auch nur einer unter vielleicht vielen möglichen und schliesslich doch nicht möglichen – näherzukommen.

Philosophie gilt als methodische Disziplinierung solcher Fragen, im Grenzfall als deren Verbot wegen erwiesener Unerreichbarkeit ihrer Antworten auf zuverlässige Weise. Geregeltes Denken erscheint weit entfernt von blosser Nachdenklichkeit. Aber viele Figuren der Philosophie sprechen gegen diese Trennung. War Sokrates ein Denker im Sinne solcher Strenge? Sein Ertrag wäre dann der dürftigste aller möglichen gewesen: Was konnte damit gewonnen sein, zu wissen, dass man nichts weiss? Und was damit, sogar die anderen, die sich im Besitz von Wissen glaubten, ironisch hereinzuziehen oder hineinzutreiben in die Ratlosigkeit? Es sei denn, man versteht dies als Zurückführung des Denkens auf die Nachdenklichkeit als seinen Ursprung und Boden, den es zwar verlassen, zu dem es aber auch immer wieder zurückkehren muss.

Man mag dies den Boden der Lebenswelt nennen. Auf ihm hat die Philosophie alle Bezweiflungen ihrer Existenzberechtigung zum Erstaunen ihrer Totsager überstanden. Ich setze Philosophie nicht gleich mit Nachdenklichkeit, lasse sie aber ihre Herkunft von dieser und ihren Dienst an dieser nicht verleugnen. Der nach allen Regeln der Kunst sich absichernde und vor lauter Methodenreflexion am Gehen gehinderte «Denker» ist nicht ausschliesslich ihre Idealgestalt. Wären Sokrates, Diogenes, Kierkegaard oder Nietzsche sonst in ihre Geschichte eingegangen?

Sokrates hat im Kerker vor seinem Tod zu den Fabeln des Aesop gegriffen, die den Griechen von Kindesbeinen an vertraut waren. Dieser winzige Zug ist ein Hinweis, dem ich für einen Augenblick nachgehen möchte.

Die Aesopische Fabel ist ein Gebilde von grosser und doch kunstvoller Einfachheit. Ich gebe ein Beispiel:

«Ein Greis fällte einst Holz, lud es sich auf und ging eine lange Strecke. Der Weg ermüdete ihn. Er lud seine Last ab und rief nach dem Tod. Der erschien alsbald und fragte, weshalb er ihn gerufen habe. Der Greis antwortete: Um mir die Last wieder aufzuladen.»

Man spürt, dass die kleine, die kleinstmögliche Geschichte, wenn man sich ihr überlässt, nachdenklich macht. Nichts weiter und nichts mehr als nachdenklich.

Nun sind die unter dem Namen des Aesop überlieferten Fabeln mit dem, was sie erzählen, noch nicht am Ende. Sie haben Sprüche über das bei sich, was sie angeblich lehren sollen oder gesollt haben: ihr *Epimythion,* die Moral von der Geschicht'.

Seit je ist den Humanisten und Philologen das Missverhältnis oder Unverhältnis dieser Lehrsprüche zu den Geschichten, denen sie zugeordnet sind, aufgefallen. Hat man sich auf die Nachdenklichkeit eingelassen, die die Fabel induziert, so ist ihre «Moral», als das ihr vermeintlich abzulesende Resultat, oft nicht nur ernüchternd, sondern bestürzend und quälend in seinem Unverstand. Obwohl fast keine dieser Lehren als ganz falsch bezeichnet werden kann, haben sie etwas eigentümlich und unerklärt Unpassendes an sich.

Im Fall der von mir gewählten Fabel «Der Greis und der Tod» steht da seit alter, aber vielleicht nicht ältester Zeit, die Geschichte *(logos)* zeige, dass jeder Mensch ein Lebensliebhaber *(philózoos)* sei, und dies sogar, wenn es ihm schlecht ergeht.

Sicher nicht falsch, und doch enttäuschend. Nicht nur eine traurige Reduktion des Fabelsinns, sondern die Störung der gerade geweckten Nachdenklichkeit. Sie wird dazu genötigt, an der Banalität der Moral die Bedeutsamkeit des kargen Vorgangs zu messen, gezwungen zu dem Verdacht, ein solches Wunderwerk könnte wirklich auf diese Quintessenz hin erdacht worden sein. Versucht man sich nun selbst darin, die vermeintliche Mitteilung der Fabel zu extrahieren, so bemerkt man schnell, dass jeder Satz, den man hier spricht, die Tiefe dessen verflacht, was nur in der Nachdenklichkeit umfasst, nicht erfasst werden kann. So richtig es sein mag, dass es keinen Grad der Miserabilität des Lebens geben kann, durch den dieses selbst völlig entwertet würde, es schliesst zu vieles aus, als dass es akzeptiert werden könnte.

Nun möchte ich einen kleinen Schritt weitergehen, indem ich sage, die Nachdenklichkeit, die die Fabel bewirkt, habe es zu tun mit der Nachdenklichkeit, die sich in der Fabel darstellt. Der Greis, von dem erzählt wird, ist ja kein «Denker», der zwischen dem Abwerfen der Last und der Ankunft des Todes eine Feststellung über den Unwert des Lebens geändert hätte. Aber er ist einer, der in der Verzögerung den Gewinn erfährt, den erst sie zulässt. Er hat die unerträgliche Last abgeworfen, weil er zum Ende entschlossen ist und den Tod erwarten will. Doch das Abwerfen der Last gewährt ihm den Aufschub, Atem zu holen, sich umzusehen, die unter der Bürde unbeachtete Welt noch einmal anzublicken, um nun wahrzunehmen, was der Preis für die Endgültigkeit des Loskommens von der Last sein würde. Ueber solcher Nachdenklichkeit tritt der Tod heran, wie gerufen, und es scheint, dass der Alte von ihm Verlängerung *des* Aufschubs erlangt, den er sich doch erst durch Ueberdruss am Leben verschafft hatte. Die Fabel erzählt nichts von dem, was dem Greis durch den Kopf gegangen war, um den Tod als Helfer zum weiteren Tragen der Last zu bewegen, als sei er dazu gerufen worden. Eben durch das, worauf die Fabel verzichtet, gewährt sie uns den Spielraum der Nachdenklichkeit.

Nachdenklichkeit stellt sich aber auch dar im Missverhältnis von Fabel und Moral. Fast möchte man glauben, die Epimythia seien eigens dazu erfunden, Hörern und Lesern zu demonstrieren, wie wenig damit getan sei, eine Lehre aus der Geschichte zu ziehen, sie auf einen abschliessenden und bequem transportablen Satz zu bringen – wogegen alles darauf ankomme, einen Zustand, eine Einstellung, eine Bedächtigkeit zu bewirken, die vor solchen Sätzen bewahrt. Nachdenklichkeit ist auch Aufschub gegenüber den banalen Resultaten, die uns das Denken gerade dann liefert, wenn nach Leben und Tod, Sinn und Unsinn, Sein und Nichts gefragt wird.

Mein Resultat – denn von Berufs wegen muss ich eins vorweisen – ist, dass die Philosophie etwas von ihrem lebensweltlichen Ursprung aus der Nachdenklichkeit zu bewahren, wenn nicht zu erneuern hat. Deshalb darf sie nicht gebunden werden an bestimmte Erwartungen über die Art ihres Ertrages. Die Rückbindung an die Lebenswelt würde zerstört, sollte der Philosophie ihr Recht, zu fragen, eingeschränkt werden durch Normierung der Antworten oder auch nur durch den Zwang, sich die Frage nach der Beantwortbarkeit der Fragen schon von vornherein und zu deren Disziplin zu stellen.

Die Philosophie vertritt nur einen allgemeineren Befund an jeder Kultur: den der Ununterdrückbarkeit ihrer elementaren Bedürfnisse und Fragen durch deren vermeintliche Ueberwindung. Kultur ist auch Respektierung der Fragen, die wir nicht beantworten können, die uns nur nachdenklich machen und nachdenklich bleiben lassen. Heine hat über Kant seinen Spott ausgeschüttet, er habe die zweite Kritik, die der praktischen Vernunft, mit den Themen der Nachdenklichkeit: Freiheit, Existenz Gottes, Unsterblichkeit, nur seinem alten Diener Lampe zuliebe geschrieben. Wenn der Uebermut des Spötters verklungen ist, wird man nachdenklich: ob das nicht gar wahr sein könnte?

Man braucht die ehrwürdigen Namen nicht zu nennen. Lebensweltlich wollten und wollen wir wissen, woran wir sind. Und obwohl wir inzwischen sicher sein müssen, dass darauf keine Antwort zu formulieren und formulierte Antworten nicht durchzusetzen sein werden, lassen wir uns doch zum Verzicht nicht leicht, nur zeitweise, nur im Vertrauen auf Antwortersatz bewegen. Woran wir sind, daran denken wir, weil wir dabei gestört wurden, nicht daran zu denken.

Nachdenklichkeit heisst: Es bleibt nicht alles so selbstverständlich, wie es war. Das ist alles.

Hugo Loetscher

Friedrich Dürrenmatt – Gedankendramaturg

Eine Geburtstagsrede

Lieber Fritz,

Diese persönliche Anrede sei erlaubt. Für einen Moment wenigstens. Denn als es darum ging, Deinen Geburtstag in Zürich zu feiern, fragte man mich, ob ich nicht bereit sei, einige Worte zu sagen, freundschaftlich, im kleinen Rahmen, launige Worte. Aber dann benahm sich diese Geburtstagsfeier, als sei sie ein Stück von Dir, ich meine, ein Theaterstück von Dir. Sie kam zu den verschiedensten Fassungen. Bis zur, wie mir scheint, nun endgültigen hier im Schauspielhaus. Aus war es mit den launigen Worten, sie kriegten einen Vorhang. Ich stellte fest, man lässt sich mit Dir nicht folgenlos ein. Irgendwie bringst Du einen auf die Bühne. So stehe ich also hier oben. Und erst noch mit eigenem Text. So sei mir wenigstens erlaubt, diese paar Bemerkungen voranzuschicken, als eine Art Satyrspiel. Wir werden gleich von diesem Satyrspiel zur Tragödie übergehen, zur eigentlichen Geburtstagsrede. Du hast einmal bemerkt, eine Rede in der Schweiz sei etwas Ernstes, in Deutschland etwas Tiefes, in Zürich aber sei sie etwas Tiefernstes – soll ich Dir an Deinem Geburtstag widersprechen?

Also: sehr verehrter, hochgeschätzter Friedrich Dürrenmatt, meine Damen, meine Herren.

Sie haben, von Herrn Lohner vorgetragen, Passagen aus «Der Mitmacher» gehört. Dieser «Mitmacher» ist eines der berühmten Bücher der neueren deutschsprachigen Literatur; es hat sich nur noch nicht herumgesprochen.

Berühmt-unbekannter «Mitmacher»

Zugegeben: das Buch präsentiert sich auf den ersten Blick nicht sehr attraktiv. Es enthält den Text der Komödie «Der Mitmacher» und ein Nachwort dazu. Allerdings nimmt dieses Nachwort zweimal soviel Platz ein wie der Komödientext. Und dann hat Dürrenmatt erst noch ein Nachwort zum Nachwort geschrieben, nochmals so umfangreich wie das Stück selber.

Insofern es sich um ein Nachwort zu einem Theaterstück handelt, ist darin von Metier die Rede: von Monolog, Spielfläche oder Regie, von Beleuchtung bis Brecht. Aber wenn Dürrenmatt sich mit seinen Figuren einlässt, wird man bald merken, dass es hier nicht nur um Interpretation von Geschaffenem oder gar um deren Rechtfertigung geht. Es wird nicht bloss nachgetragen, sondern vorwärtsgetrieben. Was sich als Fortsetzung ausnimmt, ist unentwegter Neu-Einsatz.

Das gilt ganz entschieden für das Hauptthema: das Mitmachen. Indem das Mitmachen unter Stichwörter wie «Wissenschaft und Ideologie» oder «das schlechte Gewissen des Intellektuellen» gestellt wird, weitet es sich aus, gewinnt an Aspekten und Aktualität. Für gewöhnlich teilen wir die Welt so ein: auf der einen Seite eine korrupte Gesellschaft, gegen die wir antreten, und auf der andern Seite wir, die Kritischen – aber es gibt eine unangenehmere Realität; die der Verstrickungen und Verflechtungen, mit ihrer ganzen Skala von Zynismus bis zum tragischen Scheitern. Diese Verflechtung und Verstrickung ist als Thema provokativer als alles Alternative und daher auch anhaltend ärgerlich.

Was aber in diesem Buch anlässlich von Mitmacherei zur Sprache kommt, wird nicht nur diskursiv angegangen. In das Reflektierende schiebt sich Berichtendes, das Theoretische geht in Erlebnis über, Bildhaftes und Begriffliches lösen sich mit aller Selbstverständlichkeit ab – Ueberfragen und Verwerfen, Zurückstellen und Wiederaufnehmen, ein Prozess, bei dem es mit aller Logik zu einem Nachwort zum Nachwort kommen muss. Und wenn wir beim Nachwort zum Nachwort sind, kann das Ganze in Erzählung umschlagen, und dies gleich zweimal. Wir treffen auf einen, im epischen Wortsinn, fabelhaften Dürrenmatt:

Einmal in einer Kurzgeschichte über Smithy, der das Vorbild für den Mitmacher im Stück abgab. Und dann in «Das Sterben der Pythia», eine Erzählung von strengster Novellistik, eine moderne Lesart von Oedipus und seinem Orakel, nachdem für uns nicht mehr das Wort «Schicksal» zählt, sondern das vom «Zufall».

Dieses Buch hat Dürrenmatt im Untertitel als Komplex bezeichnet, und man darf dies wohl doppelt verstehen:

Einmal psychologisch, indem es sich bei diesem Mitmacher um einen Komplex handelt, von dem er nicht loskommt und auf den er stets in stets neuer Absicht zurückgreift.

Aber auch ein Komplex von der Darstellung her, im Hinblick auf das Neben- und Ineinander verschiedenster Ausdrucksformen. So spiegeln sich das Aspekthafte und die Vielschichtigkeit auch formal.

Dieser Mitmacher-Komplex ist ein unbekanntes Buch geblieben. Zufällig ist das nicht. Als es vor fünf Jahren erschien, ging das Ondit um, es konnte zuweilen recht hämisch sein: Dürrenmatt sei aus dem Verkehr gezogen, und die Freundlicheren meinten, er habe sich zurückgezogen. Man überliess Dürrenmatt seinem gehabten Ruhm und wollte sich dafür seine Nicht-Aktualität einhandeln. Ein Handel, auf den Dürrenmatt, zu unserem Vorteil, nicht einging.

Ruhmesgeschichte: Triumphe und Pleiten

Nun – streitig machen konnte man ihm etwas nicht, den Ruhm. Recht jung, noch nicht vierzigjährig, war er mit Theaterstücken wie «Der Besuch der alten Dame», «Die Physiker» und, nachgezogen, «Die Ehe des Herrn Mississippi» zu internationaler Anerkennung gekommen, was sich in literarischen Preisen und ausländischen Ehrendoktoraten niederschlug. Dank der «Alten Dame» war Güllen auf die Landkarte der Weltliteratur gelangt. So unübersetzbar dieses Güllen war, so übersetzbar war das Verhalten der Gemeinde, der uns so lieben Gemeinde, die in diesem Stück zu einem Hauptakteur wird: jene Gemeinde, die bereit ist, bis zum Mord Gerechtigkeit zu üben, sofern damit Hochkonjunktur verbunden ist.

Mit Verwunderung musste die Schweiz zur Kenntnis nehmen, dass sie, ein Land der plakativen Idylle, einen geradzu höllischen Autor hervorgebracht hatte. Zwar war die Absurdität in diesen fünfziger Jahren ein kulantes Thema, aber kein Theaterautor stiess derart unbekümmert in die Groteske und in ihre Abgründe vor. Und dieser Autor stammte ausgerechnet aus einer so gesunden Gegend wie dem Emmental. Wir waren als Schweizer aber noch so gern bereit, über seinen Einfallsreichtum zu staunen: Wenn er eine Oper wie «Frank V.» schrieb, musste diese Gangsterbank reicher Phantasie entsprungen sein. Von irgendwoher musste Dürrenmatt solche Ideen beziehen, von uns wohl kaum.

Allerdings war dieser Ruhm nicht so gradlinig verlaufen, wie man hinterher gerne annähme.

Zwar war sein erstes Stück in Zürich aufgeführt worden. Aber die nächsten kamen in Basel und dann in München zur Uraufführung. Und von München holte man ihn nach Zürich zurück, in traditioneller Manier, mit etwas deutscher Rückendeckung. Und es war in Zürich, wo er seine grossen Triumphe feierte; aber es war auch hier, wo er das erlebte, was er selber seine Pleiten nannte.

Auf seinen Misserfolg hatte Dürrenmatt als Autor reagiert.

Einmal, indem er eine «Dramaturgie des Durchfalls» schrieb. Dieser Text, der mit einem Theater abrechnet, das seinen Betrieb schon als Theater ausgibt und meint, dass seine Mission von der Grösse der Subvention abhänge; dieser Text ist einer der persönlichsten, die Dürrenmatt je verfasst hat, ein Schriftsteller, in dessen Werk sonst das Privat-Persönliche nie eine Rolle spielt.

Aber Dürrenmatt hat auf seine negativen Erfahrungen auch mit einem grossen Ulk geantwortet. Er schrieb das Hörspiel «Abendstunde im Spätherbst» zu einer «Dichterdämmerung» um. Nicht zum erstenmal attackierte er Literaturbetrieb und Kritik. Aber bevor die Zunft darüber indigniert ist, wie mit ihr umgesprungen wird, möge sie zur Kenntnis nehmen, mit welcher souveränen Selbstironie Dürrenmatt darin mit sich selber umspringt.

Mode und Freiheit

Er sei aus der Mode in die Freiheit entlassen worden, kommentierte er diese Entwicklung. Dabei ist das Wort Mode mit Vorsicht zu nehmen. Wenn ein Autor nie an etwas teilnahm, das nach Trend aussah, war es Dürrenmatt. Und es war auch immer untauglich, ihn mit irgendwelchen Richtungen in Verbindung bringen zu wollen. Er brachte seine eigenen Kriterien mit. In dem Sinn tat er auch nie eine intellektuelle Beratungsstelle auf, und es ist unvorstellbar, dass er Jünger um sich scharte. Wenn er Hof hielt, dann war dies ein Hof von kulinarischer Geselligkeit, und er war sein eigner König und Hofnarr.

Dürrenmatt wurde nicht einmal für sich selber Mode. Wenn er zu einem bestimmten Zeitpunkt seines Schaffens sein erstes Stück, «Es steht geschrieben», aufgriff und daraus «Die Wiedertäufer» machte, schloss sich ein Kreis. Darnach schrieb er, was er selber Lehrstücke für Schauspieler nannte: «Play Strindberg» und «Porträt eines Planeten». Er, ein erfolgreicher Theatermann, machte sich mit «Der Mitmacher» und «Die Frist» auf die Suche nach einem neuen Theater: nach einem Theater, wo nicht mehr die Aktion, die er so gekonnt und bejubelt beherrschte, im Mittelpunkt stand, sondern der Kompositionswillen; wo das Dramatische nicht mehr so sehr aus den Figuren, sondern aus der Sprache hervorgehen sollte – ein Theater, mit dem Dürrenmatt mindestens eines bewies, dass er nicht gewillt war, sein eigener Epigone zu werden.

Wenn aber dennoch zutreffen sollte, dass Dürrenmatt aus der Mode in die Freiheit entlassen wurde, wurde diese Freiheit genutzt, indem in ihr ein Komplex wie «Der Mitmacher» entstand. Wir geben diesem Komplex in diesem Geburtstagsgruss einen zentralen Platz, weil er uns ermöglicht, vom jetzigen Dürrenmatt zu reden, vom späten, das heisst vom jüngsten, und damit vom neuen. Zumal es mich lockt, bei einem Geburtstag nicht einfach mitzuhelfen, alte Kerzen auszublasen, sondern neue anzustekken.

Der Mitmacher-Komplex eignet sich dafür, weil wir in ihm nicht nur dem Künstler Dürrenmatt begegnen, dem Dramatiker und Erzähler, sondern auch dem andern – aber welchem?

Ich hätte beinahe gesagt, dem «intellektuellen» Dürrenmatt. Aber ich weiss nicht, meine Damen und Herren, ob das Wort «Intellektueller» für Sie eine Empfehlung ist und ob sich Dürrenmatt darüber so sehr freuen wird. Was mich betrifft, habe ich nichts gegen die Existenz von Intellektuellen, das Dilemma fängt erst dort an, wie man diesen Intellekt benutzt.

Oder soll man vom Essayisten reden, wie man ihn aus seinen Kritiken, Aufsätzen und nicht zuletzt aus seinen Reden kennt? Aber bei dem Wort Essayist zögere ich nun wieder, wenn dieser Ausdruck in Richtung des Schöngeistigen weisen sollte, was bei Dürrenmatt bestimmt nicht gemeint sein kann.

Oder sollen wir viel direkter vom philosophierenden Dürrenmatt reden? Schliesslich hat er einmal mit Philosophie begonnen. Auch wenn er das Studium liess; damit liess er nicht die philosophische Fragestellung, was nicht heisst, dass es ihm je um irgendwelches System geht, gerade das nicht.

«Dramaturgie»

Der intellektuelle Dürrenmatt, der essayistische, der philosophierende – vielleicht kommt man der Sache näher, wenn man sich an einen Begriff hält, der für ihn über das Theater hinaus von Bedeutung ist: «Dramaturgie». Er hat verschiedene Dramaturgien geschrieben: nicht nur die erwähnte «Dramaturgie eines Durchfalls», sondern auch eine «Dramaturgie der Politik», was vielleicht gar nicht so weit auseinanderliegt.

Berühmt ist das Diktum, wonach uns nur noch mit der Komödie beizukommen ist, und Dürrenmatt hat alle Arten von Komödien durchgespielt, von der Farce bis zur Groteske, die tragische Komödie mit der «Alten Dame» und die ungeschichtliche, historische Komödie mit «Romulus der Grosse». Sollte es da nicht folgerichtig sein, dass uns nicht so sehr mit einer Methodologie beizukommen ist, sondern mit einer Dramaturgie? Und müsste man dann nicht von Dürrenmatt als einem Gedanken-Dramaturgen sprechen?

Dieser Gedankendramaturg entfaltet sich aufs faszinierendste in «Der Mitmacher-Komplex». Hier werden Ideen inszeniert und für Theorien Rollen geschrieben, aber hier werden anderseits auch Figuren der kritischen Analyse ausgesetzt. In diesem Komplex ist der Gedankendramaturg neben dem Erzähler und Dramatiker voll an der Arbeit, und insofern ist dieses Buch ein totaler Dürrenmatt.

Nun ist dieser Gedankendramaturg stets im Hintergrund geblieben, was mancherlei Gründe haben mag.

Dürrenmatt ist ein so brillanter Formulierer, dass man vor Lachen vergass, hinter der Boutade den Scharfsinn zu entdecken.

Fällt sein Name, stellen sich Assoziationen an ungebändigte Einfälle ein. Er selber sagte, man solle ihn als eine Art Nestroy verstehen, als eine Art helvetischer Volksstück-Schreiber, so dass viele meinten, er sei ein Autor, aus dem es vorwiegend sprudle.

Aber diesem Autor verdanken wir eine Erzählung wie «Der Sturz», die mit schachspielerischer Präzision geschrieben wurde. Und wenn er sagt, er komponiere seine Stücke, dann ist das nachzuprüfen. Und wenn zu seinem dramatischen Schaffen das Arbeiten auf und mit der Bühne gehört, war das Kompositionsarbeit, die auf jeweilige Gegebenheiten Rücksicht nehmen wollte.

Es gab immer auch den Artisten Dürrenmatt, aber manche liessen sich davon schon ablenken, weil Dürrenmatt seine Gedanken in einem breiten Berndeutsch und in einem nicht so breiten Hochdeutsch vortrug.

Dieser Gedankendramaturg ist nicht vom Theaterautor und vom Erzähler zu trennen. Er war schon immer mit von der Partie, und er gehört heute erst recht dazu. Und sei es nur schon dadurch, dass den Künstler Dürrenmatt das auszeichnet, was auch dem Gedankendramaturgen Qualität verleiht: ein Wille zur Konsequenz.

Wille zur Konsequenz

Man erinnert sich an den Satz: eine Geschichte sei dann zu Ende gedacht, wenn sie die schlimmst-mögliche Wendung nehme. Das verrät eine Unerbittlichkeit, angesichts deren manche meinten, sie könnten bei diesem Autor von einem Nihilisten und Pessimisten sprechen. Aber wenn ich an all die gut-gemeinten rettenden Hände denke, die als Vers, Prosa und Dialog sich einem heute in der Literatur entgegenstrecken, dann hat die Dürrenmattsche Unerbittlichkeit für mich etwas ungemein Tröstliches.

Bei der Formel, eine Geschichte sei zu Ende gedacht, wenn die schlimmst-mögliche Wendung eintrete, ist ja nicht nur von der schlimmst-möglichen Wendung die Rede, sondern auch vom Zu-Ende-Denken. Damit ist nicht ein Denken gemeint, das einmal auf endgültige Wahrheit stossen würde. Es sei denn, wir nähmen den Tod als diese definitive Wahrheit. Derart, dass das Sterben zu einem Sich-selber-zu-Ende-Denken wird, wie wir es in dem Stück «Der Meteor» erlebt haben.

Dieses Zu-Ende-Denken heisst vorerst einmal nur, dass man immer noch einen Schritt mehr wagt und noch einen weiter geht. Daher wird auch Dürrenmatt, wenn er von der heutigen Rolle des Schriftstellers spricht, nicht im Gesellschaftlich-Politischen verharren. Was nicht heisst, dass er sich dieser politischen Situation nicht gestellt hätte.

In dem Monstervortrag über «Gerechtigkeit und Recht» findet sich ein «helvetisches Zwischenspiel», das nach wie vor eine gute Einleitung in jene Schweiz ist, die mit neutraler Verbissenheit unentwegt den Ernstfall übt und vor lauter Wehrbereitschaft gar nicht mehr fragt, was an diesem Land verteidigungswürdig ist.

So radikal seine Kritik sein kann, eines war sie nie: Sie hat nie an provinziellen Phantomleiden gelitten, daran, dass die Schweiz ein kleines Land sei und so gar nicht schicksalträchtig wie andere. Eine Muse von schweizerischer Tüchtigkeit hat ihn nicht geküsst, die des Ressentiments.

Das änderte nichts an der Unbequemheit seiner Stellungnahmen. Wenn er 1968 gegen den Einmarsch der Russen in die Tschechoslowakei protestiert, erweist er gleichzeitig einem schweizerischen Kommunisten wie Konrad Farner Reverenz und erkundigt sich, inwiefern unsere Demokratie nur eine Illusion sei, die dringend überprüft werden müsste.

Und wenn er sich 1969 zum Globus-Krawall in Zürich äussert, moniert er, dass eine Gesellschaft sich nicht auf Werte berufen kann, wenn sie selber keine Werte, sondern nur noch Waren hervorbringt, eine Monierung, die Aktualität behalten hat.

Frage nach der Wahrheit

Nein, an Stellungsbezügen fehlt es nicht, nicht an deren Eindeutigkeit und auch nicht an deren Differenziertheit. Aber wenn der Gedankendramaturg einsetzt, wird das Denken eben weitergetrieben. Ueber die soziologischen und politischen Gegebenheiten hinaus. Dann wird die Frage nach Literatur oder Theater auch zu einer nach der Wahrheit: Inwiefern kann man Wirklichkeit darstellen, und was heisst es, einen Aspekt dieser Wahrheit im literarischen Werk wiederzugeben?

Literarische Fragen schlagen somit unweigerlich in erkenntnistheoretische um. Von da aus ergibt sich auch sein Interesse für die Naturwissenschaften – und dies nicht aus blosser Freude an jenem Abenteuer, das uns zeitgemässe Märchen ermöglicht. Der

Frage, was erkennbar ist, wird bei jenem Denken nachgegangen, das gerade dadurch sein Wissen weitertreibt, indem es seine Grenzen erkennt. Und wie dieses Wissen mit der Moral in Konflikt gerät, wurde auf der Bühne mit «Die Physiker» gezeigt, und inwiefern die Frage nach dem Wissen auch Fragen nach dem Glauben einschliesst, kann man in einem Vortrag über «Einstein» nachlesen.

Stellung wird bezogen. Aber diese erhält ihre Bedeutung und ihren Grund erst dadurch, dass sie Dürrenmatt situiert, indem er sie in ein Ganzes oder sagen wir in ein Grösseres stellt. Was in dem Fall zählt, sind Zusammenhänge. Und was er mit Zusammenhängen meinen kann, wird in seinem Buch über Israel deutlich – es trägt den Titel «Zusammenhänge».

Zusammenhänge und Komplexität

Dieser Essay über Israel ist ein Bekenntnis zur Existenz des Staates Israel, abgelegt zu einem Zeitpunkt, als eine solche Konfession isolierte. Aber bei Dürrenmatt wird auch ein solches Bekenntnis zu Ende bzw. weitergedacht: so weitet sich die Thematik nicht nur zur Geschichte und Religion des Judentums, sondern auch zu der des Islams, und der, der spricht, weiss, dass er es als Christ tut und sein eigener Glaube mit-involviert ist. So können Freiheit, Gleichheit und Brüderlichkeit zu einem neuen Nennwert kommen, nicht zuletzt deswegen, weil keiner dieser Begriffe nur der einen Religion oder der einen Kultur gehört, sondern allen.

So bietet Dürrenmatt in diesem Buch mitten in einem historische Exkurs einen Koran-Gelehrten und einen Rabbi auf, er sperrt den gelehrten Juden und den gelehrten Muselmanen in ein Gefängnis, damit sie sich bei gemeinsamer Erfahrung näherkommen und sich auch in ihren Unterschieden schätzen lernen, geradezu boshaft leitet Dürrenmatt ein, was eine erschütternde Paraphrasierung der Ring-Parabel werden soll.

Der Gedankendramaturg ist an der Arbeit: Er inszeniert Gedanken und schreibt Rollen für Ideen und setzt anderseits die Figuren der Analyse aus. Der Bericht steht neben der Theologie, aber immer wieder bricht die Fabel und die Parabel durch.

Dieses Buch «Zusammenhänge» ist ein Vorläufer des «Mitmacher-Komplexes». Die beiden Bücher ähneln sich schon in ihrer Entstehung. Am Anfang der «Zusammenhänge» steht eine Rede, die Dürrenmatt aber auch noch hält, nachdem sie längst gehalten worden ist. So fügen sich an den Essay, der im Untertitel eine «Konzeption» heisst, Nachgedanken, die so umfangreich sind wie die Vorgedanken. Und die Zusammenhänge weisen auch in der formalen Darstellung auf den Mitmacher-Komplex.

Soweit man bereits Einblick hat nehmen können in das Prosawerk, an dem Dürrenmatt seit zehn Jahren arbeitet, die sogenannten «Stoffe», sieht man, dass die Art der Zusammenhänge und der Komplexität, wie wir sie darzustellen versuchten, sein augenblickliches Schaffen bestimmen wird. Dürrenmatt hat einmal erklärt, seine Schriftstellerei sei die Geschichte seiner Stoffe; wenn er nun an das monumentale Unternehmen seiner Stoffe geht, werden sie zugleich seine Schriftstellerei als Geschichte und Geschichten bieten.

Ein-Mann-Opposition

Zusammenhänge und Komplexität, dank ihnen ist möglich, dass die Ein-Mann-Opposition, von der Dürrenmatt als Verpflichtung spricht, vielleicht ein einsamer Platz ist, aber sicher kein unverbindlicher. Denn in dem Masse, wie sich dieser Ein-Mann-Oppositionelle als Komplexität auffasst und auf Zusammenhänge aus ist, weist er auf andere und anderes.

Als Protestanten hat sich einmal der junge Dürrenmatt deklariert. Damit war nicht bloss Protestant der Konfession gemeint, sondern einer, der protestiert. So hat es nur Logik, dass er als erste Helden rebellierende Protestanten auf die Bühne stellte, nämlich Wiedertäufer. Und so hat es Logik behalten, dass er nach wie vor gegen Dogmen antritt, ob dies nun die Dogmen einer Kirche oder einer Partei sind, ob es sich um bürgerliche Dogmen handelt oder um solche des Marxismus: Wer zu Ende denken will, eignet sich nicht zum Ideologen.

«Alles Kollektive wird wachsen, aber seine geistige Bedeutung einschrumpfen. Die Chance liegt allein noch beim Einzelnen. Von ihm aus ist alles wieder zu gewinnen», schrieb der junge Dürrenmatt vor fünfundzwanzig Jahren. In seinem Mitmacher-Komplex spricht er von seinen Träumen, «in denen immer wieder ein Motiv auftaucht, unerbittlich, ein einziges bloss, die Möglichkeit, an die ich glaube, an die ich mich klammere, die Möglichkeit, ganz ein Einzelner zu werden, die Möglichkeit der Freiheit...», und es heisst weiter: «Jede Gesellschaft, je mehr sie gezwungen sein wird, durch die wirtschaftlichen und damit politischen Umstände, die sich ihr stellen, totalitär zu werden, wird in Zukunft, wie anderswo schon heute, danach beurteilt werden, wie sie ihre Einzelgänger, Aussenseiter und Käuze zu tolerieren vermag, ob sie diese interniert, isoliert – oder akzeptiert, wenn auch zähneknirschend, als die letzten und ersten Zugvögel einer doch noch möglichen Freiheit.»

Die Freiheit als Voraussetzung, diese Welt als Einzelner zu

bestehen, das heisst im Falle des Schriftstellers und damit im Falle Friedrich Dürrenmatts, die Welt in den Griff zu kriegen, indem man sie darstellt – ein Bild von ihr zu machen, indem man sie zwingt, für ein literarisches Werk lang eines ihrer Gesichter zu zeigen.

Das hat nichts mit jener Literatur zu schaffen, die eingreifen und verändern möchte. Nun ist der Streit über die Funktion der Literatur so alt wie diese selber. Am Anfang der europäischen Literatur stehen zwei Dichter: Homer und Hesiod. Hesiod wollte zeigen, wie man das Haus bestellt, Homer zeigte, wie es um dieses Haus bestellt war. Der eine ist nützlich, und den andern kann man lesen. Aber es ist klar, dass der nützliche eine grössere Chance fürs antike Schulbuch hatte. Der alte Plato, ein Schulmeister-Philosoph, wollte Homer aus den Schulbüchern verbannt wissen. Wenn einer zeigt, wie es ums Haus bestellt ist, wird er noch rasch subversiv. Zudem gab es bei diesem Homer ein respektloses Lachen über die Götter. Seiher gibt es in Europa eine Tradition dieses homerischen Gelächters. Was uns betrifft, machten wir hesiodische Jahre durch. Wenn das homerische Gelächter dennoch in unseren Jahrzehnten erklang, verdanken wir dies einem Autor wie Friedrich Dürrenmatt. Was mich betrifft, meine Damen und Herren, bin ich bereit, in dieses Gelächter einzustimmen, und nicht nur deswegen, lieber Fritz Dürrenmatt, weil Du Geburtstag hast.

Martin Meyer

Kunst aus Selbst-Erhaltung

Zum 70. Geburtstag von Max Frisch

Es gibt im Werk von Max Frisch ein grosses autobiographisches Innehalten. Diese Zäsur bezeichnet ungefähr die Mitte des Œuvre. Das Tagebuch 1946–1949 blickt zurück, bis auf die Anfänge von 1931. Und es greift vor, noch «Montauk», 1974/75, ist in seinem Schatten. Zwar, in Suhrkamps dunkelblauer, zwölfbändiger, chronologischer Ausgabe trägt das Tagebuch die Nummer 4. Und Frischs berühmte Arbeiten – «Stiller», «Homo Faber», «Andorra» – kommen nach 1950.

Dennoch ist eine Mitte erreicht. Da ist, um vom Aesthetischen zuerst zu sprechen, der Stil. Man hat den Stil gefunden. Früheres wird das Frühe. Der erste Roman, «Jürg Reinhart», geschrieben mit dem Enthusiasmus des Zollinger-Verehrers, rückt in die Ferne – als ein Anfang. Gleiches widerfährt dem zweiten Roman, «Die Schwierigen oder J'adore ce qui me brûle» – Nachtrag zu diesem Anfang.

Dann, mit der Festigung des Sprachvermögens, gewinnen auch die Themen des Schriftstellers eine neue Höhe. Sich einer Tradition verbunden *fühlen* – gilt wohl für jeden, der jung beginnt. Aufbruch ins Schicksal, aber mit Vorbildern von Goethe bis Rilke. Nicht zufällig nennt Frisch den «Reinhart» im Untertitel «Eine sommerliche Schicksalsfahrt». Und die Betonung der Jahreszeit: für den Poeten ein wichtigeres Zeichen als die Botschaft der geschichtlichen Gegenwart.

Solch träumende Distanz zu den Dingen ist dem Verfasser des ersten Tagebuchs nicht mehr gegeben. Um die Tradition *wissen* – darin gründet, unter anderem, die grössere thematische Sicherheit. Aus Ahnungen werden Aussagen. Die Bildnis-Theorie – dass sich der Mensch kein Bild von seinem Nächsten mache – ist im «Tagebuch» als Leitmotiv für Künftiges ausformuliert. Die philosophischen Optionen schliesslich, die Frisch in den Umkreis des Existentialismus bringen: auch sie gehören dieser Mitte an, die vielgestaltig vom Ordnungssinn des Schriftstellers berichtet.

Ein drittes Merkmal des Tagebuchs 1946–1949 hat äussere Ursachen. Der Krieg ist vorbei. Der Chronist der «Blätter aus dem Brotsack» – wieder Zivilist. Doch er kann weiterschreiben, und seine Worte haben grösseres Gewicht, denn Deutschland schweigt. Ein Publikum haben – ein Vakuum füllen; man spürt die Verantwortung, wenn Frisch Fragen stellt. Noch beantwortet er sie nicht selbst.

Wie hat das angefangen mit Max Frisch? Aus einem kurzen Text von 1932: «Kann man dich überhaupt brauchen auf dieser Welt, Max?» Ironie? Wohl doch nicht nur. Aber vom Anfang an die – für die dreissiger Jahre recht typische – Suche nach dem authentischen Dasein. 1934, die erste Erinnerung an das amerikanische Märchen von Rip van Winkle; die Angst «vom Erwachen und Heimatlossein». Heimat als Ort in der Zeit: so lehrt es, auf exemplarische Weise, die exoterische Biographie von Frisch. Und eine geistige Heimat haben? Auch da ist das Eigene den zeitlichen Veränderungen unterworfen. Das wiederum lehren die Texte des Schriftstellers.

Wenn der reife Frisch noch immer einen idealen Lebensraum herbeisehnt, müssen Missverständnisse entstehen. Der Wirklichkeit einen Zustand abverlangen, als ob die Wirklichkeit je Dauer sein könnte.

Die frühen Prosastücke indes erörtern das Verhältnis von Dasein und Gefährdung auf abstraktere Weise. Eine Griechenland-Reise, die der Verfasser mit seinem Protagonisten, Reinhart, teilt. Frisch kommt nach Korinth; das Wasserband des Kanals erscheint ihm wie in einen Sarg gebettet. Das ist der denkbar schärfste Kontrast – Leben und Tod, dem Beispiel von Natur und Kunst entnommen, das Gemachte als das Tote. Später wird Frisch das Verhältnis umkehren.

Und dann «Jürg Reinhart». Wo es heisst, «dass die Welt herrlich ist, unser Dasein bloss ein Besuch». Schon zu Beginn begegnet diesem Reinhart ein Schiffsherr, ganz in Weiss gekleidet; der Schnurrbart «rabenschwarz». Die Bedrohung geht nun, im Fortgang des Romans, weniger von der Landschaft aus; mehr von den Menschen, die den jungen Reinhart in der einen oder anderen Absicht an sich zu binden trachten. Dem unerfahrenen Mann antwortet die Frau – das Weib, in der Wortwahl der von Nietzsche Geprägten – mit ihren Wünschen.

«Jürg verlor sich immer.» Sieht man von den hymnischen Aufschwüngen der Sprache ab, bleibt, als treibendes Motiv der Geschichte, die Furcht, von einem (weiblichen) Gegenüber bestimmt zu werden. An Versuchungen erotischer, moralischer und kameradschaftlicher Art fehlt es nicht. Der Kameradschaft kann man sich mit Anstand entziehen. Die Moral – Sache des Gewissens. Aber die Liebe? «Irgendwie leichenähnlich dünkte es ihn, dass man einen geliebten Menschen halten kann.» Nicht eher, dass man von dem Liebenden gehalten wird?

Selbstbehauptung als Verweigerung: von dieser Haltung versteht der Reinhart des zweiten Romans schon mehr. In den «Blättern aus dem Brotsack» mündet die nihilistische Tonlage da, wo von der Berechtigung des Kriegs die Rede ist, in ein Spiel von Ja und Nein. Das Ja des wilden Tiers; das Nein des Feiglings; das Ja der Gesunden; das Nein der Schöpferischen; das Ja der Götter und Nihilisten. Und dabei bleibt es.

Das Ja zu einer Idee ist leichter als das Ja zu einem Menschen. «Gestalter des Lebens, die ... sich selber den Sinn geben» – im zweiten Roman, «Die Schwierigen ...». Wobei solche Sinngebung ohnehin scheitert, und auf Kosten der anderen. Noch in «Santa Cruz» (1944) lässt Frisch den Rittmeister sagen: «Was suchen wir denn anderes als Ihn, der unser anderes, vielleicht unser wirklicheres Leben führt.» Wirklicher: da bricht der Komparativ die starre Form von Wahr und Falsch. Es kommt zu einer Humanisierung der existentiellen Not. Sich sinnvollere Möglichkeiten von Dasein offenhalten, Lehre der Mässigung.

Als essayistischer Kommentar zu diesen Möglichkeiten bündelt das Tagebuch 1946–1949 die Meinungen. Kein andrer Text von Frisch gewährt so viele Einblicke in die Werkstatt. Werkstatt – keine Metapher. Denn wie der Architekt, Frisch, Pläne für das Wohnen macht, prüft der Schriftsteller den Spielraum einer gemeinschaftsfähigen Philosophie. «Der Wahrhaftige, der nicht höflich sein kann oder will, darf sich jedenfalls nicht wundern, wenn die menschliche Gesellschaft ihn ausschliesst.»

Das klingt mehr nach Jacob Burckhardt als nach Nietzsche. Mehr nach Camus als nach Sartre. Burckhardt und Nietzsche bezeichnen ein Erbe; Camus und Sartre bezeichnen die Gegenwart. Ist Frisch dem Existentialismus verbunden? Die Perspektiven einer Antwort bestimmen letztlich sein ganzes Werk – mit einer Ausnahme; dem «Holozän»-Buch.

Was verkündet das Hauptwerk des französischen Existentialismus, Sartres «L'Etre et le Néant»? Dass der Mensch, als Einheit von Sein und Negation, Abstand hat; Abstand zu sich selbst wie zu Gegebenem, Distanz zu den Phänomenen und zum Anderen. Freiheit aber bedeutet, dass Bestehendes im Hinblick auf Mögliches negiert wird. Subjekt bleiben und den anderen zum Objekt machen ist eins. Erst vor der Folie von Sartres Selbsterhaltungstheorie erhält Frischs biblisch anmutende Bildnislehre ihr Gewicht. «Du sollst dir kein Bildnis machen.»

Nämlich, mit Blick auf die Liebe, kein Bildnis vom Partner. Nun gibt es, vom ersten Tagebuch an, zwei Wege. Der erste Weg entspringt einer moralischen Verantwortung. Diese Verantwortung, auch gewachsen in der Konfrontation mit der deutschen Diktatur, beharrt auf der Anerkennung des Fremden; weniger abstrakt, Achtung vor dem Menschen und den verschiedenen – religiösen, politischen, individuellen – Weisen seiner Darstellung. «Man macht sich ein Bildnis. Das ist das Lieblose, der Verrat.» Zum Beispiel: von den Juden; von der geliebten Frau; von der Vergangenheit.

Von der Vergangenheit. «Wir sind das Damals, auch wenn wir es verwerfen, nicht minder als das Heute ...» Und: «Die Gegenwart bleibt irgendwie unwirklich, ein Nichts zwischen Ahnung und Erinnerung.» Wenn der Autor des «Dienstbüchleins» Ressentiment als Demontage darstellt, in Verachtung der Geschichte, ist das Wort vom Verrat zu stark; jenes von der Lieblosigkeit zu schwach. 1947 aber, in Santa Margherita, liest er Burckhardt. Burckhardts Gegenspieler, der in Rapallo weite Teile des «Zarathustra» schrieb, wird nicht erwähnt.

Der zweite Weg ist künstlerisch ergiebiger. «... dieses immerwährende Gefälle zum Nichtsein» – woraus sich eine Abwehrposition ergibt. Das Nichtsein hat viele Gesichter. Angst vor dem Tod? Auch das ist ein Thema; doch ein verstohlen entfaltetes, das mit der Eitelkeit enger verknüpft ist als mit dem Bewusstsein von Leere. Angst vor der Fremdbestimmung? Etwa Don Juan, der seiner Rolle und den Zuschreibungen, die traditionsreich damit verbunden sind, zu entfliehen sucht; und von der Rolle eingeholt wird und scheitert. «Seine Untreue ist ... Angst, sich selbst zu täuschen, sich selbst zu verlieren» – wie Frisch in einem Nachwort zum Stück erklärt.

Sich an eine Umgebung verlieren. Von diesem möglichen Nichtsein leitet sich der zweite Weg als Ausdruck der Selbst-Erhaltung ab. Er ist das spiegelverkehrte Pendant zum Bildnisverbot. Frischs Helden schaffen sich das Bild ihres Gegenübers – um nicht selbst zum Objekt gemacht zu werden. «Die Hybris, dass einer allein, Mann ohne Weib, der Mensch sein will», falsche Demut. Denn zu den Attributen des Selbstseins gehört die Aneignung des anderen. Geburt des Homo faber.

Im Bericht einer Mexiko-Reise («Orchideen und Aasgeier», 1951) schildert Frisch zwei Erlebnisse. Die beiden Erlebnisse stehen in einer gewissen Beziehung zueinander. Einmal: die Tropen; «fast mit panischem Schrecken wieder geflohen». Weshalb? «Wuchernde Verwesung» – neutraler, eine Natur, die keine Grenzen kennt und jede Grenzziehung wieder aufhebt. Da verweigert das Leben die Existenz des Ortes. Wie in dem zweiten Hinweis ein Ort von der Landkarte getilgt wird, als plötzlich der Boden sich hebt und ein Vulkan entsteht, der das Dorf zudeckt. «Das Dorf hiess Paricutin.»

Man behalte das Motiv im Auge. Frisch wird es dreissig Jahre später, in seinem tiefsinnigsten Buch, aufgreifen und annehmen.

Doch die literarischen Konsequenzen der existentiellen Freiheit zeitigen zunächst zwei Romane, «Stiller» (1953/54), «Homo Faber» (1955–57). «Stiller» ist ein Buch der Selbstbehauptung gegenüber der Frau. «Homo Faber» ist das Buch der Selbstverteidigung gegenüber der Natur.

Stiller, dieser reflektierende Träumer: seine Taten sind schon Erinnerung, seine Gedanken begleiten die Biographie, die er selbst erzählt. Eine Künstlerbiographie – wobei das Vorrecht der Eigenliebe, nämlich die Selbstkritik, unangetastet bleibt. «Sich annehmen können», das Wort des Staatsanwalts. Wirkliches Leben sei, «dass einer mit sich selbst identisch wird» (Stiller). Das Opfer ist Julika, «die von diesem Bildnis vergewaltigt worden ist» (Nachwort des Staatsanwalts).

Der Figur des Künstlers folgt die Figur des Technikers. Der Techniker ist, insofern dem Künstler verwandt, wie dieser auf die Beherrschung des Stoffes aus. Wenn Frisch den Walter Faber in die tropische Landschaft Mittelamerikas schickt, erfährt das Thema der individuellen Standortbestimmung eine ins Allgemeine greifende Weiterung. Geschichte gegen Natur; Kultur gegen Chaos; Haben gegen Sein. «Nur der Dschungel gebärt und verwest, wie die Natur will. Der Mensch plant.»

Planung – noch eine Art der Aneignung. Es wird nun eine Stufenordnung des Lebendigen sichtbar, deren Erscheinungen den Techniker bedrohen. «... überhaupt diese Fortpflanzerei überall ... blühende Verwesung»; vorher, oben, «wuchernde Verwesung». Und am Ende dieser Abfolge: die Frau. «Ich wollte das Mädchen nicht anfassen.» Oder, «Ivy heisst Efeu, und so heissen für mich eigentlich alle Frauen. Ich will allein sein!» Doch die Angst vor einer Fruchtbarkeit, die nicht den Gesetzen des Machens und Verfügens sich beugt, ist zugleich die Angst vor dem Tod. «Mein Irrtum: dass wir Techniker versuchen, ohne den Tod zu leben.» So dass das Leben bloss als Addition, nicht als Gestalt begriffen wird. Sich annehmen können?

Man kann nicht von den Selbstbehauptungsstrategien von Frischs Helden sprechen, ohne die zeitkritischen Exkurse des Schriftstellers zu erwähnen. Woran scheitern Stiller, Faber, Gantenbein? An Eigenliebe; an Selbsthass. Und das Gebot, sich kein Bildnis machen: sie tun gerade das.

Begeben sich in Situationen eines Entweder-Oder. Entweder Rettung oder Untergang; sich behaupten – sich auflösen. Wie in der Politik? Aber Politik ist die Kunst der Vermittlung. Ihr geht die Anerkennung des Gegenübers voraus. Die Unterscheidung in ein politisches und ein existentielles Dasein ist im ersten Tagebuch noch lebendig. Im Tagebuch 1966–1971 wird sie verwischt. Weshalb denn dieses Tagebuch und das «Dienstbüchlein» zu den absichtsvoll unaufrichtigen Texten des Werks gehören.

«Meine krankhafte Empfindlichkeit als Kehrseite der Selbstherrlichkeit» («Montauk», 1974/75). Und im «Stiller»: «Wir sehen wohl unsere Niederlage, aber begreifen sie nicht als Signale, als Konsequenzen eines verkehrten Strebens, eines Strebens weg von unserem Selbst.» Das Streben weg vom Selbst – kann alles heissen. Wenn nun «Montauk» in gewisser Weise dem «Holozän»-Buch den Boden vorbereitet, muss die Bescheidenheit – «Kehrseite der Selbstherrlichkeit» – über die Empfindlichkeit hinausführen. Andernfalls bloss die Klagen von Stiller wiederholt würden. «Montauk» leistet solche Befreiung – in Grenzen; und Frischs Verhältnis zur Frau wird entspannter.

«Der Mensch erscheint im Holozän», 1979. Der Mensch: da scheint das Stichwort der vierziger Jahre wieder aufgenommen. Doch kritisch unterläuft eine Zeitbestimmung, Holozän, das Pathos der Philosophie. Und zum Erscheinen gehört, unausgesprochen, das Verschwinden – in den Raum der Erdalter. Was Herrn Geiser widerfährt. Das Buch ist die Chronik einer Verwandlung. In äusserster Verdichtung der Zeit verschwindet Geiser in jener Naturgeschichte, die einmal, im Holozän, den Menschen hervorbrachte.

Selbst-Preisgabe – Verlust von Subjektivität. Dass dieses Opfer auf Freiwilligkeit gründet, macht die Geschichte zu einem – möglichen – Wendepunkt. «Herr Geiser wird das Tal nicht verlassen. Möglich wäre es gewesen!» Selbst-Erhaltung, vielleicht doch nur als Episode. «Da der Mensch sich aus sich selbst nicht verstehen kann ...»

Marianne Zelger-Vogt

Mythen als Seelenbilder

Begegnung mit Kuno Raeber

Im Schweizer Band von «Kindlers Literaturgeschichte der Gegenwart» ist Kuno Raeber viermal erwähnt: Sein vorletzter Roman, «Alexius unter der Treppe» (1973), wird als ein «kontrapunktisches Element» von der Vielzahl jener zeitgenössischen Werke abgehoben, denen die Schweiz als Hintergrund, als erfahrener und vertrauter Lebensstoff diene. Zweimal erscheint Kuno Raeber sodann als Lyriker, zunächst bloss mit seinem Namen, später mit einem Hinweis auf die «rhythmische Strenge» seiner Verse. Und schliesslich figuriert er noch unter den *poetae docti*, ohne dass dies aber durch entsprechende Stichworte in der Kurzbiographie am Schluss des Bandes erläutert würde.

Für ein Œuvre, das damals vier Gedichtbände, zwei Romane, einen Band Reiseskizzen und «33 Kapital Prosa» umfasste, sind die Hinweise dürftig genug. Und doch lassen sie dreierlei Schlüsse zu: Kuno Raeber zählt nicht zu den etablierten, leicht zugänglichen Autoren dieses Landes; mit der Bezeichnung «Schweizer Schriftsteller» im besonderen dürfte ihm nicht beizukommen sein, sowenig wie mit jeder anderen nationalen Zuordnung – auch der Kindler-Band über die Literatur der Bundesrepublik Deutschland, wo Kuno Raeber seit bald dreissig Jahren lebt, verzeichnet ihn lediglich als Verfasser seines ersten Romans und im biographischen Anhang. Ein Aussenseiter also? Dazu ist sein Werk zu welthaltig, zu universal. Wohl aber ein Einzelgänger zwischen den Ländern und Kulturen, zwischen Vergangenheit und Gegenwart.

«Alexius unter der Treppe»

Den Platz eines solchen Dichters hat Kuno Raeber in seinem Roman «Alexius unter der Treppe» beschrieben. Es ist der Platz jenes römischen Heiligen, der jahrelang unerkannt im Dunklen auf einer schmutzigen Decke unter der Treppe seines Vaterhauses vegetierte. Nicht immer war er dort. Raebers Alexius hat sich im Getümmel der Welt herumgetrieben, bis er erkannte, dass die

Betrachtung dessen, was um ihn vorging, abenteuerlicher und spannender war als alle Aktion. So wurde er «dies schiere Auge, das Hausauge, das Stadtauge, das Weltauge, das, ohne selbst gesehen zu werden, alles sah».

Den selben Platz hat Hugo von Hofmannsthal dem Dichter zugewiesen (im Vortrag «Der Dichter und diese Zeit»): «Seltsam wohnt er im Haus der Zeit, unter der Stiege, wo alle an ihm vorüber müssen und keiner ihn achtet … Er ist da und wechselt lautlos seine Stelle und ist nichts als Auge und Ohr …» Doch Alexius wäre kein Heiliger, wenn er unbeteiligt abseits stünde. Hofmannsthal lässt ihn teilnehmen an der Welt, indem er ihn den «lautlosen Bruder aller Dinge» nennt, dem das Wechseln seiner Farbe «eine innige Qual» ist: «denn er leidet an allen Dingen, und indem er an ihnen leidet, geniesst er sie. Dies Leidend-Geniessen, dies ist der ganze Inhalt seines Lebens …» Auch Raebers Alexius hat sein Dasein zu verantworten. In Gestalt einer Katze, die bald Beichtvater, bald göttlicher Richter, bald Ich ist, schafft Raeber die moralische Instanz, vor der Alexius die Bekenntnisse seiner verschiedenen Leben – als Gammler, als Johannes der Täufer, als König Herodes, als letzter Doge von Venedig – ablegt.

Herübergelebtes von vergangenen Tagen

Denn Erfahrung der Welt, das meint für Raeber nicht bloss die eng umgrenzte eigene Erfahrung in der eigenen Zeit. «Wenn wir nur die Vorstellungskraft haben, uns selbst als einen Teil der Welt … zu erkennen», dann brennen «alle längst ausgebrannten Brände noch immer in uns, alle Katastrophen der Jahrtausende geschehen in jedem einzelnen von uns fortwährend» (Kuno Raeber im Nachwort zu «Missverständnisse»). Wiederum werden wir auf Hofmannsthals Dichter-Essay verwiesen: «Ihm ist die Gegenwart in einer unbeschreiblichen Weise durchwoben mit Vergangenheit: in den Poren seines Leibes spürt er das Herübergelebte von vergangenen Tagen, von fernen nie gekannten Vätern und Urvätern, verschwundenen Völkern, abgelebten Zeiten.»

Raeber, in Temperament und Stil von Hofmannsthal durchaus verschieden, erzählt von Babylon und dem alten Rom, von antiken Mythen und christlichen Legenden, von Byzanz und der venezianischen Seerepublik nicht als ferner Vergangenheit, sondern als sinnlich erfahrener Gegenwart – nicht Historiker eben, sondern Dichter. Bildungsgut wird ihm zum Spielball der Phantasie, der Erfindung. Dass solches Erzählen Genuss bereitet, wird spürbar auch in der barocken Fülle seiner an Fellinis Filme gemahnenden Bilder, in der Kraft und Schönheit seiner reichen

Sprache. Doch das Leiden ist stärker. Die «einzige Stadt, das ewige Jerusalem-Babylon-Rom-Byzanz-Venedig-Manhattan», ist dem Untergang geweiht, «jede neue verschlang die frühere und verdaute sie und enthielt sie in sich». Es sind vom Verfall gezeichnete Städte, verführerisch im Abglanz des Lasters und der Verworfenheit. Raeber kennt auch Paris, London, Berlin, aber er hat sie nicht zu Schauplätzen seiner Bücher gemacht; seine Reiseskizzen erzählen von der Lethargie Kalabriens. Raebers Trauer gründet in der Erkenntnis, «dass alles, was wir gewonnen, mit dem eigentlich Gesuchten gar nichts zu tun hat» («Missverständnisse»), und «Schönheit und Süsse des Lebens, herausdestilliert in Jahrmillionen», bringen uns die Nichtigkeit und Hinfälligkeit menschlichen Tuns nur um so schmerzlicher zum Bewusstsein.

Metamorphosen

Doch Raebers Schreiben wäre weniger kraftvoll, weniger elementar, wenn es sich im *vanitas*-Gedanken erschöpfte. Indem er die Geschichte zurückführt auf das Mythische, erfährt er sie zugleich auch als eine Wiederkehr immer gleicher Grundmuster in verwandelter Gestalt. «Geblieben sind die Erfahrungen und Erschütterungen, in denen die Alten Götter und Engel fanden» («Calabria»). In Raebers zweitem Lyrikband ist das Motiv der Metamorphose schon im Titel enthalten: «Die verwandelten Schiffe» nimmt Bezug auf die wunderbare Verwandlung der Schiffe des Aeneas in Jungfrauen. Und im Prosaband «Missverständnisse» begegnen wir mehrmals der Nymphe Arethusa, die zur Quelle wird. Der körperlichen Gestalt und Identität beraubt, vermag sie, was immer sie umgibt, in sich aufzunehmen.

Der Gestaltwandel ist für Kuno Raeber mehr als nur ein mythisch-historischer Vorgang. Seine eigene Biographie weist zwischen der Noviziatszeit, der bürgerlich-akademischen Laufbahn und der Entscheidung für den Schriftstellerberuf Metamorphosen auf, und die Poesie selbst hat er einmal als eine Maskerade definiert, «wo es keine Demaskierung gibt, sondern nur das Durchprobieren immer neuer Masken». Obwohl der Satz im Klappentext zu einem Lyrikband («Die verwandelten Schiffe») steht, hat er vor allem für seine Prosa Gültigkeit. Gedichte, auch wenn sie Berührungspunkte von Zeiten und Kulturen, von Motiven und Empfindungen freilegen, zeigen Momentbilder; Sache der Prosa ist es, die Bilder zu transformieren, eins im andern werden und vergehen zu lassen. Schon in seinem ersten Roman, «Die Lügner sind ehrlich», nutzt Raeber diese Möglichkeit, indem er nicht aus der Perspektive einer, sondern je verschiedener Figuren erzählt. Zusammengeführt in einem mystisch-religiösen

Zirkel, haben sie, jede für sich, zu entscheiden zwischen Freiheit und Bindung, zwischen Loslösung und Unterwerfung. Der Erzähler, der das schillernd-verfängliche Netz der Beziehungen entflicht, vollzieht damit die Trennung, um sich fortan desto freier in der Welt seiner Imagination zu bewegen.

Rollenspiel

Raebers Kritik an Tendenzen zeitgenössischer Literatur enthält zugleich eine Charakterisierung seines eigenen Schreibens: «Man hat vergessen, dass nicht zuletzt dies den Menschen zum Menschen macht, dass er sich von seiner Person und von seinen Umständen absetzen und mit Hilfe seiner Phantasie Gegenwelten errichten kann.» Er selbst hat sich von der Gegenwart und den eigenen «Umständen», die seinen ersten Roman ebenso wie die Reiseskizzen aus Kalabrien bestimmt hatten, wohl am radikalsten abgesetzt im Prosaband «Missverständnisse». Ueber Jahrhunderte und Jahrtausende hinweg gelingt ihm da die Annäherung an Dädalus und Minotaurus, an Nero und Agrippina, an den Assyrerkönig Assurbanipal und an Wilhelm von Oranien – während dann «Alexius» Vergangenheit und Gegenwart, Legende und Wirklichkeit mit grandioser Gebärde zusammenführt.

Nun liegt, seit 1981, ein neuer Roman vor: «Das Ei». Raeber bindet sich darin die Maske jenes Geisteskranken um, der vor einigen Jahren mit Hammerschlägen Michelangelos «Pietà» im Petersdom schwer beschädigt hat. Das Nachdenken über dessen Motive hat ein Attentat nicht mehr nur auf die Marmorfigur, sondern auf den Marienkult insgesamt zur Folge, und die Heftigkeit, mit der es verübt wird, zeugt davon, dass Raeber auch diesmal den «Mythos» als eigenste Erfahrung – in Form komplexer Frauenbilder, konfliktreicher Mutterbeziehungen – nachvollzieht. Nach dem Abschluss dieses Werkes, das ihn während fast sieben Jahren beschäftigt hat, probiert er jetzt das Rollenspiel in wiederum anderer, seiner ursprünglichsten Form aus. In Schwabinger Cafés unweit seiner kleinen Wohnung schreibt Kuno Raeber an einem Theaterstück. Sein Platz ist in einer Ecke, «wo alle an ihm vorüber müssen».

Hanno Helbling

Künstlerische Kraft – moralische Leistung ...

... und umgekehrt. Gedanken über Christa Wolf

Da ist dieser Hund, in «Kein Ort. Nirgends». Gleichzeitig rufen ihn, von verschiedenen Seiten, Kleist und die Hofrätin Wedekind. Ein quälender Konflikt, dem sich das Tier zuletzt entzieht, indem es sich hinlegt und einschläft, in der Mitte zwischen den Rufenden.

Man blättert; findet Sätze wieder. «Was wir unser gutes Recht nennen: das Recht des Nichtwissenwollens oder des Nichtsagenmüssens. Ein gutes Recht» (in «Nachdenken über Christa T.»). Ein gutes Recht, gut im Sinne von lebensfreundlich, im Sinn eines Schutzes vor übersteigertem (Selbst-)Anspruch. Das Zumutbare ist schwer genug.

Zum Beispiel «die Hinwendung zu den Dingen, wie sie wirklich sind, zu den Ereignissen, wie sie wirklich passieren, wenn man ihrer lange entwöhnt war und ihren Abglanz in Wünschen, Glaubenssätzen und Urteilen für sie selbst genommen hat». Zum Beispiel: mit Namen umgehen und dabei ahnen, «dass die Benennung kaum je gelingt und dass sie dann nur für kurze Zeit mit dem Ding zusammenfällt, auf das sie gelegt wurde».

Mit einem Wort, Schreiben – gegen den Widerstand des eigenen Zweifels am Schreibenkönnen. «Dass ich nur schreibend über die Dinge komme»; schreibend *und* in Kenntnis «unserer Unfähigkeit, die Dinge so zu sagen, wie sie sind». Der einzige Weg und deshalb gerade noch zumutbar.

Das Schreiben selbst zum Thema machen. Oft nur ein Kunstgriff – dessen sich auch Christa Wolf in Einzelfällen bedient. Sie nähert sich einer Situation, indem sie erklärt, man könne dergleichen in Worten nicht wiedergeben; und dieser Satz ist schon Teil der Wiedergabe (in Worten). Aber wir meinen nicht das.

Wir meinen die Gesamtlage, in der das Schreiben sich selbst ein Problem ist. Die Gesamtlage, die Christa – T.? oder W.? – auch geradezu «unsere moralische Existenz» nennt. Hinter der Frage, *wie* man denn, schreibend, über die Dinge kommt, steht die Forderung, *dass* man sich ihnen – und nicht ihrem Abglanz in Wünschen, Glaubenssätzen und Urteilen – zuwende. Schreiben, knapp zumutbar, wäre dann: mit der Wirklichkeit Ernst machen.

Eine moralische Forderung? Oder ein künstlerischer Anspruch? Beides in einem. Die Folge der literarischen Arbeiten Christa Wolfs lässt sich ebensogut als ein Weg zu vollerer Wirklichkeit wie zu höherer Wahrhaftigkeit verstehen.

Ungefähr gleichzeitig mit der «Selbstwerdung» eines Menschen – Christa T. – hat sie in dem Aufsatz «Lesen und Schreiben» die Aufgabe eines Romanautors – ihre eigene – dargestellt. Wer erzählt, sagt sie dort, «sollte unbestechlich auf der eigenen Erfahrung bestehen»; er hat – und die Wiederholung, nach wenigen Seiten, fällt auf bei jemandem, der sonst nicht zweimal sagt, was er meint – «unverwandt und unbedingt wahrhaftig von den eigenen Erfahrungen auszugehen». Unbestechlich, unverwandt, unbedingt wahrhaftig ... Warum glaubt man es ihr – bei so starken Worten?

Geschrieben im Jahr 1968; ein beziehungsreiches Datum. Von «Zeitgenossenschaft», von «unvermeidlichem Engagement» war die Rede in jenem Aufsatz und vom Schreiben als einem Mittel, «sich mit der Zeit zu verschmelzen in dem Augenblick, da beide» (der Autor, es war von Büchner die Rede, und eben die Zeit, seine Zeit) «ihre dichteste, konfliktreichste und schmerzhafteste Annäherung erfahren». Und nochmals wird Schreiben – nun Brechts «dialektischem Denken in Modellen» sich nähernd – ein *Mittel* genannt, «ein Mittel, Zukunft in die Gegenwart hinein vorzuschieben».

Zukunft in die Gegenwart – aus eigener Erfahrung. Wobei Christa Wolf dafür hält, dass die «sozialistische Gesellschaft» solch antizipierendem Denken und Schreiben die grössere Chance gibt oder geben müsste als die «antagonistische Klassengesellschaft». Wäre es so, wir würden immer noch feststellen, dass hier die Mittel den Zweck heiligen – und nicht umgekehrt. Würden immer noch eher zum Nennwert dies nehmen: dass eine schmerzhafte und konfliktreiche Annäherung zwischen Dichter und Zeit sich vollziehe, in jeder Gesellschaft, damit Wünsche und Glaubenssätze und Urteile uns, den Lesern, den Blick auf die Dinge freigeben müssen; was auch daraus werde.

Doch die «sozialistische Gesellschaft», so wie sie in der DDR nun repräsentiert wird, scheint dem antizipierenden Denken und Schreiben weniger zugänglich, als Christa Wolf es sich – oder ihr – vorstellte. Zumindest dem Staat sind Glaubenssätze und Urteile, als Ersatz für die «Dinge selbst», nicht so zuwider, dass sich der Schriftsteller in seiner Freilegungsarbeit von ihm generell unterstützt fände. Zu schweigen vom Ausblick auf reale Konflikte, auf Massregelungen.

Literarische Wettermacher der Bundesrepublik pflegen dem Zerwürfnis eines «DDR-Schriftstellers» mit seiner Obrigkeit eine grosszügige Bewertung seines Könnens folgen zu lassen. Der Versuch, einen Anspruch an Staat und Gesellschaft dort zu vertreten, solange es geht, wird hier selten gewürdigt – obwohl er sich eben durch künstlerische Aussagekraft legitimiert. Der knapp zumutbare Weg führt – und das ist sein Vorteil – nicht in die literaturpolitische Vermarktung. «Indessen dünket mich öffters / Besser, zu schlafen, wie so ohne Genossen zu sein.»

Daher jene Bilder und Sätze, die man als Bruchstücke einer Ethik verstehen kann. Einer Ethik, nicht des einzig richtigen, «nur» eines angemessenen Verhaltens (das dafür, *vielleicht,* etwas bewirkt). Stolz auf die eigene Konzessionslosigkeit ist nicht die Prämie. Es bleibt bei den Zweifeln: wie an der Möglichkeit, Wirkliches zu benennen, so auch an der Fähigkeit, das Wahre zu sprechen. Ohne «unser gutes Recht ... des Nichtsagenmüssens», ohne dieses Stück Lebensfreundlichkeit geht es nicht.

Von den eigenen Erfahrungen ausgehen. Man darf diese Richtlinie nicht im äusseren Sinn autobiographisch verstehen und kann sie trotzdem sehr wörtlich nehmen. Aus «Kindheitsmuster», aus «Nachdenken über Christa T.», aus Stofflichem in «Der geteilte Himmel», aus Erzählungen ergibt sich manches Stück Lebensgeschichte der Schriftstellerin, und manches ergibt sich nicht, weil es – offenbar – nicht «hierher gehört». Bedeutende Texte, andererseits, wie «Selbstversuch» oder «Kein Ort. Nirgends», beruhen nicht auf realiter «Miterlebtem», aber sehr wohl auf eigener Erfahrung, nämlich auf einem Reflexionsprozess, der nichts auslässt, keinen Winkel der Sache und keinen Arbeitsgang im Durchleuchtungsverfahren. Wo die Aufgabe einmal gestellt ist, hat das «Nichtwissenwollen» sein gutes Recht verloren.

Man kommt zu der – überraschenden? jedenfalls nicht ganz alltäglichen Feststellung, dass hier der Rang eines Autors auf seiner Gründlichkeit beruht. Gründlichkeit in der dichten, konfliktreichen, schmerzhaften Annäherung an die Zeit; wo sie dem Schreibenden zumutbar und für uns, die Leser, erhellend ist. «Wie sind wir so geworden, wie wir heute sind?» – Thema der erzählenden Reflexion in «Kindheitsmuster»; durchleuchtet mit einer Gründlichkeit, die den Feuilletonisten ein Aergernis war.

Der Duktus unbeirrter Nachdenklichkeit wird zum Kriterium für die Prosa, die Christa Wolf schreibt. Ihr Erzählen ist rhythmisch sicherer, hat den reineren Klang als die eine und andere ihrer theoretischen Auskünfte. Nicht weil sie da «dichten» kann, sondern weil eine Denkbewegung sie trägt, die sie selber, gemäss ihrer Fähigkeit, über die Dinge zu kommen, sich angelegt hat. So erfüllt ihr erzählendes Denken einen doppelten, künstlerisch-moralischen Auftrag und gibt eine Antwort auf das «Wozu» der «Dichter in dürftiger Zeit».

Beatrice von Matt

Alfred Andersch – Geschichtenerzähler und Konstrukteur

Alfred Andersch hat seinen sechshundertseitigen Roman «Winterspelt» als «Kammerspiel» bezeichnet. Mit gutem Grund. Innerhalb knapp gehaltener geographischer Grenzen finden betont wenige Figuren den Raum für ein kunstvoll geführtes komplexes Denk- und Aktionsspiel.

Unterschiedliches Erzählverhalten

Das war vielleicht Anderschs eigentliche Stärke, die überschaubare Form, die Erzählung. Er war ein überlegener Konstrukteur von Geschichten, ein Konstrukteur, nicht ein gemütlicher oder gemüthafter Erzähler. Er wechselt oft das Erzählgebaren, nicht aus reiner Experimentierlust, das spürt man, sondern weil jeder Inhalt die ihm gemässe Form haben soll. Das klingt banal, ist aber so zu verstehen: Andersch lässt sich bestimmen vom Stoff und sucht für diesen eine Organisationsweise. Da neigt er einmal eher zur Novelle mit funktionalisierten Geschehensmomenten und Pointe («Ein Liebhaber des Halbschattens»), dann wieder mehr zur Kurzgeschichte, indem er ein Stück alltäglicher Zuständlichkeit unter bestimmten Voraussetzungen betrachtet und ausschneidet («Die erste Stunde»); er gibt scharf und genau gefasste autobiographische Berichte (Kien-Geschichten), oder er reiht kühl präsentierte und doch atmosphärisch dichte Einzelszenen aneinander, wobei deren Skizzenhaftigkeit dann zugleich zum Anlass genommen wird, das Problem des Erzählens als solches abzuhandeln («Mein Verschwinden in Providence»).

Das gescheit aufgebaute Gebilde «Mit dem Chef nach Chenonceaux» nennt Andersch etwas vage eine «Zustandsgeschichte». Gegenstand ist da aber vorrangig ein philosphisches und kulturpolitisches Problem: Für welche Idee soll sich ein denkender Unternehmer heute finanziell einsetzen, dem das Schöne, das künstlerisch Gestaltete einen Hinweis auf sakrale Werte enthalten muss, so wie die mittelalterlichen Kathedralen, die hier der Chef, Herr Schmitz, auf einer Frankreichreise besichtigt. Anderswo, in «Drei Phasen» oder «In der Nacht der Giraffe», wendet Andersch eine Technik an, die er selber mit dem «Cutten», dem «Filmschnitt», vergleicht. Man findet bei ihm aber auch fast klassizistisch erzählte Anekdoten («Grausiges Erlebnis eines venezianischen Ofensetzers» in «Die Rote») oder Geschichten, die man überrascht als moderne Sagen erkennt und die alle Merkmale dieser Gattung an sich haben: unprätentiöser, fast naiver Report von Einbrüchen des Irrealen in präzis benannter Umgebung wie jener der als Schmuggler umherirrenden armen Seelen von Soldaten, die im Zweiten Weltkrieg im Grenzgebiet vor Belgien gefallen sind und kein Grab gefunden haben («Die letzten vom „Schwarzen Mann"»). Was «Ein Auftrag für Lord Glouster» betrifft, wird man von einer eigentlich surrealistischen Montage sprechen können, indem – wiederum an bestimmten Orten – Figuren aus ganz verschiedenen Epochen wie selbstverständlich zusammengebracht werden.

Den Erzählband «Geister und Leute» hat Andersch selber eine «Demonstration» genannt von Verhaltensweisen, die der Geschichtenerzähler annehmen muss, je nachdem, was für eine Art von Geschichten er zu erzählen beabsichtigt: «Richtige» künstlerische Organisation der Stoffe also als authentische Antriebskraft zum Schreiben. Weniger vielleicht als andern geht es ihm um Selbstoffenbarung, um das Vernehmenlassen eines spezifischen Andersch-Tons, den man auf Anhieb erkennt. Ganz entsprechend konnte man aus den Reiseberichten immer wieder ersehen, wie Andersch nicht mit blosser Spontaneität und bildungsfeindlich, sondern mit allen ihm zur Verfügung stehenden Mitteln das Fremde auskundschaftete, wie er Kunstgeschichte, Sozialgeschichte, Morphologie jeweiliger Gegenden verarbeitete, bis er sein Bild der Touraine, der Arktis, von London, Providence, Rom vermitteln konnte. Er ist es auch, der im Spitzbergen-Buch «Hohe Breitengrade» eine Aesthetik des Naturschönen – entsprechend den mehrfach erarbeiteten Aesthetiken des Kunstschönen – als eine der nächsten Aufgaben von Philosophie und Naturwissenschaft gefordert hat. In seiner Arbeit war er weniger als andere der in Deutschland wohl noch immer überschätzten Kategorie «Originalgenie» verpflichtet. In Jahren, da es verpönt war, Bildung zu zeigen, hat er Bildung nicht verleugnet – wie er überhaupt mit Mut auf Moden pfiff.

Die Beschaffenheit des Helden

Anderschs kompositorisches Talent lässt sich besonders klar an einer seiner gelungensten Erzählungen, an «Ein Liebhaber des Halbschattens», ablesen. Auf Anhieb wird die Geschichte zwar als spannende, präsentische Handlung aufgenommen und goutiert werden. Der Held Lothar Witte, Privatdozent und Mittelalter-Forscher, fährt seine Mutter durch die DDR von Berlin nach Hamburg, wobei er einen Unfall verursacht, bei dem die Mutter umkommt. Alkohol und übermächtig werdende Erinnerungen an Melanie, seine Geliebte, die ihn längst verlassen hat, haben ihn scheinbar unzurechnungsfähig gemacht. – Wie immer bei diesem Autor ist mit besonderer Kunst genau lokalisierte Landschaft als Seelenraum eingesetzt – wie überhaupt die ganze psychologische Entwicklung mit Raffinement durchgeführt ist und jeden Leser in Bann nimmt.

Witte gehört zu den leicht angeschlagenen, wenig tatkräftigen, einsamen Intellektuellen Anderschs – er liebt das Sicheinschliessen in leichter Betrunkenheit, er liebt den Halbschatten, der ihn schützt. Keinerlei Konzessionen macht er allerdings in der Wissenschaft, wo er hartnäckig seinen eigenen Themen nachgeht (den «Ausformungen der Spiritualenbewegung im späten dreizehnten Jahrhundert» beispielsweise). Der Einseitige wird auch von Kollegen gern zum Abseitigen gestempelt.

Die Vorliebe Anderschs für Einsame und für deren einsame Entschlüsse kennt man aus «Kirschen der Freiheit», aus «Sansibar», «Die Rote», auch aus «Efraim» und «Winterspelt», aus den Geschichten «Mein Verschwinden in Providence», «Diana mit Flötenspieler», auch aus «Weltreise auf deutsche Art». Hier etwa ist ein kluger Mann zwar zu bürgerlichem Leben mit Familie und Beruf (Kellermeister) bereit, nur ab und zu legt er sich in seinen Erinnerungsfreiraum ans Rheinufer, das er in der Sommerhitze zum Fernen Osten umdeutet. Anderschs liebste Helden aber «reagieren nicht in der Weise der Anpassung» («Die Blindheit des Kunstwerks»). Witte nun reicht nicht an die heroisch Einsamen heran wie etwa Diana, die «eine Abneigung gegen Gelegenheiten und ein Faible für Entscheidungen» hat. Witte ist ein Gestaltloser, ein Umrissloser, der unsicher zwischen halben, nicht bewältigten Beziehungen hängt. Es heisst von seinem trägen mächtigen Körper, dass er «eine Tendenz zum Zerfliessen hatte ... etwas Ungestaltes», Farbloses, Muskelloses. Ohne dass er es selber richtig weiss, drängt es ihn nun endlich zur Gestaltwerdung, zur Selbstwerdung, so zur endlichen Ablösung von der Mutter. Und insofern bekommt der scheinbare Zufall, das Unglück mit dem Auto, etwas Zwingendes und archaisch Schuldhaftes.

Der vermeintlich Unzurechnungsfähige begeht Mord – Mord an der Mutter und gewissermassen auch Mord an Melanie, deren Brief, das erste Lebenszeichen seit vierzehn Jahren, er ebenfalls versenkt. So hat er im Dämmerzustand seines Cognacrausches einen Schub ins Alleinsein und Aufsichselbergestelltsein bewerkstelligt. – Auf dieser psychologischen Ebene also stimmt die Geschichte genau. (Ein Vergleich mit Max Frischs analogem Einfall im zweiten Tagebuch würde sich aufdrängen, wo ein Arzt seine vorlaute Freundin ähnlich «umbringt», indem er unbewusst und doch mit genauester Kalkulation einen Baum ansteuert.)

Zeittektonik

Die Erzählung ist aber auf mehr und auf bedeutendere Dimensionen hin gearbeitet als auf diese eine individualpsychologische: Es ergibt sich eine Schichtung mehrerer Zeitdimensionen. Da ist im Vordergrund dieses auffällige, oft ganz langsame, im ganzen eher traditionelle und bekannte Hin- und Herblenden zwischen Wittes Gegenwart um 1961 und der als überwunden erachteten privaten Vergangenheit, wobei mittels beider Zeitstufen mit Artistik Spannung erzeugt wird: Was geschieht, wenn einer sich in der heutigen DDR so vorschriftswidrig verhält? Wie war das genau mit dieser Frau, an welche die Erinnerung dann ausbricht wie ein erloschen geglaubter Vulkan?

Mit einem erstaunlichen und schwierig zu beschreibenden Handgriff wird aber mit der Erinnerung noch ein anderer Zeithorizont aufgetan: Eine für Witte nicht gestaltbar gewesene Zukunft, 1947 nach dem Krieg. Melanie vertritt innerhalb der Geschichte diese neue Zeit, auch wenn sie für den Helden nun bereits vergangen ist. Sie lebt mit zwei Männern, mit Lothar und ihrem Ehemann Richard, zusammen und glaubt zunächst, einen neuartigen Lebensplan zu erfüllen, zu dem auch die Männer fähig zu sein scheinen: «... instinktiv spürten sie, dass in ihrem Vertrag über Melanie etwas lag, was dem Zug der Zeit zu Macht, Gewalt und Besitz, zu Unterdrückung und gemeinem Hang nach Unfreiheit widerstand.» Sie verlässt dann beide erst, wie sie enttäuscht feststellt, wie bereitwillig sie sich mit der alten Zeit, besonders mit dem Krieg, abgefunden haben. Es heisst da: «Aber hatte Melanie sie verlassen ... weil in [ihre] blinde Vorstellung von einer ganz und gar neuen Zeit Lothar und Richard nicht hineinpassten, weil das Neue, das sie im Abgrund der dunklen Zeit erwartete, nicht mit zwei Männern geteilt werden konnte, die sich mit dem Alten die Hände schmutzig gemacht hatten? Ob sie nun wohl im Neuen lebt, in der reinen Zeit, dachte Lothar.»

Diesem zukunfthaft Undefinierten, das sie darstellt, entspricht ihr Aussehen. Sie wird eingeführt als eine Art exotische Undine: «Eine Bewegung aus Schlankheit und Südseebraun – einem an norddeutsche Sommerseen versprengten Tahitibraun –, aus steingrauer Seide und Sehnsucht nach einer neuen Zeit rann über ihren Körper wie Wasser, geschmeidig und feucht.»

Erst in den allerneuesten Erzählungen Anderschs haben solche Mädchenfiguren die hier noch unsicher gesuchte Bestimmung, den gesellschaftlichen Platz, gefunden; es sind die im aktuellen Sinn emanzipierten Frauen, wie sie in «Lin aus den Baracken» oder in «Radfahrer sucht Wohnung» anzutreffen sind.

Die elementare Opposition zu Melanie, auch in bezug auf die angesprochene zeitliche Struktur, setzt der Erzähler mit der Figur der Mutter. Sie steht da für die preussische Vergangenheit, die Vorkriegszeit. Der «alerten, zielbewussten kleinen Dame» eignet im Gegensatz zum Sohn eine geradezu überbetonte Form. Sie hält an sich, an ihren Moralvorstellungen, an ihrer zweiten Natur, dem knappen, etwas hochmütigen, beherrschten Wesen, das sie vorzeigt: «Endlich sah er seine Mutter aus dem Haus treten; klein und kerzengerade ... wie preussisch sie wirkt, dachte Lothar, während er ... sie beobachtete, wie sie schnell und genau den Gartenweg entlangging ... Aber sie ist gar nicht hochmütig, dachte Lothar, sie wirkt nur so, weil sie diese straffe kleine Figur hat, und eine Nase, als stamme sie von den Quitzows oder Kottwitz ab ... und einen Mund von der Gemessenheit eines Wappenspruchs. „Sie sieht genau so aus, wie man sich die Witwe eines preussischen Oberstleutnants vorstellt", bemerkten Lothars Freunde in der Regel.» Dieses Zitat unterstreicht mit aller Deutlichkeit die kompakte Verkörperung einer überlebten Epoche. Diese Zeit muss endlich weg, damit eine neue entstehen kann, dämmert es in Lothar. Um spät genug die Gegenwart selber in die Hand nehmen zu können, rechnet der Held ab einerseits mit dem alten Preussen, dann mit der eigenen Vergangenheit und zugleich mit einer gestaltlosen Zukunft, die er unwiderruflich verpasst hat.

Weitere Figuren bringen noch andere Zeitdimensionen ins Spiel. Tulius, der Dekan der Philosophischen Fakultät in Westberlin, mag für die kompromissbereite Karrieristen-Aera der neu entstandenen Bundesrepublik stehen. Der wortkarge, «nach Wendenart in graue Leinwand gekleidete» Fährmann, der mit seiner märkischen Fähre durch vier Systeme gekommen ist, «das Kaiserreich, die Republik, die Schreckensherrschaft, den Kommunismus», vertritt den Zeitaspekt einer naturnahen Geschichtslosigkeit. Angesichts dieser zeitlosen Existenz fasziniert den Historiker Witte die unakademische Frage: «Wie stellen sich vier Regierungssysteme, vier Denkformen von Herrschaft, auf einem weltverlorenen Floss in der Tiefe der Mark Brandenburg um die Mitte des 20. Jahrhunderts dar?»

Die vielfachen Zeithorizonte, die hier interpretierend kurz auseinandergelegt worden sind, erscheinen nun aber innerhalb der Erzählung durch eine hochraffinierte Dramaturgie ineinandergeschoben, verwoben zu dichtester Textur, der Textur einer spannend zu lesenden Novelle. Der Unfall ist als Tatsache gleich zu Beginn vorweggenommen, Gegenwart und Vergangenheit des Helden, Geschichte, Vorkriegs-, Kriegsgeschichte und Nachkriegsjahre, erfühlte Zukunft, Zeitlosigkeit sind ganz ohne demonstrativen Gestus unauffällig angesprochen.

Erst später, in der 1971 herausgekommenen Erzählung «Mein Verschwinden in Providence», ist die Konstruktion, die wiederum auf verschiedene und erstaunlich viele Zeitaspekte hin angelegt ist, nicht eingeschmolzen, sondern als aufzubauendes Erzählmaterial lose hingestellt. Dabei will sich das Konstrukt dieser Erzählung nicht in erster Linie als Erzählung verstanden wissen, sondern als Montage der Möglichkeiten des Erzählers und des Erzählens. Die Differenz in der Strukturierung dieser beiden Erzählungen zeigt deutlich auch das Schriftbild. «Ein Liebhaber des Halbschattens» ist in herkömmlicher Weise ihrem Novellencharakter entsprechend fortlaufend gesetzt, unauffällig in längere Kapitel unterteilt. Die knapp vierzig Seiten von «Mein Verschwinden in Providence» mit dem Untertitel «Vielleicht ein Roman-Entwurf» sind numeriert in 110 Paragraphen zerstückelt. Der so im Druckbild ersichtliche Pointillismus, ein Stil, den Andersch ja für «Winterspelt» in Anspruch genommen und der jenen Roman doch zusätzlich schwierig gemacht hat, bekommt hier eine verblüffende überzeugende und wie leicht hingeworfene Funktion. Dass dann die fast unverbunden scheinenden Materialteile im nachhinein doch den Eindruck einer geschlossenen Erzählung hinterlassen, bezeugt, mit welchem schriftstellerischen Flair Alfred Andersch die Einbildungskraft des Lesers in Bewegung und zu ergänzendem Arbeiten bringt.

Beat Schmid

Aufklärung als Revision und Selbstbehauptung

Ueber Jean Améry (1912–1978)

Als der österreichische Schriftsteller und Publizist Jean Améry letzten Herbst von seinem Brüsseler Exil in seine Heimat nach Salzburg fuhr, um das Hotel aufzusuchen, in dem er sich umbringen wollte, da begann das Ende einer Laufbahn, die dem Tod in unzähligen Varianten begegnet und deren Hauptereignis der autobiographische Bewältigungsessay dieser Begegnungen war. Während etwa Alfred Andersch den mehrbändigen Versuch, vierzig Jahre gelebtes, oft dem Tode so ausgesetztes wie versprochenes und schliesslich hingeworfenes Leben zu erzählen, «als zentralen Essay unserer Aktualität» bezeichnet, haben andere, gelehrt verächtlich oder den Aktualitätsbegriff in modischer Gehetztheit verschleissend, von diesem Essay wenig gewusst oder nichts wahrgenommen.

Viele von Amérys Aeusserungen am Radio, in politischen Gesprächen am Fernsehen, auf kritischen Seiten in der Münchner Zeitschrift «Merkur» waren für den Tag bestimmt. Aber alles, was er zum Tag sagte, erinnerte an den gestrigen und zielte auf den morgigen. Billig war seine Aktualität nicht zu haben; sie war das jeweils in Umlauf gesetzte Schmerzensgeld für Erinnerungen und Ahnungen oder das Medium, in dem ein geschundener Mensch die Totalität seiner Erfahrungen sprachlich zu versammeln suchte, auf unverwechselbare, nicht selten rätselhafte Weise virtuos und schwermütig, leidenschaftlich einfühlsam und ebenso vernichtend.

Schlüssel-Werke

Vor drei Jahren erschien «Hand an sich legen. Diskurs über den Freitod»,[1] letzter von fünf Bänden, in denen kritische Deutung von Schicksal und Freiheit autobiographisch zum Essay unserer eigenen Aktualität werden sollte. Das Werk, mit dem Améry aus der Sicht des Suizidärs heftig und mit gleissender Beredsamkeit gegen die stumpfe Allmacht der Lebenslogik focht, wurde besprochen, gefeiert und bestritten. Aber konnte das mehr als ein

Achtungserfolg für den Verfasser aller andern Werke sein, die, obwohl Schlüssel zu diesem, ein mehr als karges Dasein fristeten? Wie stand es denn mit «Jenseits von Schuld und Sühne. Bewältigungsversuch eines Ueberwältigten»,[2] den von Helmut Heissenbüttel zunächst für den Süddeutschen Rundfunk angeforderten Erinnerungen des KZ-Häftlings, dem Mittelpunkt der ganzen Arbeit? Und wollte man nicht auch recht wenig wissen «Ueber das Altern. Revolte und Resignation»[3] und über das, was sein Leben vor und nach dem Krieg betraf: «Unmeisterliche Wanderjahre»?[4] Was sollte er vor allem davon halten, dass der Roman-Essay «Lefeu oder der Abbruch»,[5] sein ihm liebstes Buch und eine Art «summa», wohin immer er blickte, nicht vorhanden war?

Gewiss, das alles stimmt, und man begreift seine Skepsis. Aber die Ehrungen? Da gab es doch den Deutschen Kritikerpreis für Literatur 1970; 1972 den Literaturpreis der Bayerischen Akademie der schönen Künste, 1977 den Lessing-Preis der Stadt Hamburg. Waren das bloss die Trostpreise für Erfolglosigkeit? Ja und nein. Ja, weil Améry wie Lessing «weniger erhoben und fleissiger gelesen sein» wollte; nein, weil sogar reputiertere Preise und der Preis par excellence, die grosse Leserschaft, die fundamentale Untröstlichkeit des Mannes noch offensichtlicher gemacht hätten.

Dass er sich als «ein Toter auf Urlaub» (J. 103) verstand, stellt mit Dringlichkeit die Frage, was dieser Autor, der nie restlos aufzuhellen war, um unserer Aktualität willen denn aufzuklären suchte während seines Urlaubs, den er 65 Jahre lang ausgehalten und am 17. Oktober 1978 abgebrochen hat.

«Im Bunker hing von der Gewölbedecke eine oben in einer Rolle laufende Kette, die am unteren Ende einen starken, geschwungenen Eisenhaken trug. Man führte mich an das Gerät. Der Haken griff in die Fessel, die hinter meinem Rücken meine Hände zusammenhielt. Dann zog man die Kette mit mir auf, bis ich etwa einen Meter hoch über dem Boden hing. (...) Und nun gab es ein von meinem Körper bis zu dieser Stunde nicht vergessenes Krachen und Splittern in den Schultern. Die Kugeln sprangen aus den Pfannen. Das eigene Körpergewicht bewirkte Luxation, ich fiel ins Leere und hing nun an den ausgerenkten, von hinten hochgerissenen und über dem Kopf nunmehr verdreht geschlossenen Armen. Tortur, vom lateinischen torquere, verrenken: Welch ein etymologischer Anschauungsunterricht! Dazu prasselten die Hiebe mit dem Ochsenziemer auf meinen Körper, und mancher von ihnen schnitt glatt die dünne Sommerhose durch, die ich an diesem 23. Juli 1943 trug» (J. 45/46).

So hat der Mann, der erst nach Erlass der Nürnberger Gesetze 1935 sich als Jude entdeckte, im Fort Breendonk, einem zwischen Brüssel und Antwerpen gelegenen Nazi-Auffanglager, als Mitglied des belgischen Widerstandes die Tortur erfahren. Schon zuvor hatte er beim ersten Schlag verloren, was er das *Weltvertrauen* nannte. «Die Hautoberfläche schliesst mich ab gegen die fremde Welt: auf ihr darf ich, wenn ich Vertrauen haben soll, nur zu spüren bekommen, was ich spüren *will*» (J. 40/1). Was nach der Erfahrung der Tortur bleibe, nach dem Splittern und Krachen in den Schultergelenken, sei die Verwunderung darüber, dass alles, was man Seele, Geist oder Identität nennt, zunichte werde. «Wer der Folter erlag, kann nicht mehr heimisch werden in der Welt» (J. 54).

Da gab es kein Heimatgefühl, das mit Weltbewusstsein versöhnen konnte. Aber das Heimweh war da, samt der Sehnsucht nach Freiheit. Wo es keine der Folterrealität gewachsene Einbildungskraft mehr gibt (cf. J. 38), wird aber Freiheit zum blossen Ausbruch, die Angst vor neuen Kataklysmen zur Verzweiflung, das Heimweh zu Selbstzerstörung. Das Heimweh des Mannes, der sich als «Katastrophenjude» (J. 112) verstand, war tödlich. Es fiel alles demselben Schwerpunkt zu. Doch sollte das Opfer durch voreiliges und wohlfeiles Verzeihen diesen Fall nicht noch beschleunigen. Der Kampf gegen das Vergessen und Verwachsen der Greuel war ein entscheidender Teil der Lebenslinie, die Améry zwischen dem Kriegsende in Bergen-Belsen und dem physischen Ende beschrieb.

«Ressentiment»

Das eigentliche Instrument des Widerstandes war ein wohlgezieltes *Ressentiment*, ja sogar die Rache, zur Wiederherstellung von Gerechtigkeit: von «Seins-Symmetrie» zwischen Opfern und Quälern. Diese Option war für Améry im Privileg des Menschen verankert, sich natürlichem Geschehen entgegenzustellen: in dem vom Ressentiment verordneten Protest gegen das «Zeitverwachsen» (J. 93) soll das Verbrechen moralische Realität für den Verbrecher und die Moralisierung der Geschichte in Umrissen erkennbar werden. Aber wie an anderen Orten und in späteren Werken erinnert sich die Revolte auch hier in Gestalt der Resignation ihrer Ausgangslage. Resignation auf dieser Stufe scheint *Abbau* à fonds perdu. Andere Bastionen waren schon geschleift: Auschwitz brachte den Kollaps der ästhetischen Todesvorstellung, wie sie dem jungen Intellektuellen nahe war in Novalis, Schopenhauer, Wagner, Thomas Mann. Metaphysische Probleme wurden gegenstandslos; sogar der Geist verlor im ohnehin Glaubenslosen seine Realität, seine Zuständigkeit, ja «seine

Grundqualität, die Transzendenz» (J. 17). Hier, in der unvergleichlichen und uneinholbaren Erfahrung des Zusammenbruchs, liegt bereit, was Améry «le vécu» nennen wird, das Rohmaterial einer subjektiven Evidenz, die aus objektiver, verdinglichender Betrachtungsweise herausfällt und keine gemeinsame Sprache mehr erlaubt (cf. L. 187). Dem physischen Pathos des Ekels entsprach die moralische Verwerfung jeder «Logodizee» und Geschichtshörigkeit, weil diese nicht aufkommen gegen die «Unvernunft des Wirklichen» (U. 118). So wurde der von Resignation gefährdete Widerstand gegen die Irreversiblität der Zeit ein erster sittlicher Akt des «vécu» zur Spurensicherung *existentieller Absurdität.*

Allerdings begann dieser Weg schon vor den Lagerjahren und setzte sich nach dem Kriege fort, so dass man von eigentlichen Verdichtungs- und Differenzierungsstufen des Absurditätsgedankens sprechen kann. Wenn Améry in «Lefeu» die analytische Common-sense-Vernunft heranholt, so werden wir auf die frühen unmeisterlichen Wanderjahre verwiesen, die für ihn eine Art von Raster zur Verarbeitung der Kriegserlebnisse herstellten. Jean Améry verkehrte während seiner Studienzeit im sogenannten Wiener Kreis, jener neopositivistischen Erbengemeinschaft des Empiriokritizismus um Schlick und Carnap, die nach höchster kontrollierbarer Verbindlichkeit ihrer Aussagen trachtete. «Alle sinnvollen Sätze», sagte man zum Beispiel, «müssen rückführbar sein auf Sätze mit wahrnehmbaren Prädikaten.»

Ohne Zweifel war Améry von dieser strengen und ariden Denkdisziplin angezogen, weil sie ihm am ehesten erlaubte, mit seinem ästhetischen Landschaftsrausch und jugendlichen Waldgängertum fertig zu werden, einem Irrationalismus, den er an sich zwar erfolgreich bekämpfte, aber später im dialektischen Jargon berühmter Schulen und Systeme sich fortsetzen sah. Das neopositivistische Verständnis der *Erfahrung* – eine Evidenz wird nach dem Vokabular des Empiriokritizismus «urerlebt» – führte bei Améry schon bald zum Einsturz metaphysischer und theologischer Erklärungsversuche des Rätselhaften, aber auch zu der allerdings erst später radikalen Reinigung des «vécu» vom Absolutheitsanspruch der Subjektivität.

Mit dem Abzug metaphysischer und religiöser Lösungschancen galt es, sich vor dem Horizont radikaler Endlichkeit einzurichten. Niemals hätte ohne diese Wiener Voraussetzungen das Kriegs- und Lagererlebnis mit so kalter Vehemenz zur Idee der Geschichtlichkeit als dem Inbegriff der Absurdität führen können. Wenn das Konzentrationslager die eigentlich drastische Verdichtungsstufe des Absurditätskonzeptes darstellt, so war die Wiener Schule vor allem eine Basis für dessen spätere Differenzierung: Améry hat aus dieser Zeit immerhin einen «schwachen Glauben daran (bewahrt), dass Vernunft und Moral teilweise kongruent liegen, dass Unvernunft Widermoral bewirkt ...» (U. 44).

Die dritte, nach dem Krieg anzusetzende Stufe übernimmt in erschütternder Dichte das Erbe der zweiten, der Lagerstufe, und zeigt die Luzidität eines schwer beschädigten, sich progressiv vernichtenden Individuums, während das Erbe der ersten, der Wiener Stufe nun teilweise in den Untergrund, als Wasserzeichen sozusagen in die Textur seines Diskurses geht und erst kurz vor dem Ende modifiziert wieder in die Aussage steigt: Hier verzweigen sich theoretisch die Treue zur Unwiderruflichkeit böser Erfahrung als *Revisionsverweigerung* auf der einen und die Fähigkeit zur Relativierung subjektiver Evidenz als *Revisionsbereitschaft* auf der anderen Seite – beide mit eigenem spezifischen Gewicht divergierend, aber beide schmerzlich zusammengehalten von der Kontrolle eines hellwachen Bewusstseins.

Dritte Stufe begann überraschend plötzlich, aber in angemessener Heftigkeit mit einer Revolte: gegen die Demütigungen und jahrelang lähmenden, nur durch einen fanatischen Durchhaltewillen gezügelten Schrecken. Eine Figur stand bereit, ein Werk bot sich an: *Sartre und der Existentialismus.* Dank der Sartreschen Freiheit konnte der, der nichts war, alles werden. Der Existentialismus war nicht nur die Doktrin des sich in die Zukunft werfenden (und damit die Vergangenheit eindämmenden) Menschen, er war «die hohe Stunde des triumphierenden Frankreich» (U. 86).

Triumph des Existentialismus

Der Triumph des Existentialismus bedeutet Triumph über den germanischen Ungeist, und Rechthaben mit ihm den Blick in ein gelobtes Land. Améry, der in dieser Zeit sein französisches Pseudonym annahm (für Johannes Mayer), hat Sartre von Anfang an ganz anders eingestuft als etwa den harmloseren Camus. Er hat aus ehrfürchtiger Distanz während Jahrzehnten begleitet, oft liebender als kritisch, mehr verehrend als wachsam, und er betonte schliesslich an dessen Scheitern weniger die Mängel des Denkens als den «unvergänglichen moralischen Ruhm» (U. 91) seines aufrechten, wenngleich von Schlagseiten nicht freien Ganges.

Er sah ihn altern, er sah sein Werk einer neuen Strömung weichen und trat nun an: gegen den *Strukturalismus.* Er erblickte in ihm zwar durchaus den Endpunkt eines langen Verlaufs mit wissenschaftlichen Verdiensten, in dem aber der Mensch zu «Schall, Rauch und Ziffer» verblasste; aus seinen verfallenden Gesichtszügen, wendet nun Améry ein, «redet inmitten der Strukturen der Mensch mich an in seiner totalen Subjektivität, die ist das ens realissimum, das ich als solches erkenne. [...] Arme Kreatur! Das Bewusstsein der bejammernswerten Kreatürlichkeit ist es, die mich wieder und wieder auf den Menschen verweist, dessen Pascalsche Grundverfassung ich mitleide» (U. 136/142).

Da stellt sich mit Meisterungsversuchen, mit der Ablehnung leerer, aber gefährlicher strukturalistischer Prätentionen ein Zustand wieder her, der als Bewusstsein der kreatürlichen *Hinfälligkeit* die bösen Erfahrungen der Vergangenheit heranführt und unwiderruflich dem Ende zutreibt. Die Methode, die ihm dabei seine Erkenntnisse vermitteln soll, ist diejenige aufmerksamster *Introspektion,* welche auf die Wahrheit des «vécu» zielt, «vor der alle intersubjektiven Wahrheiten der Wissenschaft verblassen müssen» (L. 32). Diese Introspektion, vom Strukturalismus belächelt, von der Phänomenologie mit unterschiedlichem Erfolg gemieden und durch heikle Umwegstrategien ersetzt – sie war für Améry auch ein vorzügliches Instrument der Selbstkritik. Sehr deutlich sah er die Gefahr des Selbstmitleids im Mitleid, der Projektion im Verstehen, doch war er klug genug, keine unnötigen Abwehrstoffe zu mobilisieren: Das Selbstmitleid war ein arges Symptom und verankerte in seinem Denken das Gewicht der eigenen Kreatürlichkeit.

Ein Blick auf Amérys Lebensfluss macht deutlich, dass wir hier dem Arm entlang gehen, der durch den Begriff der *Revisionsverweigerung* formal zu treffen ist. Keine Themen, die ihn so beschäftigt hätten wie *Altern und Tod,* keine Gegenstände, die er unerbittlicher ausgeleuchtet hätte als sie. An keinem Ort seines Werkes ist die Bedeutung der Absurdität so manifest wie in seinen Reflexionen über das Altern und den Freitod. Das definitive Scheitern unserer Existenz im Nicht-Sein des Todes ist die totale Ratifikation unserer Endlichkeit. Kaum eine Bildungs- und Leidenserfahrung, die an dieser Bilanz Amérys nicht beteiligt wäre; die Ehrlichkeit, mit der er sich an das Denken und Durchforschen auslieferte in Empörung und Trauer, Revolte und Resignation, macht aus seiner Bilanz – gerade wegen seiner Blindheit vor religiöser Problematik – einen Nihilismus der Tapferkeit und des Mutes, nicht der Hybris. Wir treffen überall auf Spuren eines «ständig sich selbst anfechtenden und korrigierenden Nachdenkens» (A. 10). Aber gerade hier muss klar bleiben, dass der Stoff der Introspektion «le vécu» heisst und dass, was angefochten und korrigiert wird, zum tödlichen Spiel innerhalb der eigenen Höllenkreise gehört.

Die Reflexion über das Sein zum Tode und besonders über das Altern als unheilbare Krankheit war bestimmt durch die unerhörte Dramatik von Amérys *Zeitgefühl;* so sehr, dass der «Unsinn unseres Daseins im Zeitvergehen» (A. 35) ihn gelegentlich an den Rand des Wahnsinns trieb. Das Absurde eines Lebens, das sich ständig selbst verzehrt, sei in der Tat zugleich trivialer und schrecklicher als der Sisyphus-Mythos; «ein jeder von uns erlebt das Absurde, nur wenige nehmen das Erlebnis auf sich und führen es denkend und handelnd [...] zu Ende ... Die Erkenntnis der Absurdität des Lebens, das auch dort échec ist, wo ein Lebensträger im Lorbeer prangt und sich spreizt, führt auf geradem Wege zum Gedanken an den Freitod, da muss nicht erst eine spezifische Konfliktsituation sich herstellen» (H. 121/2).

Da der Tod gesehen wird zugleich als Triumph über das Leben und als totales Debakel, als ein Nichts, das den Sinn jeder Vernunft aufhebt, wird der *Freitod* nie als Uebergang in die Freiheit missverstanden. Sowohl das, was Améry die Todeslogik oder Todesneigung nennt, als auch ein stets kurz befristeter, oft erotisch gefärbter vitaler Elan waren ihm viel zu nah, als dass ein Prinzip Hoffnung hätte verfangen können. Da der Tod also absolute Negation ist, ist man in ihm auf absolute Weise nicht (weder friedlich noch unglücklich), ist das erlangte Freie kein Freies, «aber der Weg ist Weg ins Freie, gleichwohl» (H. 123).

Dieser Weg, Abschluss der widersprüchlichen «condition suicidaire», sei der Weg eines Menschen, der sich als Kontrahent unsinniger Wirklichkeit verstehe, der gegen jede illusionäre religiöse Versicherung sich selber gehören und den Zeitpunkt des ohnehin ausgemachten letzten Scheiterns im Namen seiner Menschenwürde selber bestimmen wolle.

Sich selber gehören

Das Buch, das Améry über das Altern geschrieben hat, ist eigentlich nichts als eine Vorbereitung auf den Würdebegriff des Suizidärs. Der Reifeprozess ist für ihn Sterbensprozess des nun unumkehrbare Zeit in sich aufsammelnden Menschen, dessen ontische Dichte sich verdünnt, während unter dem Zwang bloss triebhafter Selbsterhaltung den leeren «Raum [...] die Sterbensangst als reine Negativität» auffüllt (A. 124). Narzistische Melancholie, Spiegel des trüben Schwankens zwischen instinktiver Lebens- und überlegter Todeslogik überfalle auch den kulturell Alternden, dessen in der Jugend ausgebildetes Individualsystem unfähig sei, im Zeitablauf entstehende neue Strömungen wirklich zu bewältigen. Was hiesse da wohl: in Würde altern? Es hiesse anzuerkennen, dass man ein Nichts ist, um «in der Anerkenntnis des Nichts-Seins noch ein Etwas» zu sein (A. 86): Revolte als aussichtsloses Unternehmen. Aber Amérys letzter Schritt – soweit er auch ausgreift – ist das nun eben nicht, jedenfalls nicht, wenn man so sagen darf, der einzige letzte. Bereits in den beiden eben erwähnten Werken hat er in einem methodischen Aufschluss nicht nur von Introspektion, sondern auch von Beobachtung, von Einfühlung oder *Empathie* gesprochen; doch die Todesthemen liessen bei ihrem von Vergangenheitserfahrung beladenen Gewicht eine reale Entfaltung von Begriff und Vorgang der Einfühlung gar nicht zu. Was ist nun der Anlass zur Relativierung der subjektiven Evidenz, zur *Revisionsbereitschaft* durch Empathie?

Der Freitod war, als Améry sich das Leben nahm, längst beschlossene Sache, die jeden Einspruch ertrug. Der Autor musste indessen bei der Abfassung des Buches einen ungeheuren Druck von sich geschrieben haben. Mit der Gewissheit, dass er sich selbst gehören würde, war der Kulminationspunkt des «vécu» erreicht; das heisst: was an Energien bis zum physischen Ende verblieb, konnte *frei* werden, um Bereiche zu erfassen, die nicht unmittelbar zur subjektiven Evidenz gehörten. Dass die Energien aber frei werden *konnten,* dass Améry wirklich tun *konnte,* was man die Unterscheidung von «vécu» und «vie» nennen sollte – das war eine unerhörte Leistung. Das «vécu» *anderer* «einfühlend» in sich aufzunehmen bedeutete eine psychische und intellektuelle Anstrengung, die nur richtig einschätzt, wer ständige Klarheit darüber behält, in welchem Masse der Mann das beschädigte Objekt «anderer» gewesen ist. Dieser redliche Akt der Unterscheidung besagt, dass er sich am Ende umbringen konnte, ohne ein Apologet des Freitods zu werden, dass er an der Absurdität untröstbar festhalten konnte, ohne ein defaitistischer Autor zu sein.

Redlich, aber auch furchtlos, war Améry fähig, im Zug der aufopfernden Differenzierung nicht nur Neues sich kritisch anzueignen, sondern Randzonen des eigenen «vécu» (z. B. den Begriff der Gegengewalt und manche politischen Standpunkte im Aufsatzband «Widersprüche») permanenter Revision zu unterwerfen. Man könnte sagen, dass er nun den in Auschwitz exilierten *Geist zur Vernunft erzog* und damit zum grossen *Moralisten* wurde. Die neopositivistischen Elemente seines Denkens treten hier wieder in den Diskurs und sind mitverantwortlich für den Erziehungsakt zu einer das «vécu» anerkennenden, aber weniger destruktiven Rationalität, zu einer weniger divergierenden Wirksamkeit von verdinglichender Sehweise und subjektiver Evidenz.

Amérys wachsendes Einstehen für die analytische Vernunft orientierte sich jedoch immer mehr an der *klassischen Aufklärung.* In ihr sah er Revision am Werk – «die ständige kritische

Anfechtung des von ihr selbst Hervorgebrachten, und also die logisch ohn' Unterlass sich läuternde Anwendung des Menschenverstandes ...».[6] So wird der Wahrheitsbegriff statt zu einer doktrinären Konstruktion zu einem Näherungswert, und die Realität von Aufklärung stellt sich ein, dank der Präsenz des Mitmenschen, als «das immerwährende erhellende Gespräch, das wir mit uns selbst und mit dem anderen zu führen gehalten sind».[7]

Améry hat es tatsächlich geführt. Dass er aber den Schritt vom geduldigen Hinhören zum Lob von *Lessings* militanter und kluger Menschenfreundlichkeit[8] getan hat, diesem Versuch der «Sinngebung des Sinnlosen», ist eben jene unerhörte sittliche Revisionsleistung eines Höllenbewohners, dessen erste Aufklärung unter allen Umständen Aufklärung über die grausame Treue zu sich selbst sein musste. Das Lob Lessingscher Menschenfreundlichkeit ist in den letzten Jahrzehnten wahrscheinlich nirgendwo unter grösseren Verzichten und also mit grösserer *Glaubwürdigkeit* gespendet worden: Aufklärung als Revision durch kritische Annahme des anderen, die sogar Ehrfurcht nicht ausschliesst.

«*Alle* Freiheiten, deren wir uns erfreuen und die weiterzureichen unsere Pflicht ist, sind Früchte der bürgerlichen Aufklärung.»[9] Gewiss, Amérys Liste von Aufklärern und Gegenaufklärern ist befremdend: ob mit dem 19. Jahrhundert als der eigentlichen Zeit deutscher Aufklärung und ob z. B. mit Condorcet, Holbach, Feuerbach, Russell, Monod auf der einen, mit Heidegger, Garaudy, Flaubert (dem er kurz vor seinem Tod ein unglücklich missratenes Buch gewidmet hat [10]) auf der andern Seite das Richtige getroffen sei, ist mehr als fraglich.

Aber der Aufklärer Améry hat den Zweifel konzediert und selber allen Aussagen misstraut – ohne dass er freilich dadurch zur totalen Revision, zur Beseitigung des existentiellen Verhängnisses gelangt wäre.

Doch sein Zweifel ist einen denkwürdigen eigenen Weg gegangen, und keine Sprache Amérys ist geschmeidiger, bedrängender, musikalischer, keine weniger manieriert und konservativ-preziös als die Prosa seines Zweifels. Wenn es gelingt, das fruchtbare Gebiet wirklich herzurichten, das die Flussarme seiner Lebenslandschaft angelegt haben zwischen Gespräch und Verweigerung, Revision und Selbstbehauptung, dann war Jean Améry – und mag er noch so entschlossen Hand an sich gelegt haben – der Verfasser eines zentralen Essays über unsere von Banalität und Bosheit bedrohte Aktualität.

[1] 1976; im Text abgekürzt: *H.*
[2] 1966; (hier zitiert nach dtv, 1970), abgek. *J.*
[3] 1968; *A.*
[4] 1971; *U.*
[5] 1974; *L.*
[6] «Lessingscher Geist und die Welt von heute». Seine letzte Rede vom 15. 4. 1978 zur Eröffnung des Wolfenbütteler Lessinghauses. (In «Merkur» Nr. 367, Dez. 1978.)
[7] «Aufklärung als Philosophia perennis», «Die Zeit», 20. 5. 1977.
[8] «Lessingscher Geist ...»
[9] «Aufklärung ...»
[10] «Charles Bovary, Landarzt. Porträt eines einfachen Mannes», 1978. Wie alle andern Werke bei Klett-Cotta, Stuttgart.

Martin Meyer

Blick auf Camus

Zu Herbert R. Lottmans Biographie

Am Schluss dieses dicken und anstrengenden Buches berichtet der Biograph den Autounfall von Camus. Camus, sein Freund Michel Gallimard, Gallimards Frau und Anne, die Tochter der Gallimards, verlassen am Morgen des 3. Januar 1960 Lourmarin Richtung Paris. 755 Kilometer trennen sie von der Hauptstadt. Sie fahren über Orange nach Avignon, kurz vor Mâcon verlassen sie die Nationale und übernachten in Thoissey. Am andern Tag brechen sie nach einem kurzen Frühstück auf. Am Mittag halten sie in Sens, essen im Hôtel de Paris eine Spezialität des Hauses und trinken eine Flasche Fleurie. Nach Sens führt die alte Nationale 5 durch viele Dörfer. Die Strasse ist dreispurig, gesäumt von Bäumen, das Gelände ist flach. Michel Gallimard steuert seinen Sportwagen, einen schweren Facel Vega, 335 PS, 5,907 Liter, Maximalgeschwindigkeit 205 Kilometer in der Stunde. Gallimard fährt nicht sehr schnell, nach Villeblevin kommt der Wagen von der Strasse ab. Camus ist sofort tot. Gallimard stirbt ein paar Tage später. Die beiden Frauen sind nur leicht verletzt. In einer Anmerkung schreibt der Biograph, dass die Produktion des Wagens nach 1965 eingestellt worden sei.

Der Schluss des Buches lenkt an den Anfang zurück. Man findet an der Unfallstelle eine schwarze Ledermappe. Sie enthält neben ein paar persönlichen Effekten von Camus die ersten 145 Seiten des Romans «Le Premier Homme». Der Roman ist die Geschichte eines Franko-Algeriers. «J'imagine donc un premier homme qui part de zéro, qui ne sait ni lire ni écrire, qui n'a ni morale ni religion. Ce serait une éducation, mais sans éducateur.»

Das wäre eine Geschichte, die nicht ganz unähnlich ist der Geschichte, die Lottman auf fast siebenhundert Seiten erzählt. Es handelt sich um die erste Camus-Biographie überhaupt. Herbert R. Lottman ist Amerikaner. Er steht in der Tradition der angelsächsischen Methode. Diese zeichnet sich dadurch aus, dass nichts an Deutungen und Interpretationen in die Biographie

Einlass findet, und so verhält es sich auch mit dem vorliegenden Buch. Marianne Véron hat Lottmans Manuskript ins Französische übertragen, der Pariser Verlag *Seuil* hat die Publikation besorgt.

Der Anfang: Camus wird am 7. November 1913 in Mondovi (Algerien) geboren. Er wächst auf in Belcourt, einem Arbeiterviertel von Algier. Sein Vater stirbt 1914 als französischer Soldat. Camus wird von der unerbittlichen Grossmutter aufgezogen; seine Mutter greift nicht ein in die Erziehung. Gefördert von seinen Lehrern, kommt Camus 1924 ins Grand Lycée von Algier. Eine grosse Distanz trennt die Innenstadt von Algier, wo sich das Gymnasium befindet, von dem Belcourt-Viertel. Im Manuskript des «Premier Homme» ist die Tramfahrt zwischen Belcourt und dem Zentrum beschrieben: am Anfang ist der Wagen voll von Arbeitern, später steigen diese aus, andere Leute, Leute aus dem Mittelstand, steigen zu, usw. – Im Rhythmus der Fahrt mischen sich die sozialen Schichtungen, und noch dreissig Jahre später, in der Auseinandersetzung mit Sartre, erinnert Camus an solche und ähnliche Begebenheiten.

Camus' Lehrer Jean Grenier erkennt früh die Begabung des Schülers. 1930 besteht Camus sein Baccalauréat. 1930 tritt der erste Anfall von Tuberkulose auf. Es wird Camus verboten, weiterhin Fussball zu spielen. Ab 1932 veröffentlicht er in Studentenzeitschriften Aufsätze über Bergson und Nietzsche. Nietzsche lässt ihn nicht mehr los. Es liest Gides Tagebücher und hält sie für «humain». Dann gibt ihm Grenier die «Recherche» zu lesen. (1946 macht Camus eine viermonatige Reise nach Amerika und Kanada. In New York fragt ihn jemand, was er von Proust halte. «Pas grand-chose», sagt er.) Das alles sind freilich Dinge ohne grosse Bedeutung. Viele ehrgeizige Algerier haben eine ähnliche Studentenzeit durchlaufen. Aber 1933 schreibt Camus in seinem Tagebuch: «Il me faudrait apprendre à dompter ma sensibilité, trop prompte à déborder. Pour la cacher sous l'ironie et la froideur, je croyais être le maître.»

1934 heiratet Camus Simone Hié. Seine Frau ist, wie sich herausstellt, drogenabhängig. Camus versucht, wie er ihr helfen kann. Er hat keinen Erfolg und zieht sich mehr und mehr zurück. Es ist sein Temperament, diese seltsame Distanz auch gegenüber den engsten Freunden, die den intimen Blickwinkel des Biographen verunmöglicht. Wo er das Arbeitszimmer verlässt und in die privateren Räume geht, ist Schluss mit dem Erzählen.

Dafür um so mehr über Politisches. 1935 tritt Camus der Kommunistischen Partei bei – im November 1937 wird er, ein Renegat, wieder ausgeschlossen. Für Camus ist Gides Kritik am Stalinismus, «Retour de l'URSS», eine Enthüllung. Lottman berichtet von den Theater-Aktivitäten in Algier, von den ersten literarischen Zeugnissen («La Mort heureuse»), von Camus' Arbeit an der Zeitung «Alger républicain». Im Mai 1938 skizziert Camus einen Roman, den er später als «L'Etranger» vollendet. Und wieder eine Tagebuchnotiz, welche Motive des «Etranger» betrifft: «Il n'y a qu'un cas où le désespoir soit pur. C'est celui d'un condamné à mort.» Ein Kunstmaler erzählt Camus, dass er am Tag des Todes seiner Mutter ins Kino gegangen sei. Solche Einzelheiten fügen sich langsam zu Bildern des Verstehens.

Am 23. März 1940 kommt Camus in Paris an. Sein Freund Pascal Pia verschafft ihm eine kleine Stelle bei «Paris-Soir». Nach dem Einmarsch der Deutschen wird die Zeitung in Lyon gedruckt, und dort heiratet Camus zum zweitenmal. Sie stammt aus Oran und heisst Francine Faure. Am 15. Juni 1942 veröffentlicht Gallimard den «Etranger». Im Februar 1943 schreibt Sartre in den «Cahiers du Sud» eine «Explication de l'Etranger». Noch heute beeindruckt diese genaue, sorgfältige Analyse. Aber Camus kritisiert sie. Sartre achte zu wenig auf das Intuitive. Da zeigt sich plötzlich die Differenz von zwei Haltungen, und das Zerwürfnis scheint vorgebildet.

Ab 1943 arbeitet Camus bei Gallimard als Lektor. Im Café de Flore trifft er erstmals mit Sartre und Simone de Beauvoir zusammen. Er lernt Malraux kennen. Der Biograph schildert, wie Camus spät in der Nacht Malraux nach Hause begleitet; als sie dort angekommen sind, begleitet Malraux Camus zu dessen Wohnung. Dann wieder zurück zu Malraux. Am Ende habe schon der Morgen gegraut. Während dieser Zeit schreibt Camus an der «Peste». Im Tagebuch: «Moralité de la peste: elle n'a servi à rien ni à personne.» Das widerspricht natürlich allen christlichen Deutungen, die der Pest den Charakter der Reinigung zuerkennen, und Camus kommt nicht umhin, das Buch vor Missverständnissen zu schützen. – 1944 ist Camus Mitarbeiter der Untergrundzeitung «Combat»; nach der Befreiung zeichnet er viele Leitartikel, oft streitet er sich mit François Mauriac, der im «Figaro» für ein «pardon aux collaborateurs» eintritt. Sartre gründet seine eigene Zeitschrift, «Les Temps modernes», Raymond Aron, Michel Leiris, Maurice Merleau-Ponty und andere stehen ihm anfänglich zur Seite. Camus bewältigt ein riesiges Arbeitspensum. «Si ardu à écrire» – das bezieht sich auf die «Peste». Ende Oktober 1944 kommt Francine von Oran nach Paris.

Und dann die langen Nächte von Saint-Germain-des-Prés. Es werden *Fiestas* abgehalten, an denen Sartre, Simone de Beauvoir, Picasso, Camus, Koestler und Sperber auftauchen. Natürlich sind nicht alle Existentialisten, aber wer sich um Sartre gruppiert, wird dafür gehalten. «Non, je ne suis pas existentialiste», sagt Camus einem Reporter. Das Etikett bleibt ihm. Lottman berichtet von exzessiven Gelagen, Hinterzimmern voll von Zigarettenrauch. Wenn man freilich Bilder von damals betrachtet (die Biographie ist nicht illustriert), scheinen diese Intellektuellen korrekt angezogen, beinah unauffällig, ganz ohne Aura. Pascal Pia, Camus' Freund beim «Combat», beginnt den Verfasser des «Etranger» zu kritisieren – er urteile ein wenig zu schnell. Auch anderen Leuten, die ihm nahe sind, scheint er zu bestimmt – und sehr distanziert. Im September bringt Francine Zwillinge zur Welt, Jean und Catherine. Etwa zu derselben Zeit notiert sich Camus: ein Dreissigjähriger müsse allmählich wissen, was er wolle.

Häufiger ist jetzt von Einsamkeit und Depressionen die Rede. «Insupportable solitude», heisst es im Journal. 1947 – Camus ist mittlerweile ein berühmter Schriftsteller geworden – zieht er sich vom «Combat» zurück. Vermehrt lässt er sich ein mit eigenen Projekten: mit einem Essay über die Revolte, mit der Philosophie von Hegel und Bakunin, von Rosa Luxemburg, von Nietzsche und Simone Weil. Am 10. Juni dieses Jahres erscheint die «Peste». Schliesslich führt die Unterdrückungspolitik der Russen zu wachsenden Spannungen im Verhältnis Camus-Sartre. 1948 löst sich Koestler nach einer Schlägerei von der Gruppe. Camus sucht einen Ort der Ruhe. «L'absence du temps» – das sagt er über die Okkupationszeit. Nach 1945 wieder den normalen Lebensrhythmus finden? «Le seul effort de ma vie: vivre une vie d'homme normal.»

Und merkwürdig programmatisch, was die eigene Laufbahn betrifft: «Tolstoi: il est né en 1828. Il a écrit *Guerre et Paix* entre 1863 et 1869: entre 25 et 41 ans.» Am 18. Oktober 1951 wird das Buch veröffentlicht, das so viel philosophische Vorarbeit versammelt – «L'Homme révolté». Diesmal erreicht ihn das Lob von der konservativen Seite. Sartre dagegen und seine Anhänger sind entsetzt. Sartre schiebt Francis Jeanson vor, der in «Les Temps modernes» ein vernichtendes Urteil fällt. Im August 1952 repliziert Camus in einem 17seitigen Leserbrief, gerichtet an «Monsieur le directeur». Das nimmt ihm Sartre übel. In demselben Heft kontern Sartre (20 Seiten) und Jeanson (30 Seiten). Der Bruch ist vollzogen und irreversibel. (Später wird Simone de Beauvoir nach bekanntem Muster, psychologisierend, Camus die Schuld zuschieben.)

Noch mehr Einsamkeit. Seinen vierzigsten Geburtstag feiert Camus allein. Seine Sekretärin hat die Weisung, niemanden in sein Büro zu lassen. Schliesslich macht Camus eine Ausnahme: ein Freund aus Algerien ist nach Paris gekommen; die beiden Männer sprechen während dreier Stunden in Camus' Büro. Camus: «Ce n'est pas d'avoir quarante ans qui m'ennuie, mais l'impossibilité de retenir le temps.» Dann, bezugnehmend auf Prousts berühmte «Madeleine»: «Je retourne à Tipasa et j'y retrouve tout exactement pareil, mais ce n'est pas la même chose. On ne voit pas les choses quand on les vit, et plus tard, quand on a suffisamment d'expérience pour savoir ce qu'on a regardé, il est trop tard.» Tipasa – das ist ein Ort an der algerischen Küste, der weit in die Kindheit von Camus verweist. Im Sommer 1953 wird Francine krank. Dann wird am Boulevard Saint-Germain eine Ausstellung «Documents sur Albert Camus» eröffnet. Als ob Camus bereits am Ende seiner Schriftsteller-Karriere wäre. Im Tagebuch: «Je n'arrive plus à écrire» und «Je suis de plus en plus prisonnier de ma forme». Nur langsam nimmt das Projekt des «Premier Homme» Gestalt an. Lottman schildert in extenso die Mitarbeit an Servant-Schreibers «Express», das beständige Engagement für Algerien, die Arbeit fürs Theater. Im Oktober 1957 wird Camus der Nobelpreis zugesprochen. Er hört die Nachricht in einem Café und murmelt immer wieder vor sich hin: Malraux hätte ihn verdient. Die letzten Kapitel handeln immer mehr von der Isolation und von der Angst, nicht mehr schreiben zu können. Das Schreiben – «Le miracle consiste à revenir aux mots de tout le monde, mais en y apportant l'honnêteté qu'il faut afin de diminuer la part du mensonge et de la haine. C'est en vérité un chemin vers le silence, c'est un silence relatif, puisque le silence absolu est impossible.»

Stockholm, Algerien – Stationen, die ihn ablenken von dem Wichtigsten. In Lourmarin kauft er ein Haus, und dort wird die Arbeit am «Premier Homme» endlich zügig vorangetrieben. «A toi qui ne pourras jamais lire ce livre» – das ist die Widmung. Vermutlich an seine Mutter, die weder lesen noch schreiben konnte. Am 3. Januar 1960 fährt Camus mit den Gallimards Richtung Paris.

Das sei die erste Biographie über Albert Camus. Lottman will Camus nicht besser verstehen, als dieser sich selbst verstanden hat. Tausende von Anmerkungen betreffen Leben und Werk. Jene über das Werk herrschen vor. Dennoch sind das nur Hinweise – unerlässliche Hinweise freilich für jede künftige Beschäftigung mit Camus. Uebers Private steht wenig in dem Buch. Es wird nur sichtbar *ex negativo:* im Schweigen über Dinge. So darf man wohl annehmen, dass Francine Camus kein leichtes Leben an der Seite des Schriftstellers gehabt hat. Und ebenso sind die

Krisen von Camus' letzten Jahren kaum mehr als angedeutet. Im Zweifelsfall zitiert Lottman den Betroffenen selbst.

Lottmans Buch erscheint in einer Zeit, die wieder mehr mit Camus anzufangen weiss. Dazu bedurfte es nicht bloss der «Nouveaux philosophes», die auch vor Camus keine Gnade gefunden hätten. Was Camus indessen nicht nur von Sartre und seiner Umgebung, sondern von den meisten Schriftstellern der dreissiger und vierziger Jahre trennt, das ist schon im Stil zu spüren. Es ist ein Stil, der nicht mit der Tradition des schönen Wortes paktiert; insofern unrhetorisch, oft karg, immer sparsam. «Je n'ai qu'une certitude: mon besoin d'être ému pour bien écrire.» – Wenigen Biographen gelingt es: dass man den Porträtierten bis in die Stunden seines Tageslaufs begleitet und am Ende plötzlich gewahr wird, dass dieser, der Porträtierte, Camus, einem fehlt.

Gerda Zeltner

Dreissig Jahre Robbe-Grillet

Lange schon weiss man, dass die faszinierende Kriminalgeschichte «Les Gommes» nicht der erste Roman Robbe-Grillets ist. Der erste trug vielmehr den Titel «Le Régicide», wurde 1949 beendet, einem grossen Verlagshaus angeboten und mit liebenswürdigen Worten refüsiert. Das war zur Zeit, als der Autor auf den Antillen weilte, sich unter anderem mit dem Erforschen von Schädlingen an Bananenpflanzen befasste – ein Aufenthalt, der im Décor von «La Jalousie» einen Niederschlag fand. Unterdessen trat das Manuskript eine lange Odyssee an, um schliesslich bei den Editions de Minuit zu landen, wo man sich vorsichtig interessiert zeigte. So wartete Robbe-Grillet hier bald mit dem zweiten Manuskript auf, um in dessen Schlepptau den «Königsmörder» nachzuziehen. Im gegebenen Moment aber schien ihm dieser der Ueberarbeitung zu bedürfen, die dann wegen neuer Pläne unterblieb. Erst im Jahr 1957 machte er sich daran; auf der ersten Seite habe er zwei Wörter korrigiert, auf der zweiten zwanzig und von der fünften an den Text neu geschreiben, um sich auf der zehnten dieser Absurdität bewusst zu werden.

Im vergangenen Jahr, im Zusammenhang mit der Arbeit an einem «Robbe-Grillet par lui-même» für die bekannte Reihe der Editions du Seuil, stiess er wieder auf «Le Régicide» und beschloss, ihn unverändert oder fast unverändert herauszugeben. Dieser Roman fällt zunächst dadurch auf, dass er viel phantastischer ist als die anderen Werke aus der guten Zeit des Autors. Er beginnt schon mit einem Traum, ähnlich wie «Die Rückfahrt» E. Y. Meyers und zugleich anders, indem er durch nichts als solcher gekennzeichnet wird. Und das ist ein durchgehendes Stilmerkmal; schon hier beweist sich die grosse Begabung zur exakten Schilderung, zur sprachlichen Sachtreue, mit der, unterschiedslos, das Geträumte, Vorgestellte, Erhoffte, Befürchtete oder «Wirkliche» wiedergegeben wird.

Die Traumpassagen gelten meist einer urzeitlichen Insel der Hirten und Pflanzer, in Nebel gehüllt, die keine Jahreszeiten kennt und nur an der Wiederkehr der Sirenen den Sommer wahrnimmt. Und selbst diese waren dem Menschen, in Liebe, Spiel und Musik, noch verschwistert – bis der alte Barde das rasche Ende der grossen Einheit kündet. So finden sich hier zum ersten- und letztenmal die Spuren des archaischen Legendenguts der Bretagne, wo Robbe-Grillet aufwuchs und von dem seine Kindheit geprägt war.

Wer stets von neuem in diese Urzeitträume hinabsinkt, ist Boris, Büroangestellter in einer grossen Fabrik und Sympathisant einer politischen Oppositionsgruppe. Hier handelt Robbe-Grillet so viel von Politik wie in keinem späteren Buch und beweist sich als Durchschauer politischer Machenschaften, was kaum erstaunt, da diesem Macher und Konstrukteur auch die Poetik des politischen Spiels nicht allzufern liegen konnte. Er selbst behauptet, dieses sei hier ausschliesslich auf den Helden bezogen, eingeführt, um den Bruch der Figur hinsichtlich der Gesellschaft hervorzuheben. Diese selbst wird von einer dubiosen, halb faschistischen, halb kommunistischen «Kirchenpartei» regiert: eine Gesellschaft, aus der die demokratischen Werte verschwunden sind und die ein wachsendes Desinteresse der Bürger am politischen Leben kennzeichnet.

Der König selbst figuriert darin als reiner Statist – «sa personne étant, sinon populaire, du moins reconnue comme sans importance et parfaitement inoffensive». Und die in der Fabrikkantine plötzlich aufgeworfene Idee, ihn umzubringen, wird denn auch sogleich als Nonsens abgetan. «L'idée paraissait stupide, puisqu'elle pouvait servir ni l'Eglise, ni ses adversaires, ni quiconque.» Auch Boris hat somit keinen Grund, sie aufzugreifen, es sei denn als Vorwand für eine vage latente Begierde, in die Immobilität der politischen Szene eine Bombe zu werfen.

In manchen Zügen verrät Boris seine Verwandtschaft mit den führenden Helden der Nachkriegszeit, einem Meursault, einem Roquentin, die ebenso fremd im ideologischen Kontext ihrer Epoche standen; auch der Hugo vom Anfang der «Mains sales» steht in gewisser Hinsicht nicht allzufern; und in der totalen Nutzlosigkeit seines geplanten Verbrechens grüsst Gides Lafcadio mit dem berühmten «acte gratuit» herüber.

Doch gerade im Gegensatz zu der Verwurzelung in einer vorwiegend existentialistischen Konvention springen ein neuer Sprachgebrauch und eine abweichende Struktur um so schärfer ins Auge. «Le Régicide» ist eine Collage, wo Traum und Faktizität in hartem Schnitt – wie ihn auch Robbe-Grillets Filme ins Werk setzen – aneinanderstossen, jener in der Ichform und im Präsens, diese im Präteritum und in der dritten Person. Dieses zunächst plausible Wechselspiel zeigt sich freilich beim weiteren

Eindringen als viel vertrackter und gerät auch immer mehr ins Wanken, bis es nahe dem geplanten oder – scheinbar – ausgeführten Mord ganz aus den Fugen kommt.

Stattgefundenes wird im nächsten Moment widerrufen, findet in neuer Variante statt, wird aufs neue annulliert und so fort. Der Autor stellt zunehmend eine Atmosphäre der Verwunschenheit her, die auch den Leser in eine wahre Beklemmung zu stürzen vermag. Und zwar auf beiden Ebenen, auf den Irrwegen durch das Labyrinth der Klippen und Wellen, auf den nebelverschlungenen Pfaden der Traum-Insel, wie auch in den halluzinierenden Vorstellungen im Umkreis des Mordes, wo Wahn und Welt sich nicht mehr unterscheiden.

Gewiss, dieses frühe Buch hat Längen und Mängel; vorab die Romantik des weitschweifigen Bardenzaubers ist für den Leser eher strapaziös. Hier hätte weniger genügt, um die schizoide Geistesstruktur des Helden zu illustrieren, eines Helden, der von den Träumen und Imaginationen nicht freigegeben wird für das tatkräftige Leben, wie es seine Freundin Laura, die Aktivistin, von ihm erwartet. Darin ist übrigens vorweggenommen eine ausgeprägte Variante des mentalen Defizits, das den folgenden Helden, den Inspektor der «Gommes», ins Debakel führen wird.

Und vorweggenommen oder im Kern vorhanden ist hier sozusagen alles, was den späteren Büchern ihr eigenes Gepräge gibt, das Labyrinth, die Insel, die Geometrie der exakten Beschreibungen, die Verwunschenheit, die unendliche Ebene, die ebenso flache, undifferenzierte Zeit, der einsilbige Humor und so fort. Nur ein dem Robbe-Grillet-Leser unbekanntes Pathos ist hier noch vorhanden, eine unbekannte Schwermut, lastend über der Nebelinsel oder in der heissen Luft eines leeren Sommersonntags. Diese – übrigens nirgends verbalisierte – Gefühlsmaterie sowie die Tiefe der bretonischen Erinnerung müssen noch eliminiert werden, bis wir uns in jener Schreibwelt finden, deren revolutionäre Bedeutung Roland Barthes erkannt hatte, als er darlegte, wie Robbe-Grillet den seit Jahrhunderten von seiner Tiefe lebenden Roman erstmals ausschliesslich an der Oberfläche konstituierte.

Zusammen mit seinem Erstling legt Robbe-Grillet auch einen neuen Roman vor, «Souvenirs du Triangle d'or». Er «spielt» in einer verworrenen, alle dunkeln Machenschaften und dubiosen Transaktionen ermöglichenden Nachkriegsepoche. Da ist eine Bande Jugendlicher, welche die vom Krieg zerstörten Paläste besetzt und die Gesellschaft bedroht, die ihr eine gnadenlose Schlacht liefert, in deren Verlauf die Armee alle Ruhestörer massakriert. Da finden sich, einmal mehr, die schönsten, jüngsten Mädchen, die – auf Befehl des Polizeichefs verschont – einmal mehr in ein Luxusfreudenhaus eingesperrt werden, wo der altbekannte Docteur Morgan seine perversen Experimente an weiblichen Phantomen noch etwas weiter ausbaut. Auch ein Icherzähler ist zugegen, ein Polizeiagent, der sich in den eigenen trüben Manipulationen verfangen hat und nun die Lokalitäten seines Gefängnisses beschreibt, welche sich wiederum mit pornographischen Phantasmen bevölkern. Seine eigne Rolle wird laufend undurchsichtiger, evident aber sind jedenfalls die sado-erotischen Beziehungen, die er «mit dem Körper seiner eigenen Erzählung unterhält» (Klappentext).

So finden wir uns demnach ein weiteres Mal im Feld jener «Textproduktion», über die uns Jean Ricardou wie der Autor selbst seit Jahren vollumfänglich aufklären, um uns in erster Linie beizubringen, wir sollten keinerlei Bedeutung ausserhalb des Schreibuniversums suchen, ja es sei im Gegenteil die Sinnzerstiebung – «la dissémination du sens» –, die sich in der einfallsreichen Vieldeutigkeit von Wörtern, Motiven, Sequenzen sowie in der ständigen Vertauschung der Ebenen ereignet, das eigentliche Bedeutsame des Textes.

Nun wird es zwar niemandem mehr einfallen, in diesen späten Produkten nach einem Sinn zu fahnden und den Lesereiz anderswo zu suchen als im Verfolgen eben dieser äusserst virtuosen Prozeduren; und die Verlegenheit stellt sich erst dann ein, wenn man jener Vexierspiele müde geworden ist. Diese Verlegenheit aber wird allmählich total.

Trotzdem – und «Le Régicide» ruft es nochmals in Erinnerung – hat Robbe-Grillet ursprünglich eine authentische Schöpferkraft mitgebracht, die in den französischen Roman eine nachhaltige Subversion hineintrug. Es war zudem die Kraft eines ganz offensichtlich einer Welt der Träume und Obsessionen ausgelieferten Autors, in der er sich wohl nur schreibend im Gleichgewicht halten oder aus der er sich nur im Schreiben zu retten vermochte. Alles aber sieht so aus, als sei es ihm dabei gelungen, sich dieser über ihn verhängten Welt allmählich so zu bemächtigen, dass sie für ihn verfügbar und endlich sogar machbar wurde. So vermag er jetzt von Buch zu Buch reicher orchestriert auf dem Instrumentarium seiner ursprünglichen Verfolgungsträume zu spielen, indem er diese zugleich aus der anfänglichen Tiefe in die Fläche freudscher Platitüden auseinanderfächert und wiederum mit höchster Virtuosität und nicht ohne Reiz ineinanderjongliert. Das Albdruckhafte ist zum reinen Spielmaterial distanziert und damit zum blossen Zitat seiner selbst.

Die Poetik der «Sinnzerstiebung» ist dann schliesslich nur noch die vordringlichste Konsequenz dieser Machbarkeit. Die gerade in «Le Régicide» so beirrende Ambiguität, das Fehlen jeder Gewähr und jeder Instanz, die zwischen Wirklich und Möglich und Unmöglich zu unterscheiden vermocht hätte, war noch verwurzelt in den frühen Figuren selbst, in der Zerrissenheit und Bedrängtheit ihres Bewusstseins; und als Leser suchte man mitbetroffen nach einem Ausweg aus dem Labyrinth. Ist aber einmal das Fehlen jeder Bedeutung zum Prinzip gemacht und in keiner menschlichen Substanz als Bedrängnis verankert, wird auch die Lektüre unverbindlich.

Während die alte Dame des Nouveau Roman, Nathalie Sarraute, mit jedem Buch überrascht, weil sich ihre – im ganzen zwar gleichbleibende – Methode immer wieder an neue Probleme heranmacht und weitere Phänomene sozialkritisch beleuchtet, ist zu befürchten, die Aera Robbe-Grillet sei abgeschlossen. Dieser Ansicht scheinen auch die Herausgeber der Zeitschrift «Obliques» zu sein, die dem Autor im Herbst eine Spezialnummer widmeten – «Tirage sur Velin et Couché mat, 150 F». Eine eindrückliche Retrospektive ist das, mit allen klassischen Texten über den Autor (von Barthes, Blanchot, Genette, Goldmann, Morrissette und so fort), die durch zahlreiche neuere Analysen ergänzt werden. Verschiedene Etappen von Filmszenarien («Trans-Europ-Express», «L'Eden et après», «L'Homme qui ment») finden sich und zudem mehr als 150 Photos aus der Filmproduktion des Autors. Dieser selbst hat viel Unveröffentlichtes beigetragen, darunter neun Reproduktionen von selbstgemalten Bildern – wovon eines in «Le Régicide» genau beschrieben wurde: ungegenständlich und mit verschlüsseltem Sadismus. Dass die Bibliographie nicht fehlt und die stattliche Zahl von fünfzehn Grossformatseiten füllt, ist nicht erstaunlich, haben wir es doch mit einer eigentlichen Summa zu tun, von der die Herausgeber zudem behaupten, es sei die reichste, die «Obliques» bis heute vorgelegt habe. Man kann diesen grossen Könner also schwarz – und auch farbig – auf weiss nach Hause tragen: getrost; denn es ist zu befürchten, dass der Autor, falls ihm nicht endlich ein neuer Anlauf gelingt, fast nur noch einigen Dissertanden schlaflose Nächte bereiten wird.

Alain Robbe-Grillet: Le Régicide. Editions de Minuit, Paris 1978. – Souvenir du Triangle d'or. Editions de Minuit, Paris 1978. – «Obliques»: Robbe-Grillet, Paris 1978.

Régine Kopp-Leisibach

Aktualität des französischen Boulevardtheaters

Trotz der vielbeschworenen Theaterkrise scheint sich das alte und neue französische Boulevardtheater in den letzten Jahren wieder besonderer Beliebtheit zu erfreuen. Ein Blick auf die Spielpläne zeigt, dass André Roussin und Françoise Dorin, aber auch Labiche und Feydeau zu den meistaufgeführten Autoren gehören. Das mag angesichts der seit mehr als hundert Jahren – von André Antoine bis Peter Brook – mit unverminderter Heftigkeit gegen den Boulevard lancierten Attacken einigermassen erstaunen. Der Boulevard wird nicht nur immer wieder als oberflächliches Unterhaltungstheater blossgestellt, es wird auch periodisch sein baldiges Verschwinden angekündigt. Doch der Erfolg des Boulevards zeigt, dass diese Kritik ihn nicht daran gehindert hat, weiterzuleben, mehr noch: eine Tradition zu begründen. Der Boulevard hat seine Klassiker; sie gehören längst zum Repertoire der *Comédie-Française*. Staatliche und private Bühnen erwecken zum Teil vergessene Autoren zu neuem Leben. Wie heissen sie, und welches sind die Geheimnisse ihres Erfolges, gestern und heute?

Repertoire aus Erfolgsstücken

Müssen sich Unterhaltung und sogenanntes echtes Theater unbedingt ausschliessen? Eine positive Antwort auf diese Frage scheint es in Frankreich vor den 1830er Jahren nicht zu geben. Theater war immer *auch* Unterhaltung. «Plaire et instruire» hiess die klassische Devise eines Molière, Voltaire, Beaumarchais. Ihre Stücke wollten immer *auch* unterhaltsam sein. Natürlich gab es neben dem literarisch fixierten Theater anspruchslosere Formen der Unterhaltung. Doch sie traten nie in Gegensatz zum literarischen Theater. Molière hat die mittelalterlichen *farces* und *folies* hoch geschätzt und sich von ihnen inspirieren lassen. Im 18. Jahrhundert haben namhafte Autoren wie Lesage den *bateleurs* und *bonimenteurs* der Jahrmarktstheater zahlreiche Texte geliefert.

Der Gegensatz zwischen Unterhaltungstheater und seriösem Theater taucht erst zur Zeit der Julimonarchie auf. Nachdem das französische Bürgertum mit den *Trois Glorieuses* die Revolution politisch siegreich beendet hatte, wollte es seine Ambitionen auch im kulturellen Bereich zum Ausdruck bringen. Das Theater schien der geeignete Ort dafür zu sein, das neuerworbene Recht auf Unterhaltung zu befriedigen. Es entstand eine neue, ausgesprochen bürgerliche Gattung, das *Vaudeville* oder der *Boulevard*. (Vaudeville: nach «vaux de vire», Trinklieder, dann Singspiele, schliesslich Unterhaltungskomödie mit Chansons; Boulevard: nach dem Standort – Boulevard du Temple – der meisten Vergnügungstheater.) Ihr erster grosser Lieferant war *Eugène Scribe* (1791–1861); er hat an die 400 Stücke hinterlassen. Molière schrieb für die gebildete Oberschicht der «honnêtes gens», Scribe dagegen für jene «honnêtes bourgeois», die Théophile Gautier in einer seiner Theaterchroniken von 1840 treffend beschrieben hat:

«Ces honnêtes bourgeois, plus ou moins pères de famille, qui, sans se préoccuper d'art, de style et de poétique, vont se délasser le soir au théâtre des travaux de la journée.»

Scribe, der 1836 gegen Balzac in die Académie française gewählt wurde, hat die Gattung des Vaudeville für lange Zeit massgeblich geprägt. Die Grundlage seiner Stücke bildet eine äusserst sorgfältig aufgebaute Intrige, die den Zuschauer in Atem hält. Die Personen sind meist eine Mischung von schematisch gezeichnetem Charakter und nach den gängigen Klischeevorstellungen stilisiertem sozialem Typ: der ehrgeizige Sekretär, der tapfere Nationalgardist, der dümmliche englische Lord. Diese Verbindung von «comédie d'intrigue» und «comédie de mœurs» stellt die vom eigentlichen Theoretiker des Vaudeville, *Francisque Sarcey* (1827–1899), definierte «pièce bien faite» dar, die bald zum Schema und Rezept des Boulevardtheaters wurde. Die meisten Stücke von Scribe, denen zu ihrer Zeit grösster Publikumserfolg beschieden war, sind in Vergessenheit geraten. Sie stellten aber eine Fundgrube für Literatursoziologen dar: Kaum ein Autor kannte so gut wie Scribe die Stimmung seines bürgerlichen Parterres, keiner schmeichelte so sehr seinen politischen Neigungen. Einige Stücke von Scribe sind jedoch ins Repertoire der Comédie-Française eingegangen; so zum Beispiel das auch in letzter Zeit immer wieder mit grossem Erfolg gespielte «Le Verre d'Eau».

Etwas weniger bekannt als Scribe sind seine drei direkten Nachfolger: *Emile Augier* (1820–1869), *Victorien Sardou* (1831–1908) und *Alexandre Dumas fils* (1824–1895). Augier, seit 1857 ebenfalls Mitglied der Académie française, wollte mit seinen antiromantischen Mittelstandsdramen zum «Balzac des Theaters» avancieren. Uebriggeblieben ist von seinen zahlreichen Stücken nur die ebenfalls ins Repertoire der Comédie-Française eingegangene Bearbeitung des Bourgeois-gentilhomme-Stoffes, «Le Gendre de M. Poirier». Dumas fils, der Autor der «Kameliendame», gehört zu jenen Vaudeville-Klassikern, die gegenwärtig eine bescheidene Renaissance erleben. So hat das *Théâtre en rond* letzte Saison versucht, einige seiner Einakter auszugraben.

Von einer eigentlichen Renaissance kann dafür bei *Eugène Labiche* (1815–1888), einem weiteren Akademiemitglied, gesprochen werden. Nicht nur die Comédie-Française, welche bereits vor einigen Jahren «Le Voyage de M. Perrichon» und vor kurzem «Doit-on le dire?» neu inszeniert hat, sondern auch das populäre *Théâtre de la Ville* und das betont avantgardistische *Lucernaire* haben die hauptsächlich von der Situationskomik lebenden Stücke von Labiche, deren Personen wie groteske Marionetten über Abgründen tanzen, als Vorläufer des absurden Theaters wiederentdeckt. Dasselbe gilt für *Georges Feydeau* (1862–1921), den erfolgreichsten Stückeschreiber der Belle Epoque. «La Dame de chez Maxim's», «Occupe-toi d'Amélie» und einige andere Titel gehören zwar seit je zum Repertoire der Comédie-Française. Dieses Repertoire wird nicht nur gepflegt, sondern auch ständig erweitert. Das auf Vaudeville spezialisierte *Théâtre des Variétés* hat letztes Jahr mit Erfolg einen aus drei Einaktern zusammengesetzten «Boulevard Feydeau» aufgeführt.

Die Klassiker des Vaudeville aus Julimonarchie, Second Empire und Belle Epoque sind gegenwärtig recht lebendig. Lebendiger als diejenigen der zwanziger Jahre: *Henry Bernstein* oder *Sacha Guitry* werden heute kaum aufgeführt. Die Distanz zu den «années folles» scheint noch nicht genügend gross zu sein, als dass ihr Theater von der Retro-Mode profitieren könnte.

Doch die Boulevardproduktion hat nach dem Zweiten Weltkrieg neue Höhepunkte erlebt. Stücke wie «Le Don d'Adèle» (1950) oder «Fleur de Cactus» (1964) von *Barillet und Grédy* haben ihren Autoren Weltruhm verschafft. «Boeing-Boeing» von *Marc Camoletti* wird in Paris seit 19 Jahren ununterbrochen gespielt, und seine «Duos sur canapé» sind bereits mehr als 1300mal aufgeführt worden. Auch wenn die Stücke von *Marcel Achard, André Roussin* oder *Françoise Dorin* nicht gleich viel einbringen, so gehören sie doch zu den gefragtesten der heutigen Pariser Theaterwelt. Aller Kritik zum Trotz scheint sich also der klassische und der moderne Boulevard zu halten. Worauf beruht sein Erfolg?

Versucht man den in keinem Verhältnis zur ästhetischen Qualität stehenden Erfolg der Boulevards zu analysieren, fällt als erstes das häufige Zusammentreffen einer Schauspielerpersönlichkeit und gewisser speziell für sie konzipierter Rollen auf. Viele gute Schauspieler spielen gerne Boulevardstücke, und die meisten Boulevardautoren haben ihre Stücke für bekannte Schauspieler geschrieben. Françoise Dorin hat «La Facture» für Jacqueline Maillan und «Un sale égoïste» für Paul Meurisse geschaffen; Barillet und Grédy arbeiten oft für Sophie Desmarest. Die Geschichte des Vaudeville bestätigt übrigens diese Tendenz. Einer der ersten grossen Schauspieler, die sich weitgehend dem Unterhaltungstheater verschrieben hatten, war *Frédérick Lemaître* (1800–1876), der «Talma du Boulevard». Nach den grossen romantischen Rollen eines Ruy Blas (Hugo) oder Kean (Dumas) spielte er mit Vorliebe diejenige eines Robert Macaire, des Gentleman-Verbrechers mit dem guten Herzen. *Marie Dorval* (1798–1849), *Réjane* (1856–1920) und andere mehr haben auf dem Höhepunkt ihrer Karriere dem Boulevard den Vorzug gegeben. Aehnlich Jean-Claude Brialy oder Galabru. Der Zuschauer wählt weniger das Stück oder seinen Autor als den für seine Virtuosität bekannten Schauspieler.

Doch zum Starschauspieler gehört nicht nur eine Rolle, die ihm gestattet, sein Talent zur Schau zu stellen, sondern auch jener Luxus, der dem Boulevard den Anstrich der grossen Welt verleiht. Luxus der Kostüme und Haartrachten (für «La Facture» zeichnete Balcain die Kostüme und Alexandre die Perükken), Luxus der Bühnenbilder, luxuriöse Ausstattung der Boulevardtheater (das vor anderthalb Jahrhunderten gegründete *Théâtre des Variétés* wurde kürzlich mit grossem Aufwand getreulich restauriert, ebenso das reizende *Théâtre du Palais Royal),* Luxus der Programmhefte (finanziert durch die Reklamen grosser Bijoutiers und Couturiers), Luxusatmosphäre der Stücke endlich: «Les Bâtards» (1978) von *Robert Thomas* spielen in der Villa eines Milliardärs in Neuilly, und *Pierre Chesnol* hat einem ebenfalls 1978 aufgeführten Stück den bezeichnenden Titel «Hôtel particulier» gegeben. Dieser luxuriöse Anstrich mag bei vielen Zuschauern eine Art Ersatzbefriedigung erzeugen, denn ein Boulevardabend ist auch bei den gegenwärtig praktizierten Preisen (bis 70 Francs pro Person) immer noch billiger als ein Diner bei Maxim's. Der Erfolg einer solchen Welt der Wunschträume geht natürlich weit über den Kreis der bürgerlichen Theaterbesucher hinaus: Das französische Fernsehen strahlt seit Jahren eine Sendung aus («Au théâtre ce soir»), die einen genauen Abklatsch des Boulevardtheaters darstellt und die sich vor allem bei Arbeitern grosser Beliebtheit erfreut.

Die unreflektierte Identifikation des Zuschauers mit der Welt des Boulevard wird natürlich auch durch den äusserst traditionellen Aufbau sowohl älterer als auch neuerer Vaudevilles gefördert. Die meisten Vaudevilles leben von einer sich überstürzenden Handlung und von der Situationskomik. «Evénements» und «Situation» sind die beiden Grundbegriffe, auf welchen *Sarcey* seine Theorie des Vaudeville aufgebaut hat. In einem seiner Artikel von 1874 formuliert er sie folgendermassen:

«L'écrivain choisit un incident de la vie ordinaire qui lui semble curieux. Ce fait une fois mis en branle va se heurter à des obstacles, disposés avec art, contre lesquels il rejaillit, jusqu'à ce qu'enfin il s'arrête, à la suite d'un certain nombre de carambolages ou coups de théâtre, sa force d'action étant épuisée.»

Diese Theorie hat auch heute noch ihre Gültigkeit. André Roussin zum Beispiel hat sie wieder aufgenommen; er schreibt:

«Le vaudeville est un genre qui suppose un jeu d'entrées, de sorties, d'imbroglios, d'accumulations de toutes sortes, provoquant le rire avec des personnages sans épaisseurs. Les péripéties font le vaudeville et non les personnages.»

Das Vaudeville gleicht also einer gut geölten Mechanik, die trotz zahlreichen Ueberraschungen reibungslos abläuft. Ein für den Geist der Zuschauer, die der Bühnensituation überlegen sind, amüsantes und zugleich befriedigendes Schauspiel.

Ebenfalls als gut geölter Mechanismus wird die Sprache verwendet. Die zahlreichen *Bonmots* bringen zwar den Zuschauer zum Lachen, bestätigen ihm aber gleichzeitig, dass er die Sprachmechanismen beherrscht und dass diese nach wie vor gut funktionieren. Weder die lexikalischen noch die syntaktischen Strukturen der Sprache werden im Vaudeville in Frage gestellt.

Nach den formalen Kriterien könnten wir auch die inhaltlichen Kriterien untersuchen, welche den Erfolg des Boulevard garantieren. Die Resultate wären ähnlich. Ein Zug ist allen aufgezählten Aspekten eigen: der Hang zum Konformismus. Konformismus der sozialen Werte, Konformismus der ästhetischen Formen. Das Vaudeville stellt den Zuschauer nicht in Frage, es bestätigt ihn in seinem Denken und Fühlen. Und vielleicht ist das Verlangen nach solcher und ähnlicher Bestätigung ein Zeichen – unter vielen anderen – einer mehr und mehr verunsicherten Zeit.

Heinz Abosch

Frankreichs unentzifferbare Stunde

Konservative Gruppierungen, Polemiken, Alternativen

Es konnte nicht ausbleiben. Nach der schweren Erschütterung der marxistisch-leninistischen Doktrin, nach der brüsken Einbusse ihrer Anziehungskraft schlägt das Pendel in die andere Richtung. Die Natur fürchtet die Leere, heisst es, und so auch der Geist. Das Vakuum muss ausgefüllt werden nach dem Ende der «Marxomanie», wie André Glucksmann es nennt, oder des «Veitstanzes», wie Claude Roy sich äussert, ein Wissender, der daran teilhatte. Der Niedergang des Marxismus-Leninismus – das Glaubensbekenntnis einer ganzen Intellektuellengeneration – hat weitreichende Implikationen. Die gesamte Aufklärungsphilosophie, der Rationalismus sind ins Wanken geraten. Die Kommunisten hatten sich als Erben dieser grossen Tradition präsentiert. Nicht zuletzt aus diesem Grund waren sie in Frankreich so erfolgreich. Der Marxismus-Leninismus galt als das letzte Wort der Aufklärung, ihre folgerichtige Weiterentwicklung, der Bastillesturm wurde als Einleitung des russischen Oktoberumsturzes betrachtet. Diese beunruhigende Schau wurde erschüttert. Ist die Sowjetunion nicht mehr die Erfüllung der ersehnten Befreiung, kann man an ihr nicht mehr die Wahrheit der Vernunft ablesen, dann sind die angewendeten Denkmethoden falsifiziert, dann steht man vor einem Nichts, muss von vorn anfangen, sich neu besinnen.

Radikales Vorgehen

Die «Neuen Philosophen» gingen radikal vor, auch wenn sie es keineswegs zu einer neuen Philosophie gebracht haben. Und wer könnte diesen Anspruch schon erheben, da sich die Philosophie vornehmlich mit alten Problemen befasst? Der Name war ein modisches Etikett: eher handelt es sich um ein Aufbegehren gegen die Philosophie schlechthin. André Glucksmann wirft ihr in den «Meisterdenkern» die Komplizität mit Staatsmacht und Staatsterror vor, während Bernard-Henri Lévy im «Testament de Dieu» ihr die Moral der Bibel entgegenschleudert. Dieser Kahlschlag lässt bei Glucksmann noch die Geste der Revolte zurück, die jedoch, angesichts des durchgehenden Pessimismus, weit weniger überzeugend ausfällt als bei Albert Camus. Es ist eine Haltung, der die theoretische Begründung bis heute fehlt.

Das trifft eigentlich auch auf Michel Foucault zu, der, ähnlich wie Herbert Marcuse, die Revolte von Randgruppen predigt, aber zugleich «das bevorstehende Ende» des Menschen verkündet, weil er in ihm nichts anderes sieht als eine «Erfindung» unseres Denkens. Unerklärlich bleibt dabei, worauf eine Revolte sich gründet, wenn der Mensch im geschichtlichen Verlauf nichts darstellt. Aber bei Foucault findet sich das Bekenntnis zu jenem Denker, der in der vorhandenen Leere immer mehr als ein Leuchtturm der Orientierung dient: Nietzsche. In «Les Mots et les Choses» schrieb Foucault: «Die grosse Träumerei von einem Ziel der Geschichte ist die Utopie des kausalen Denkens ...» Nietzsche wird zugute gehalten, diese Utopie aufgekündigt zu haben: «Wie auch immer, so hat Nietzsche für uns und bevor wir existierten die verschränkten Versprechen der Dialektik und der Anthropologie verbrannt.»

Dem entspricht ein allgemeines Hinwenden nach Deutschland, als dem Land romantischer Tragik und tiefen Weltschmerzes, dem Fortschrittsoptimismus abgewandt. Natürlich gab es dies periodisch schon immer. Das französische Denken entspann sich im ständigen Zwiegespräch, einmal bewundernd und einmal heftig ablehnend, mit dem deutschen Geist. Madame de Staël kreierte eine Mode. Es kamen die Romantiker, Victor Hugo, der ergriffen zu den Rheinburgen pilgerte, Baudelaire, der den Wagner-Kult eröffnete, die Surrealisten, die in einem etwas wirren Geflecht Novalis, Marx und Freud verehrten. Aber nie schien die Hingabe so rückhaltslos wie heute, weil das französische Bewusstsein vielleicht noch nie so stark in Frage gestellt war. Mit Nietzsche werden Heidegger gelesen und Ernst Jünger, dem in Paris ein aufwendiger Empfang bereitet wurde.

Wenn Glucksmann in den «Meisterdenkern» seine Kritik gegen Fichte, Hegel, Marx und Nietzsche richtete, im deutschen Denken die Ideologie der Katastrophen des 20. Jahrhunderts sichtend, so blieb das bisher eher ein Alleingang. Er verträgt sich nicht mit der Anziehung, die Nietzsche und andere deutsche Denker gegenwärtig ausüben. Der Angriff war auch zu pauschal und liess offenkundige Unterschiede zwischen den genannten Philosophen ausser acht. Nietzsche, den Camus noch scharf rügte, entgeht als eine Art sakralen Idols der heutigen «Götzendämmerung», der Hegel und Marx um so gründlicher zum Opfer fallen. Im neudeutschen Kult gedeiht Wagner bestens – freilich eine alte französische Liebe, ohne fragwürdigen ideologischen Ballast und daher unbestrittener. Deutsche Filme sind erfolgreich, gerade wenn sie den Erwartungen des Fremden, Rätselhaften, Abseitigen entsprechen. Syberbergs Hitler-Mythos löst Begeisterung aus, ohne dass der üppige Bilderrausch analysiert wird. Diese Form des deutschen Geistes wird am meisten geschätzt, nicht die andere, rationale. So kommt es zu einer seltsamen Umkehrung: Die Franzosen lieben jetzt das, was in der Bundesrepublik häufig verworfen wird, und sie achten jenes für gering, das ihnen geistig am nächsten steht, als «nicht typisch deutsch». Gefragt ist das andere, Fremde, nicht das Verwandte. Deutsche Aufklärer sind nicht erwünscht, da man der hauseigenen Aufklärer überdrüssig ist.

Einflüsse von aussen

Aber die deutsche Attraktion kommt nach der amerikanischen, und diese dauert noch fort, obwohl sie zugleich heftigen Abscheu erregt. Noch nie hat sich Frankreich äusseren Einflüssen gegenüber so offen gezeigt; die Literatur begreift sich nicht mehr als eine sich selbst genügende Domäne, die von draussen keine Kenntnis zu nehmen brauchte. Das geht einher mit einem gewaltigen Umsturz der gesellschaftlichen Verhältnisse, der Lebensgewohnheiten, was man als «Amerikanisierung» empfindet, vornehmlich also als Eindringen von etwas Fremdartigem.

Dieser Umbruch bedeutet intellektuelle Dürre. Der Vergleich mit den fünfziger Jahren fällt ungünstig aus, als Sartre und Camus agierten, oder mit den sechziger Jahren, als der *nouveau roman* einen neuen Stil prägte. «Tatsächlich hat selbst die soziale und kulturelle Krise der letzten Jahre», schreibt Delacampagne, «kein wahrhaft starkes Denken auf der Höhe unserer dramatischen Zeit hervorgebracht. Heute gibt es keine herrschende Philosophie mehr. Und man sieht wirklich nicht, wer der Sartre oder Bergson des letzten Drittels des zwanzigsten Jahrhunderts sein wird.» Man weiss es nicht. Aber es ist möglich, dass Frankreich wieder zu sich findet, wenn das Aeussere weniger fasziniert, um besser und kritischer aufgenommen statt akklamiert zu werden, wenn eine Distanz zu den erfolgten Veränderungen der Gesellschaft möglich wird.

Dass sich die politische Aufklärungsphilosophie einfach fortsetzen lässt, ist unwahrscheinlich. Zu tief sind die Zäsuren, die Zweifel. Kräftige Revisionen werden unerlässlich sein. Das stellt einen beträchtlichen Teil französischer Tradition in Frage. Sartre konnte am Revolutionsschema noch bruchlos anknüpfen, seine Optionen zwischen Links und Rechts, Fortschritt und Reaktion waren stets klar, auch einfach. Wie es sich erwiesen hat: zu einfach. Im Fortschritt lauert die Reaktion, in der Befreiung die

Repression. Das musste die Linke zur Kenntnis nehmen, das verwirrt und lähmt sie heute. Aufgebraucht hat sich desgleichen der Aktionsimperativ, weil sich inzwischen die immensen Tücken des «Engagements» offenbart haben.

So ist es denn nicht ungewöhnlich, dass nach den Attacken der «neuen Philosophen» eine «neue Rechte» auf den Plan tritt. Beiden Phänomenen eignet etwas Symmetrisches: da und dort scharfe Revisionen, das Bewusstsein einer Zivilisationskrise. Die «neue Rechte» will, ähnlich der alten, bewahren: das genetische Erbe, den Anspruch einer herrschenden Elite. Aber anders als die alte ist die «neue Rechte» nicht nationalfranzösisch, sondern indogermanisch orientiert, mit einer beträchtlichen Vorliebe für Nietzsche, Spengler, Carl Schmitt, Ernst Jünger. Hier bekundet sich, ungehemmter als anderswo, Bewunderung für Deutschland. Natürlich versteht die «neue Rechte» sich als Feind der Aufklärung, der Gleichheitsthese: Menschen und Rassen sind ungleich, müssen es bleiben. Es ist frevelhaft, daran zu zweifeln, wie die Demokratien es tun. Proklamiert wird eine tragische Lebensauffassung, eine pessimistische Philosophie, fernab vom Fortschrittsoptimismus. Vorbilder sind die griechische Antike, Kelten und Germanen, verworfen wird die jüdisch-christliche Religion. Da gibt es viel Nietzsche, leider auch beträchtliche Anleihen bei den «revolutionären Konservativen», den antidemokratischen Wortführern der Weimarer Republik.

Nur ist die französische Version moderner, weniger blut-und-boden-mässig, mit wissenschaftlichen Ansprüchen, gestützt auf Verhaltensforschung, Eugenik, Wirtschaftsplanung. Dass die «neue Rechte» antikommunistisch ist, versteht sich, aber sie ist nicht weniger antiliberal. Laut ihrem wichtigsten Theoretiker, Alain de Benoist, gilt es, den «Ungeist des Oekonomismus und Egalitarismus» zu bezwingen. Zweifellos ist hier eine Kraft, die sich des Vakuums bewusst ist und es auszufüllen trachtet. Verstärkte Krisenphänomene begünstigen sie. Dem Staat wird Schwäche vorgeworfen, gegen ihn die Beschuldigung erhoben, dem «Egalitarismus» Zugeständnisse zu machen. Die «neue Rechte» macht von sich reden, seit sie mit dem «Figaro-Magazine» ein prominentes Medium gewann. In dem ihr nahestehenden «Club de l'Horloge» ist eine Reihe hoher Beamter vereint. Das Bild der geistigen Krise, sich vollziehender Neugruppierungen wird so vervollständigt. Die Ratlosigkeit des linken Denkens musste auf den rechten Sektor anregend wirken.

Wie peinlich das Rassengerede auch ist, so falsch wäre es, schon von Faschismus zu sprechen oder mit dem Knüppel dreinzuschlagen, wie es eine militante jüdische Gruppe anlässlich eines Kongresses der rechten Ideologen tat. Da diese sich vornehmlich auf der theoretischen Ebene manifestieren und das Gespräch suchen, besteht kein Grund, es aufzukündigen. Auch die Bibel sollte nicht mit Stockschlägen verteidigt werden. Die Auseinandersetzung zwischen Monotheismus und Griechentum eignet sich nicht für Schlagworte, nicht für den politischen Kampf. Es ist eine philosophische Debatte, die schon lange währt und noch lange währen wird. Man muss hoffen, dass sie nicht in kategorische Verdammungen ausartet. Daher begegnet man mit Skepsis dem Ruf Bernard-Henri Lévys, die Philosophie solle «auf die Strasse gehen». Es scheint, dass dies in den letzten Jahrzehnten bis zum Ueberdruss, mit peinlichem Resultat, geschah. Notwendig wäre eher ein Rückzug aus dem Schlachtenlärm, in dem man allzu deutlich die Methoden des modernen Marketing wahrnimmt, der Verzicht auf das Bemühen, philosophisches Denken unter das Joch geistiger Kürzel zu beugen. Diese Antwort erteilte Raymond Aron. So beschrieb er die streitenden Fronten: «Auf der einen Seite jene, die einen Gott anrufen, an den sie nicht glauben; auf der anderen jene, die meinen, wieder in einer seit fast zweitausend Jahren toten Kultur zu leben.» In der Tat eine falsche Alternative, kaum dazu angetan, die Stunde zu entziffern, die Wüste zu durchqueren.

Alice Vollenweider

Am Sprachtrapez ohne Netz

Zum Werk Luigi Malerbas

«Er hat die Literatur aus dem Ghetto der Avantgarde herausgeführt.» Dieser Satz des französischen Kritikers Dominique Fernandez definiert sehr genau die Stellung Luigi Malerbas im Rahmen der zeitgenössischen Literatur Italiens. Malerba ist ein Autor, dem es gelingt, mit der Sprache und den Strukturen des Erzählens zu experimentieren und dabei seine Leser zu unterhalten. Er ist ein kurzweiliger Erzähler und gleichzeitig ein radikaler Zweifler, der das, was er erzählt, in Frage stellt und *ad absurdum* führt. Mit einer unwiderstehlich naiven und graziösen Komik verlockt er zum Lesen, zieht einem unversehens den Boden der Realität unter den Füssen weg, gibt unheimliche und makabre Ausblicke auf das Nichts, das hinter den Dingen steht, um dann gleich wieder zu neuen Erzähl-Kapriolen und Sprach-Pirouetten anzusetzen.

Der sozusagen unerschöpfliche Reichtum seiner Erzählphantasie zeigt sich auch in der Vielgestaltigkeit seiner Produktion, die für Leser und Kritiker etwas Verwirrendes hat. Er schreibt experimentelle Krimis und Erzählungen, die auf den ersten Blick realistisch anmuten, absurde Theaterstücke und Märchen-Hörspiele, lexikologische Studien zum Dialekt der Provinz Emilia und Tierfabeln; seit Jahren erfindet er zusammen mit dem Schriftsteller Tonino Guerra die Geschichten von Millemosche, eine Art Abenteuerroman aus dem Mittelalter für Schulkinder, von dem bisher sieben Fortsetzungen erschienen sind, und daneben ist er im Haupt- oder Brotberuf ein beliebter Drehbuchautor, der vor allem die Klaviatur der komischen Effekte virtuos beherrscht. Die Galerie seiner Helden ist von beeindruckender Vielfalt: neben dem unheldischen Soldaten Millemosche gibt es in ihr legendäre chinesische Kaiser, emilianische Bauern, Bankrotteure und Drehbuchautoren, einen römischen Briefmarkenhändler, einen redenden Phallus, einen Pfarrer aus dem Hinterland von Parma im 17. Jahrhundert, einen Clochard, der am Tiberufer lebt, den hölzernen Bengel Pinocchio und viele Tiere:

Ameisen, Haifische, Schnecken, Hunde und nicht zuletzt auch nachdenkliche Hühner, denen 1980 er ein ganzes Bändchen Fabeln gewidmet hat, das den Titel «Le galline pensierose» trägt.

Im unberechenbaren und unübersichtlichen Universum dieses Fabulierers vermag ein formaler Aspekt erste Orientierungshilfe zu bieten: Malerba hat Romane, Erzählungen und Kurzprosa geschrieben und in diesen drei verschiedenen Längen nicht nur verschiedene Themenkreise behandelt, sondern auch verschiedene Techniken zur Befragung der Wirklichkeit entwikkelt.

Sein Erstling, der Erzählungsband «La scoperta dell'alfabeta», erschien 1963. Er enthält Erzählungen, die auf den ersten Blick ganz einfach, gradlinig und realistisch wirken. Ihr Schauplatz ist die bäuerliche Umgebung von Parma, wo der 1927 geborene Malerba aufgewachsen ist. Ihre Helden sind bizarre und eigensinnige Leute, denen das Reden schwerfällt und die das, was sie nicht mit Wörtern formulieren können, durch Gesten und Handlungen auszudrücken versuchen, die in ausdrucksvoller und zerstörerischer Weise der Realität unangemessen sind. Ein junger Bauer schneidet sich zum Beispiel einen Finger ab, um einem stolzen Mädchen seine Liebe zu zeigen, und ein anderer stösst seine untreue Frau in den Sodbrunnen und gibt dann seiner Liebe Ausdruck, indem er ihr Grab mit schönen Blumen schmückt. Keinem gelingt es, sich verständlich zu machen, seine Isolierung zu durchbrechen, und ob einer dann verstummt oder stirbt oder zum Angriff übergeht und tötet – so sind das nur Unterschiede in der Reaktion auf das Scheitern. Malerba erzählt diese immer ähnlichen Geschichten mit exakterem Realismus und trockenem Humor. Sie machen die Titelgeschichte erst verständlich: «Die Entdeckung des Alphabets» ist die Entdeckung, dass es dieses Alphabet gar nicht gibt, dass eine Reihenfolge nichts ist als eine willkürliche Fiktion und dass der alte Bauer Ambanelli, der hundert Wörter schreiben lernt und sich damit zufrieden gibt, weiser ist als die andern Leute und die Autoren, die versuchen, mit Wörtern Wirklichkeit zu fassen.

Die späteren Erzählungen Malerbas, die 1979 unter dem Titel «Dopo il pescecane» herauskamen, sind fast alle auf der «Terza pagina» des «Corriere della Sera» erschienen. Es sind Geschichten aus dem römischen Alltag, deren Protagonisten Spitaldirektoren, Advokaten, Industrielle, Fernsehregisseure und auch einfach Ehemänner, Ehefrauen oder Väter sind. Sie erzählen in der Ichform von ihren Sorgen und Problemen, Manien und Neurosen und berichten die verrücktesten Dinge so unerschütterlich ernsthaft und exakt, dass sie den Leser zum Komplizen gewinnen, der in ihrem methodischen Wahn mehr Wahrheit entdeckt als in der chaotischen Wirklichkeit, aus der sie zu fliehen suchen. Die Ich-Erzähler dieser Geschichten sind trotz ihrer Geschwätzigkeit so kontaktarm wie die bäuerlichen Helden von Malerbas ersten Erzählungen; was sich verändert hat, ist die Bedrohung durch die Zivilisation als allgegenwärtiger Albtraum, der das Bewusstsein der Ich-Erzähler verstört und verängstigt und in die prekäre Zuflucht des Wahns treibt. Die lebensfeindliche Wirklichkeit der Grossstadt mit ihrem Verkehrslärm, ihren Abgasen, ihren Abfällen und ihrem organisierten Verbrechen, vom Entreissdiebstahl bis zur Entführungsindustrie, ist auch in der ironischen Stilisierung stets gegenwärtig und prägt diese Miniaturen, die sich zu einem unheimlich heiteren Kaleidoskop unserer Zeit fügen, worin der Feminismus und die Semiotik, die Ufos und die Nouvelle cuisine durcheinanderwirbeln.

Der wichtigste Teil von Luigi Malerbas Prosawerk sind aber die drei Romane, mit denen er sich einen zentralen Platz in der italienischen Literatur der Nachkriegszeit erschrieben hat. «Il serpente» (1968), «Salto mortale» (1968) und «Il protagonista» (1973). Alle drei sind phantastische, witzige und paradoxe Monologe eines allgegenwärtigen Ichs, das in einen Kriminalfall verwickelt wird und durch hartnäckiges Behaupten, Zweifeln und Fragen versucht, einer möglichen Wahrheit, die hinter den Dingen und der sie benennenden Sprache steht, auf den Grund zu kommen. Der Held der «Schlange» ist ein römischer Briefmarkenhändler, der das Mädchen, das er liebt, aus Eifersucht vergiftet und nach und nach aufisst. Der Polizeikommissar, dem er sich hierauf stellt, will ihm seine Geschichte nicht glauben, und so beginnt der verzweifelte Mann ein Memorandum über seine kannibalische Tat zu verfassen. Was er dabei über das schwierige Geschäft des Schreibens zu Papier bringt, ist eine Art ironische Poetik, in der es heisst:

«Schreiben und dann die Wörter, eines hinter dem andern, auf dem Papier wiederfinden, gibt eine ungemeine Befriedigung. Wenn jedoch Reden schwierig ist, so ist Schreiben superschwierig. Man weiss nie, wo anfangen und wo aufhören. In Wirklichkeit sollte man weder anfangen noch aufhören, weil alles, was geschieht, keinen Anfang und kein Ende hat, weil alles sich in allen Richtungen verzweigt, und neben etwas geschieht immer noch etwas anderes, und so geschieht alles in allen Richtungen, und du kannst es mit dem Schreiben nicht einfangen, und ein Mittel, um das, was geschieht, einzufangen, haben die Menschen noch nicht erfunden.»

In «Salto mortale», wahrscheinlich Malerbas Meisterwerk, bezieht sich der Zweifel nicht mehr nur auf ein krankes Bewusstsein, sondern auf das ganze Universum. Das Handlungsschema des Kriminalromans wird auf den ersten Seiten entworfen: in einer Wiese in der Nähe von Rom wird ein Bein und «der an diesem Bein befestigte Körper eines Mannes mit durchschnittener Kehle» entdeckt. Der Protagonist und Ich-Erzähler des Romans «Giuseppe genannt Giuseppe» – ein Altwarenhändler aus Albano – führt eine Privatuntersuchung durch, die zu einer Kette von mysteriösen Todesfällen führt, die alle Männer betreffen, die ebenfalls Giuseppe heissen und ein schwarzes Fahrrad besitzen, seien sie nun Metzger, Fliegentöter oder Bademeister. Dafür erscheint Rosa, die einzige Frau, mit stets wechselnden Suffixen als Roselda, Rosina, Rosetta, Rosalba, Rosamunda oder Rosabianca, und es ist auch kein Zufall, dass sie Rosmarin kaut, um den Milchfluss ihrer Brüste anzuregen. Nicht nur die Menschen haben keine festen Konturen, auch Orte, Zeiten, Spuren und Ereignisse sind wandelbare Versatzstücke für ein ständig wechselndes Puzzle. Das dominierende Thema der Verwechslung, der Austauschbarkeit, der Bezugs- und Richtungslosigkeit kristallisiert sich nicht nur im Salto mortale des Titels, sondern auch in der witzigen Verwendung der ehrwürdigen Radmetapher, wie zum Beispiel zu Beginn des vierundzwanzigsten Kapitels: «So dreht sich das Rad des Lebens. Was für ein Rad? Es gibt nur ein Rad des Lebens. Dann gefällt mir dieses Rad nicht. Ich sehe die Dinge so, wie sie passieren, das heisst in einer Reihe, eines hinter dem andern, plötzlich fangen sie aber zu rasen an, und du musst Salti mortali machen, wenn du nicht unter das Rad kommen willst.» Auch die Sprache wird von dieser Bewegung erfasst, wenn Malerba Sätze aneinanderhängt, indem er Satzteilen ganz unstatthafte Doppelfunktionen zuweist; dabei entstehen so schwindelerregende Gebilde wie: «Wie ich heisse wissen alle im Dorf können es Ihnen sagen» oder «Die Wolke bedeckt den Himmel bis zum Horizont ist alles schwarz».

Die absurd-poetische Kriminalstory, die in jedem Kapitel neue Konstellationen und Verwirrungen schafft, ist aber nur ein Aspekt dieses «Salto mortale», der darüber hinaus eine unerbittlich genaue Diagnose der sozialen und wirtschaftlichen Zustände in der römischen Campagna stellt, wo die militärischen Ueberschallflugzeuge, die teerverschmutzten Strände, die Antennen des Vatikanischen Radios, die verlassenen Felder und die Armut der Einwohner sich zu einem grotesken Zerrbild der modernen Konsumgesellschaft zusammenfügen.

In Malerbas drittem Roman «Il protagonista» meldet sich ein redender Phallus zum Wort, der seinen Besitzer, einen jungen Radioamateur, herablassend als «Boss» bezeichnet, während er sich selbst in Polemik mit Husserls Philosophie als «Schöpferisches Lebenszentrum» versteht. Es handelt sich um eine sehr kühle und verzweifelte Satire auf eine liberalisierte Geschlechtsmoral, in der die nekrophile Sexualität mit einem einbalsamierten Wal und einer ägyptischen Mumie in den Vatikanischen Museen viel Raum beansprucht. Wie in den früheren Romanen Malerbas stellt auch der Protagonist mehr Fragen, als es Antworten überhaupt geben kann, und das Fragenstellen wird häufig zum Mittel, jede Möglichkeit einer Antwort im voraus zu zerstreuen, damit die Wirklichkeit sich in ihrer ganzen Ungreifbarkeit enthüllen kann. Dafür ist der kursiv gedruckte Text zwischen dem zwölften und dem dreizehnten Kapitel ein Beispiel: «Bolzengerade? Ist aber ein Bolzen gerade? Man kann auch gerade wie etwas anderes sagen. Wie was?... Wo finden wir denn einen vergleichbaren Begriff? In welche Richtung sollen wir uns wenden? Es gibt vier Himmelsrichtungen, aber zahllose mögliche Richtungen. Es ist schwierig, sich zu entscheiden. Wollen wir denn wieder von neuem anfangen? Bolzengerade? Ist aber ein Bolzen gerade?»

Die naive und hartnäckige Insistenz von Malerbas Fragen erinnern oft an Kinderfragen und damit an die Tatsache, dass die Kinder für diesen Autor seit je ein wichtiges Publikum sind. Das zeigen nicht nur die lustigen und saftigen Millemosche-Geschichten, die Malerba seit 1969 im Teamwork mit Tonino Guerra herausgibt, sondern auch die drei Kinderbücher, die er seit 1975 geschrieben hat und die alle drei aus immer kürzer und knapper werdenden Prosastücken bestehen: während die Geschichten von «Mozziconi» (1975) noch zwei bis drei Seiten umfassten, sind die «Storiette» (1978) nur noch eine knappe Seite lang, und für die Fabeln der «Galline pensierose» (1980) genügen dem Autor fünf bis fünfzehn Zeilen.

Mit Mozziconi hat Malerba eine Art Pinocchio unserer Zeit erfunden: einen Clochard, der sich aus Protest gegen die Spekulanten, Bürokraten und korrupten Minister, die in der Stadt Rom regieren, ans Ufer des Tibers zurückgezogen hat. Er ist ein zorniger und phantasievoller Anarchist, der sich gewaltig aufregt über Erdölskandale und Bestechungsaffären und über die Römer, die ihren Unrat von der Strasse zu ihm herunterwerfen, als sei der Tiber ihr Abfallhaufen. Darüber hinaus vergisst er aber nicht, im Ufersand Salat und Tomaten anzupflanzen, mit Fischen und Vögeln zu streiten und mit einer einäugigen Vagabundin so philosophisch zu flirten, dass sie erschreckt wegläuft; er fragt sie nämlich: «Was meinst du, wenn einer das Unendliche in vier Teile teilt, ist dann jedes Viertel immer noch unendlich?» Durch seinen totalen Rückzug aus der Betriebsamkeit und der Zerstörungswut der sogenannten normalen Welt hat er sich einen Freiraum geschaffen, aus dem seine Stimme fröhlicher klingt als die der anderen Helden Malerbas. Ueber die didaktische Absicht dieser Geschichten äusserte sich Malerba 1974 in einem Diskussionsbeitrag zur Kinderliteratur, in dem es heisst: «Es ist nicht einzusehen, warum unsere Kinder so genau wissen müssen, welches die Unterschiede zwischen einem Nagetier und einem Wiederkäuer, einem Raubvogel und einem Reptil sind, während man ihnen über die Säugetiere, die uns regieren, keine korrekten Kenntnisse zumutet.» Dabei ist «Mozziconi» durchaus kein spezifisches Kinderbuch geworden; das zeigt auch seine deutsche Ausgabe, die unter dem Titel «Geschichten vom Ufer des Tibers», ohne Zeichnungen, als Band der Bibliothek Suhrkamp erschienen ist.

In der linearen Reduktion der Erzählung auf eine Idee, einen Einfall oder ein Paradoxon gewinnen die Mozziconi-Geschichten ihre federnde Kraft und Prägnanz. Dem philosophischen Clochard gelingt es, den katastrophalen Zustand der Welt anzuprangern, indem er die hohle Rhetorik von Sprichwörtern und Zeitungsmeldungen entlarvt und überlieferte Denkschemata ketzerisch in Frage stellt. Zu diesem Zweck verwertet er auch die Abfälle, die ihm die Römer ans Tiberufer herunterwerfen. Oft beschäftigt er sich tagelang damit, alte Zeitungen zu korrigieren und umzuschreiben, bis sie ihm gefallen, und aus den vielen leeren Flaschen bastelt er Flaschenposten, denen er seine Gedanken über die Gefährlichkeit der Null, die Geschwindigkeit des Dunkels und die Notwendigkeit der Revolution anvertraut. Er wirft sie in den schmutzigen gelben Tiber, in der festen und heiteren Hoffnung, dass sie dereinst gefunden und der Welt einen neuen Sinn geben werden.

Ein Nachtrag bleibt zu machen für Malerbas letztes Buch, das im Frühling 1981 erschien und die an Ueberraschungen gewöhnten Leser dieses Autors unter dem Titel «Diario di un sognatore» mit dem wissenschaftlichen und poetischen Experiment eines Traumtagebuchs konfrontiert. Das kommt in der italienischen Literaturlandschaft, wo neben aktuellen und historischen Dokumentarberichten wie anderswo vor allem die intime Selbstbefragung hoch im Kurs steht, einer ironischen Provokation gleich. Malerba hat sich während des ganzen Jahres 1979 Morgen für Morgen an die Träume der vergangenen Nacht erinnert und sie in seinem präzisen und trockenen Stil notiert, ohne sie zu beschönigen, zu ergänzen oder zu interpretieren. Er ist weit entfernt von der «écriture automatique» der Surrealisten und bekennt sich in seinem Vorwort als Gegner der psychoanalytischen Traumdeutung. Er öffnet die verborgenen Verbindungen zwischen seinen Träumen und seiner Literatur mit leichter Anmut und demonstriert zur Unterhaltung und zum Entzücken des Lesers, wie nahe verwandt der Träumer mit dem Erzähler Malerba ist.

Bei Bompiani, Mailand, sind erschienen: «La scoperta dell'alfabeta» (1963), «Dopo il pescecane» (1979), «Il serpente» (1968), «Salto mortale» (1968), «Il protagonista» (1973) und die sieben Fortsetzungen von «Millemosche» (zusammen mit Tonino Guerra). Bei Einaudi, Turin, sind erschienen: «Mozziconi» (1975), «Storiette» (1978), «Le galline pensierose» (1980) und «Diario di un sognatore» (1981). Auf deutsch sind die Werke Malerbas bei Suhrkamp, Frankfurt am Main, erschienen: «Die Schlange» (1969), «Salto mortale» (1971), «Der Protagonist» (1976) und «Geschichten vom Ufer des Tibers» (1980).

Hugo Loetscher

Zur Radiographie der portugiesischen Seele

Weltbürger

«Denn ich glaube, dass die Geschichte ein Instrument der humanistischen Erziehung sein muss und dass sie eine Möglichkeit darstellt, uns nicht nur von der eigenen Vergangenheit zu befreien, sondern darüber hinaus auch von jeder Art Einschränkung. Dies gilt vor allem für den Portugiesen, den Sohn eines Volkes, dessen historische Rolle seinem Wesen nach darin lag, Seefahrer zu sein, und der, von seiner kosmopolitischen Seefahrerkunst ausgehend, am Ende die Mission hatte, die ganze Welt zu umarmen und mit allen Rassen in Beziehung zu treten. Nur der ist seinem tiefsten Wesen nach Portugiese, der als solcher auch Weltbürger ist.»

Das sind die Schlusssätze der «Kurzen Interpretation der Geschichte Portugals» von Antonio Sergio (1883–1969). Aus einer alten Familie stammend, kämpfte und bekannte sich Sergio zur Republik, die 1910 ausgerufen wurde. Sergio wurde einer der gebildetsten und fruchtbarsten Interpreten der portugiesischen Kultur.

Die zitierten Schlusssätze sind ein klassischer Text für das Selbstverständnis Portugals. Darin finden sich Konstanten, die auch bei anderen Autoren, sei es vor Sergio oder nach ihm, anzutreffen sind: die Identifikation Portugals mit seiner Rolle als Entdeckernation und die Deutung des portugiesischen Wesens als kosmopolitisches Weltverhalten, dies ebensosehr geographisch wie kulturell und rassisch verstanden.

Die zitierten Sätze sind aber auch insofern ein klassischer Text, als sie gleich einer Korrektur bedürfen.

Eroberer

«Portugal, das Portugal der Eroberungen, ist das Portugal des rücksichtslosen, vornehmen und phantastischen Kriegers, der gezielt seinen eigenen Besitz ruiniert zum grösseren Ruhm eines absurden Idealismus ... Wir waren die fanatischen und intoleranten Portugiesen des sechzehnten, siebzehnten und achtzehnten Jahrhunderts, jetzt sind wir die indifferenten Portugiesen des neunzehnten ... Die Wurzeln der Vergangenheit brechen auf unserem Boden überall durch: in unseren Gefühlen, in unserem Verhalten, in unseren Begriffen. Wir stöhnen unter der Last der Vergangenheit. Unsere Fatalität ist unsere Geschichte.»

Auch diese Sätze machen einen klassischen Text aus, aber er ist auf der Gegenseite angelegt.

Die Passagen stammen aus dem Vortrag «Gründe für den Niedergang der iberischen Völker in den letzten drei Jahrhunderten». Der Autor, Antero Tarquinio de Quental (1842–1891), löste die «Streitfrage von Coimbra» aus, bei welcher die moderne Dichtung die romantische entthronte. In seinen «Odes modernas» hat Quental als Lyriker demonstriert, wie das «moderne» Sonett verstanden werden soll. Quental nahm im Verlauf seines Lebens eklektische und recht unterschiedliche Positionen ein. Er hat sich am Ende jener religiösen Spekulation zugewandt, von der er sich als Student mit Militanz gelöst hatte. Wie er sich dem Sozialismus verschrieb, arbeitete er als Arbeiter in Paris, bevor er nach Lissabon zurückkehrte und dort die portugiesische Arbeiterpartei mitgründete und als politischer Publizist tätig war. Aus Gesundheitsgründen zog er sich für seinen letzten Lebensabschnitt aus der politischen Aktivität zurück; der Willenszerfall führte 1891 zum Selbstmord.

Der Vortrag «Gründe für den Niedergang der iberischen Völker in den letzten drei Jahrhunderten» wurde 1871 im Casino von Lissabon gehalten und fand im Rahmen jener «demokratischen Vorträge» statt, die als «Casino-Vorträge» portugiesische Geistesgeschichte machten. Zu den Referenten gehörte auch José Maria Eça de Queiros (1845–1900), der über den Realismus als die neue Ausdrucksform der Kunst sprach und der mit Romanen wie «Das Verbrechen des Pater Amaro» und «Vetter Basilio» zum grossen Erzähler eben dieses Realismus werden sollte. Quental hat in seinen Ausführungen über die Gründe für den Niedergang der iberischen Völker (er redete nicht nur über Portugal, sondern auch über Spanien) die These vertreten, dass mit der Entdeckerzeit auch schon der Niedergang Portugals eingesetzt habe. Er lobte das Portugal vor den Entdeckungen als eines der Toleranz, in welchem Christen, Juden und Mauren friedlich zusammenlebten. Doch habe sich der Katholizismus als grosse «historische Sünde» erwiesen, indem er sich zu einer Orthodoxie verhärtete, die gnadenlos das geist- und entwicklungstötende Instrument der Inquisition einsetzte. Mit den Eroberungen formierte sich auch ein Menschentypus, der die manuelle wie die wissenschaftliche Betätigung verachtete und der damit das Land um sein Arbeitsethos brachte. Demnach begann mit den Entdeckungen auch jener Prozess, der in letzter Konsequenz zu dem führte, was wir im zwanzigsten Jahrhundert als unterentwickelt bezeichnen.

Mythos Portugal

Die beiden Textpassagen von Sergio und Quental stecken die Dialektik der portugiesischen Seele ab – wo Sergio von «descobrimentos», von «Entdeckungen», spricht, redet Quental von «Eroberungen», von «conquistas».

Auf der einen Seite die «historische Mission», auf der anderen Last und Fluch der Geschichte. Entdeckungen als Beweis für nationale Grösse und anderseits als Beweis für den nationalen Niedergang. Hier Heldentaten und dort die Entdecker als Initianten des internationalen Sklavenhandels. Der Bewunderung für die gewaltigen Leistungen eines kleinen Volkes, das sich in drei Kontinenten einrichtete, steht die Auffassung gegenüber, dass sich Portugal von Anfang an überfordert hat. Das Lob einer Kolonialpolitik, die keine Rassenfrage kenne, aber die Erfahrungen der Betroffenen lauten ganz anders.

Widersprüchlichkeit und Ambivalenz, welche ein zeitgenössischer Autor, der Romanschriftsteller Urbano Tavares Rodrigues, in seinem Aufsatz über den «Minderwertigkeitskomplex der Portugiesen» so formuliert:

«Wir glauben, dass es bei dem Portugiesen einen Inferioritätskomplex gibt, der sich auf verschiedene Arten und aufs widersprüchlichste manifestiert: als Arroganz und als Bescheidenheit, als Servilismus und als Selbstgefälligkeit, als sentimentale Geziertheit und als aggressive Männlichkeit. Wenn man von diesem Inferioritätskomplex spricht, muss man allerdings die ethnographischen und die ökonomisch-historischen Voraussetzungen für ein solches Verhalten in Betracht ziehen ... eine hybride Gesellschaft, in welcher nebeneinander Lebensformen und zwischenmenschliche Beziehungen existieren, wie sie zum Agrarfeudalismus und zum Neokapitalismus gehören.»

Wo diese Dialektik nicht gesehen wird, wo nur von der historischen Mission und der heldischen Leistung eines kleinen Landes die Rede ist, liegt die Wurzel zu dem, was als portugiesischer Mythos den Blick der Portugiesen und vieler ausländischer Betrachter immer wieder verstellt hat.

Dieser Mythos bildete auch das Credo Salazars: Portugal habe als letzte Bastion die abendländischen Werte gegen den Kommunismus zu verteidigen, was mit Methoden geschah, welche gerade die Grundrechte europäischer Prägung zutiefst verletzten. Dazu kam die Ueberzeugung von der zivilisatorischen

Mission Portugals und deswegen ein Kolonialkrieg, der am Ende das eigene Land ruinierte – dies alles getreu dem Bekenntnis Salazars, er glaube nicht an die Geschichte.

Navigare ...

Portugal, das Land der Seefahrer, es ist mit den «Lusiadas» zu seinem Nationalepos gekommen. In den zehn Gesängen erzählt Luis Vaz de Camoes (1524?–1580) von den «gestae», den Heldentaten der Portugiesen, in voller und manchmal allzu belastender Parallele zur Antike. «Hätt' es mehr Welt gegeben, die Portugiesen wären auch dort gelandet.» Mit solchen Versen hat Camoes gleichsam die Wappensprüche seines Volkes formuliert: «Sie fuhren auf vorher nie befahrenen Meeren.»

Das Meer als portugiesischer Lebensraum, und dies nicht nur politisch und wirtschaftlich verstanden, sondern als Raum der Bewährung und der Phantasie und für die Romantiker dann als Symbol der absoluten Freiheit – dieses Meer war aber auch ein Bereich der Tragödie.

«Die Geschichte Portugals ist aus Schiffbrüchen gemacht, von denen ein geniales und anonymes Monument übrigblieb: die „Historia tragico-maritima", die „Geschichte der Meer-Tragödien"», schreibt Teixeira de Pascoaes (1877–1952). Ein Autor, der mit Werken wie «Arte de ser portugues» (Die Kunst, Portugiese zu sein) zu einem Deuter Portugals wurde, für den der Begriff «Rasse» einen gefährlich erstrangigen Platz einnahm.

Das Meer jedenfalls blieb Thema der portugiesischen Dichtung. Bei Fernando Pessoa (1888–1935) kann man lesen: «Das begrenzte Meer war griechisch und römisch, portugiesisch aber war das Meer, das keine Grenzen kennt.» Und Pessoa hat mit dem Gedicht «Das portugiesische Meer» Verse geschrieben, die zum unverlierbaren Schatz der portugiesischen Bildung gehören: «O salziges Meer, wieviel von deinem Salz / sind Tränen Portugals. Was weinten Mütter, damit wir dich durchquerten, / wie viele Kinder beteten umsonst, / und wie viele Bräute blieben ohne Hochzeit, / damit du unser wurdest, Meer.»

Diese Strophe steht in «Mensagem», dem einzigen Gedichtband, den der Dichter selber zusammenstellte. Die «Botschaft» ist ausschliesslich portugiesischen Motiven gewidmet und in einer archaisierenden Sprache verfasst. Das fällt um so mehr auf, als Portugal in seinem übrigen Œuvre sonst kaum vorkommt. Pessoa, der sich hinter den verschiedensten Heteronymen versteckte, sagte sonst von sich, «er reise nicht, er entwickle sich», «ich bin der Mensch, der abreisen will und immer bleibt», «eigentlich geht man am besten auf Reisen, indem man fühlt»; der dichtete: «doppelt befreit verliess ich die irdische Landschaft», und von Schiffen schrieb: «die aus dem Stoff von Träumen gemacht sind».

Was einst konkrete Fahrten auf unbefahrenen Meeren waren, hat sich am Ende verinnerlicht; es sind Aufbrüche an persönliche oder imaginäre Küsten. In dem Zusammenhang darf man einen Vers von Antonio Nobre (1867–1900) in Erinnerung rufen: «Was für eine Illusion das Reisen. Der Planet ist gleich Null.»

Neben dem Nationalepos der «Lusiaden» muss man aber gleich die «Peregrinação» von Fernão Mendes Pinto (1510?–1583) erwähnen. Ihre Bedeutung liegt nicht zuletzt darin, dass hier ein Portugiese von fremden Welten Kenntnis nimmt und sie darstellt. Das ist in der portugiesischen Literatur keineswegs so selbstverständlich, wie man mit allem Recht annehmen dürfte. Es hätte durchaus die Chance bestanden, dass Portugal mit seiner Welterfahrung so etwas wie eine Brücke zwischen Europa und Nicht-Europa geworden wäre; aber das war nicht der Fall.

Nachricht von draussen

Englische und französische Schriftsteller haben Europa in viel stärkerem Masse als portugiesische Autoren Vorstellungen von der «kolonialen Welt» vermittelt, wie richtig und falsch die immer sein mochten. Deswegen sei auf einen Mann wie Wenceslau de Moraes (1854–1929) hingewiesen, den Portugal wieder zu entdecken beginnt. Nach längeren Aufenthalten in Afrika hat er sich in Japan niedergelassen. Ein portugiesischer Lafcadio Hearn, könnte man denken, aber bei de Moraes spürt man die stärkere (portugiesische?) Einfühlungskraft.

Soweit Portugal von Nicht-Europa Kenntnis genommen hat, geschah es nicht so sehr über die Literatur wie über die Geschichtschreibung. Denn die Chroniken haben die Eroberungen und Entdeckungen von Anfang an begleitet. Für Afrika wäre an erster Stelle Gomes Eanes de Zurara (oder Azurara 1410?–1473?) mit seinen «Chroniken über die Ereignisse in Guinea» zu nennen und für Asien ohne Zweifel João de Barros (1496?–1570); dieser hatte sich zum Ziel gesetzt, über sämtliche portugiesischen Eroberungen zu schreiben, aber er hat nur die Bücher «De Asia» vollendet.

Die portugiesische Geschichtschreibung über die Anfänge der Kolonialzeit geht von der puren Rechtfertigung über die brave Sekretariatsarbeit bis zum Versuch der objektiven Darstellung. Dabei ist folgendes zu beachten: einer objektiven Berichterstattung stand zunächst einmal eine von der portugiesischen Krone zum Teil rigoros gepflegte Geheimpolitik entgegen, die auch vor bewussten Falschinformationen nicht zurückschreckte. Und dann wachte das «Heilige Offizium» unerbittlich über alles Geschriebene. Damião de Gois (1502–1574), ein aufklärerischer Kopf, musste unter dem Druck der Regierung und der Aristokratie ganze Passagen seiner «Chronik des Königs Manuel» umschreiben, und er wurde in seinem Todesjahr von der Inquisition zu lebenslänglicher Haft verurteilt.

Andere Historiker, Sekretäre des Staatsarchivs, des «torre des tombo», haben demnach oft ihre Kritik nicht in ihren Chroniken selber vorgebracht, sondern in Nebenwerken. So verfasste João de Barros einen «Humanistendialog», der wegen seiner Kritik des Aberglaubens und an Dogmen bald auf den Index kam. Und Diogo de Couto (1542–1616), der Nachfolger von Barros im Staatsarchiv, hat in dem «Brauchbaren Soldaten» eine der ersten und schärfsten Kritiken der portugiesischen Kolonialpolitik vorgelegt.

Nun steht am Anfang der portugiesischen Prosa die Historie, eine Chronik von Fernão Lopes (1380?–1460?), die sowohl wegen ihrer wissenschaftlichen Ausrichtung wie wegen ihrer literarischen Qualität Rang einnimmt, reich an Material, da neben der sachlichen Darstellung Legenden, Dialoge und Erzählungen zu finden sind. Stoffe, die vor allem von den Schriftstellern der Romantik vielfach benutzt wurden.

Aber weder Fernão Lopes noch João de Barros, weder ein Azurara noch ein de Couto sind über Portugal hinaus bekannt geworden. Dies ganz im Gegensatz etwa zu den Chronisten Spaniens, obwohl die portugiesischen Autoren sowohl vom Thema wie von der Darstellung her ebenbürtig sind. Sollte ein Schriftsteller recht haben, der in seinem Vorwort zur Gedichtsammlung des «Cancioneiro geral» (1516) etwas schrieb, das auch vierhundertfünfzig Jahre später zutrifft? Da liest man von Garcia de Resende (1470?–1539): «All diese Heldentaten der Portugiesen und viele andersgeartete sind nicht so verbreitet, wie sie es wären, wenn andere Nationen sie vollbracht hätten.»

Das Hinterland

Das Meer als portugiesischer Lebensraum – es hat aber nicht nur das maritime Portugal gegeben, sondern immer auch das bäuerliche. C. R. Boxer, ein kompetenter Historiker der portugiesischen Geschichte, hat aufgezeigt, wie es auch zur Zeit, als Portugal auf dem Höhepunkt seiner Seemacht stand, ein Portugal des Hinterlandes gab, das von den noch nie befahrenen Meeren kaum Kenntnis nahm.

«Mit dem Tejo umarmt das maritime Portugal das bäuerliche, in einem Gesicht die beiden typischen Physiognomien einer Nation vereinend», liest man bei Oliveira Martins (1845–1894). An der Mündung des Tejo liegt Lissabon. Man versteht diese Stadt nicht, wenn man in ihr nur die Hafenstadt sieht. Lissabon ist auch die Kapitale eines bäuerlichen Hinterlandes; es liegt nicht nur an der Küste, sondern es liegt «dazwischen».

Die portugiesische Literatur ist seit der Romantik vor allem eine solche des Hinterlandes, der Region. Als es mit den Fahrten auf den nie befahrenen Meeren vorbei war, fanden «Reisen im eigenen Land» statt. «Viagens na minha terra», lautet der bezeichnende Titel eines Werkes des portugiesischen Romantikers João Baptista de Almeida Garrett (1799–1854). Seither hat praktisch jeder portugiesische Schriftsteller sein Bekenntnis zur Region abgelegt. Sei es, dass er die Spannung von Stadt und Land direkt zum Thema wählte wie Eça de Queiros in «Die Stadt und die Berge» oder dass er ein ganzes Œuvre in der Provinz ansiedelte wie der «portugiesische Balzac» Camilo Castelo Branco (1825–1890) mit seinen Geschichten und Romanen aus der Provinz Minho. Julio Dinis (1839–1871) hat (selbstverständlich) neben seinem Stadtroman eine Dorfchronik verfasst.

Was für die Literatur des letzten Jahrhunderts gilt, trifft auch für die des zwanzigsten zu. Zu den schönsten Texten von Miguel Torga gehören seine Landschafts- und Städteporträts in «Portugal». Aquilino Ribeiro verfasste eine «sentimentale Geographie» Portugals. Ein so wichtiger Roman wie «Der Dauphin» von José Cardoso Pires spielt in Gafeira, einem imaginären portugiesischen Dorf. Fernando Namoras Hauptwerk «Spreu und Weizen» hat einen Träumer und Phantasten von Bauern zum Helden. Und Urbano Tavares Rodrigues, der wie kein anderer zum Schriftsteller des modernen proletarischen Lissabon wurde, ist ohne seine Geschichten aus der Provinz Alentejo nicht zu denken.

So sehr man auf der einen Seite von einem universalistischen Zug im portugiesischen Verhalten reden kann, so sehr muss man auf der andern von der regionalen Ausrichtung sprechen, und nicht nur so, dass das eine das andere abgelöst hätte – Kosmopolitisches und Provinzielles lebten stets mit Selbstverständlichkeit nebeneinander.

Randexistenz

Der Dichter, der die Musen aufrief, um die Taten der Portugiesen zu besingen, Camoes, hat selber im Fernen Osten gelebt. Wie freiwillig und unfreiwillig, ist nicht auszumachen in einem Leben, über das sich so viele Legenden gelegt haben; aber eines weiss man, dass Camoes diesen Aufenthalt als «babylonische Gefangenschaft» aufgefasst hat und Lissabon als «himmlisches Jerusalem».

Dreihundertfünfzig Jahre später lebt ein anderer portugiesischer Dichter in diesem Fernen Osten, als Beamter in Macau, Camilo Pessanha (1867–1926); und dieser Ferne Osten wirkt auf seine symbolistische Lyrik ein, die damit in die portugiesische Literatur eine bisher unbekannte exotische Nuance bringt. Dieser Dichter ruinierte sich mit der «göttlichen Droge» des Opiums und verzehrte sich vor Sehnsucht nach dem «verlorenen Land», nach Portugal.

Nicht nur das Wegfahren ist portugiesisches Thema, sondern auch der Wunsch heimzukehren. Neben dem Entdecken und Erobern die Rückkehr. Draussen-Bleiben oder Draussen-bleiben-Müssen kann zur Erfahrung des Exils werden.

Nun ist das Exil im Verlauf der portugiesischen Geschichte in allen Varianten anzutreffen; einmal als Vertreibung wie die der portugiesischen Juden. Samuel Usque (geb. um 1492), der am Ende Zuflucht in Italien fand, hat dort einen europäischen Bestseller geschrieben, die «Consolação as tribulaçoes de Israel» (Die Tröstung für das Leiden Israels). Und Uriel da Costa (1580–1640) wanderte nach Amsterdam aus, wo er seine theologischen Streitschriften veröffentlichte.

Und neben diesem Exil aus Gründen der Herkunft jenes aus politischen Gründen. Dabei gab es eine Spielart. Mit seinen Kolonien besass Portugal die Möglichkeit, unliebsame Intellektuelle innerhalb dieses Imperiums ins Exil, d. h. in die Verbannung, zu schicken. Es gibt daneben aber eine reiche Geschichte des «ausländischen Exils», wo die Liberalen und die Linken des neunzehnten Jahrhunderts wie die des zwanzigsten ihre eigenen Kapitel haben.

Mit diesem tatsächlichen Exil, d. h. dem physischen, ist das portugiesische Thema des Exiliertseins jedoch nicht erschöpft. Es findet sich auch das psychische Exil, das geistig-intellektuelle. Da kommt es nicht darauf an, ob man im Ausland, in einer Kolonie oder in einer Provinz des Mutterlandes lebt. Roberto des Mesquita (1871–1923), der praktisch sein ganzes Leben auf den Azoren verbrachte, hat dieses «Insel-Dasein», weit weg von Lissabon und doch im Mutterland lebend, als das Leben eines «exilado» aufgefasst. Fernando Pessoa spricht von sich als einem «Ausländer hier wie überall», und Antonio Nobre sieht sein Leben als das eines «insulado».

Das Ausgeschlossensein kann die Kategorie der persönlichen Erfahrung übersteigen und zu einem nationalen Lebensgefühl werden in dem Masse, als sich Portugal als ein Land erfährt, das am Rande liegt. Und dieses Bewusstsein nahm in dem Masse zu, als es auf sein europäisches Terrain zurückgedrängt wurde.

Wie Spanien 1898 mit dem Verlust der letzten spanischen Kolonien ein Trauma erlitt, so hat Portugal sein Ultimato-Erlebnis von 1890. Als Portugal seine Kolonie im Westen Afrikas, Angola, mit der Kolonie Moçambique im Osten quer durch den Kontinent verbinden wollte, stand dem die englische Konzeption einer Nord-Süd-Verbindung vom Kap nach Kairo entgegen. Dieses England stellte sein Ultimatum, und Portugal wurde bewusst, wie wenig die Wirklichkeit den Vorstellungen entsprach, die es von sich selber hatte.

«Portugal zu re-portugalisieren und Portugal zu europäisieren», diese Devise, wie sie der Lyriker Afonso Lopes Vieira (1878–1946) in den Anfängen unseres Jahrhunderts formuliert hat, gelangte nach der «Revolution der roten Nelken» von 1974 zu neuer Aktualität: aus einem unterentwickelten Land am Rande Europas einen europäischen Partner zu machen.

Die Trauer

Aufbruch und Rückkehr gehören untrennbar zur portugiesischen Thematik. Es drückt sich in beiden jene «saudade» aus, die zum unabdingbaren Lebensgefühl der Portugiesen gehört und die als Schlüsselwort nicht zu übersetzen ist, auch wenn das deutsche Wort «Sehnsucht» ihm noch verhältnismässig nahekommen kann.

«Wer reist, nimmt die Sehnsucht mit, und wer bleibt, der hat sie eh –», heisst es im Volkslied.

In einem der ersten didaktischen Werke einer an solchen Büchern reichen Literatur, im «Leal conselheiro» (1434), im «ergebenen Ratgeber» des Königs Duarte, ist bereits ausführlich von dieser «saudade» die Rede: mit Sinn für Nuance wird hier zwischen jener Trauer unterschieden, die einen aus Anlass überfällt, und jener Traurigkeit, die einen Grundzug darstellt; und diese Traurigkeit wird abgesetzt von Kummer, Unmut und Ueberdruss – sie alle können in die «saudade» münden, die sich ebenso verzweifelt-traurig wie fröhlich-heiter äussern kann.

Es gibt eine Anthologie über die «saudade» in der portugiesischen Dichtung (Portugalia, 1971); ein entsprechender Band könnte für die Prosa zusammengestellt werden. Diese Anthologie von Gedichten zeigt, wie sehr die «saudade» über fünfhundert Jahre lang ein Thema der Dichter war – als private wie als mystische Erfahrung, als Liebeskummer und Kollektiverlebnis wie auch als «anti-saudade», etwa bei Carlos Queiros. Ein moderner Lyriker wie Manuel de Fonseca schreibt: «Die Menschen haben den Wortschatz der Seefahrt vergessen, ihre Sprache kennt nur noch ein einziges Wort: „saudade".» Und bei Antonio Sousa liest man: «Die „saudade", ein Schmerz mit einem Kuss.»

Die «saudade» konnte zum Schlüsselwort einer Bewegung wie des «Saudoismus» werden, dessen Vertreter sich um die Zeitschrift «Anguia» (1910–1932) gruppierten. «Portugiesische Renaissance» war das andere Schlagwort für jene, die in «sehnsuchtsvoller Erinnerung» an eine «heroische Vergangenheit» ein neues Portugal kreieren wollten. Eine nationale Besinnung, die ihren linken und rechten Flügel hatte; der letztere schuf die Voraussetzung für jenen «lusitanischen Integralismus», der seinerseits die Vorlage für den portugiesischen Faschismus bot.

Die «saudade» steht für die eminent portugiesische Fähigkeit zu trauern. Eine Trauer, die bis zur Genüsslichkeit und Koketterie gehen kann. Wenn sich eine Gruppe von Intellektuellen Ende des letzten Jahrhunderts als «Vencidos da vida» bezeichneten, als die «vom Leben Besiegten», handelte es sich bei ihnen durchwegs um Arrivierte, für die aber das Signet «Besiegtsein» die unverkennbar portugiesische Note abgab. Nun entsprach der europäische Pessimismus des Fin de siècle der portugiesischen «tristeza», die sich geradezu mit Begeisterung auf das «taedium vitae», den «tedio», stürzte. Aber diese «saudade» und «tristeza» haben auch ihre verzweifelten Momente und ihre desperaten Biographien: Mario de Sa-Carneiro (1890–1916) schied freiwillig aus dem Leben wie auch Florbela Espanca (1894–1930). Manuel Laranjeira, der sich 1912 mit fünfunddreissig Jahren tötete, schrieb in einem Brief an Miguel de Unamuno: «Wir sind in Portugal zum Prinzip einer Philosophie der Verzweiflung gekommen – der Selbstmord ist die noble Zuflucht; er ist eine Art moralische Erhebung. In diesem unglücklichen Land ist würdig, was sich umbringt, nur die Canilla, die triumphiert.»

«Einsam, allein», so lautet der Titel des einzigen Gedichtbandes von Antonio Nobre, «So». Die Ausgaben, die man heute in den Buchhandlungen findet, tragen auf dem Einband einen Vers des Dichters: «Das traurigste Buch Portugals». Es ist schwer, sich ein anderes Land in Europa vorzustellen, wo ein Verlag ein Buch als das «traurigste» empfiehlt.

Der Spott

So sehr aber die «saudade» und die «tristeza» hervortreten, es gibt auch eine ganz andere portugiesische Fähigkeit.

Die ersten Gedichte der portugiesischen Literatur, die der Troubadoure, waren Liebesgedichte. Neben ihnen aber gab es die «cantigas de escarnio e maldizer», die Spott- und Schimpflieder. Sie stehen am Anfang einer Tradition, in welcher die Komödien eines Gil Vicente einen hohen Platz einnehmen. Eine literarische Linie, die durchhält bis zu Satiren von heute.

Zu welchem Rang sich Spott und moralische Verantwortung verbinden können, hat Antonio Vieira (1608–1697) bewiesen, einer der grossen Stilisten der portugiesischen Sprache. Vieira hat mit seinen Predigten, in denen er die Auswüchse der portugiesischen Kolonialpolitik kritisierte, beste portugiesische Literatur verfasst. Es wundert einen nicht, dass man ihm (fälschlicherweise) ein Meisterwerk wie «Arte de furtar» (Die Kunst, zu stehlen) zugeschrieben hat.

Die Fähigkeit zu trauern und die Fähigkeit zu spotten schliessen sich nicht aus. Sie können sogar als Ergänzung und Korrektur zusammengehören. Der portugiesische Sinn für Ironie hat in guten Momenten das portugiesische Sentiment vor der Sentimentalität gerettet, und anderseits stand das Sentiment der Ironie in nicht minder guten Momenten im Weg, um purer Zynismus zu werden.

Beide jedenfalls haben den Portugiesen stets auf seinem Weg begleitet. Dazu gehört auch jene Wurstigkeit, wie sie einem auf den ersten Blick als Fatalismus vorkommen mag. Aber es gibt in diesem Verhalten ein Nicht-allzu-ernst-Nehmen, das zwar jenen missfällt, welche auf das Heroische aus sind, das aber anderseits mehr Platz und Recht dem Menschlichen zubilligt. Die Fähigkeit davonzukommen, bei der es keinen Unterschied macht, ob man den Alltag oder die Weltgeschichte durchsteht.

János Riesz

Kindheit und Schule im afrikanischen Roman

Einer der frühesten afrikanischen Romane, der 1937 erschienene Band *«Mirages de Paris»* des Senegalesen Ousmane Socé, beschreibt das erste Schuljahr seines Protagonisten Fara als «entscheidend» für dessen weitere Entwicklung. An den ersten Schultag erinnert er sich wie folgt: Eine grosse hagere Frau «mit roten Ohren» spricht den Kindern französische Wörter vor, die von den kleinen Afrikanern wiederholt werden, ohne dass sie ihre Bedeutung verstehen. Auch die ersten Schreibübungen sind rein mechanische Kritzeleien ohne Sinn und Verstand. Als draussen auf der Strasse ein Esel vorbeitrottet, denkt Fara wehmütig an die Vergangenheit als an eine Zeit der Freiheit zurück. Aber auch die Schule hat ihre Kompensationen: Als es darum geht, aus einer Vielzahl unterschiedlicher Figuren die Buchstaben A und O herauszufinden, ist Fara darin ebenso geschickt wie beim Auffinden der Vogelnester. Die Lehrerin «mit den roten Ohren» lohnt es ihm mit einem freundlichen Klaps und zwei Mandarinen.

Europäische Schule – afrikanische Kindheit

Das Beispiel enthält mehrere Elemente, die in späteren Darstellungen afrikanischer Kindheit in anderer Form wieder auftauchen werden: die primäre Fremdheit, ja Unverständlichkeit des europäischen Schulwissens für die jungen Afrikaner, der Gegensatz zwischen der strengen Disziplin der europäischen Schule und der Erinnerung an eine «freiere», glücklichere afrikanische Kindheit; schliesslich: die Fähigkeit des Protagonisten, sich den europäischen Anforderungen anzupassen und sich vor seinen Mitschülern hervorzutun.

Wir sind in den dreissiger Jahren. Die Kolonialsituation gilt noch unbestritten, denn auch die «Revolte» der *Négritude* ist ja nicht gegen die europäische Schule als solche gerichtet, sondern gegen die rassistische Erniedrigung der Afrikaner und ihrer Kultur. Zwanzig Jahre später (1957) erinnert sich der 1932 geborene

Kameruner Mongo Beti an seine in den dreissiger und frühen vierziger Jahren liegende Schulzeit nur noch mit Bitterkeit und Sarkasmus: «Denkt ihr noch an die Zeit? Die Väter brachten ihre Kinder zur Schule, wie man ein Lamm zur Schlachtbank führt. Aus weit entfernten Dörfern im Busch schleppte man die Kinder heran, um sie für eine Schule anzumelden, egal, welche Schule. Untergebracht waren wir bei irgendwelchen entfernten Verwandten. Meist waren wir hungrig; den ganzen Tag von blöden Aufsehern verprügelt, lernten wir aus Büchern, die uns nur stumpf machten, weil sie keine Beziehung zu unserer Welt hatten. [–] das waren wir! Erinnert ihr euch? Und unsere Eltern trieben uns dahin. Warum eigentlich? [–] Wie winzige, piepsende Küken, verloren auf dem weiten Ozean. Weshalb opferte man uns? Auf welchem Altar?»

Der antikoloniale Kampf hat den Kolonisierten die Augen geöffnet für den Widersinn auch des kolonialen Schulsystems, in dem man jetzt vor allem ein Herrschaftsinstrument der Unterdrücker sieht. Doch ist dessen Rolle damit noch nicht zu Ende. Neben der Möglichkeit sozialen Aufstiegs, den die europäische Schule dem Einzelnen bietet, ist sie auch – historisch gesehen – die Voraussetzung für eine kollektive Empanzipation von der Fremdherrschaft. Indirekt wird das durch jene europäischen Gestalten in den afrikanischen Romanen bestätigt (sie hatten ihre Entsprechung auch in der Realität: die Errichtung europäischer Schulen in den Kolonien war durchaus kontrovers), die sich dagegen wehren, dass man den Negern «allzuviel beibringt»: «Früher waren sie viel umgänglicher, man konnte ihnen egal was verkaufen», sagt ein Kaufmann in dem eingangs erwähnten Roman von O. Socé.

Emanzipation durch Identitätsverlust

Instrument der Unterdrückung oder Instrument der Emanzipation, die europäische Schule ist für viele Afrikaner (und gewiss für die meisten derjenigen, die heute an den Schalthebeln der Macht sitzen) die sie prägende Erfahrung geworden und der bevorzugte Austragungsort der Auseinandersetzung mit der europäischen Kultur und Zivilisation. Die Romanliteratur insbesondere des frankophonen Afrika reflektiert diesen Tatbestand sehr deutlich: viele Romane enthalten detaillierte Schilderungen der afrikanischen Kindheit und der in europäischen Schulen verbrachten Jahre, so dass man beim Versuch einer Typologisierung des afrikanischen Romans geradezu von «Bildungsromanen» (J. Chévrier: «romans de formation») sprechen konnte. Die Trennung zwischen tatsächlichem autobiographischem Gehalt und romanhafter Gestaltung der Autobiographie ist dabei von geringerer Bedeutung. Entscheidend ist, dass es sich um die Wiedergabe authentischer (wenn auch subjektiv gebrochener) Erfahrungen handelt, die uns deutlicheren Einblick in die delikaten Prozesse des Kulturkonflikts und der Identitätsproblematik geben als noch so fundierte wissenschaftliche Darstellungen afrikanischer Kindheit und Pädagogik. Womit nichts gegen so ausgezeichnete Darstellungen wie die «Afrikanische Pädagogik» von Erwin Mock (Hammer, Wuppertal 1979) oder «L'Enfant et son Milieu en Afrique noire» von Pierre Erny gesagt sein soll (Payot, Paris 1972).

Darstellung afrikanischer Kindheit und ihr nachfolgend die Begegnung mit der europäischen Zivilisation in der Form der Schule, dies ist die fundamentale Konstellation zahlreicher afrikanischer (autobiographischer) Romane. Die afrikanische Kindheit erscheint dabei oft verklärt, mythisch erhöht zu einer Art verlorenem Paradies. Es ist wie in Camara Layes *«L'Enfant noir»* eine Welt, die bestimmt ist von Höflichkeit und Rücksichtnahme, von der Umsorgung durch die Eltern und von der Gemeinschaft der Gleichaltrigen. In das arkadische Kindheitsglück brechen der Ernst und die Grausamkeit des Lebens in Gestalt der europäischen Schule herein, die als eine Art Gegenwelt zur heilen Gemeinschaft der Grossfamilie und des Dorfes erscheint: statt Liebenswürdigkeit herrscht jetzt Strenge, statt Gemeinschaft Kampf und Konkurrenz, statt einem höflich respektvollen Umgang miteinander Brutalität, Rache und Ressentiment, statt einem andauernden Glücksgefühl eine Atmosphäre der Furcht und Bedrückung.

Doch trotz ihren dunklen Seiten erscheint die europäische Zivilisation als ein um jeden Preis Erstrebenswertes, die Schule als ein Faszinosum. Als zentrales Problem der zwischen mehreren Zivilisationen stehenden Menschen ergibt sich dabei immer wieder die Frage nach ihrer persönlichen und kollektiven Identität. Der Widerstand gegen die europäische Schule beruft sich auf den Willen, «man selbst zu bleiben». Die Aufgabe der eigenen Identität ist die unabweisliche Folge des Akzeptierens der europäischen Schule: «Die Schule, in die wir unsere Kinder schicken wollen, wird in ihnen all das abtöten, was wir lieben und gerne bewahren möchten. Vielleicht wird selbst die Erinnerung an uns in ihnen sterben. Wenn sie von der Schule zurückkommen, werden sie uns vielleicht nicht mehr erkennen.» So die weibliche Hauptgestalt («La Grande Royale») in Cheikh H. Kanes Roman *«L'Aventure ambiguë»*. Und je nachdem, in welchem Bild sich der Identitätsverlust darstellt, erscheint er als Drohung oder als Verheissung. Als Verheissung in dem an das Neue Testament anklingenden Gleichnis vom Samenkorn, das sterben muss, um der neuen Pflanze Platz zu machen; als Hoffnung auch in dem Vergleich mit dem Kleinkind, das gerade erst laufen lernt und noch nicht weiss, wohin seine ersten Schritte es führen; als unheilvolle Drohung in dem eindrucksvollen Vergleich des Stammes der Diallobé mit einem Vollblut, das, von einer Feuersbrunst umgeben, sich um sich selbst dreht.

Universaler Konflikt

Ein Problem, das anglophone und frankophone Autoren Afrikas gleichermassen beschäftigt, ist die Schulbildung der Mädchen. Zwar gelten Lehrer im allgemeinen «als überaus gebildete Leute, die ausgezeichnete Chancen bei jungen Mädchen haben» (A. Seiler-Dietrich). Anderseits sind sie es, welche die Mädchen der traditionellen Lebensweise entfremden und ihrer «eigentlichen» Aufgabe abspenstig machen. Der europäischen Ohren altvertraute Satz «Mädchen gehören ins Haus» wird in einem Roman von Sembène Ousmane, *«O Pays, mon Beau Peuple!»*, von einem der männlichen «Helden» gesprochen. Aber auch in Afrika ist nichts mehr, «wie es war»: denn auch hier haben die Mädchen zu antworten gelernt: «Mit dem Vorwand, die Mädchen nicht auf weiterführende Schulen zu schicken, behaltet ihr sie im Haus, um euch drei oder vier Frauen zu genehmigen. Weil ihr wisst, dass sie mit einer schulischen Ausbildung nicht mehr bereit sind, das Spiel der Polygamie mitzuspielen.»

Wie das Beispiel der kontroversen Schulbildung für Mädchen zeigt, sind viele der in afrikanischen Romanen dargestellten Probleme nicht spezifisch afrikanisch. Berücksichtigt man überdies die Grundkonstellation der Gattung Autobiographie — kindlicher Lebenshintergrund und Rückblick der reifen Person —, dann verlieren auch manche der skizzierten Konflikte etwas von ihrer Schärfe, und was zuerst wie ein Konflikt zwischen Afrika und Europa aussah, enthüllt sich bei näherem Hinsehen als ein Konflikt zwischen Kindheit und Zeit der Reife. So gesehen erscheinen beispielsweise die Vorbehalte J.-J. Rousseaus gegen die Pariser Gesellschaft gar nicht so unähnlich denjenigen vieler moderner Afrikaner gegenüber Europa oder den von ihnen erlebten Spannungen zwischen der Bindung an die Tradition und den Forderungen der neuen Zeit.

Werner Senn

Joseph Conrad – Klassiker auf dem Weg zur Popularität?

Als im Oktober 1874 der noch nicht siebzehnjährige Józef Teodor Konrad Korzeniowski, aus Krakau kommend, in Marseille eintraf, um Seemann zu werden, begann eine der seltsamsten und erstaunlichsten Karrieren in der Geschichte der neueren englischen Literatur. Wer war dieser Mann, der als Sohn eines polnischen Landadligen etwa zwanzig Jahre zur See fuhr, mit 38 unter dem Namen Joseph Conrad seinen ersten Roman veröffentlichte und sich als englischer Schriftsteller mit mindestens zwölf Romanen und zahlreichen Erzählungen solchen Ruhm erwarb, dass die englische Krone ihm 1924, in seinem Todesjahr, einen Adelstitel anbot und dass André Gide, wie Thomas Mann berichtet, Englisch lernte, um Conrads Werke im Original lesen zu können?[1]

Leider fehlt es im deutschen Sprachraum an einer modernen Biographie dieses Dichters wie auch an einer Gesamtdarstellung und Interpretation seines Werkes. Sogar die Fachleute haben hier einiges versäumt; wie in einem soeben publizierten Forschungsbericht zu lesen steht, «scheint die deutsche Anglistik auf dem besten Wege zu sein, den Anschluss an die internationale Conrad-Forschung zu verlieren».[2] Nimmt man das verfügbare Taschenbuchsortiment als Kriterium für die Beliebtheit eines Romanautors, so steht es auch hier um Conrad nicht zum besten. Zwar sind neuerdings eine ganze Anzahl der vom Fischer-Verlag zum Teil schon vor Jahrzehnten in deutscher Uebersetzung vorgelegten Werke als Taschenbuch erhältlich, aber noch immer mangelt es dem deutschsprachigen Leser an einer preiswerten Ausgabe einiger der grössten Romane Conrads, vor alle von «Nostromo», «Under Western Eyes» und «Victory».

Aussergewöhnliche Laufbahn

Joseph Conrads aussergewöhnliche Laufbahn böte selbst schon Stoff zu einem Roman. Er wurde am 3. Dezember 1857 in der Ukraine geboren. Sein Vater, Apollo Korzeniowski, ein idealistischer, sprachlich und literarisch begabter Adliger, wurde 1861 in Warschau wegen antirussischer Tätigkeit verhaftet und mit Frau und Kind nach Nordrussland verbannt, wo Conrads Mutter 1865 starb. Aus Gesundheitsgründen wurde er zwei Jahre später aus der Verbannung entlassen, starb aber schon 1869, und der noch nicht elfjährige Knabe kam in die Obhut eines Onkels, der die Erziehung seines verwaisten Neffen mit väterlicher Strenge und Güte an die Hand nahm. 1872 eröffnete Józef seinem schokkierten Onkel den Wunsch, Seemann zu werden. Verschiedene Massnahmen, unter anderem eine mehrwöchige Schweizer Reise in Begleitung seines Hauslehrers, brachten den Knaben nicht von seiner Idee ab, und so reiste er, noch nicht siebzehn Jahre alt, im Oktober 1874 nach Marseille. Es gibt mancherlei Mutmassungen über die Hintergründe dieses ungewöhnlichen Schrittes. Für den jungen Korzeniowski war es ein letztlich wohl nicht erklärbarer Sprung ins Ungewisse – es sollte nicht sein einziger bleiben.

Zunächst einmal genoss der junge Mann die abenteuerliche Freiheit der französischen Hafenstadt, lernte aber bald auf mehreren Fahrten in die Karibik die harte Arbeit auf hoher See kennen. Aus verschiedenen Gründen entschloss er sich, zur britischen Handelsmarine hinüberzuwechseln, und so betrat er im Juni 1878 erstmals englischen Boden, als völliger Fremdling und praktisch ohne Kenntnis der englischen Sprache. Mit unglaublicher Zähigkeit schaffte er in den nächsten acht Jahren den Aufstieg zum Kapitän der englischen Handelsmarine und wurde im gleichen Jahr, 1886, britischer Staatsbürger. Erfolg und Befriedigung blieben ihm aber in seinem Beruf versagt. Wiederholt gab er gute Stellen auf, zumeist wegen Meinungsverschiedenheiten mit dem Kapitän. Auf mehreren Fahrten in den Fernen Osten sammelte er die Erfahrungen, die ihm später den Stoff für seine ersten Romane lieferten.

Doch erst nachdem er sein erstes und einziges Kommando, die Barke «Otago», nach knapp einem Jahr wieder zurückgegeben und in London wochenlang nach einem neuen Posten Ausschau gehalten hatte, griff er plötzlich zur Feder und begann im Sommer 1889 seinen ersten Roman, «Almayer's Folly». Das Manuskript begleitete ihn in den nächsten fünf Jahren überall hin: nach Kiew zu seinem Onkel, nach Stanley Falls beim missglückten Versuch, das Kommando eines Kongodampfers zu übernehmen, nach Champel bei Genf, wo er mit einer Badekur seine in Belgisch-Kongo ruinierte Gesundheit wiederherzustellen hoffte, nach Australien bei seiner letzten Fahrt als Seemann. Das Buch erschien 1895 unter dem Namen Joseph Conrad, was später auch sein bürgerlicher Name wurde. Ermutigt vom Verlagslektor Edward Garnett, dem Entdecker und Förderer zahlreicher literarischer Talente, schrieb Conrad einen zweiten Roman, «An Outcast of the Islands» (1896), und damit war für ihn die dichterische Karriere vorgezeichnet, obwohl er sich noch während Jahren immer wieder halbherzig nach einem Kommando umsah.

Einflüsse

Beide Werke verraten noch deutlich den Einfluss von Conrads erklärten literarischen Vorbildern Flaubert und Maupassant. Sein fast ängstliches Bemühen um psychologisch exakte Darstellung der Personen und um impressionistische Beschreibung exotischer Urwaldszenerie führt bisweilen zu sprachlichen Exzessen – «second-hand Conradese», wie er später selbst erkannte. Bei allen Vorbehalten hinsichtlich Stil und Charakterdarstellung bleibt aber die Bewunderung für die literarische Leistung eines polnischen Seemanns, der erst mit zwanzig Jahren sich die englische Sprache anzueignen begann. Darüber hinaus ist insbesondere der Erstlingsroman ein beachtlicher literarischer Wurf, die Geschichte des im Hinterland von Ostborneo langsam verkommenden Händlers Almayer in der letzten Phase seines physischen und moralischen Niedergangs.

Almayer ist der erste einer Reihe Conradscher Helden, die, von ihren Illusionen verführt, der Faszination des Primitiven, Wilden, Urtümlich-Vitalen verfallen. Bereits «Almayer's Folly» zeigt Conrads Kunst der exakten Beobachtung und unerhört dichten, visuell suggestiven Wiedergabe von Sinneseindrücken, denen er zusätzlich oft symbolische Züge verleiht. Beide Romane schlagen eines von Conrads Grundthemen an, die Herausforderung des westlichen Menschen durch das Ursprüngliche, Vor- oder Irrationale, in den frühen Werken verkörpert in der üppigen, geheimnisvollen tropischen Wildnis, später auch in der endlosen, unerbittlichen See.

Die Bewährungsprobe wird in seinem Werk zu einer exemplarischen Situation. Viele seiner Personen bestehen den Charaktertest nicht und werden überwältigt oder geben sich selbst auf (die Selbstmordrate ist ungewöhnlich hoch). Eines der eindrücklichsten Beispiele ist Mr. Kurtz in der berühmten Erzählung «Heart of Darkness» (1899). Kurtz, ein hochbegabter Europäer voll philantropischer Ideale, wird im Kongo zum habgierigen, machtberauschten, erbarmungslosen Elfenbeinjäger, der sich von den Eingeborenen in «unaussprechlichen Riten» als Gott verehren lässt, jedoch eher als eine Verkörperung des reinen Bösen erscheint. Der Erzähler Marlow, der dem legendären Kurtz mitten im schwarzen Kontinent (im «Herzen der Finsternis») begegnet ist, stellt denn auch die These auf, dass die gesamte europäische Zivilisation einzig auf den gesellschaftlichen Konventionen und Zwängen beruhe, auf der bürgerlichen Furcht vor dem Stirnrunzeln des biedermännischen Nachbars, ohne die unsere Moral wie Spreu im Wind verfliegen würde vor der rätselhaften, verführerischen Gewalt des Lebens, die den Menschen ständig zu vernichten droht. «Life – that mysterious arrangement of merciless logic for a futile purpose», so formuliert der Skeptiker Marlow sein Weltbild, das sich weitgehend mit Conrads eigenem deckt.

«Heart of Darkness» enthält Conrads Kritik am westlichen Kolonialismus, wie er ihn im Kongo mit eigenen Augen gesehen hatte («before the Congo I wast just a mere animal», sagte er später), aber es ist auch weit mehr. Wie alle bedeutenden Werke Conrads stellt es ein komplexes, dicht gewobenes Gebilde dar, was die Lektüre anspruchsvoll, aber auch lohnend macht. Conrad hatte schon in der Kurzgeschichte «An Outpost of Progress» die kolonialistische Ausbeutung kritisiert und seinen Abscheu über den moralischen Zerfall der europäischen Repräsentanten des «Fortschritts» formuliert; was er in die spätere Erzählung zusätzlich einbringt und was ihr erst jene faszinierende, für Conrad typische Komplexität verleiht, hängt mit der Figur des dramatisierten Erzählers Marlow zusammen, den Conrad kurz vorher in der Geschichte «Youth» erstmals verwendete und dann auch in «Lord Jim» und «Chance». Marlows Erzählung dreht sich nicht in erster Linie um Kurtz, sondern um seine eigenen Erfahrungen auf der mühsamen und niederschmetternden Reise nach Afrika und um sein Zusammentreffen mit dem todkranken Kurtz.

Marlow vergleicht diese Reise mit einer Reise ins Innere der Erde oder in die dunkelste Vorzeit der Menschheit – psychoanalytische Deutungen liegen damit auf der Hand und werden durch Marlows unvergessliche Schilderungen des traumhaften und albtraumhaften Charakters der durchschifften Flusslandschaft noch unterstrichen. Doch Marlow begnügt sich nicht mit der genauen Darstellung der Erscheinungen der Wirklichkeit, so grossartig diese ihm auch gelingt, sondern sucht hinter den Erscheinungen ihr eigentliches Wesen zu erfassen und ihre Wirkung auf ihn selbst, den wahrnehmenden und erlebenden Menschen, sichtbar zu machen. Dies entspricht genau Conrads eigener künstlerischer Absicht. Die wahre Aufgabe des Dichters ist es nicht nur, hinter allen Illusionen – ohne die der Mensch in einer weitgehend sinnentleerten Welt nicht leben könnte – einen Blick auf die Wahrheit zu erhaschen («to get through the veil of details at the essence of life»), sondern diese flüchtigen Einsichten festzuhalten, und zwar so konkret und sinnfällig, dass sie von seinen Mitmenschen verstanden werden können.

Es erstaunt daher nicht, dass Conrads eindrücklichste, bildhaft-realistische Beschreibungen oft einen symbolischen Charakter haben. Auch die glänzenden Schilderungen etwa der sturmgepeitschten oder der windstillen See in «The Nigger of the „Narcissus“» oder «The Shadow-Line» sind bei all ihrer plastischen Dinglichkeit nicht Selbstzweck, sondern stehen immer in Beziehung zu den Menschen, die auf dem Schiff ihren Dienst tun.

Handlungsnormen

Das seemännische Ethos gilt freilich nicht nur für Seeleute. Die von Conrad als «simple ideas» bezeichneten Handlungsnormen wie Treue, Pflicht, Selbstdisziplin, Loyalität stellen im Aufruhr der stürmischen See wie im moralischen Chaos sozio-politischer Systeme Orientierungshilfen dar, die den Menschen in der Sicht des Dichters vor dem Absinken in den Nihilismus zu retten vermögen. So modern Conrad in seiner Darstellung der *condition humaine* anmutet, so traditionell erscheint er in der moralischen Bewertung seiner Figuren. Allerdings ist auch diese keineswegs absolut, sondern seiner skeptischen Grundhaltung gemäss relativiert durch seine Erzähltechnik und daher vom Leser selbst zu vollziehen.

So werden dem Leser in «Lord Jim» (1900) die nackten Tatsachen bald klar: Jim, Offizier auf der «Patna», hat durch seinen feigen Sprung vom havarierten, mit ahnungslosen Pilgern überladenen Schiff seine Pflicht grob verletzt. Durch eine bis zum Selbstopfer führende Loyalität zu den Bewohnern eines indonesischen Dorfes hofft er später das Stigma des Verräters und Feiglings auszulöschen. Marlow aber, der die Geschichte erzählt, sucht hinter diesen Tatsachen deren psychologische Motive und tiefere Bedeutung zu erfassen, indem er Aussagen verschiedener Personen und eigene Gespräche mit Jim wiedergibt. Der Leser wird damit direkt an der Wahrheitssuche beteiligt, und er ist ebenso mitbetroffen wie Marlow selbst, vor dem sich Abgründe auftun, wenn er in «Heart of Darkness» plötzlich seine innere Verwandtschaft mit dem hemmungslos seinen Trieben folgenden Kurtz entdeckt oder wenn er erkennt, dass er Jim blindlings das Kommando über sein Schiff anvertraut hätte. Für Marlow ist Jim «one of us», und so ist jeder von uns in Gefahr, in einem Anfall moralischer Schwäche wie Jim vor eingebildeten oder wirklichen Bedrohungen die höchste Pflicht – die Pflicht zur Solidarität – zu verraten.

Das Schuld-und-Sühne-Thema ist auch in «Under Western

Eyes» (1911) von zentraler Bedeutung. Wie in «Lord Jim» versucht auch hier ein selbst in die Handlung verwickelter Erzähler in einem streckenweie unheimlich packenden Bericht den wahren Motiven von Verrat und freiwilligem Geständnis des russischen Studenten und Polizeispitzels Razumow nachzuspüren. Auch hier setzen sich persönliche Beobachtungen und Informationen aus zweiter Hand zu einem komplexen und keineswegs eindeutigen Bild der Ereignisse zusammen, und auch hier machen es Standpunktwechsel und das Aufbrechen des linearen Erzählverlaufs dem Leser unmöglich, irgendeine Einsicht als endgültig und wahr festzuhalten. In keinem andern Buch kommen Conrads erkenntnistheoretische Zweifel stärker zum Ausdruck.

In «The Secret Agent» (1907) tritt an die Stelle des personifizierten Erzählers eine unpersönliche, ironisch-distanzierte Erzählerstimme und an die Stelle des Dschungels der frühen Werke in ähnlicher Funktion die Grossstadt London, «a cruel devourer of the world's light». Diese finster-bedrohliche, chaotische Welt ist bevölkert von Anarchisten und Polizisten, Kutschern und Kellnern, Politikern, Diplomaten und Spitzeln, Gross- und Kleinbürgern, von denen die meisten nur auf ihre eigene Person bedacht sind. Das Wort «secret» zieht sich wie ein Leitmotiv durch das ganze Buch; jeder hat Geheimnisse vor dem andern, jeder spielt jedem etwas vor, und jeder versucht den andern auszuspielen. Eine völlige soziale Vereinzelung und Vereinsamung kennzeichnet diese Gesellschaft, in der selbst ein echt mitmenschliches Gefühl wie das der Heldin für ihren geistesschwachen Bruder nur tragische Folgen haben kann.

Der konsequent ironische Ton und eine den Kriminalroman vorwegnehmende spannende Handlungsführung schaffen einen wirkungsvollen Kontrast zur spiessbürgerlichen Enge der dargestellten Welt und relativieren die scheinbar vollkommene Resignation, indem sie die absurden und komisch-grotesken Züge dieser Welt hervorheben. Hinter Conrads bitterem Lachen über «the ghastly, jocular futility of life» werden aber seine Empörung über diese unmenschliche Gesellschaft und sein Mitleid mit deren Opfern deutlich hörbar.

Grosses Panorama

«Nostromo» (1904), zweifellos einer der bedeutendsten englischen Romane des 20. Jahrhunderts, ist das erste grosse Werk, für das Conrad nicht auf eigene Anschauung und Erfahrung zurückgreifen konnte. Um so erstaunlicher ist das grandiose historische und geographische Panorama, das er hier von dem fiktiven südamerikanischen Staat Costaguana entwirft, um so eindrücklicher der farbige Reichtum an Personen, deren Einzelschicksale in den geschichtlichen Entwicklungsprozess dieses Landes gestellt sind, einen Prozess, der in Conrads Darstellung eine beklemmende politische Aktualität erhält. Und doch ist auch in diesem vielleicht politischsten seiner Romane Conrads Kritik am Imperialismus ebensosehr moralisch wie politisch, eine Kritik vor allem am Individualismus, der auch die besten Ideale zu fixen Ideen erstarren lässt und sich dadurch an der menschlichen Gemeinschaft schuldig macht.

Den moralischen Versagern stehen in Conrads Werk eine Reihe positiver Figuren gegenüber, die mutig und ausdauernd unter widrigsten Umständen jene «simple ideas» wie Selbstdisziplin und Solidarität verwirklichen, die für den Dichter nicht nur im sozialen Mikrokosmos der Schiffsbesatzung, sondern in der Gesellschaft schlechthin ihre Gültigkeit haben als verbindliche und rettende sittliche Werte – Illusionen zwar auch sie, aber immerhin, wie er sagte, «saving illusions». Seine Kapitänsfiguren verkörpern diese in hohem Masse, wenn auch nicht immer fraglos. So deuten sich etwa unter der scheinbar kristallklaren Oberfläche der Meistererzählung «The Secret Sharer» schon durch die Verwendung des Doppelgängermotivs Abgründe an, die an der moralischen Integrität des Kapitäns durchaus berechtigte Zweifel aufkommen lassen. Diese immer wieder festzustellende Polarität – von Ian Watt auf die Formel «alienation and commitment» gebracht – ist ein Kennzeichen von Conrads Kunst und seiner Persönlichkeit.

Conrads flexible, kunstvoll differenzierte und anschauliche Erzählweise beteiligt den Leser häufig unmittelbar am Geschehen, sie vermag ihn aber ebenso oft zu distanzieren und ihm so eine Beurteilung seiner Bedeutung zu ermöglichen. Wer sich von dieser intelligenten, subtilen, radikal zweifelnden und beharrlich fragenden, auch humorvollen Erzählerstimme in die von Conrads dichterischer Einbildungskraft geschaffene Welt begleiten lässt, dem wird ein ungewöhnlich packendes und nachhaltiges Leseerlebnis zuteil.

[1] Thomas Mann: Vorwort zu Joseph Conrads «Der Geheimagent». Berlin 1926.

[2] Ferdinand Schunck: Joseph Conrad (Erträge der Forschung, Bd. 112). Wissenschaftliche Buchgesellschaft, Darmstadt 1979.

Peter Nicolaisen

In der Tradition des realistischen Erzählens

Ueber Doris Lessing

Man kennt Doris Lessing als eine engagierte Schriftstellerin. Ihre Romane und Erzählungen legen Zeugnis ab von einem hohen moralischen und politischen Verantwortungsgefühl, das die erzählerische Phantasie zu tragen scheint; sie appellieren an den Leser, machen ihn betroffen, wollen Veränderungen bewirken. Es ist deswegen nicht verwunderlich, wenn etwa die Frauenbewegung Doris Lessing für sich reklamiert, denn viele ihrer Bücher nehmen ausdrücklich Partei für die Sache der Frau, so wie in anderen Werken das Unrecht der Apartheid angegriffen wird.

Der Ernst, mit dem die Autorin sich seit dem Beginn ihrer schriftstellerischen Laufbahn in den fünfziger Jahren für eine bessere, menschlichere Welt einsetzt, verdient Respekt. Dabei hat sie es bisher vermocht, durch das im jeweiligen Werk gestaltete Schicksal der Charaktere zu überzeugen und die dargestellte Welt für sich sprechen zu lassen. Man erinnert sich an Figuren wie Martha Quest oder Kate Brown, an die Landschaftsbilder Afrikas und an die erzählerische Kraft, mit der menschliche Konfliktsituationen vergegenwärtigt werden. Wohl zum erzählerischen Experiment bereit, setzte Doris Lessing dennoch in beinahe unauffälliger Weise die grosse Tradition realistischen Erzählens im englischen Sprachraum fort.

Neue Wege

Mit ihrem Buch «Shikasta», 1979 erschienen und von der englischen und der amerikanischen Kritik bisher recht zögernd aufgenommen, schlägt die Autorin sowohl inhaltlich wie formal einen neuen Weg ein.

«Shikasta» ist der erste Band einer unter dem Titel «Canopus in Argos: Archives» geplanten Serie von Romanen, in denen, wie die Erzählerin im Vorwort schreibt, eine neue Welt entstehen soll, «ein Reich, wo die belanglosen Schicksale von Planeten, ganz zu schweigen von Individuen, nur Aspekte einer kosmischen Evolution sind, die sich im Wettstreit und in der Auseinandersetzung grosser galaktischer Imperien offenbart». Der realistische Roman, heisst es weiter, verändere sich unter dem Einfluss der Science-fiction; seine Grenzen müssten gesprengt werden, um dem sich wandelnden, in neue Bereiche vordrängenden menschlichen Bewusstsein zu genügen. Science-fiction und Weltraumliteratur böten die anregendsten und originellsten literarischen Schöpfungen unserer Zeit, und nur trockene akademische Geister verkennten ihren Wert.

«Shikasta» also ist ein «Weltraumroman». Der Rahmen freilich erinnert an ein in der Literaturgeschichte oft erprobtes Muster: Wir haben es mit einer Serie von fiktiven Dokumenten zu tun, die, mehr oder weniger zufällig zusammengestellt, dem Nachgeborenen einen Einblick in die Geschichte des Planeten Shikasta vermitteln sollen. Shikasta, unserer Erde nachgebildet, wird aus der Perspektive des Reiches Canopus gesehen, von dem aus unser Planet einst kolonisiert wurde; entsprechend gross ist die zeitliche und räumliche Distanz des Erzählens. Vielleicht sollte man von einer «galaktischen Perspektive» sprechen? Den grössten Teil der Dokumente nehmen Berichte des canopäischen Emissärs Johor ein, der die Erde zu verschiedenen Zeiten besucht hat.

Andere Zeugnisse, insbesondere Kapitel aus einer fiktiven Geschichte des Planeten Shikasta, Aktenauszüge sowie kurzgefasste Lebensläufe einzelner Personen und Briefe, runden das Bild ab. Der Roman folgt zunächst einer vage am Ablauf der Erdgeschichte orientierten Chronologie, widmet sich jedoch bald ausschliesslich den Entwicklungen im 20. Jahrhundert und einer aus ihnen resultierenden Katastrophe, die Doris Lessing der Menschheit für die nahe Zukunft prophezeit – einem dritten Weltkrieg, der die Erde verwüstet und nur wenigen Auserwählten («repräsentativem genetischem Material») eine Chance des Ueberlebens gibt.

Geschichte als Niedergang

Die Geschichte der Erde und ihrer Menschen, wie sie sich in den Augen der Erzählerin darbietet, ist die Geschichte eines einzigen Niedergangs. Die Bewohner der Frühzeit der Erde waren Giganten, edle Gestalten, die in Eintracht miteinander lebten, die engen Grenzen des späteren menschlichen Bewusstseins nicht kannten und von der «degenerativen Krankheit» der folgenden Generationen noch nicht erfasst waren. Ihr paradiesischer Zustand gründete auf dem Reichtum des «substance-of-we-feeling (SOWF)», von Canopus gespendet, im Laufe der Menschheitsgeschichte aber zunehmend vergeudet und im 20. Jahrhundert gänzlich versiegt. So kommt es zu kriegerischen Auseinandersetzungen, zu Armut und Ausbeutung, zur Vergiftung der natürlichen Umwelt und zu Hungersnöten, zur Unterdrückung der farbigen Völker und Rassen durch die Weissen, zum Aufstand der Kinder gegen ihre Eltern und schliesslich zu allgemeinem Chaos und zur Anarchie.

Wer die Verantwortung für diese Entwicklung trägt, wird allerdings nicht recht klar. Zwar scheinen Canopus und seine Repräsentanten das Geschick der Bewohner Shikastas zu lenken, doch zumeist klingt es, als seien die Menschen selbst schuld an ihrem Untergang. Spannungen innerhalb der verschiedenen galaktischen Imperien wirken sich ebenfalls negativ auf das Schicksal einzelner Planeten aus.

In dem langen Roman gibt es beeindruckende und nachdenklich stimmende Passagen. Wenn Doris Lessing den Ruin einer natürlichen Landschaft beklagt, den Menschen schildert, wie er, umgeben von Abfallhalden, sein Leben fristet, verdorbenes Wasser trinkt und von Chemikalien vergiftetes Getreide erntet, gewinnen ihre Kritik an unserer Zeit und ihre Prophezeiung unserer noch düstereren Zukunft eine beklemmende Wirkung. Gleiches gilt von manchen satirischen Angriffen auf Erscheinungen unseres politischen und gesellschaftlichen Lebens, wie unsere Befangenheit in kurzfristig modischen Ideologien, unser Sicherheitsbedürfnis oder unsere Selbstgerechtigkeit.

Dennoch überwiegt am Ende der Zweifel, ob das erzählerische Experiment mit der «galaktischen Perspektive» gelungen ist. Die Bilder, in denen das Geschehen vergegenwärtigt wird, sind durchweg blass und unanschaulich, nicht nur dort, wo sie sich an Erich von Däniken anzulehnen scheinen, sondern noch in den von biblischen Berichten inspirierten Abschnitten. Keine der Figuren, auch nicht der zeitweilig Menschengestalt annehmende Botschafter Johor, eine Art Heiliger, Wanderprediger und sanfter Revolutionär, wird greifbar – sie bleiben, wie ähnlich viele der Charaktere Thornton Wilders, Opfer einer die individuelle menschliche Erfahrung missachtenden erzählerischen Distanz. Zugleich droht die Sprache jede eigene, persönliche Note zu verlieren. Ueber weite Strecken ist der Roman im Stil von Regierungsverlautbarungen geschrieben, mit einer Neigung zur Abstraktion und zur unverbindlichen soziologischen Terminologie.

Man wird solchen Vorbehalten mit dem Argument begegnen, dass es Doris Lessing eben nicht um das persönliche Schicksal des Einzelnen, sondern um mehr gegangen sei, um ein neues, die Grenzen des Irdischen überwindendes Bewusstsein. Doch welche Sprache ist solchem Bewusstsein angemessen? Wir stossen auf das grundsätzliche Problem des Mystikers und des religiösen Dichters, und wohl nicht zufällig erinnert der Roman bisweilen an die allegorische Darstellungsweise John Bunyans in «The Pilgrim's Progress», wie denn «Shikasta» auch in anderen Zügen als ein Stück Erbauungsliteratur gelten kann. Sicherlich steht hinter dem Roman eine gute Absicht, und wenn die Autorin in ihren Vorbemerkungen versichert, dass sie es für möglich hält, «sich in ein überirdisches Bewusstsein einzuschalten» («to plug into an overmind»), glaubt man ihr ihre Ueberzeugung gern. Ob es ihr mit «Shikasta» und den weiteren Romanen der geplanten Serie gelingen wird, auch ihre Leser nicht nur von der Möglichkeit, sondern von dem Gewinn einer derartigen Erfahrung zu überzeugen, bleibt abzuwarten.

Erzählungen

Der zweite hier anzuzeigende Band, «Der Mann, der auf und davon ging», vereinigt vierzehn Erzählungen Doris Lessings, die Adelheid Dormagen ins Deutsche übertragen hat. Die Texte sind zumeist in den sechziger und frühen siebziger Jahren entstanden, eine der Geschichten, «Eldorado», geht in eine noch frühere Schaffensphase der Autorin zurück. Sowohl in stofflicher wie in formaler Hinsicht bietet der Band Unterschiedliches – die Arbeiten reichen von kurzen, skizzenartigen Naturbeschreibungen über die in der Ich-Form dargebotene Studie des Seelenlebens einer Frau bis hin zu langen Erzählungen wie «Die Versuchung des Jack Orkney», wo sich die Schilderung der psychischen Krise eines Mannes in der Lebensmitte und die distanzierte, leicht ironische Darstellung eines linksintellektuellen Milieus in England gegenseitig durchdringen.

Mit den Inhalten wechseln die Schauplätze und die Herkunft der Charaktere. Wir begegnen dem einfachen Farmer im afrikanischen Busch, der vom Goldrausch gepackt wird, mondänen Schauspielern, einer heruntergekommenen Stadtstreicherin in London, mittelständischen Arztehepaaren «in einer Stadt auf dem Lande im Westen Englands», aber auch einer märchenhaft reichen ägyptischen Kaufmannstochter. Eine weitere Erzählung spielt in der gleichen ausserirdischen Sphäre wie «Shikasta» und nimmt manche Motive des späteren Romans vorweg.

Bei aller Verschiedenheit im äusseren Rahmen und in den gestalteten Erfahrungsbereichen zeigen die Geschichten jedoch auch Gemeinsamkeiten. Häufig sieht Doris Lessing ihre Personen umgeben von einem Gewirr von Meinungen, aus dem sie sich zu befreien suchen, so wie Jack Orkney, der, durch den Tod seines Vaters aus der Bahn geworfen, an seinem früheren Glauben an die sozialistische Bewegung zu zweifeln beginnt: «Er sah wie in einem Albtraum die Welt als einen kleinen Ball, mit winzigen Geschöpfen bedeckt, die alle lauthals und bösartig miteinander haderten und einander wegen Meinungen töteten ...»

Im «Bericht über die bedrohte Stadt» heisst es über die Menschen: «Die Fähigkeit, Meinungen zu umreissen und sie von denen anderer abzugrenzen, macht einen grossen Teil ihrer Bildung aus ... Das Kennzeichen eines gebildeten Individuums ist folgendes: Es hat Jahre damit verbracht, anerkannte Meinungen aufzunehmen, und ist fähig, sie ohne weiteres zu wiederholen.» So werden die Flucht aus der Rolle, die einem die Familie, der soziale Stand oder der akzeptierte Moralkodex zuweisen, und die Suche nach einem Selbst anderswo als «auf dem Feld der Glaubenssätze» in verschiedenen Erzählungen thematisiert. Die Stadtstreicherin in «Eine alte Frau und ihre Katze» entzieht sich der bürgerlichen Umwelt ebenso wie der ruhelose Held der Titelgeschichte oder der besessene Goldsucher in «Eldorado»; in «Keine sehr hübsche Geschichte» wird eine körperliche Begegnung von Mann und Frau zu einer Erfahrung, die, wortlos, das Gerüst mittelständischer Auffassungen und Konventionen, das die beiden umgibt, ins Wanken geraten lässt.

Klare Konturen

Das in früheren Werken oft zu verzeichnende Interesse der Erzählerin an der sozialen Determiniertheit ihrer Charaktere tritt in den neueren Erzählungen deutlich zurück. Aber noch immer sind das Geschehen und die an ihm beteiligten Personen durchweg in eine klar konturierte, von Dingen erfüllte gegenständliche Welt eingebettet. Wir sehen den Menschen in bestimmten Räumen, in seiner engen häuslichen Umgebung oder in der Landschaft Afrikas, im Umgang mit den Utensilien des täglichen Lebens, und noch die Erwähnung seiner Kleidung oder auch nur seiner Körperhaltung verstärkt den Eindruck seiner physischen Gegenwart. Dabei entsteht die Welt der Dinge gewöhnlich weniger in ihrer sinnlichen Qualität als vielmehr im nüchternen Registrieren dessen, was ist. Hinzu kommt die Gabe der Autorin, eine Szene räumlich zu vergegenwärtigen – viele ihrer Erzählungen beziehen gerade aus dieser Eigenschaft eine besondere Wirkung.

Dass die Geschichten oftmals in einem leichten, fast plaudernden Ton gehalten sind (der im Deutschen besonders schwer zu treffen ist), erhöht ihren Reiz. Wo aber Nüchternheit und Beiläufigkeit zugunsten einer vermeintlich eindringlicheren Sprache aufgegeben werden, wie etwa in der Liebeserklärung in «Ein nicht abgeschickter Liebesbrief», ist das Resultat eher peinlich. Die Stärke Doris Lessings ist zweifellos der distanzierte, unterkühlte Bericht und nicht der Ausdruck leidenschaftlicher Hingabe. In ihrer Sachlichkeit überzeugt sie weit mehr als in ihrem Hang zu gelegentlichem Pathos.

Die Ankündigung des Verlages, dem ersten bald einen zweiten Band mit Erzählungen folgen zu lassen, vernimmt man mit Freude. Diese wird durch die Tatsache, dass die Autorin sich inzwischen anderen Bereichen zugewendet hat, nicht gemindert – im Gegenteil, die Rückkehr aus dem canopäischen Reich des Romans «Shikasta» in die Welt der Erzählungen bereitet Vergnügen, das nicht zuletzt auch auf der guten Leistung der Uebersetzerin beruht.

Doris Lessing: Shikasta. Jonathan Cape, London 1979.
Doris Lessing: Der Mann, der auf und davon ging.
Klett-Cotta, Stuttgart 1979.

Romeo Giger

Etikett und literarische Wirklichkeit

Neue Aspekte im literarischen Schaffen von Patricia Highsmith

Dass Vorwissen zu gezielter Lektüre verleitet und damit eine Vereinigung der Optik zur Folge haben kann, ist nicht neu. Als besonders schwerwiegend hat sich dieser Umstand im Fall von Patricia Highsmith erwiesen. Man fragt nicht mehr nach dem eigentlichen Gehalt ihrer Texte, hinterfragt nicht deren Bedeutung – man kennt sie bereits. Nur so lässt es sich erklären, dass die literarische Wirklichkeit, das, was sich unter der Oberfläche verbirgt, so lange unbeachtet bleiben konnte.

Von der in der Nähe von Paris lebenden amerikanischen Schriftstellerin gibt es heute kein Geheimnis mehr, lässt man sich von der Flut der über sie erschienenen Beiträge an vermeintlich sichere Ufer spülen. Tatsache ist: Je mehr man zu wissen glaubt, desto weiter entfernt liegt die Wahrheit; und je mehr man weiss, desto stärker das Bewusstsein des Marginalen. Denn Etikett und literarische Wirklichkeit weichen erheblich voneinander ab.

Vorwissen

«Etikettieren ist eine beliebte Art, mit den Dingen fertig zu werden.» Mit diesen Worten wehrte sich der amerikanische bildende Künstler Jasper Johns seinerzeit gegen seine (heute tatsächlich wieder aufgegebene) Zuordnung zur Pop-art. In gleicher Weise reagiert Patricia Highsmith auf die Frage, ob sie ihre Bücher als Kriminalgeschichten oder als literarische Erzeugnisse betrachte.

Das Missverständnis begann mit der Veröffentlichung ihres ersten Romans, «Strangers on a Train» (1949) / «Zwei Fremde im Zug». Denn Harper's, ihr amerikanischer Verleger, reihte das Buch in seine Serie «Novels of Suspense» ein. Grund: Suspense Fiction – so nennt man in den Vereinigten Staaten jedwelche Form von «Spannungsliteratur» (was immer dies auch sein mag) – ist neben pornographischen Texten (fast) das einzige Gedruckte, das dem Buchhandel einen erklecklichen Absatz verspricht. Natürlich führt eine solche Weichenstellung zu falschen

Leseerwartungen. So schrieb das «Times Literary Supplement» im September 1972: «She is the crime writer who comes closest to giving crime writing a good name.»

Gezwungenermassen hat die ebenso beharrliche wie unreflektierte Reiteration dieses und ähnlicher Komplimente dem Publikum das Klischee der «besten Krimiautorin der Gegenwart» vorderhand unauslöschlich eingebleut. Dies, obschon man längst gewahr geworden ist, dass Patricia Highsmith auch ohne Morde auskommt (zum Beispiel in «Those Who Walk Away» [1967] / «Venedig kann sehr kalt sein» oder in «The Tremor of Forgery» [1969] / «Das Zittern des Fälschers») und die Kritiker nach fehlgeschlagenen Versuchen der Kategorisierung übereingekommen sind, dass es sich um Kriminalromane handelt, die im Grunde genommen gar keine sind, die mit mindestens ebensolcher, wenn nicht grösserer Berechtigung der Gattung des ernsten, ernstzunehmenden, eigentlich literarischen Romans zugerechnet werden könnten beziehungsweise müssten.

In Rezensionen und Interviews ist immer wieder darauf hingewiesen worden, dass nur eine einzige Frage die Schriftstellerin bewege: nämlich, welche besonderen Umstände, Ereignisse und Antriebe den Durchschnittsmenschen, den normalen Bürger dazu bringen können, einen Mord zu begehen. Der Ursprung dieser eindimensionalen Sehweise dürfte in einer vor Jahren gemachten Aeusserung der Autorin zu suchen sein: «Mich haben immer nur die kriminellen Anlagen und Möglichkeiten des Normalmenschen in der Gesellschaft beschäftigt, dabei ist mir die Aufklärung eines Mordfalls völlig gleichgültig.» Solche Aussagen dürfen nicht ungeprüft und ohne Vorbehalt hingenommen werden; man muss den Text befragen, ob dies auch wirklich zutreffe oder ob es sich nicht vielmehr um eines jener für die Highsmith typischen Ausweichmanöver handeln könnte.

Ueberraschenderweise bestreitet Patricia Highsmith, in ihren Texten eine bestimmte Aussage machen zu wollen; dies widerspreche ihrer Gesinnung; nichts stehe ihr ferner, als didaktische oder gar moralische Absichten zu verfolgen. Wiederholt hat sie denn auch beteuert, den Leser lediglich unterhalten und amüsieren zu wollen. Die von ihr geschaffene literarische Wirklichkeit sieht anders aus. Die charakteristische Wiederkehr von Themen, Milieus und Geschehnissen auferlegt eine andere Beurteilung. Vergleichbar Samuel Beckett oder Ernest Hemingway, ergründet sie das ihr Wesentliche in sich verengenden, konzentrischen Kreisen. Ihre Welt ist nicht erweiternd, sondern vertiefend, auf Grundkonstellationen reduzierend.

Obzwar sie sich stets dagegen wehrt, sich über Existenzfragen zu äussern, mit der Begründung, sie verstehe nichts davon («And who knows anything about existence anyway»), versuchen ihre wichtigsten Arbeiten, letzten Dingen auf die Spur zu kommen. Die Texanerin führt damit einen kennzeichnenden Wesenszug amerikanischer Literatur weiter. Aehnlich wie bei Faulkner, ihrem berühmten Vorfahren aus den Südstaaten, stehen Identitätsfragen im Vordergrund. Neben vielen andern sieht sich auch Tom Ripley, wohl die bekannteste ihrer Figuren, dem Konflikt zwischen eigener und fremder Identität stets von neuem ausgesetzt. Zentral ist diese Problematik vor allem auch im 1977 erschienenen Roman «Edith's Diary» / «Ediths Tagebuch».

Kurzprosa

Die Kurzprosa, mit der Patricia Highsmith vor rund vierzig Jahren ihre schriftstellerische Laufbahn begann, legt ein Zeugnis davon ab, dass das, was die Autorin zu sagen hat, auf einer andern Ebene zu suchen ist, als man gemeinhin annimmt. Gewiss darf man Graham Greene zustimmen, wenn er im Vorwort zur elf Prosastücke umfassenden Sammlung «Eleven» (1970) / «Gesammelte Geschichten» der Erzählerin das oft zitierte, aber meist falsch interpretierte Prädikat «poet of apprehension» zuordnet. Apprehension heisst nicht, zumindest nicht nur, «unbestimmte Beklemmung»; apprehension bedeutet: Ahnung, Vorahnung, Befürchtung, Besorgnis, Verständnis. In der Tat erweist sich jeder einzelne dieser deutschen Ausdrücke als möglicher Schlüssel zum Gesamtwerk. Da spürt man eine (Vor-)Ahnung der misslichen Lage, in der sich die Menschheit in (naher) Zukunft befinden könnte; da herrscht die Befürchtung, unsere Gesellschaft werde eines Tages zerfallen; da ist auch echte Besorgnis darüber, wie der Mensch mit der ihm aufgegebenen Mühsal fertig werden soll. Spürbar ist aber immer auch das Verständnis der Autorin für das Individuum in existentiellen Extrem- oder Notsituationen.

Parabelhafte Grundmuster schimmern im ganzen Werk durch. Nie wird man den Eindruck los, da sei mehr gemeint, als man aufs erste gewahr wird. Der deutsche Schriftsteller Helmut Heissenbüttel hat im Zusammenhang mit dem Roman «A Dog's Ransom» (1972) / «Lösegeld für einen Hund» darauf hingewiesen. Highsmith-Stories, so meint er, sind «Parabeln einer Welt ohne Massstab, einer Welt, in der nur zufällig die Katastrophe immer noch ein wenig ins latente Gleichgewicht hinausgezögert wird, in der aber jederzeit alles passieren kann».

Deutlicher als die Romane, weil leichter überblickbar, demonstrieren dies jene Geschichten, wo Kürze zum Kunstprinzip erhoben wird, wo kleine und kleinste Motivkreise sich ausweitend fortpflanzen. So beispielsweise im «Snail Watcher» / «Der Schneckenforscher», wo der Leser aus der Sphäre des Beruhigend-Vertrauten unmerklich und gänzlich unvorbereitet in die unheimliche Sphäre des Unvertrauten gerät. Er hat nicht das Gefühl, dorthin geführt zu werden; vielmehr wird er sich plötzlich bewusst, dass er sich darin befindet. Und ist die unsichtbare Grenze einmal überschritten, so ist nichts mehr gewiss.

Hintergründig ist auch die andere von Schnecken handelnde Erzählung, «The Quest for Blanck Claveringi» / «Auf der Suche nach X. Claveringi». Heissenbüttel hat sie «ein Meisterwerk neuerer Literatur» genannt. Auch hier wird aufgezeigt, wie vernichtend die Frage nach dem Sinn des Lebens beantwortet wird. Törichterweise glaubt der Mensch, «dieser unverbesserliche Romantiker» (Highsmith), seinem Dasein einen Inhalt aufzwingen zu können. Sein Wunschtraum wird niemals in Erfüllung gehen, denn Zufall heisst das Prinzip, das über seiner Existenz waltet. Alles geschieht rein zufällig, unversehens und ohne offenkundigen Plan, determiniert von den gerade vorherrschenden sozialen und psychischen Konstellationen. Eines nur steht fest: Entrinnen wird der Mensch seinem Schicksal nie. «Escape us a hundred times, a thousand times, we shall finally reach you an devour every trace of you.» So die menschenfressenden Riesenschnekken in der Kurzgeschichte «The Quest for Blanck Claveringi».

«Unworthy Friendships»

Dazu gehört auch das Soziale. Bereits im allerersten Roman ist im Keim angelegt, was im späteren Werk variationsreiche Vertiefung erfährt. Sein Titel, «Strangers on a Train», erweist sich rückblickend als Generalnenner des heute zwanzig Romane sowie drei Kurzgeschichtenbände umfassenden Werks. Denn Fremde sind sie alle, die Highsmith-Figuren, fremd den andern, fremd der Welt, fremd sich selbst. Das Bedürfnis nach Freundschaft und Zusammengehörigkeit sowie das Verlangen, verstanden zu werden, stehen bei der Schriftstellerin im Gegensatz zur Realität, wo Unverständnis und Beziehungslosigkeit vorherrschen.

Hierin steht sie Tennessee Williams, einem weiteren bedeutenden Südstaatler, sehr nahe. «I've always depended on the kindness of strangers», gesteht Blanche DuBois in seinem Stück «A Streetcar Named Desire». Eng verwandt sind sich die beiden Autoren auch in bezug auf die Möglichkeiten, die sich dem Menschen anbieten, um aus seiner unglückseligen Lage herauszukommen und eigentlich Mensch zu sein. Doch alle Versuche, erspriessliche zwischenmenschliche Beziehungen anzuknüpfen, scheitern ausnahmslos. Wie wenig die Highsmith an die Realisierbarkeit eines vernünftigen und damit wünschenswerten Zusammenlebens glaubt, wird in der kurzen Erzählung «The Cries of Love» / «... geht seltsame Wege» auf drastische Weise illustriert. Das Dilemma scheint darin begründet, dass der Einzelne einerseits nicht allein sein kann, anderseits einen ominösen dunklen Drang verspürt, die Zweisamkeit durch (kleine) Bosheiten zu stören und schliesslich zu zerstören.

In Patricia Highsmiths «world of losers» gibt es nur sogenannte «unworthy friendships». Welch zwanghafte Formen der Wunsch nach Zweisamkeit annehmen kann, wird im Roman «This Sweet Sickness» (1960) / «Der süsse Wahn» demonstriert. Für die Frau, die er liebt, erwirbt David Kelsey ein Haus. Dies, obschon die geliebte Person ihm vor geraumer Zeit den Laufpass gegeben hat. Jedes Wochende verbringt er im umsichtig eingerichteten Heim und macht sich vor, sie sei bei ihm. In andern Geschichten wird der konaktsuchende Mitmensch überhaupt nicht beachtet, sein Empfinden für den andern übersehen, seine Liebe nicht erwidert; oder der einmal gewählte Lebenspartner wird rücksichtslos verlassen. Die Konsequenzen sind immer dieselben: Vereinsamung und, als Folge davon, Freudlosigkeit des Daseins.

Folgerichtig weisen sämtliche Texte eine offene Struktur auf. Das Ende einer Geschichte ist gar kein Ende, vielmehr handelt es sich um «Schlüsse, die nichts beenden», wie es in der Erzählung «The Empty Birdhouse» / «Das leere Vogelhaus» heisst. Alles wird wiederkehren, sich endlos wiederholen, solange es Menschen gibt. Weder Tod noch Mord noch sonst etwas kann die grundsätzliche Entzweiung, das Nichtzusammenfinden aus der Welt schaffen. Denn verhindert wird die gegenseitige Annäherung letztlich durch menschliche Schwächen: Egozentrismus, Selbstsucht, Boshaftigkeit, Rachegefühle, Fahrlässigkeit, Opportunismus, Rücksichtslosigkeit ...

Die Enttäuschung darüber, diesen unerträglichen Zustand nicht überwinden zu können, treibt die «Opfer» nicht selten zu desperaten Handlungen, macht sie zu Tätern.

Spiegel der Gesellschaft

Was bereits in frühesten Erzählungen durchschimmerte und im Verlauf der letzten drei Jahrzehnte – gewissermassen in «Einzelstudien» ausgearbeitet wurde, findet in «Edith's Diary» volle Ausgestaltung. Mit diesem Erzählwerk dürfte sich Patricia Highsmith denn auch ihren Platz in der Geschichte der neueren amerikanischen Literatur gesichert haben. Hier offenbart sich ihre Meisterschaft vollends. Und es gelingt ihr, sämtliche ihrer Themen- und Motivkreise zu einem komplexen Ganzen zu verdichten.

In dem Werk wird auch ihre Vorliebe für Thomas Mann und Henry James verständlicher als zuvor. Wachsam und besorgt zugleich malt sie das Bild des heutigen (amerikanischen) Mittelstands, deckt seine Pflichtversäumnisse als Träger der Gesellschaft sowie die daraus erwachsenden Konsequenzen auf. Dies wird am Beispiel jener drei Generationen aufgezeigt, die an der Gegenwart teilhaben. Ediths einzige moralische Stütze, die alte, bald aus dem Leben scheidende Tante Mélanie, verkörpert die good old apple-pie order, jene Welt also, in der noch alles in Ordnung war, die indessen am Aussterben ist. Edith und ihr Mann Brett sind die Vertreter der mid-life generation, jener Generation, welche die Hauptverantwortung für den gegenwärtigen Zustand trägt. Doch beide sind zu sehr mit sich selbst beschäftigt, beide zu egoistisch, als dass sie ihrem Son Cliffie eine angemessene Erziehung sowie eine geeignete und sinnvolle Ausbildung angedeihen liessen. Darum befindet sich Cliffie zuletzt völlig beziehungsgestört und ohne jede innere Substanz am Rande eines steil abfallenden Kliffs. Und was er von dort sieht, ist nichts als die gähnende Leere seiner Zukunft. Deutlich spürt er seine Unfähigkeit, die ihm zufallende Verantwortung zu übernehmen. Dann seine Indifferenz: gegenüber seinen Mitmenschen sowie gegenüber allem, was um ihn herum geschieht. Sogar sein eigenes Leben scheint ihm gleichgültig zu sein. So dass sich vielleicht die Frage erhebt, ob man nach der «verlorenen» und der «geschlagenen» Generation jetzt auch von einer «indifferenten» Generation sprechen muss.

Paul Widmer

Der Neokonservativismus in den USA

Etwas ist – etwas muss geschehen sein. Schlug man zu Beginn der siebziger Jahre ein konservatives Blatt auf, dann konnte man sicher sein, die Klage, wie obsolet das Etikett «konservativ» in ideologischen Auseinandersetzungen wirke, werde spätestens auf der zweiten Seite auftauchen. Schaut man sich auf der Schwelle zu den achtziger Jahren in einem progressiven Organ um, dann wird man selten in der Erwartung enttäuscht, mindestens einen Artikel gegen die politische und kulturelle Omnipräsenz der Neokonservativen vorzufinden.

Verwandelte Landschaft

Tatsächlich hat sich im vergangenen Jahrzehnt einiges in der intellektuellen Landschaft gewandelt. In Deutschland: 1973 fand Helmut Schelsky mit dem Referat «Mehr Demokratie oder mehr Freiheit?» Beachtung, und bald wurde das Schlagwort «Tendenzwende» herumgeboten, um schliesslich auf Akademiesitzungen dahingehend interpretiert zu werden, die Tendenzwende signalisiere eindeutig die Abkehr von der unbegrenzten Experimentierfreudigkeit der sechziger Jahre in Richtung auf Werte wie Stabilität und Orientierungshilfe. In Frankreich: Mit grossem Publizitätswirbel wurden die Attacken eines André Glucksmann und eines Bernard-Henri Lévy auf die dem Sozialismus innewohnenden totalitären Tendenzen registriert, und die Pariser Kulturszene lancierte einen neuen Trend, die «nouvelle philosophie». 1978 sodann verliess eine rechtsgerichtete Gruppe ihr bisheriges Schattendasein, um als «la nouvelle droite» ins Rampenlicht der Medien zu rücken. In den USA: In der jüngsten Vergangenheit verdoppelten nicht bloss alteingesessene konservative Organe wie «The American Spectator» ihre Auflage innerhalb von drei Jahren, es stiessen nicht nur neue Publikationen wie der «Conservative Digest» gleich auf Anhieb auf ein dankbares Publikum; im geistigen Klima des letzten Jahrzehnts etablierten sich weiter gemässigte Konservative, die sogenannten Neokonservativen, welche sich nach dem Urteil ihres ersten Historiographen, Peter Steinfels, anschicken, Amerika derart zu verändern, dass sich der Linksliberalismus von dem Rückschlag nie mehr erholen könnte.

Konservative Strömungen

Wer sind diese Neokonservativen? Handelt es sich allein um einen zusätzlichen Farbton auf der schon reichhaltigen Palette amerikanischer konservativer Denkrichtungen? Ja und nein. Vorerst wird mit «neokonservativ» eine spezielle Schar von Intellektuellen etikettiert; zu den Neokonservativen gehören keine von der Zeit verwehten Abkömmlinge jener Bewegung, die bereits in der Nachkriegszeit als Neokonservativismus betitelt wurde. Damals, als Antwort auf Pragmatismus und Positivismus auf philosophischer Ebene, als Antwort auf den «New Deal» in der Innenpolitik – damals bereitete sich eine konservative Aufbruchstimmung in solchem Umfang aus, dass selbst die europäischen Stammlande des Konservativismus ihre Ideen aus der Neuen Welt zu beziehen begangen.

Die politische Philosophie aristotelisch-christlicher Prägung, um hiermit die drei Hauptrichtungen aufzuzählen, blühte unter Eric Voegelin und seinen Schülern, und sie wird heute nicht minder von einem Zirkel gepflegt, der sich um das Intercollegiate Studies Institute mit seinem Periodikum «Modern Age» schart und Gelehrte wie Thomas Molnar oder Gerhart Niemeyer umfasst. Im Bereich der wirtschaftlichen Ordnungsvorstellungen verhallten die Theorien von Friedrich A. von Hayek und Ludwig von Mises nicht ungehört mit ihrer Zurückweisung von Kollektivismus, Regierungsintervention und Wohlfahrtsstaat. Sie konnten ihr Gedankengut grossenteils an die Monetaristen vererben, die, international ausgezeichnet mit dem Wirtschaftsnobelpreis für Milton Friedman, längst über Chicago und einige Aussenstationen hinausgewachsen sind.

Schliesslich gedieh eine dritte, breit angelegte, mehr auf die Alltagspolitik bezogene Gruppe. Sie schuf sich 1955 in der «National Review» eine Plattform für ihr vorwiegend marktwirtschaftliches, nationales und christliches Programm. Dos Passos drückte seine Meinung in diesem Forum aus, Senator Goldwater ebenso, und 1979 empfahl Ronald Reagan in einer Anzeigenkampagne das Organ zur Lektüre. Das entscheidende Gepräge verliehen dieser Richtung insbesondere professionelle Publizisten wie William A. Rusher und natürlich William F. Buckley.

Was haben die Neokonservativen mit diesen Altkonservativen gemein?

Sie hatten – ein Daniel Bell, ein Seymour Martin Lipset und ein Nathan Glazer, alle ehedem deklarierte Sozialisten vom City-College in New York – in den fünfziger Jahren in dem Buch «The New American Right» die vormaligen Neokonservativen abgeurteilt; Irving Kristol, der trotzkistische Kommilitone, hatte einen nicht besonders schmeichelhaften Artikel geschrieben mit dem Titel «Old Truth and the New Conservatism». Auch Daniel Patrick Moynihan verkehrte damals eher in den Kreisen der demokratischen Linken als der Rechten. Abstammungsmässig also lässt sich ein klarer Trennstrich zu den Konservativen ziehen. Die Neokonservativen hätten überdies, wie von rechts beanstandet wird, ein kümmerlich ausgebildetes Sensorium für den gesunden Menschenverstand.

Die Unterschiede reichen weiter als nur bis zu stammbaummässigen Verzweigungen. Doch insgesamt unterscheiden sich die Neokonservativen von Altkonservativen nicht stark. Während einige Insider einen deutlichen Unterschied erkennen wollen, vermag man in der Regel nichts ausser zwei verschiedenen ersten Namenshälften wahrzunehmen. Moynihan etwa hatte, um nur ein paar Beispiele anzuführen, schon 1967 vor der liberalen Vereinigung der Americans for Democratic Action zu wirksameren Allianzen mit den Konservativen aufgefordert. 1972 publizierten Glazer, Lipset und Lewis Feuer, allesamt bisher ohne konservative Reputation, im konservativen Blatt par excellence, der «National Review». Und wenn der Neokonservative Kristol die sogenannte Neue Klasse analysiert, dann wagt er sich an ein Thema heran, das die Altkonservativen seit langer Zeit nicht wenig interessierte.

Verfechten etwa, wie der populistisch-konservative Kolumnist Kevin P. Philips meint, die neuen Konservativen aus der New Yorker Intelligenzia und die alten aus dem Umkreis von Buckley Positionen, deren Fluchtlinien sich sowohl in der gemeinsamen Vorliebe für eine elitäre Gesellschaft wie auch in der geteilten Distanz zu populistischen Bewegungen treffen? Doch bevor man diese Fragen stellt, sollte man sich umsehen, wie die Bezeichnung «neokonservativ» überhaupt verwendet wird.

«Neokonservativ» als Fremdbezeichnung

Der Neokonservativismus ist, wenn man jemanden sucht, der dieses Etikett für sich selbst reklamiert, eine Bewegung ohne Leute. Einzig Irving Kristol findet Gefallen an dieser Bezeichnung. Dies erstaunt insofern nicht sehr, als es Kristol war, der 1970 mit einem Artikel in der «New York Times» den Begriff «Neokonservatismus» erneut ins politische Spektrum einrückte.

Ansonsten jedoch hängen Nichtkonservative ihren Gegnern diese Bezeichnung um: sie ist eine wertende Fremdbezeichnung. Das bedeutet in vielen Fällen: die Wertung enthält nicht eine zuverlässige Information über einen Sachverhalt, sondern weit eher über den Standpunkt des Wertenden selbst. Um dies an einer Beispielreihe zu verdeutlichen: Wenn ein Linksdemokrat den Soziologen Bell als Neokonservativen bezeichnet, dann ist es vorerst nicht sinnvoll, sich über die Konservativität Bells Gedanken zu machen. Und wenn ein Trotzkist den Linksdemokraten als neokonservativ beschimpft, dann ist es am ergiebigsten, diese Aeusserung auf den Trotzkisten selbst zu beziehen. Solche Vokabeln dienen zunächst der eigenen Standortangabe. Jeder versucht, indem er den andern als Neokonservativen einstuft, sich selbst links von ihm anzusiedeln. Die Fremdbezeichnung ist ein Kampfwort im Konflikt um Positionsbezüge innerhalb des politischen Gruppenspektrums.

Themen und Methode

Manchmal mag der Neokonservativismus auf den ersten Blick als ein inhaltsleeres Kampfwort erscheinen, das auf der Skala der politischen Nomenklatur willkürlich verschiebbar ist. Das trifft auch immer dann zu, wenn aus einem radikalen Blickwinkel alles, was nicht auf einer Extremposition behaftet werden kann, in überzogener Freizügigkeit als «neokonservativ» verabschiedet wird. Doch jenseits von solchen politischen Scharmützeln ist es durchaus sinnvoll, von einem amerikanischen Neokonservativismus zu sprechen. Als Reaktion auf die antiautoritären und egalitären Bestrebungen der sechziger Jahre hat sich im Geistesleben eine Bewegung formiert, deren Hauptrichtung – trotz individuell versprengten Ausläufern – mit guten Gründen der Geschichte des Konservatismus zugeschieden wird.

Die Neokonservativen verfechten Positionen, die in dialektischer Abhebung von den progressiven Pendants entstanden sind. Diese sind, um nur einige Schlaglichter auf ihre gemeinsame Plattform zu werfen, im folgenden gedanklichen Umkreis verortet: Privateigentum und freie Marktwirtschaft sind Kollektivismus und Planwirtschaft überlegen. Amerika und der Westen insgesamt versprechen eine glücklichere Zukunft als sozialistische Realität und utopische Phantasie. Amerika braucht erneut führungsfähige Eliten, nachdem das alte Establishment sein Selbstvertrauen mit dem Vietnamdebakel verloren hat. Der Sozialstaat, den die Neokonservativen nicht als solchen bekämpfen, muss auf andere Ziele ausgerichtet werden als auf die egalitaristischen der «Great Society», die sich letztlich, wie Glazer in einer Studie aufgezeigt hat, ethnisch diskriminierend ausnehmen. Die Allmacht des Verwaltungsstaates – oder, mit Moynihan zu sprechen, des «imperial government» – muss im Interesse des Individuums beschnitten werden. Die traditionelle Moral, verankert in der jüdisch-christlichen Ueberlieferung, gibt auch für die Zukunft zuverlässigere Orientierungsmuster ab als die durch antiautoritären Kahlschlag entstandene Richtungslosigkeit der permissiven Gesellschaft.

Nebst den inhaltlichen Gemeinsamkeiten ist den Neokonservativen oftmals ein methodisches Vorgehen eigen, dessen glückliche Kombination einiges zur Zugkraft ihrer Ideen beigesteuert haben mag. Eingebettet in die Theorie klassischer politischer Philosophie, werden eindringliche empirische Analysen als Teil einer ganzheitlichen Anschauung präsentiert. In einem solchen Verfahren vermengen sich Einflüsse aus der normativen Schule Eric Voegelins mit institutionellen und behavioristischen Ansätzen aus den Sozialwissenschaften. Es dürfte grossenteils der umsichtigen Methode zuzuschreiben sein, wenn die Neokonservativen in ihren Schriften, bei aller Entschiedenheit der Ansichten, kaum je auf die Ebene oberflächlicher antikommunistischer Ergüsse oder simpler Laissez-faire-Angebote abgleiten. Ihre Analysen gehören zu den scharfsichtigen Diagnosen der amerikanischen Verhältnisse.

Neokonservative Institutionen

Inhaltliche und methodische Attraktivität allein, so wichtig sie sind, hätten den Neokonservativen kaum zu ihrem derzeitig grossen Gewicht im amerikanischen Medienbereich verholfen, könnten diese sich nicht auf eine gut ausgebaute institutionelle Infrastruktur abstützen. Eine wichtige Rolle spielt das American Enterprise Institute (AEI) in Washington, ein Forschungsinstitut mit einem Budget von acht Millionen Dollar. Bis zu Beginn der siebziger Jahre vornehmlich als wenig attraktive Institution bekannt, verschaffte sie sich mit neu unter Vertrag genommenen Gelehrten innert kürzester Frist einen so guten Ruf, dass es zu einer Losfrage geworden ist, ob das AEI die renommierte demokratische Brookings Institution bereits überholt hat. Lipset und der medienkundige Ben J. Wattenberg haben, wie auch aus der von ihnen herausgegebenen Zweimonatszeitschrift «Public Opinion» hervorgeht, einen entscheidenden Anteil an diesem Aufschwung. Die Neokonservativen gehen ebenfalls in berühmten Forschungsstätten wie dem Hudson Institute (Herbert Kahn) oder der Hoover Institution als Stammgäste ein und aus. Sodann haben sich einige kleinere Stiftungen wie beispielsweise die Heritage Foundation, die seit 1977 die «Policy Review» publiziert, der neokonservativen Sache verschrieben.

Gut etabliert sind die Neokonservativen zudem im Zeitschriftenbereich. Ausser den angestammt konservativen Blättern «The American Spectator» und «National Review» sowie den eher philosophisch ausgerichteten Periodika «Intercollegiate Studies» und «Modern Age» verfügen sie namentlich über zwei Publikationsorgane, die als eigentliche Bannerträger des Neokonservatismus bezeichnet werden können. 1966 gründeten Kristol und Bell die Vierteljahresschrift «The Public Interest», die zu allen gewichtigeren politischen Streitfragen wissenschaftlich fundiert Stellung bezieht. Deren Auflage beträgt lediglich 15 000 Exemplare, doch zu den distinguierten Lesern gehört selbst der Gouverneur von Kalifornien, Jerry Brown. Die Bedeutung von «The Public Interest» wird allenfalls noch von «Commentary» übertroffen, einem vom American Jewish Committee unter der Leitung von Norman Podhoretz editierten Monatsheft. Von Midge Decter über Michael Novak zu James Q. Wilson äussert sich ein Grossteil der neokonservativen Prominenz in diesem Forum, das nicht selten als rechtes Pendant zur progressiven «The New York Review of Books» eingestuft wird.

Ausserdem ist den Neokonservativen die Tagespresse nicht gänzlich verschlossen. Kristol beispielsweise schreibt regelmässig Leitartikel im «Wall Street Journal», und unter den Starkolumnisten haben die Konservativen George F. Will, Jeffrey Hart und William Safire den einstmals begehrten Liberalen die Ränge abgelaufen. Schliesslich, was das Verlagswesen betrifft, betreut die Basic Books Incorporation einen beachtlichen Teil des wissenschaftlichen Programms, obgleich neokonservative Literatur selbstredend von anderen Häusern ebenfalls verlegt wird.

Libertäre Zirkel

Wiewohl sie mit den Neokonservativen höchstens vereinzelte Berührungspunkte aufweisen, sollte eine Skizze des amerikanischen Konservatismus als Randphänomen auch die sogenannten Libertären anführen; eine Gruppe, deren Ansichten im gesellschaftlichen Bereich zuweilen derart weit nach rechts ausschlagen, dass diese manchmal ins Angebot des Anarchismus hinübergleiten. In aussenpolitischen Stellungnahmen dagegen wie auch in diversen innenpolitischen Fragen reihen sich die libertären Exponenten nicht selten, so etwa der Wirtschaftshistoriker Murray N. Rothbard, in die Front der Neuen Linken ein. Ihr hervorstechendstes Merkmal ist denn kaum die insgesamt doch überwiegende Rechtslastigkeit, sondern die regelmässige Unmässigkeit ihrer Ideen, ob auf dem linken oder dem rechten Extrem. Mit ihrem exzessiven Kult des Egozentrismus, ihrer Verachtung der christlichen Tugenden wie der Nächstenliebe und ihrer fanatischen Absage an alle Gleichheitsbestrebungen nehmen die Libertären im politischen Spektrum der USA einen Platz ein, der dem Gedankengut der Neuen Rechten in Frankreich auf frappante Weise gleicht.

Zum eigentlichen Denker der Libertären hat sich der frühere Sozialist aus Brooklyn und jetzige Harvard-Philosoph Robert Nozick aufgeschwungen. Sein 1974 erschienenes Buch «Anarchie, Staat und Utopie», schon bald ins Deutsche übertragen, liest sich weithin als der Versuch, die von seinem Harvard-Kollegen John Rawls in «Eine Theorie der Gerechtigkeit» aufgestellten Thesen philosophisch zu widerlegen. Der einzig berechtigte Staat ist gemäss Nozick jener Minimalstaat, der die individuellen Rechte seiner Bürger gegen jedwelche Verletzung schützt und sonst nichts unternimmt. Indem der Minimalstaat jedes Individuum seine Ziele selbst wählen und ausleben lässt, behandelt er seine Bürger mit Respekt und erreicht somit eine moralische Legitimation. Sollte der Staat zugunsten von kollektiven Zielen wie Wohlfahrt und sozialer Sicherheit ins Wirtschaftsleben eingreifen, dann missachtete er das unantastbare Recht des Einzelnen, über sein Eigentum nach freiem Gutdünken zu verfügen. Könnten mit einer Spezialsteuer von nur einem Dollar pro Bürger Hungernde vor dem Tode errettet werden, dann wäre diese Steuer, so rigide werden die Prinzipien formuliert, dennoch als illegitimer Staatseingriff abzulehnen. Derlei Thesen stossen auf das Wohlgefallen gewisser Rechtskreise; andere Thesen, das absolute Interventionsverbot im sexuellen Bereich etwa, erfreuen mehr die linke Seite. Radikal, wenn nicht gar anarchistisch in ihren Konsequenzen, sind sie wohl beide.

Entstehungsgründe

Der Neokonservativismus ist eine Erscheinung, die neben den USA auch andere westliche Industriestaaten durchzieht. Nicht nur in der politischen Theorie, auch in der Parteipolitik und in der Sachpolitik, ob innerhalb oder ausserhalb der Parteien, kommt er zum Durchbruch, und Kunst wie Architektur sind von seiner Ausstrahlungskraft gleichfalls betroffen. Denkt man über die Gründe nach, weshalb es zum Neokonservativismus in der politischen Theorie gekommen ist, dann stösst man in den verschiedenen Ländern auf ähnliche Ursachen. Da sind einmal jene früher linksliberal disponierten Professoren, die in den Sog der Studentenrebellion und in die nachwehende Autoritätskrise geraten waren und hernach ihre persönlichen Erfahrungen theoretisch aufarbeiteten. Die linke Bewegung ist sodann in einer Art Eigenmechanismus teilweise immer weiter nach links gerutscht, so dass der Liberale, der auf seinen ursprünglichen Ansichten beharrte, sich allmählich in einer konservativen Verteidigungsstellung zurückgelassen vorfand. Und nicht zuletzt hinterblieb bei manchem der Eindruck, die progressiven Zielvorstellungen hätten sich bei ihrem Realisierungsversuch als Desaster über Desaster herausgestellt.

Andere Gründe wiederum sind im spezifisch amerikanischen Klima beheimatet. Als Folge des Vietnamsyndroms bestand ein grosser Bedarf nach einem neuen, tragfähigen Wertesystem. Dieser Sachverhalt mag eine Erklärung für den ziemlich ausgeprägten, wertebezogenen Charakter der amerikanischen Spielart des Neokonservativismus abgeben. Ferner brachte die mit dem «Affirmative Action»-Programm gestartete Bevorzugung von benachteiligten Minderheiten all jene Liberalen ins konservative Lager, die unbeirrt das Prinzip der formellen Gleichheit für alle Amerikaner hochhielten. Da sich die US-Bürger jüdischer Abstammung auf Grund historischer Erfahrungen besonders zu den liberalen Werten bekennen, sah sich plötzlich ein Grossteil von ihnen in eine konservative Rolle abgedrängt. Ein Zusätzliches mögen die weitverbreiteten Reserven der Neuen Linken dem Staat Israel gegenüber beigetragen haben. Tatsächlich entstammen, so wie die konservative Renaissance nach dem Zweiten Weltkrieg katholisch gestimmt war, die Protagonisten des Neokonservatismus überwiegend jüdischen Kreisen. Und das vom Amerikanischen Jüdischen Komitee herausgegebene «Commentary» ist wohl nicht zufällig zu einem Hauptorgan des Neokonservativismus geworden.

Einige Kommentatoren sehen die Neokonservativen schon als mächtigste Gruppierung in den USA. Ob dies zutrifft, darf man bezweifeln, wenngleich die Neokonservativen zweifellos jene intelligente und gewichtige Rechte bilden, nach der die Linke schon immer gerufen hatte. Mit Sicherheit steht indessen der Geist, wohin man auch zu Beginn der achtziger Jahre blickt, nicht mehr, wie noch Tucholsky seinerzeit behauptet hatte, exklusiv links. Und dies verdeutlicht ausreichend, was alles in den siebziger Jahren geschehen ist.

Karl Dedecius

Zeichen im Dunkel

Das lyrische Werk von Czesław Miłosz

Die Gedichte und Theorien des Poeten Julian Przyboś (1901–1970), beginnend um 1925, wurden bahnbrechend und wegweisend und belegen in der polnischen Literaturgeschichte innerhalb der «Krakauer Avantgarde» oder der «Ersten Avantgarde» ein gewichtiges Kapitel. Das verbindliche Kennwort «erste» Avantgarde deutet darauf hin, dass es parallel zu ihr oder anschliessend an sie eine «zweite» Avantgarde gegeben habe.

Zwei Avantgarden

Diese «zweite» Avantgarde gruppierte sich wenige Jahre später (1931) in Wilna und bezog mit lyrischen Visionen der Menschheitsdämmerung Stellung gegen die zivilisationsgläubigen Konstruktivisten der «ersten». Deshalb wurden die Dichter der Wilnaer Gruppe gelegentlich die «Gegenavantgarde» oder, gemäss ihrer dunklen, apokalyptischen Weltsicht, die «Katastrophisten» genannt. Beide Avantgarden markieren mittels der geographischen Diagonale die kulturphilosophische Spannweite in der polnischen Dichtung der zwanziger und dreissiger Jahre: vom südwestlichen Optimismus der Krakauer bis zum nordöstlichen Pessimismus der Wilnaer.

Der profilierteste Poet der Wilnaer Gruppe war Czesław Miłosz, heute Professor in Berkeley und einer der bedeutendsten lebenden Dichter Polens.

So wie der Konstruktivist Przyboś seine Bilder mit dem «Werkzeug aus Licht» steinhauerisch, angestrengt, hartnäckig optimistisch meisselte, so setzte der Naturphilosoph und Moralist Miłosz seine visionären, sowohl gegenständlich als auch metaphysisch orientierten «Zeichen im Dunkel» aus dem Dunkel, ins Dunkel: kulturkritisch und atavistisch. Dieses Dunkel – als Bildwort, nicht allein hinter- und auch nicht nur vordergründig gemeint, sondern als Summe all jener Urgewalt, der dunklen, aus der die Menschheit kommt, und all der Auflösungsdrangsal, der dunklen, in die sie stürzt – ist der tragende, tragische Fond des Dichters und Denkers Miłosz. Der Kritiker Konstanty Troczyński, der den Weg «Vom Formismus zum Moralismus», den Weg der beiden Avantgarden, in der polnischen Literatur der dreissiger Jahre untersucht hatte, entdeckte in Miłosz' Gedichten den «integralen Pessimismus» als erster.

Der Literatenklub, dem Miłosz in Wilna angehörte, redigierte eine vierseitige Literatur- und Kunstbeilage für die Lokalpresse, aus der später die Zeitschrift «Żagary» und der Name der Gruppe – «Żagaristen» – hervorgingen.

Die Żagaristen öffneten der polnischen Poesie das Auge für eine neue, beunruhigende, intellektuelle Weltsicht. Ihre Unruhe machte sich Luft in präzisen Visionen eines Weltzerfalls, auf den sie mit kassandrischen Tönen reagierten. Die Poesie der Żagaristen, allen voran die von Czesław Miłosz, war von Visualität und Synthese gekennzeichnet. Sie war Betrachtung und synthetische Ordnung mit zugegebener Nutzanwendung. In dieser bewussten Formbildung empfand sich Miłosz damals den russischen Konstruktivisten verwandt, bei denen er vier Grundsätze zustimmend erkannte: «Die Achtung vor dem Gegenstand, die Verschmelzung aller Elemente des Werks – Wörter, Reime, Bilder – zur Einheit, in Uebereinstimmung mit dem Wesen des Gegenstandes, die Geschlossenheit und die Konzentration des Sinngehalts und schliesslich die Einführung prosaischer Mittel in die Poesie.» Im Gegensatz zur Kunst des 19. Jahrhunderts und zur Kunst des «Skamander» forderte Miłosz «die Diktatur des Intellekts – statt die der Emotionalität». Sein Kollege Jerzy Zagórski ergänzte diese Forderung: «Um ein Werk von Wert zu schaffen, genügen Bemühungen, Scherenschnitte und Berechnungen nicht. Man muss nicht mehr und nicht weniger als geistig an ein seriöses Thema heranwachsen.»

Dieses Thema suchten und fanden die Żagaristen, deren Gruppe seit 1935 zerfiel, in der Natur, in der Wahrnehmung des Alltags, der Schönheit der Welt und des Lebens, determiniert allerdings durch den Abwärtsgang der europäischen Kultur und Geschichte, der ins Verderben steuert. Die lyrische Reflexion darüber beschattete die Schönheit der Welt und die Freude am Leben.

Miłosz' Pariser Reise

In den Jahren 1934/35 hielt sich Miłosz als Stipendiat in Paris auf, lernte hier die französische Poesie an Ort und Stelle kennen und vor allem die seines Namensvetters Oscar Wenceslas de Lubicz Miłosz schätzen. Nach seiner Rückkehr gab er den Gedichtband «Drei Winter», 1936, heraus. Im Jahre 1936 schrieb Miłosz in Wilna:

Oh, finstrer Mob auf grünendem Getreide,
die Krematorien sind wie weisse Felsen
und Rauch quillt aus den Nestern toter Wespen.

(«Der träge Fluss»)

Miłosz, nach der Erfahrung seiner Pariser Reise, äusserte sich in «Lot» Nr. 17 zum Thema «Freude und Poesie»: «Die Poesie ist eine Disziplin des Innenlebens.» Er bekannte, dass sein Verhältnis zum Handwerk auf dem Glauben an die «Möglichkeiten, sich zu vervollkommnen und den Habitus der Tugend zu erringen», basiere. In diesem Beitrag spricht Miłosz vom mönchischen «Orden der Poeten» und von «verschiedenen Stufen künstlerischer Weihe», auch von «mystischen Erfahrungen». Alle diese seelsorgerischen Begriffe führen ihn allerdings zum «einzigen Ziel der Poesie, das die Freude ist». Diese Zielsetzung – die Freude in der Poesie, an der Poesie – bringt Miłosz unvermutet in die Nähe seines Krakauer Gegenspielers Przyboś, dessen poetologischer Grundsatz lautete:

«Poesie ist – summa summarum – Bejahung des Lebens, Enthüllung seines stets freudigen Sinns. Sogar die „unerfreuliche" grausame Wahrheit – wenn sie Poesie ist – ist froh. Poesie ist – absolute Moral. (Keine Sache des Optimismus/Pessimismus, sondern eine, die tiefer reicht.)»

Kriegszeit in Warschau

Die Kriegszeit verbrachte Miłosz zum grössten Teil in Warschau. Seine «Gedichte», 1940, hektographiert und unter dem Decknamen Jan Syruć kolportiert, haben den Brauch der vervielfältigten Manuskriptausgaben aufkommen lassen. Zusammen mit Jerzy Andrzejewski gab Miłosz 1940/41 die erste literarische Zeitschrift im besetzten Warschau heraus, die fast ausschliesslich aus Beiträgen der beiden bestanden hatte. 1942 erschien illegal seine Lyrik-Anthologie «Das unabhängige Lied». Im gleichen Jahr übersetzte er das Anti-Pétain-Buch von Jacques Maritain «Die Strasse der Niederlage» und 1943 Shakespeares «As you like it». 1943/44 schrieb er mit Jerzy Andrzejewski einen Band mit Beiträgen zu aktuellen Themen in Briefform, der bis heute ungedruckt blieb. Seine Gedichte aus der Kriegszeit veröffentlichte 1945 unter dem Titel «Die Rettung» der Verlag «Der Leser» («Czytelnik») in Krakau.

Was die Żagaristen in Wilna voraussahen, zu Visionen verdichteten, wurde im Kriege grausame Realität. Die Geschichte hatte die Gedichte verändert. Miłosz:

«Vor 1939 war ich ein junger, ein wenig snobistischer Warschauer Dichter. Meine Gedichte fanden Beifall in bestimmten Literatencafés; sie waren wie die französische Poesie, unter deren Einfluss ich stand, schwer verständlich, dem Surrealismus verwandt.»

Die Erfahrung des Krieges machte aus dem Dichter einen «anderen Menschen»:

«Während mein Interesse für soziale Dinge sich vor dem Kriege in gelegentlichen Attacken gegen die rechtsradikalen und antisemitischen Gruppen äusserte, wurden in der Besetzungszeit die Greuel der Nazis Hauptthema meiner Dichtung. Gleichzeitig aber wurden sie allgemeinverständlicher, wie es ja meist geschieht, wenn der Dichter, seinen Lesern etwas Wichtiges mitzuteilen hat.»

Exil im Westen

Die Befreiungsbewegung brachte Miłosz zwangsweise mit den Kommunisten in Berührung. Er war weder Parteimitglied noch Karrierist, verweigerte aber seine Mitarbeit am Wiederaufbau der befreiten Republik zunächst nicht. Von Ende 1945 bis zum 1. Februar 1951 war er Beamter des Aussenministeriums der Volksrepublik Polen in New York, Washington und in Paris. Die Stalinisierung des Landes machte seinen moralischen Konflikt jedoch bald unerträglich. 1951 «wählte er die Freiheit», wie es damals hiess, quittierte seiner Regierung den Dienst und blieb im Westen als freier Schriftsteller: erst in Paris, danach, seit 1956, in den Vereinigten Staaten. Im Herbst 1960 lud ihn die Universität in Kalifornien als *visiting lecturer* an die Fakultät für slawische Sprachen und Literaturen ein, im Jahre 1961 wurde er zum Professor berufen und nahm in Berkeley ständigen Wohnsitz.

Bolesław Bednarczyk berichtet in «Kontynenty», London, dass Miłosz' Frontwechsel für die polnische Emigration eine Ueberraschung, wenn nicht ein Schock gewesen sei. Er machte sie ratlos wie verlegen, und sie verhielt sich eher feindlich, ablehnend zu ihm als anders. Um so mehr, da Miłosz Charakter zeigte und sich nicht mit opportunistischen Anbiederungen oder propagandistischen Angriffen gegen das soeben verlassene Land gefällig zeigen wollte. Er blieb Dichter mit einem festen Standpunkt. Die Emigration, zahlreicher als die «Grosse» im neunzehnten Jahrhundert, war «kleinlich», lehnte ihn ab, oder sie verschwieg ihn. Allein die Pariser «Kultura» bot ihm als Autor in ihrem Verlag Asyl an. Das Verhältnis der Emigration zu Miłosz änderte sich erst, nachdem Miłosz, wie einst Joseph Conrad, im Gastland und in der literarischen Welt als Autor und Hochschullehrer Bedeutung und Echo bekam.

Die Verbannung

Anlässlich der Rencontre Mondiale de Poésie in Montreal im September 1967 hielt Miłosz eine Ansprache in französischer Sprache über sein spezifisches Verhältnis zum Phänomen der Verbannung:

«Es ist fast unmöglich, heute von einem Dichter zu reden und nicht die Verbannung zu erwähnen. Die Verbannung ist für einen Dichter von heute Schicksal, unabhängig davon, ob er in seinem Heimatland lebt oder im Ausland; fast immer ist er herausgerissen aus der kleinen heimischen Welt der Gebräuche und Glaubensvorstellungen, die er in der Kindheit kannte. Die Verbannung an sich ist weder bös noch gut, die romantischen und pathetischen Gesten taugen hier nichts, sie führen zur Fälschung. Die Verbannung muss man hinnehmen, und alles hängt davon ab, welchen Nutzen man daraus zieht.»

Zu diesem Zeitpunkt – 1967 – hatte Miłosz seine Exerzitien als Exilant hinter sich, er wusste also, was er sagte. Wir werden Zeugen eines mannhaften Prozesses der Umwandlung einer Leiderfahrung in ein Kraftwerk. Hier zeigt sich, und Miłosz zeigt es sehr bewusst, das Exil als Gewinn.

Das lyrische Werk

Obwohl Miłosz in der Welt durch seine Prosa, die Essays und die Erzählungen Ansehen gewann, blieb der Hauptteil seines Werks, ein Dutzend Lyrik-Bücher, weithin unbekannt. Das liegt zuallererst an der Materie seiner Dichtung. Sein sprödes, für Kenner schönes, für Unempfindliche hermetisches, für Fremde um so mehr fremdes Polnisch ist wie eine schichtenreiche geologische Formation, wo Jahrhunderte polnischer Sprachkultur ihr Beständiges abgelagert haben.

Miłosz' Poetik folgt dem Einfluss altpolnischer Dichter und ist (stilisierend und persiflierend) traditionsbewusst, oft nur aus der Kenntnis der literaturgeschichtlichen Anleihen und Anspielungen verständlich; daher nicht selten unübersetzbar. Die Spannung seiner Lyrik entwickelt sich aus dem Widerspruch zwischen dem persönlichen Engagement und der reflektierenden Distanz, der Ekstase und der Kritik, der Ironie und der Trauer. In Miłosz' Bildern wird Familiengeschichte zur Morphologie der Kultur. Sie sind – der intellektuellen Skepsis wie dem Prinzip Hoffnung gleichermassen verpflichtet – Ausdruck eines engagierten Moralisten, der die Poesie als tätige Hilfe betreibt, dem es darum geht, den Makrokosmos und den Mikrokosmos zu durchdringen, sich an der Physis der Welt zu berauschen, aber der Verfänglichkeit ihrer gesellschaftlichen Masken kritisch, mit gewappneter Psyche, zu widerstehen.

Der vorzügliche Kenner polnischer Dichtung und Kritiker Jerzy Kwiatkowski aus Krakau nennt diese Poesie «ein unvergessenes Erlebnis für mehrere Generationen». Für die Generationsgenossen des Dichters, die den Menschen in Einklang mit der Natur sehen wollten, ihn aber im Konflikt mit der destruktiven Zivilisation erleben mussten und deshalb zu «Katastrophisten» wurden; für die Generation der Konspiratoren während der Besetzungszeit, für die er Vorhut und Bindeglied war; für die Nachkriegsgeneration der Debütanten um 1956, allen voran für Zbigniew Herbert, denen er Vorbild und Ansporn bedeutet hatte, und wohl auch für die Generation der um 1960 Startenden, für die er als Klassiker der Moderne das Patronat für ihren neuen Klassizismus übernommen hatte. Im groben Ueberblick sieht man ihn bei der Gründung von – mindestens – zwei poetischen Schulen eine dominierende Rolle spielen. Bei der «vollzogenen Apokalypse» im Krieg (der gefallenen Lyriker Baczyński und Gajcy, beide Jahrgang 1921) und bei der klassizistischen Renaissance in den sechziger Jahren.

Diese Poesie sei, urteilt Kwiatkowski, die vollständigste poetische Monographie der Epoche. Sie hatte vor dem Krieg den grossen Kataklysmus vorausgesagt, analysiert. Sie ist durchdrungen von den wesentlichen Moralproblemen, die dieser Kataklysmus den Geschlechtern aufgezwungen, hinterlassen hat. Sie beobachtet scharf und weitsichtig die Veränderungen, die in der Psyche, im Verhalten des Bürgers von heute stattfindet. Sie weiss von diesem Bürger viel, sie durchschaut ihn mehr als oft, sie misstraut ihm, und dennoch setzt sie stets – auf die Rettung.

Sie ist besessen vom Polentum, leidenschaftlich, heroisch: von der Landschaft des Autors – Miłosz ist ein grosser Schilderer der Landschaft, des ebenen Landes –; von der Geschichte, von der Kultur, von denen seine Dichtung lebt, bis an die tiefsten Wurzeln; die ihren Baustoff ausmacht; vom Volk.

Miłosz gehört zu den Dichtern, die niemals ihre Bindung an die Heimat verlieren, die sich bewusst zum Heimatdichtertum bekennen. «Diese Bindung ist wie ein Anker, dessen Kette tief hinabreicht und uns nicht weit von einem bestimmten Punkt festhält. Ohne einen solchen Beziehungspunkt kann man schwerlich ein Gefühl für Geschichte entwickeln.» Ebenso bekennt er sich zu Europa, der Heimat im weiteren Sinne, und ebenso bekennt er sich zur Neuen Welt, in der er lebt, weil er dort Asyl und die nötige Distanz geschenkt bekam, um seinen inneren Standort wahren zu können. Doch fühlt er sich im Westen als ein Skythe.

In den fünfziger Jahren werden die lyrischen Schemata, der

klassische polnische silbentonische Vers, biblische und barocke Stilisierung immer seltener. Das Gedicht gewinnt, auch unter dem Einfluss der englischen und der amerikanischen Lyrik, an Offenheit, es wird ganz vom jeweiligen Thema her, variationsreich, komponiert. Gegenstand ist Miłosz das gesamte Material seiner Umwelt und seiner Erinnerung, die Realien und die Mythen Litauens wie Kaliforniens, seiner neuen Bleibe. Die letzten Gedichte erweitern den Radius des Blickwinkels ins Metaphysische: auf der Suche nach Gott und der letzten Wahrheit und auf der Suche nach seinem, des Dichters, Selbst; bis in die entlegensten Schlupfwinkel des Unbewussten.

Der unbekannte Dichter

Der Dichter Miłosz ist weltweit unbekannt geblieben. In Polen kennt und schätzt man ihn, aber er ist als ein freiwillig Verbannter mit seinen Wurzeln von Volk und Land abgeschnitten. Es bleibt ihm nur die spärliche Fernverständigung übrig. Und seine fremden Leser in der Fremde? Wie sollen sie ihn lesen, wie übersetzen, wie verstehen? Die meisten dieser Gedichte sind ausserdem Bekenntnisse und Botschaften aus einer dunklen Welt – wer will sie hören und wer wird sie befolgen?

Und dennoch bleibt Miłosz trotzig das, was er war: ein polnischer, wenig gelesener, wenig verstandener Dichter. Obwohl er der Sprachen – auch als Lyrik-Uebersetzer – Französisch und Englisch mächtig ist, schreibt er nach wie vor polnisch, denkt er polnisch, sieht er polnisch, polnisch im weitesten Sinne, also auch litauisch-polnisch, auch russisch-polnisch, was heute nur noch wenige tun und können und wollen und dürfen. Er denkt europäisch. Er steht immer noch dazu, was er 1948 in seinem «Poetischen Traktat» behauptet hatte:

«eine gute Strophe wiegt mehr
als die Last vieler fleissiger Seiten»

Als Miłosz 1977 in Ann Arbor über den Dichter zwischen Ost und West sprach, war seine Hauptthese, die Poesie sei grausam, ja unmenschlich. Denn um die Kunst zu überdauern, müsse sie sich von den Menschen und ihrem Schicksal distanzieren, sie müsse Mensch und Schicksal objektivieren, also gewissermassen entmenschlichen, damit Mensch und Schicksal Dichtung würden. Dennoch gibt Miłosz seine Hoffnung auf die vermenschlichte Dichtung, für die er lebt, nicht auf:

«Ich hoffe, es werde irgendwie gelten:
Das Leid und der grosse Wunsch, einmal ein Leben
Zum Ruhme anderer, nicht meiner selbst, zu sagen.»

Hansres Jacobi

Jerzy Andrzejewski – Schriftsteller und Moralist

«Ich habe stets ein eindeutiger Schriftsteller sein wollen, und ich glaube, dass ich diesen Grundsatz nie verraten habe.» Diesen Satz, den er dem Helden seiner Erzählung «Ein Paradiesvogel» in den Mund legt, könnte der polnische Schriftsteller Jerzy Andrzejewski auch für sich in Anspruch nehmen. Er gehört zu jenen Autoren seines Landes, die immer in vorderster Front standen, wenn es um die Verteidigung der Würde des Menschen ging, und mit grosser Zivilcourage setzte er sich gegen jede Bedrohung der Freiheit zur Wehr, von welcher Seite sie auch kommen mochte.

Der am 19. August 1909 in Warschau geborene Jerzy Andrzejewski erwies sich früh schon in diesem Sinne als Moralist. Nach dem Studium der Slawistik und der französischen Literatur als Redaktor und Kritiker tätig, liess er 1938 seinen ersten Roman «Ordnung des Herzens» erscheinen, dessen Held, ein um die Integrität seines Herzens ringender Dorfpfarrer, an Bernanos' *curé de campagne* erinnert; mit dem französischen Romancier und Kämpfer hatte Andrzejewski das sittliche Engagement für den Katholizismus gemeinsam.

Erlebnis des Zweiten Weltkriegs

Der Zweite Weltkrieg, an welchem Andrzejewski als Mitglied der Widerstandsbewegung teilnahm, brachte eine entscheidende Wende in seinem Leben, die sich in dem 1945 erschienenen Roman «Warschauer Karwoche», einem nahezu dokumentarischen Bericht über ein jüdisches Schicksal vor dem Hintergrund der Vernichtung des Warschauer Ghettos, und in dem zwei Jahre später herausgekommenen Roman «Asche und Diamant» spiegelt. Der letztgenannte Roman, der ebenfalls in einem beinahe dokumentarischen realistischen Stil geschrieben ist und dem Autor Weltruhm einbrachte, bevor Andrzej Wajda ihn 1958 verfilmte, zeigt die interne Auseinandersetzung zwischen verschiedenen

Widerstandsgruppen, insbesondere zwischen Anhängern des restaurativen Patriotismus im Sinne der in England stationierten Heimatarmee und den Kommunisten. In den letzten Kriegstagen lässt uns der Dichter zu Zeugen eines neuen Abschnittes der polnischen Passionsgeschichte werden, eines schmerzlichen Chaos, aus dem als Folge des Krieges eine neue, noch nicht fest umrissene Gesellschaftsordnung sich andeutet.

War im ersten Roman Andrzejewskis der Held ein idealistischer Dorfpriester, so ist es nun ein idealistischer Kommunist: der Wechsel deutet auch des Autors eigenen Wandel an: «Der Dichter beschloss, sich und seine Ethik mit dem Gang der Geschichte in Einklang zu bringen. 1945 stellte er sich dem Aufbau des neuen, kommunistisch regierten Polen zur Verfügung. 1949 trat er in die Partei ein. Aus dem katholischen Moralisten wurde ein moralischer Kommunist» (Jürgen Rühle). Das Wesen solchen Uebergangs hat Czeslaw Milosz in seinem Buch «Verführtes Denken» am Beispiel von «Alpha, dem Moralisten» analysiert.

Gegen jeglichen Totalitarismus

Als Kommunist blieb Andrzejewski vor allem ein Moralist. Mit der Erzählung «Der goldene Fuchs» (1955), die bei ihrem Erscheinen als Protest gegen den allmächtigen (sozialistischen) Realismus mit seiner Vergewaltigung der Phantasie und als Gleichnis für den legitimen Anspruch des Individuums auf eigene Meinungen und Gefühle verstanden wurde, stellte sich der Autor gegen die totalitäre Gewalt des Stalinismus, mit der er auch in dem während der «Tauwetterperiode» geschriebenen Roman «Finsternis bedeckt die Erde» abrechnete, der kurz nach Andrzejewskis Austritt aus der Partei 1957 erstaunlicherweise erscheinen konnte. Zwar ist das Geschehen, eine Episode aus der Zeit der spanischen Inquisition, in das 15. Jahrhundert verlegt worden, aber diese historische Kostümierung liess niemand übersehen, dass es sich bei dem grossen, das Grossinquisitor-Motiv aus Dostojewskis «Brüdern Karamasow» wiederaufnehmenden Dialog zwischen dem Grossinquisitor und seinem fanatischen Jünger um einen vom Autor selbst erlebten innern Konflikt handelte, der um ein zentrales Gegenwartsthema kreiste, um die Frage nach den Möglichkeiten und Ursachen der Verführung einer lauteren Seele durch den Totalitarismus. Diese Studie über den Gewissenszwang und den ideologischen Terror im Dienst einer grossen, ursprünglich humanistischen, später pervertierten Idee zeigt in neuerlicher Facettierung Andrzejewskis leidenschaftliches Ringen um die Wahrheit und die Freiheit.

In dem nächsten Roman, «Die Pforten des Paradieses»

(1959), spann der Dichter sein Thema weiter. Der aus einem einzigen Satz bestehende und dadurch die stete Bewegung andeutende Roman behandelt wiederum ein Gegenwartsthema in historischem Gewande: Die Tragödie des französischen Kinderkreuzzuges von 1212 wird für Andrzejewski zum Anlass, in der Kritik am Fanatismus jeder Massenbewegung für den dagegen revoltierenden Menschen einzutreten, der sein waches und wachsames Gewissen zur höheren Instanz gegenüber jeder Ideologie erhebt.

Neben den auf eigenem Erleben und Erleiden beruhenden Büchern Andrzejewskis nimmt sich sein 1963 erschienener, satirisch gesalzener, mit parodistischen Passagen angereicherter Roman «Siehe, er kommt hüpfend über die Berge» wie eine Ausnahme aus. Diese ironische Huldigung an Picasso, deren witzige Brillanz Andrzejewskis Bewunderung für Thomas Mann verstehen lässt, nimmt am Beispiel der Kunstszene Paris (deren Akteure teils verschlüsselt, teils parodiert identifizierbar sind) eine Abrechnung mit dem modernen Kulturbetrieb vor. Das mit bravouröser Eleganz geschriebene Buch reiht sich insofern in das Gesamtwerk Andrzejewskis ein, als es – aus ungewohnter Perspektive allerdings – die Frage nach der «condition humaine» des Künstlers stellt.

Ein unbequemer Zeitgenosse

Jerzy Andrzejewski war und blieb für die Kommunistische Partei bis zum heutigen Tag ein unbequemer Zeitgenosse. Als 1968 in Warschau das Stück «Die Totenfeier» von Adam Mickiewicz vom Spielplan abgesetzt wurde, weil kritische Passagen gegen den russischen Imperialismus den Beifall des Publikums hervorgerufen hatten, forderte Andrzejewski in einer Rede im Schriftstellerverband die Abschaffung der Zensur, und im September desselben Jahres drückte er nach der brutalen Okkupation der Tschechoslowakei Eduard Goldstücker, dem Vorsitzenden des tschechoslowakischen Schriftstellerverbandes, seinen Schock, Schmerz und seine Beschämung aus. «Das Gefühl der Ohnmacht gegenüber der Gewalt und der Uebermacht» stelle von «allen menschlichen Erniedrigungen die allerschwerste Niederlage dar».

Im Jahre 1976 setzte er sich erneut, zusammen mit anderen polnischen Intellektuellen, an der Spitze eines Komitees zur Verteidigung der Arbeiter für Recht und Gerechtigkeit ein. In einem Interview erklärte er: «Mir ist bewusst, dass ich als Schriftsteller wahrscheinlich ein grösseres Gefühl für Legalität und die moralische Sphäre habe, die von der politischen so weit entfernt ist.» Er habe mit andern polnischen Intellektuellen eingegriffen, «weil die elementare Würde des Volkes verletzt wurde». Und über das in seinem Vaterland herrschende System sagte er: «Ich persönlich [...] bin gegen dieses System in seiner russischen Ausgabe. Und das sage ich ganz bewusst. Mir scheint, dass diese Art von Kommunismus, die den unterjochten und sich unter dem völligen Einfluss des russischen Imperiums befindenden Völkern oktroyiert wurde, der Feind allen Fortschritts und der Feind der Menschenwürde ist.»

Wegen seiner kompromisslosen Haltung sah sich Andrzejewski mehrmals und stets erneut Repressalien von seiten der Parteigewaltigen ausgesetzt. Als Folge seines couragierten Verhaltens nach der Besetzung der Tschechoslowakei durfte in Polen der Roman «Appellation» nicht erscheinen. Dieses Werk, das aufzeigt, wohin der Zustand unausgesetzten Druckes einen Menschen bringen kann, kam 1968 zuerst in deutscher Uebersetzung heraus. Die Geschichte des unter Verfolgungswahn leidenden Technologen Koniecny, der eine Appellation an den «Bürger Erster Sekretär der Polnischen Vereinigten Arbeiterpartei in Warschau» schreibt und darin seine Lebensgeschichte resümiert, hat Andrzejewski mit einer hintergründigen, entlarvenden Ironie verfasst: Das Schicksal dieses Durchschnittsbürgers, der das Opfer seiner Zeit und vor allem des kommunistischen Totalitarismus geworden ist, reicht über den privaten Einzelfall hinaus: es ist das Schicksal einer ganzen Generation in Polen, das mit ebenso grosser literarischer Meisterschaft wie persönlichem Mut gestaltet wurde – Eigenschaften, durch die der Schriftsteller Jerzy Andrzejewski zum Gewissen seiner Nation wurde.

Felix Philipp Ingold

Poetismus als Lebens-Kunst

Zur Aesthetik der tschechischen Avantgarde

«Es war in langen Gesprächen und nächtlichen Spaziergängen durch Prag, als wir an die Modernität, die Entwicklung, eine neue Ordnung und menschliche Erfindungskraft glaubten und dabei unsere Sensibilität spürten, das Literatentum aber, die Schwerfälligkeit und das Karrierestreben hassten, den Frühling aufblühen und die Sterne sich bewegen sahen, tiefe Freundschaft fühlten – da erfand ich mit Teige den Poetismus.»

Als um 1928 *Vítězslav Nezval* (1900–1958), der wohl einflussreichste und gewiss der produktivste Versdichter tschechischer Sprache in der Zwischenkriegszeit, die «Erfindung» der poetischen Aesthetik öffentlich für sich und seinen Freund *Karel Teige* (1900–1951) in Anspruch nahm, stand die Prager Avantgarde bereits im Begriff, vom Poetismus – einer betont hedonistischen, der realen Arbeits- und Alltagswelt spielerisch entgegengesetzten Kunstpraxis, welche «alle Sinne» synästhetisch aktivieren, sie für eine neue Lebens-Kunst (eine «Kultur der Instinkte») mobilisieren sollte – abzurücken, um sich, unter dem Eindruck der drohenden Weltwirtschaftskrise, vermehrt an politisch relevante Zielsetzungen und Schaffensbereiche zu halten.[1]

Scheitern des Experiments

Der Poetismus, der nach dem Ersten Weltkrieg für ein knappes Jahrzehnt (mit expliziter Berufung auf Baudelaire, Rimbaud, Appolinaire sowie auf die sowjetische Revolutionskunst) die Phantasie an die Macht zu bringen vermochte und den propagandistisch grossangelegten Versuch unternahm, die «Kunst als Bestandteil des Lebens» zu etablieren, büsste seine führende Stellung im tschechoslowakischen Kulturbetrieb trotz engster Verflechtung mit den avantgardistischen Kunstismen Westeuropas und der UdSSR ebenso rasch ein, wie er sie gewonnen hatte; er wurde immer häufiger – namentlich von seiten der primär politisch engagierten Linken – zum Anlass und Vorwurf ideologiekritischer Debatten und fand sich bald als kleinbürgerliche Sonntagskunst diskreditiert.

Um solcher Grundsatzkritik zu begegnen, sie gewissermassen zu überholen, versuchte Nezval (der übrigens schon 1924 der Kommunistischen Partei der Tschechoslowakei beigetreten war und somit seinen «Stimmzettel im Zeichen der Revolution» abgegeben hatte) den Poetismus auf den linken Surrealismus der Franzosen einzuspuren; dieser vordergründige, sachlich kaum haltbare Kompromiss erwies sich jedoch nur für kurze Zeit als praktikabel: Bereits 1934, im Entstehungsjahr des sozialistischen Realismus, rief Nezval, der die von ihm einst angestrebte «Selbsterlösung» der Kunst wie auch die Rettung «des Gefühlslebens, der Freude und der Phantasie» (mittels einer poetisierten Lebenspraxis) nun als realitätsfremde Utopie verwerfen zu müssen glaubte, seine Genossen dazu auf, «in äusserst revolutionärer Weise und im Geist des dialektischen Materialismus den menschlichen Ausdruck auszuprobieren und zu entwickeln». Damit war das poetistische Experiment, eine der wenigen originären Leistungen der osteuropäischen Avantgarde, definitiv abgeschrieben; für mehr als drei Jahrzehnte wurde es in der Folge *ad acta* gelegt, und erst mit seiner Neuentdeckung und Wiederbelebung (durch Chvatík, Červenka, Pešát, Brabec, Effenberger) zur Zeit des Prager Frühlings ist der Poetismus dokumentarisch aufgearbeitet und auch ausserhalb der Tschechoslowakei Gegenstand wissenschaftlicher Erörterung geworden.[2]

Neue kreative Sensibilität

Die als gesamtästhetische Theorie konzipierte, auf multimedialen Praxisbezug (von der Typographie über die Dichtung bis zur Architektur) angelegte Lebens-Kunst des Poetismus kann, zumal in Karel Teiges programmatischer Definition, noch heute – oder heute wieder – einen kaum verminderten Aktualitätswert für sich beanspruchen. Dieser Anspruch gewinnt seine Berechtigung in erster Instanz durch die gegenwärtig sich vollziehende, von Literatur und bildender Kunst gleichermassen betriebene Rehabilitierung der «Sinnlichkeiten», wie sie in der aktionistischen Inszenierung des menschlichen Körpers (bei Klauke, Manon, Moorman) einerseits, in der lyrischen, gelegentlich auch pathetischen Verinnerlichungstendenz des auktorialen Ich bei zahlreichen Gegenwartsautoren (wie etwa Herhaus, Born, Le Clézio) anderseits zum Ausdruck kommt.

In diesem Sinn sollte, nach Teige, schon der Poetismus keine neue Kunst, sondern eine neue Wirklichkeit hervorbringen (beziehungsweise die bestehende Wirklichkeit neu bewusst machen)

– einen poetischen *modus vivendi,* eine neue kreative Sensibilität, welche nicht zuletzt den «sechsten Sinn» zu beleben und die «Disharmonie des Geistes und des Körpers zu liquidieren» gehabt hätte. «Das Glück der Poesie entsteht aus der Harmonie aller Sinne unter der Herrschaft des übergeordneten Sinns für Leben und Liebe, was die Suprematie der Poesie über die modernen Verrichtungen des Lebens und des Empfindens beweist», schreibt Teige in seinem zweiten (als Rechenschaftsbericht und Rechtfertigungsversuch abgefassten) poetistischen Manifest (1928): «Die ästhetische Aktivität und Eindrucksempfänglichkeit erwacht genauso (das zeigte Freud) wie die Sexualität in der Verbindung mit den wichtigsten Lebens-, Körper- und Arbeitsfunktionen.»

Der Poetismus verzichtet bewusst (und nicht ohne polemische Geste) auf das «Wörterbuch der Begriffe», er bemächtigt sich statt dessen souverän des «Wörterbuchs der Wirklichkeit»; die poetistische Lebens-Kunst setzt sich, einem von Marinetti formulierten Postulat folgend, das Ziel, «mit Farbe, Form, Licht, Bewegung, Klang, Geruch, Energie zu dichten»; die Poesie soll von den Form- und Funktionszwängen realistisch darstellender (also *dienender)* Kunst befreit, mit dem schöpferischen Chaos der Wirklichkeit fusioniert, in einen neuen Wert- und Ordnungszusammenhang gebracht werden:

«Wir revidieren das menschliche Ideal des Glücks. Das Glück ist im Schaffen. Die Philosophie des Poetismus hält Leben und Werk nicht für zwei verschiedene Sachen. Der Sinn des Lebens ist glückliche Arbeit: machen wir aus unserem Leben ein Werk, ein gut organisiertes und erlebtes Gedicht, das reich an Befriedigung unseres Bedürfnisses nach Glück und Poesie ist... Wenn die mittelalterlichen Künste *dienten,* so weckt der Poetismus die Poesie in der reinen und unapplizierten Form und baut ihre neue Welt, *eine Welt der Harmonie und des Glücks.»*

Glücksideologie

Diese Glücksideologie – sie erinnert wohl nicht zufällig an die suprematistische Kulturtheorie Kasimir Malewitschs – hat Vítězslav Nezval in die nachfolgenden, eher elegischen als enthusiastischen Verse gefasst: «Einmal werden wir vergessene Dichter werden / ein anderer übernimmt unsere Aufgabe / man gibt uns den Totenschein / und eine grossartige Harmonie ist unsere Belohnung / Wir die wir ein paar Jahre die Fahne getragen / und alles erfuhren was ein Mensch nur erfahren kann / werden irgendwo abseits die Sonnenuntergänge betrachten / ohne Qualen und Bitterkeit / gleich zwei Menschen die endlich begriffen haben / dass Leben unendliches Ruhen ist / weder Ehrgeiz / noch der Wunsch irgend jemand zu gefallen / Alles nackt sehn / ohne irgendwelchen Zynismus / einander liebend mit grenzenloser Ergebenheit / wie zwei alternde Götter die irgendwohin gegangen / um ihr Menschengeschick erleben zu können / und das von den philosophischen Geistern genannt wird / *Das Glück –»*

Nezvals und Teiges poetistische Felicitologie – Oleg Sus hat sie als eine «fröhliche» Spielart des Marxismus bestimmt – setzt, wenn sie auf breiter Basis zum Tragen kommen soll, eine politisch emanzipierte, wirtschaftlich saturierte Gesellschaft voraus. Diese Prämisse war in der ersten tschechoslowakischen Republik keineswegs zur Gänze erfüllt, aber doch so weit gegeben, dass zumindest die Theoriebildung des Poetismus – als utopischer Entwurf einer *schönen* neuen Welt, die «den unvergleichlich grossen Durst des Menschen nach Lyrismus zu stillen» vermöchte – opportun werden konnte; im realen Sozialismus der Nachkriegszeit gab es dann allerdings auch theoretisch keinen Freiraum mehr für poetistische Experimente.[3]

Teiges «Revue Devětsilu»

Als jüngster Beitrag zur Erkundung und dokumentarischen Erschliessung der poetistischen Lebens-Kunst ist vor kurzem in drei Bänden die Gesamtheit der zwischen 1927 und 1931 unter dem Titel «ReD» von Karel Teige redigierten «Monatshefte für moderne Kultur» (Prag) in Form einer Reprintausgabe erschienen.[4] Wie bei den meisten Organen der europäischen Avantgarde – vom «Sturm» (Berlin) über «Esprit nouveau» (Paris) bis hin zu «MA» (Budapest/Wien) und «LEF» (Moskau) – handelt es sich auch bei «ReD» (das Kürzel steht für «Revue Devětsilu», bezeichnet die poetistische Literaten- und Künstlervereinigung «Neunkraft», signalisiert aber zugleich «red», also rot = «links») um ein multimediales kulturelles Forum, das nebst dichterischen Texten in- und ausländischer Autoren (von Apollinaire bis Závada) regelmässig Diskussionsbeiträge zur internationalen Theaterarbeit, zur zeitgenössischen Musikkultur (mit besonderer Berücksichtigung experimenteller E-Musik sowie des Jazz), zu Film und Photographie, Wissenschaft und Technik, Typographie und Werbegraphik, Architektur (Städtebau, Design, Kunstgewerbe) sowie – als ideologische Legitimation – zum Thema «Sozialismus und Klassenkampf» vorlegte.

Seine bei allem ästhetischen (und zunehmend auch politischen) Rigorismus bemerkenswerte Offenheit für künstlerische Bemühungen unterschiedlichster Tendenz und Zielsetzung hat

Karel Teige, Schriftleiter, Theoretiker und Gestalter der «ReD»-Hefte, dadurch stets erneut bewiesen, dass er ausser dem *pro domo* mit Vorrang behandelten Poetismus in weitreichender Auslese auch manche andern Positionen aufzeigte – den kulturpolitischen Standort des frühen Stalinismus ebenso wie die Bauhaus-Aesthetik oder die Poetologie des französischen Surrealismus. Mit literarischen, theoretischen oder auch bloss informierenden Textbeiträgen (in tschechischer, deutscher, französischer Sprache) waren bei «ReD» Autoren wie Cendrars, Soupault, Tzara, Babel, Lissitzki, Gropius, Majakowski, Marinetti, Malewitsch, Arp, Moholy-Nagy, Tschichold, Mondrian, Weisskopf, Halas, Seifert tätig; bildnerische Arbeiten (Buchgraphik, typographische Entwürfe, Zeichnungen, Photomontagen, Filmaufnahmen) von Brancusi, Chirico, Lipschitz, Picabia, Tatlin, Eggeling, Ray, Richter, Klee, Albers, Puduwkin waren den «Monatsheften für moderne Kultur» in grosser Anzahl als Reproduktionen beigegeben.

Drei Programmpunkte hat Teige im Lauf der Jahre bei «ReD» besonders deutlich herausgestellt: die These, wonach «die Kräfte des kulturellen Fortschritts und der Kulturrevolution verbunden sind mit denselben Kräften des politischen und gesellschaftlichen Lebens» (Parallelität von ästhetischer und sozialer Revolution); das Festhalten an der Internationalität des avantgardistischen Kunstschaffens; die multimediale Aktivierung sämtlicher kreativen Möglichkeiten (von der wortspielerischen Poesie bis zur Zirkus-, Industrie- und Sexualkultur) gemäss dem erweiterten Kunstbegriff der Avantgarde. Gerade von diesem letztgenannten Programmpunkt her gewinnt «ReD» – als Organ und Verstärker der poetistischen Lebens-Kunst – erneut die Aktualität eines gesamtästhetischen Spiel- und Probierfelds.

[1] Vgl. Vítězslav Nezval: Auf Trapezen (Gedichte). Nachdichtung aus dem Tschechischen von Franz Fühmann, Ludvík Kundera und Louis Fürnberg; herausgegeben und mit einem Vorwort versehen von Ludvík Kundera. Verlag Philipp Reclam, Leipzig 1978.

[2] Siehe neuerdings Vladimír Müller: Der Poetismus (Das Programm und die Hauptverfahren der tschechischen literarischen Avantgarde der zwanziger Jahre). Slavistische Beiträge, Band 121. Verlag Otto Sagner; München 1978.

[3] Die Veröffentlichung einer 1966 begonnenen Werkauswahl von Karel Teige (Svět stavby a básně) musste 1969 eingestellt werden; der zweite Band (Zápasy o smysl moderní tvorby) gelangte, obwohl die Herstellung bereits abgeschlossen war, nicht mehr an die Oeffentlichkeit und soll inzwischen, bis auf ein paar wenige Restexemplare, eingestampft worden sein.

[4] ReD, I–III/1927–1931; als Nachdruck herausgegeben von George Bouron und Heinrich Kunstmann. Jal-Verlag, Würzburg 1977.

Martin Meyer

Wovon wir philosophisch leben

Es sei zunächst eine Geschichte berichtet. Im Herbst 1979 hielt der Philosoph Ernst Tugendhat an der Universität Zürich einen Vortrag. Das Thema lautete «Sprache und Ethik». Die Aula war fast voll, Zuspätgekommene fanden auf der Empore Platz. Tugendhats Referat war ein fein durchkomponiertes Ganzes, in sich schlüssig – obzwar an manchen Stellen sehr wohl Einwände hätten vorgebracht werden können. Und auch *wie* der Referent vortrug: nämlich monoton, gelegentlich mit stockender Stimme, jedenfalls ganz ohne Glanz und Feuer – das war alles andere als eine überzeugende, den Hörer überredende Leistung.

Nach einer kurzen Pause, die die Möglichkeit gab, den Saal vor der folgenden Diskussion zu verlassen (etwa die Hälfte der Anwesenden ging), erläuterte Tugendhat seine Thesen. Er wies nochmals darauf hin, dass er eigentlich bloss wichtige Positionen der neueren angelsächsischen Ethik miteinander verknüpft und, allerdings, stimmiger, als dies bisher geschehen sei, systematisiert habe. Dann kamen die Einwände. Rede und Gegenrede. Wieder und deutlicher eine gewisse Hilflosigkeit des Vortragenden. Das Thema verschob sich auf die moralischen Implikationen von «gut» und «schlecht». Bibelstellen wurden zitiert. Viele Fragen, keine Antworten, nur Ungewissheit.

Um 22 Uhr, so will es der hiesige Brauch, musste die Aula geräumt werden. Langsam leerte sich der Saal. Aber draussen, im Gang, wurde das Gespräch fortgesetzt, nun in kleinen Gruppen. Ein Hauswart kam und bat, das Gebäude zu verlassen. Aber draussen, vor der Universität, wurde weiterdiskutiert. Dunkelheit, Kälte – endlich lösten sich die Gruppen auf.

Was sagt uns heute Hegel? Was erwarten wir heute von Kant? Sind wir noch Platon verpflichtet? Ist uns Nietzsche Begleiter? Wie lesen wir Thomas von Aquin? Lesen wir ihn – und Hobbes, Spinoza – überhaupt noch?

1946, anlässlich seiner Groninger Inauguralrede, behandelte

Helmuth Plessner die Frage «Gibt es einen Fortschritt in der Philosophie?». Und Ende August 1979 hat Robert Spaemann, in der «NZZ», einen Aufsatz unter das Thema «Die kontroverse Natur der Philosophie» gebracht. Plessner und Spaemann verneinten Plessners Frage. Philosophie sei der «kontinuierliche Diskurs über letzte Fragen» und weiter die «institutionalisierte Grundlagenkrise» (Spaemann). Auch Plessner meint, Gegenstand und Erkenntnisziel der Philosophie – in Richtung aufs Ursprüngliche – schlössen einen Fortschritt aus.

Und dennoch war es seit je ein Anspruch der Philosophie, aufs Ganze der Welt einzutreten. Dieser Anspruch war eine wichtige Quelle der Selbsterhaltung der Philosophie von Platon bis Hegel. Wobei Hegel, der letzte grosse Systematiker, seine Philosophie als Synthese aller vorangegangenen Versuche fasste, die Wirklichkeit im Ganzen zu erkennen – Stufen des Fortschritts. Während Platon die Welt als überschaubar und, vergleichsweise, einfach geordnet erfuhr, war Hegel Zeitgenosse der modernen, komplexen, arbeitsteilig organisierten Industriegesellschaft. Heute glauben wir, dass Hegels System, auf grossartige Weise zwar, gescheitert ist. Die Wirklichkeit hat sich ihrer geschichtsphilosophischen Darstellung entzogen. Gleichwohl verstanden Soziologen wie Lorenz von Stein und Max Weber das Erbe Hegels zu nutzen, und auch die Philosophie der Gegenwart vermag Hegels Aktualität für spezifische Probleme nachzuweisen.

Spezifische Probleme. Der Anspruch Hegels ist damit erledigt. In der zitierten Rede hat Plessner gezeigt, wie spezifische Probleme der Philosophie allmählich zu Problemen der positiven Wissenschaften werden und dort ihre Lösung finden. Das bedeutet natürlich eine Reduktion des Fragehorizonts der Philosophie. Wer wird sich noch Hegels Ausführungen in seiner «Rechtsphilosophie» aneignen wollen, wo Max Weber der bürgerlichen Gesellschaft bis in ihre feinsten Verästelungen nachgespürt hat? Und wer wird Hobbes' «Leviathan»-Symbole auf politische Optionen hin prüfen? Hegels Wort, Philosophie sei «ihre Zeit in Gedanken gefasst», ist einerseits nicht hintergehbar.

Anderseits sei Philosophie – Spaemann, oben – ein «kontinuierlicher Diskurs über letzte Fragen». Damit können nicht Fragen gemeint sein von der Art jener Probleme, die nach und nach aus der Kompetenz der Philosophie in die der Wissenschaften wandern. Was sind letzte Fragen? Spaemann gibt die formale Antwort: «Letzte Fragen sind solche, die am Ende der normalen Diskurse offenbleiben.»

Oder, um konkrete Beispiele anzuführen, Fragen zum Wesen des Menschen; zu dem, was er tun und lassen soll; also anthropologische, ethische Fragen. Und natürlich auch Fragen der praktischen Philosophie, deren Ziel, nach Aristoteles, nicht Wissen, sondern Handeln ist. Im Kontext solcher Problemstellungen lesen wir – immer noch – Hobbes und Spinoza, Kant und Thomas von Aquin. Die Gegenwärtigkeit von Problemen, die je schon sind, entlarvt die Fiktion einer ständig sich abschliessenden Philosophiegeschichte. Was in der «Politik» des Aristoteles anstand, steht – mutatis mutandis – nicht weniger heute an, und vom pragmatischen Anspruch der Orientierungskrisenbewältigung bis zur Erörterung ethischer Anfangsgründe erweist sich die Beschäftigung mit den klassischen Stellen der Philosophie als fruchtbar. Das meint das Wort vom kontinuierlichen Diskurs.

Gleichwohl gehörte bis in die Zeit Hegels die Erkenntnis der Wirklichkeit im System zum Ensemble der letzten Fragen. Diese Erkenntnis war die Beantwortung der letzten Frage überhaupt. Was hat sich seither geändert?

Hat sich bloss die – auch schon alte – Einsicht durchgesetzt, dass die Idee von den Bewegungen und Gesetzen einer ganzheitlich geordneten Welt Chimäre des Idealismus ist? Dass es mithin müssig und sinnlos ist, eine solche Frage überhaupt zu stellen? In gewisser Hinsicht hat die nach-hegelsche Philosophie teils explizit, teils uneingestanden die Position der Skepsis eingenommen. Marx wusste die Skepsis zu einer Geschichtsphilosophie in materialistischer Absicht umzuformen. Andere lebten mit der Resignation aus Epigonalität. Allgemein verbreitete sich seit der Mitte des 19. Jahrhunderts die Erfahrung von Kontingenz: was wirklich ist, ist weder vernünftig noch unvernünftig. In Deutschland entstand der Historismus, während Nietzsche aphoristisch schrieb; wer keinen Zusammenhang mehr sieht, keine Systematik, kann nur noch episodisch verfahren. Am Anfang unseres Jahrhunderts: waren nicht nur die Fragen nach dem Ganzen der Welt liquidiert, sondern überhaupt die meisten, die letzte Fragen genannt werden können. – 1900/1901 erschienen Husserls «Logische Untersuchungen».

Was hilft uns heute Husserl? Leben wir noch von, mit Heidegger? Wohin hat uns Sartre geführt? Horkheimer, Adorno – sind sie uns gegenwärtig? Glauben wir noch mit, an Bloch? Plessner? Wittgenstein?

In einer Rückbesinnung auf Heidegger hat Hans-Georg Gadamer einmal gesagt, «Sein und Zeit» sei nicht zu erwarten gewesen. Das mag, von der pointierten Formulierung einmal abgesehen, für jedes bedeutende philosophische Werk zutreffen. Und dennoch hat auch die Zeit ihren Anteil; Zukunft ist nicht ohne Herkunft. Der Ernst freilich, mit dem Husserl seine phänomenologische Methode entfaltete und den Welt-Begriff erneut zu denken versuchte; das Pathos, das Heideggers Metaphysik-Kritik freisetzte – das war eine unerwartete Antwort auf die herrschenden philosophischen Strömungen des ausgehenden 19. Jahrhunderts. Wirkungs- und ideengeschichtlich abhängiger erwiesen sich die geschichtsphilosophisch durchflochtenen Arbeiten von Bloch, Sartre, Horkheimer/Adorno. Wenn wir heute an «Geist der Utopie» erinnern, verweisen wir nachdrücklicher auf das, was uns von Bloch trennt, und ähnliches gilt für «L'Etre et le Néant».

Heidegger hat eine Renaissance; die Diskussionen um Wittgenstein und die analytische Philosophie sind noch nicht beendet; dass die Erkenntnistheorie von Husserl gelernt hat, ist unbestritten. Daneben sind es wieder die letzten Fragen, deren Erörterung ansteht. Die sechziger und die frühen siebziger Jahre standen im Zeichen der Auseinandersetzung zwischen marxistischen Theorien und kritischem Rationalismus. Damals wäre eine Besinnung auf die bedeutenden philosophischen Werke unserer Zeit unzeitgemässer – und nötiger gewesen. Mittlerweile herrscht Gelassenheit im Umgang mit der Geschichtsphilosophie, und wovon wir philosophisch leben, ist nicht mehr Ziel der Polemik.

Die folgenden sieben Beiträge gehen «philosophischen Jahrhundertwerken» nach. Die Liste ist nicht komplett; zentrale Arbeiten aus dem angelsächsischen Raum, insbesondere zur Ethik, sind nicht berücksichtigt. Die Zusammenstellung ist aber auch nicht zufällig. Mit dem Namen von Husserl, Plessner, Heidegger, Bloch, Sartre, Adorno, Horkheimer und Wittgenstein verbinden sich Fluchtpunkte der abendländischen Philosophie. Die Beiträge sind deshalb auch nur teilweise in philosophiehistorischer Absicht geschrieben. Wichtiger ist ihnen, was bleibt: der Diskurs ohne Ende – wie ihn der Philosoph Ernst Tugendhat zwanglos hervorgebracht und an jenen Punkt geführt hat, wo Reflexion in das «Unaussprechliche» mündet, von dem Wittgenstein sagt: «Es zeigt sich.»

Werner Marx

In-der-Welt-Sein

Martin Heideggers «Sein und Zeit»

War «Sein und Zeit» ein Werk, von dem man bei seinem Erscheinen, 1927, sagen konnte, dass es «an der Zeit» war?

In der «Phänomenologie des Geistes» konnte Hegel durch den sich in «bestimmter Negation» entfaltenden Begriff philosophisch beweisen, dass die «Erhebung zur Wissenschaft» als das Resultat vergangener Weisen des «erscheinenden Wissens» auftreten *musste*. Es wäre freilich ganz unangemessen, wollte man eine solche Notwendigkeit für Heideggers Werk beanspruchen, dessen Konsequenz nicht zuletzt die Destruktion des Begriffs und der teleologischen Geschichtsauffassung Hegels war. Gleichwohl liegt für Heideggers Selbstauslegung eine Notwendigkeit darin, dass «Sein und Zeit» sich der Erfahrung der «Seinsvergessenheit» innerhalb der «Seinsgeschichte» verdankt. Aber auch ohne die Annahme einer solch weitreichenden gedankengeschichtlichen Notwendigkeit drängt sich heute, nach mehr als fünfzig Jahren seit Erscheinen des Werkes, die Auffassung auf, dass in ihm Tendenzen zur Vollendung gelangten, die von langer Hand am Werke waren und die sich zu etwas Neuem verbanden, das von da an – in der Form der Zustimmung oder der Abwehr – das kontinentaleuropäische Denken der Gegenwart bestimmt hat.

Heideggers «Sein und Zeit» steht in der Tradition der nachhegelschen Strömungen, die sich gegen die Licht- und Bewusstseinsmetaphysik richteten, gegen den Anspruch, dass die Philosophie – um mit Hegel zu sprechen – als wissenschaftliches System von Letztbestimmungen die «wahre Gestalt» sei, «in welcher die Wahrheit existiert», und dass in der Welt die Vernunft und der Geist herrschten.

Die Motive, die die Junghegelianer von Feuerbach bis Marx und Stirner und, wiederum auf andere Weise, den späten Schelling veranlassten, den Kampf gegen Hegel und den Hegelianismus zu führen, müssen in Heideggers Denken wirksam gewesen sein; freilich noch wirksamer jene, die von Nietzsche und Kierkegaard ausgingen. Kierkegaards Aufstand gegen die Annahme eines weltgeschichtlich Allgemeinen und sein Engagement für den unverwechselbaren Einzelnen, Nietzsches Einsicht in die von der Logik nicht erfassbaren Hintergründe menschlichen Seins, seine Sehnsucht nach einem neuen Menschen und einer neuen Realität, der ein abgeschlossenes System entgegenstand, gehören ebenso zu der geistesgeschichtlichen Situation vor dem Ersten Weltkrieg wie Diltheys Philosophie der Geschichtlichkeit und der Hermeneutik als Selbstreflexion des Lebens.

Die Radikalisierung dieser Tendenzen nach dem Ersten Weltkrieg sowie das durch einen zunehmenden relativierenden Historismus und Nihilismus gekennzeichnete Klima der Weimarer Zeit mit seinen als Reaktion hierauf politisch aggressiven, überschwänglich völkischen utopischen Bewegungen führten zu der Krise, die in der Philosophie Werke zu überwinden versuchten, die beanspruchten, einen neuen Anfang zu setzen. Erinnert sei nur an Franz Rosenzweigs «Neues Denken», an Martin Bubers «dialogisches Denken», an Karl Jaspers existentiell-transzendierendes, an Ferdinand Ebners, Karl Barths und Rudolf Bultmanns Versuche, das theologische Denken zu einer unmittelbareren Form gläubigen Verhaltens zu führen.

Einflussbereiche

Es gibt nun aber zwei «Einflusssphären», die gewissermassen quer zu den bisher genannten liegen, die genauso stark den jungen Heidegger bestimmt haben und ohne die das Werk «Sein und Zeit» undenkbar wäre. Die eine ist die Phänomenologie *Edmund Husserls*. Heidegger hat bekannt, dass in den Jahren, in denen er als Husserls Assistent in Freiburg die Phänomenologische Methode erlernte, ihn dessen Ruf «Zu den Sachen selbst!» auf den Weg zum eigenen Denken gebracht hat. Die Vertrautheit mit der Methode Husserls, das Sein des Gegenstandes im Wie seines Erscheinens – den Gegenstand als «Phänomen» – aufzuzeigen, führte Heidegger dahin, Seinsfragen als Sinnfragen zu stellen.

Die zweite Einflusssphäre war das Resultat der theologischen Ausbildung Heideggers, seine genaue Kenntnis der Scholastik, des Aristoteles, angeregt durch Franz Brentanos Schrift «Von der mannigfachen Bedeutung des Seienden nach Aristoteles». Dies beides bildete die Grundlage für Heideggers Ueberzeugung, dass es für einen Philosophierenden nur darum gehen konnte, jene Sinnfrage an das Sein des Seienden und dem zuvor an dasjenige Wesen zu richten, das einzig und allein den Sinn des Seins zu verstehen vermag. Darum hat er in der Vorbemerkung zu

«Sein und Zeit» mit aller Deutlichkeit erklärt, es gelte *«die Frage nach dem Sinn von Sein* erneut zu stellen» und «vordem, allererst wieder ein Verständnis für den Sinn dieser Frage zu erwecken». Das sei darum möglich, weil das Auszeichnende des Seins des Menschen in seinem «Seinsverständnis» liegt.

Wichtig ist zu sehen, dass Heidegger bei der Auslegung des Seinsverständnisses die phänomenologische Methode sogleich mit derjenigen Diltheys verband. Wie für Dilthey sich das Leben in Selbstreflexivität «hermeneutisch» auslegt, so versucht Heidegger in «Sein und Zeit» die Selbstauslegung menschlichen Seins darzustellen, wobei er, wiederum auf Dilthey zurückgreifend, die Daseinshermeneutik «geschichtlich» zu durchdenken unternimmt. Ein solcherart vom Philosophen ausdrücklich gemachtes Seinsverstehen muss zu der Einsicht gelangen, dass es «in seiner jeweiligen Weise zu sein und auch mit dem ihm zugehörigen Seinsverständnis in eine überkommene Daseinsauslegung hinein- und in ihr aufgewachsen ist». Zu ihr gehören die «überlieferten Bestände» der philosophischen Daseinsauslegung.

Für eine Gesamtdeutung des Werkes scheint es mir sachgemäss zu sein, diese «Bestände» insgesamt unter die Kategorien der Substanz und des Subjekts zu subsumieren. So gesehen lag die Aufgabe von «Sein und Zeit» darin, diese Kategorien zu «überwinden», denn sie sind die Fundamente, auf denen das Gebäude der gesamten überlieferten Metaphysik ruht. Gelänge dies, dann wäre mit ihnen das gesamte Haus, auf denen es ruht, zum Einsturz gebracht und dann gäbe es Raum für den Aufbau eines neuen Hauses. Insofern kann man Heideggers Werk «Sein und Zeit» als den Versuch einer «Ueberwindung» von Substanz und Subjekt auffassen, mit dem gleichzeitigen Bemühen, positiv an die Stelle der destruierten Struktur eine solche zu setzen, die nicht mehr Ausdruck der Kategorien der Substanz und des Subjekts ist.

Man darf somit keinesfalls übersehen, dass in «Sein und Zeit», im Gegensatz zu anderen Werken verwandter Grundtendenzen, der Versuch gemacht wird, die Auseinandersetzung mit der Tradition auf der Ebene von Kategorien und Grundbestimmungen zu führen. Insofern bleibt Heidegger ganz im Zuge des abendländischen Philosophierens, das stets seine Aufgabe im Denken von Kategorien gesehen hatte. Dem steht nicht entgegen, dass es für ihn freilich nicht mehr darum gehen konnte, durch eine Wissenschaft im Sinne der Tradition solche Kategorien in der Gestalt eines Systems darzustellen, dass er mit seinen antimetaphysischen Vorgängern die Ueberzeugung teilte, dass Philosophie keine derartige Wissenschaft mehr sein kann.

Es sollte sich als folgenschwer erweisen, dass sich Heidegger in seiner kritischen Auseinandersetzung mit der traditionellen Ontologie vor allem an der Cartesischen Seinsidee der Substanz, der res extensa, orientierte. Heidegger war offenbar davon überzeugt, dass diese Bestimmung substantieller Dinghaftigkeit auch noch der Idee des menschlichen Subjekts zugrunde lag. Hatte Descartes die res cogitans auch gerade als grundsätzlich von der res extensa unterschieden gedacht, so hatte er sie doch als eine *res* aufgefasst.

Für Heidegger ergab sich hieraus, dass der Sinn des Seins schlechthin von dem Sinn bestimmt war, der der cartesischen Substanz zugrunde lag. Es sei dieser alles beherrschende Seinssinn von Vorhandensein und Dinglichsein gewesen, der es verhindert habe, Verhaltungen des Daseins ontologisch angemessen vor den Blick zu bringen. Heidegger geht so weit, zu sagen, dass «von Descartes' res cogitans bis zu Hegels Geist» die Philosophie unter der «scheinbar selbstverständlichen Botmässigkeit der Ontologie des Substantialen» gestanden habe. So hat nach ihm auch die Selbstheit des Selbst oder des Ich bei Kant den Seinssinn der «Beständigkeit» eines «immer schon Vorhandenen».

Gegen diese Tradition hat Heidegger nun versucht, in positiver Absicht das Sein des Menschen neu zu entwerfen und das Sein der Dinge, mit denen er bedeutungshaft zusammenlebt. Ich möchte im folgenden die wichtigsten Bestimmungen so interpretieren, dass sie den betont unsubstantiellen Charakter bezeugen, den bei Heidegger das Sein von Mensch und Ding hat, und dass sie als solche für ihn dem Anliegen dienen, jene traditionellen Kategorien «zu überwinden».

Existenz

Das Sein des Menschen heisst die *Existenz*. Dieser Titel soll das Seiende erfassen, das sich in einer einzigartigen Weise zu seinem Sein als dem «jemeinigen» verhält, um «das es ihm geht» und «das zu sein es übernommen hat». In Abwehr der den alten Substanz- und Subjektauffassungen zugehörigen Titel *essentia* und *existentia* zeigt Heidegger, dass der Mensch gerade nicht so verstanden werden kann, dass er als ein «Fall und Exemplar einer Gattung» existiert und dass «er nicht als ein sachhaltiges Was» mittels der traditionellen Bestimmung Essenz erfasst werden kann. Der Mensch ist kein «Vorhandener», er ist in seinem Sein die Bewegung eines Selbstverhältnisses.

Der unsubstantielle Charakter des menschlichen Seins wird dadurch verdeutlicht, dass dieses von allen anderen Seienden ausgezeichnete Seiende das *Dasein* heisst. Dieser Titel bedeutet in «Sein und Zeit», dass es sich um ein Seiendes handelt, dem sein «Da» immer schon «erschlossen» ist, ein Seiendes, das *ist* in der Weise, «sein *Da* zu sein». Darin liegt die entscheidende Bestimmung, dass dieses Seiende zu seinem Sein in einem «verstehenden Verhältnis» steht, dass es als ein Seinsverständnis existiert. Die Kategorien der Substanz und des Subjekts sind besonders ungeeignet, ein Seiendes zu erfassen, das sich immer schon zu seinem Seinkönnen, seinen «Seinsmöglichkeiten» in einer verstehenden Weise verhält, das derart «an ihm selbst» erschlossen oder «gelichtet» ist.

Die Verhaltungen des Daseins, die Weisen, sein «Da» zu sein, sind in einer entscheidenden Richtung dadurch gekennzeichnet, dass sie Weisen von *In-der-Welt-Sein* sind. Die Weltlichkeit der Umwelt, in der Dasein wohnt, wird als eine Art Bedeutungsganzheit von Verweisungen bestimmt. Die Verweisungsganzheit von Welt verleiht sowohl dem Sein der Dinge wie dem Sein des Menschen eine Bedeutsamkeit, die die traditionellen, an der Substanz und dem Subjekt orientierten Ontologien und Anthropologien «übersprungen» haben. Alle «innerweltlichen» Dinge sind in ihrer Bedeutsamkeit letztlich auf das Seiende hin ausgerichtet, dessen Sein sich als In-der-Welt-Sein bestimmt, dem Dasein. Deswegen sind sie ihm «nahe», sind ihm «zuhanden» und haben den Seinssinn vom Zuhandensein und nicht den von Vorhandensein.

Das Dasein erschliesst als dieses «In-der-Welt-Sein» durch Befindlichkeit, Verstehen und Rede jeweils so und und so gestimmt das Ganze seiner Welt, «entwirft» es verstehend und «teilt» – auf Grund seines Mitseins – «redend» diese Bedeutungsganzheiten «anderen» mit.

Die traditionellen Ontologien und Substanzlehren gingen demgegenüber unsachgemäss von theoretischen Verhaltungen eines Subjekts, eines Intellekts, des Verstandes oder der Vernunft aus und übersahen dabei jene «fundierende» Grundschicht gestimmten Verstehens, aus der sich erst nachträglich diese theoretischen Verhaltungen ableiten. Das originäre Sein des Daseins ist aber keineswegs als «freischwebend» aufzufassen. Das Dasein «existiert faktisch». Das Faktum, «das dieses Seiende ist» und der «Existenz überantwortet» ist, gehört als *Geworfenheit* mit in den Seinssinn des Menschen. Wiederum kommt es darauf an, zu sehen, dass es sich bei dieser «Faktizität» nicht um eine der «Vorhandenheit» «zugehörige Tatsächlichkeit» handelt. Vielmehr ist dieses «Dass es ist» und «Zu sein hat» immer schon in gestimmter Weise verstanden und in die Existenz aufgenommen worden.

Diese Struktur bezeugt den unsubstantiellen Seinscharakter des Daseins, ebenso das Existential des *Verfallenseins,* wonach sich Dasein im Modus der Alltäglichkeit unter der Herrschaft des «Man» immer schon im «Miteinandersein» an die innerweltlichen Dinge verloren hat. Es bedeutet nicht, dass der Mensch sich «verdinglicht» hat, also – im Sinne der Dingvorhandenheit – «zu einer Substanz» wird. Dasein hat vielmehr auch im Modus des Verfallenseins eine der Dingvorhandenheit entgegengesetzte Bewegungsstruktur, eben weil sie auch jederzeit die Zurücknahme in eine «eigentliche» Weise gestattet.

«Ganzheit» als Sorge

Dass Dasein im Modus der Alltäglichkeit nicht durch die traditionellen Kategorien der Substanz und des Subjekts bestimmt werden kann, wird insbesondere dadurch deutlich, dass die «Ganzheit» des alltäglichen Daseins existential-ontologisch als *Sorge* zu denken ist, ein Titel, der für Heidegger die Einheit von Existenz, Verfallensein und Faktizität bedeuten soll. Der Sinn der Sorge wird dann dadurch tiefer gefasst, dass der alle bereits genannten Seinsbestimmungen entscheidende Charakterzug menschlichen Seins, die *Endlichkeit,* bestimmt wird.

Das Problem der Endlichkeit des Daseins steht im Mittelpunkt von Heideggers Denken. Faktizität (Geworfenheit) konstituiert das Dasein als endliches, weil das Dasein der «geworfene Grund» seines Seins «sein» muss, nie hinter ihn «zurück kann». Es muss das von dieser «Nichtigkeit» durchwaltete Sein «existieren». Existenz als «Entwerfen» von Seinsmöglichkeiten ist ferner deswegen endlich, weil es stets das «Nichtgewählthaben» von Möglichkeiten zu tragen hat. Und schliesslich ist sein Verfallensein insofern Ausdruck seiner Endlichkeit, als diese Struktur in Wahrheit nichts anderes als eine «Flucht» vor sich selbst ist. Dies bezeugt die *Angst* in unmittelbarer Weise. Sie bietet plötzlich der alltäglichen Flucht des Daseins vor sich selbst, dem Verfallensein, Einhalt, reisst es aus seinem «Zuhause» bei den innerweltlich zuhandenen Dingen und den Mitdaseienden heraus und setzt es in das «Unzuhause», in die «Unheimlichkeit», die in «ursprünglicher Weise» sein Wesen kennzeichnen.

Wenn alle innerweltlich Seienden «nichts und nirgends» mehr sind, wenn alle Verweisungszusammenhänge der Umwelt wirkungslos geworden sind, dann bleiben nur die Erfahrung der nackten Weltlichkeit, in die das Dasein faktisch «geworfen» ist, und die Erfahrung, dass es «auf sich zurückgeworfen» ist. Jetzt wird das Dasein das «vereinzelte» Seiende, das sich als *eigentliches* entwerfen muss, ohne Anhalt an die vom «Man» angebotenen Daseinsauslegungen. Das Dasein, das durch die Angst zum «Freisein des Sich-selbst-Wählens und -Ergreifens» verwandelt worden ist, ist dennoch «endlich», weil es nur die Möglichkeit wählen kann, in die es immer schon geworfen ist. Die äusserste Bestimmung der Endlichkeit des Daseins ergibt sich für Heidegger aus dem Seinsverhältnis des eigentlichen Daseins zu seinem Ende, der Möglichkeit des Todes.

Es bedarf keines umständlichen Beweises dafür, dass ein Philosophieren, das von dem Sinn der cartesischen Substanz her, der Dingvorhandenheit, menschliches Sein zu bestimmen versucht, die Phänomene der Endlichkeit, der Angst und des Todes nicht sachentsprechend zu denken vermag; und dass Heidegger sie nur dadurch zur Sprache bringen konnte, dass er diese Kategorien überwand.

Im zweiten Teil von «Sein und Zeit» wird versucht, die im ersten Teil gewonnenen Strukturen als *zeitliche* zu erweisen. Es ist eine «Zeitlichkeit» besonderer Art, die nichts mit der aristotelischen Zeit gemeinsam hat, dieser vielmehr nach Heidegger zugrunde liegt. Sie ermöglicht nach ihm drei Modi: das «Sich vorweg» des Vorlaufens, das «Zurück zur» der Geworfenheit und als drittes das «Sein bei». Der erste Modus heisst «Zu-kunft», weil er es ermöglicht, dass das Dasein überhaupt in seiner Möglichkeit auf sich zukommen, diese Möglichkeit aushalten und so «eigentlich» existieren *kann*. Insofern die «Zukunft» die Bedingung der Möglichkeit dafür ist, dass das Dasein zu der Todesmöglichkeit, sie antizipierend, vorlaufen kann, sie ermöglicht, ist sie die Wahrheit der Existenz und erhält deswegen den Vorrang. Diese temporalen Analysen von «Sein und Zeit» geben nicht nur die tiefste Begründung der Endlichkeit des menschlichen Seins. Sie sind auch die Vollendung des Versuchs, den Sinn von Sein in den traditionellen Ansätzen von Substanz und Subjekt zu überwinden.

Als «Auf-sich-zu-Kommen» und «Auf-sich-Zurückkommen», also als Entwurf und Geworfenheit, ist das Dasein ein «erstrecktes Sicherstrecken» und insofern *geschichtlich*. Aber es ist auch in dem prägnanten Sinne «geschichtlich», dass sich dieses Geschehen als «Mitgeschehen» in der Gemeinschaft des Volkes ereignet. Dasein ist geschichtlich, weil es im Geschick einer jeweils bestimmten Gemeinschaft verwurzelt, ein «schicksalhaftes Geschick» ist. Die seinsverstehende Existenz, die als endliche Zukunft auf sich zurückkommt, sich aus ihrer Todesmöglichkeit in ihrer begrenzten Ganzheit erfahren hat, überliefert sich die noch wirksamen Möglichkeiten der Gemeinschaft als «Erbe».

«Sein und Zeit» ist bekanntlich ein Fragment geblieben. Inzwischen hatte Heidegger eingesehen, dass diese Absetzung nahezu allein von dem Sinn des Cartesischen Seinsbegriffs nicht ausreicht. So hat er in einer das abendländische Denken von

Parmenides bis Nietzsche umfassenden «Seinsgeschichte» den Sinn von Sein als «Anwesenheit» zu bestimmen versucht. Auf seine Werke nach der sogenannten «Kehre», von der aus er in einer ganz anderen Weise zu philosophieren unternahm, kann in dieser sich auf «Sein und Zeit» beschränkenden Betrachtung nicht eingegangen werden, auch nicht auf die ohnehin grosse, bekannte Wirkungsgeschichte des Werkes.

«Sein und Zeit» hat zu mancher bemerkenswerten Kritik Anlass gegeben. Die radikalen Daseinsanalysen haben wichtige Bestimmungen unserer Tradition ihres Gehaltes beraubt. Begriffe wie Schuld und Gewissen wurden ohne ihre theologisch-moralische Bedeutung eingeführt, der Begriff Wahrheit verlor seine kritische und normative Dimension und den mit ihm verbundenen Sinn verantwortlicher Rechtfertigung menschlichen Wissens und Handelns.

Elmar Holenstein

Von der reinen Logik zur Menschlichkeit

Edmund Husserls «Logische Untersuchungen»

Der Philosoph Edmund Husserl ist sicherlich ein weniger profunder Kenner der Geschichte der abendländischen Philosophie gewesen als sein bedeutendster Schüler Martin Heidegger. In einem Punkt jedoch dürfte Husserl ein zutreffenderes Urteil gefällt haben. Heidegger vermochte im Anliegen insbesondere der neuzeitlichen Philosophie, alles vollständig und letztlich zu begründen, nur den Durchbruch einer technischen Mentalität zu sehen, die alles berechenbar und damit beherrschbar machen will. Husserl vertrat, aus eigener Erfahrung, eine andere Interpretation. Das philosophische Streben nach Letztbegründung hat sein Motiv im Verantwortungsbewusstsein des vernünftigen Menschen, der über sein Tun und die Möglichkeiten, die ihm geboten sind, Rechenschaft ablegt.

1900 und 1901 erschienen in zwei Bänden Husserls «Logische Untersuchungen», der zweite Band mit dem Untertitel «Untersuchungen zur Phänomenologie und Theorie der Erkenntnis», an denen der kaum bekannte und beruflich erfolglos gebliebene, nunmehr 42jährige Hallenser Privatdozent zehn Jahre fast ausschliesslich gearbeitet hatte. In einem Brief drei Jahre zuvor an seinen Kollegen Natorp beklagte er sich über seine Einsamkeit «bei dem verzweifelten Ringen nach sicheren Grundpunkten für eine rationale Weltanschauung». Etwas früher hiess es in einem Brief an einen Schulkameraden:

«Dieses zähe Ringen nach festen Haltepunkten, nach einer sicheren Basis, nach einem Stück echter Wissenschaft, dieser Kampf gegen all die Standpunkte und Quasi-Theorien, die sich im Grunde selbst nicht objektiv bindend ausgeben – da liegt die Entscheidung über Erfolg und Misserfolg, Glück und Unglück meines Lebens.»

Mit dem alsbald einsetzenden Erfolg wuchs Husserls Anspruch. In seiner letzten Schrift, 35 Jahre später, sah er den Philosophen nicht mehr als ein Individuum, das nur für sein persönliches Leben verantwortlich ist, sondern als «Funktionär der

Menschheit», zur «Verantwortung für das wahre Sein der Menschheit» berufen.

Meisterwerk

Man pflegt in der Wissenschaft zweierlei Meisterwerke zu unterscheiden, solche, die Tendenzen einer Zeit, die «in der Luft liegen», die hier und dort virulent sind, jedoch immer nur fragmentarisch und zusammenhanglos formuliert werden, in einem kompakten, systematisch durchstrukturierten Kompendium zusammenfassen, und solche, die neue Perspektiven und Schwerpunkte der Forschung zu setzen vermögen.

Husserls «Logische Untersuchungen» vereinigen beide Typen von Meisterwerken. Mit dem ersten Band, den «Prolegomena zur reinen Logik», hat er den Bann des Psychologismus in der Logik definitiv gebrochen. Die Gesetze der Logik sind keine psychologischen Denkgesetze, die sich aus der faktischen Beschaffenheit des menschlichen Geistes ergeben, sondern an sich gültige Gesetze, die in der Bedeutung der logischen Kategorien gründen. Das war nicht neu. Lotze, die Neukantianer, Frege, sein eigener Lehrer Stumpf hatten die gleiche Linie eingeschlagen. Es war nur durchschlagend konzipiert. Noch 1914 zitierte der damals dem Neukantianismus anhangende Heidegger das Wort Natorps, dass den Neukantianern «von Husserls schönen Ausführungen doch nicht gar viel erst zu lernen übrigblieb». Von mehr als nur zeitgenössischer Relevanz ist, dass der ungeheure Aufbruch der mathematischen Logik, die Realisation von Leibnizens Programm einer *mathesis universalis,* als deren Prolegomena Husserl sein Buch verstanden hatte, nicht von ihm und seinen Nachfolgern geleistet worden war, sondern von Frege, Russell, Carnap und polnischen Logikern ausging, wobei man nur von Carnap und einigen polnischen Logikern (Ajdukiewicz, Lesniewski) sagen kann, dass Husserl mit seiner Grundlegung einer reinen oder kategorialen Grammatik von nachweisbarer Anregung war.

Husserl verstand unter der reinen Grammatik eine universale Grammatik, die die Regeln der Kombination und der Transformation (dieser mathematische Begriff wird erstmals von Husserl sprachtheoretisch verwendet) enthält, die a priori für alle Sprachen Geltung haben. Damit wurde Husserl zusammen mit Anton Marty, der eine empirische Erklärung der Universalien vertrat, zum Brückenpfeiler zwischen der traditionellen und der modernen Universalienforschung in der Linguistik. Auch in sachlicher Hinsicht nimmt er eine merkwürdige Zwischenstellung ein. Einerseits bleibt er der klassischen Konzeption verhaftet, nach der nur Bedeutungskategorien («Ideen») universal sind, Ausdruckskategorien («Wörter») dagegen variabel, während die neuere Universalienforschung ihren Ausgang gerade vom Nachweis universaler Gesetzmässigkeiten auf der Ausdrucksebene der Sprache, der Ebene der Phono- und Morphologie, nahm. Anderseits wurde die vielleicht originellste Neuerung dieser Forschung, Jakobsons Statuierung von implikativen Universalien (z. B.: keine Sprache hat einen Dual, die nicht auch einen Plural hat), am Leitfaden von Husserls Fundierungsgesetzen in der III. Logischen Untersuchung formuliert.

Husserl selber glaubte, mit den «Logischen Untersuchungen» noch mehr in die Wege geleitet zu haben, über Grammatik und Logik hinaus die Rehabilitation der «sehr verpönten Idee einer apriorischen Ontologie». Heute muss man sagen, dass er die Forschung in der Königsdisziplin der Philosophie nur für drei Jahrzehnte zu prägen vermochte. Hier wurde er einerseits von Heideggers neuartiger Konzeption der spezifischen Ontologie des Menschen, der sich in seinem Sein um sein Sein zu «sorgen» hat, anderseits von einem Neuaufbruch nominalistischer Konzeptionen (Quine) abgelöst, deren sprachanalytisches Vorgehen deutlichere Fortschritte zeitigt. Wiederum kann man nur für Heidegger sagen, dass Husserl ein Wegbereiter war, unmittelbar methodisch, mittelbar über einen seiner ersten Gefolgsleute und Popularisatoren, Max Scheler, auch inhaltlich.

Das Vorhaben des zweiten Bandes bestand nicht im systematischen Aufbau der formalen Logik, sondern, nachdem die apriorische Geltung der logischen Gesetze gesichert war, im Nachweis, wie ein *Subjekt* zu Erkenntnissen mit *objektiver* Geltung kommt. Bei dieser transzendentallogischen Fragestellung fand Husserl weder bei Bolzano noch bei Frege, die ihm zur Ueberwindung des Psychologismus verholfen hatten, einen Anhalt, sondern unter seinen Zeitgenossen allein beim Neukantianer Natorp. Das Resultat, über die «Logischen Untersuchungen» hinausführend, war eine eigenartige Renaissance von Kants Synthese des englischen Empirismus und des deutschen Rationalismus, nur dass jetzt auf der Seite der deutschen Philosophie nicht Leibniz und Wolff standen, sondern Kant selber. Die Begriffe der phänomenologischen Transzendentalphilosophie sollen nicht spekulativ konstruiert, sondern in positiver und genetisch auf die Erfahrung zurückgehender Anschauung, in der sog. Wesensschau, ausgewiesen werden: «Wir sind die echten Positivisten!»

Methodologische Neuerungen

Husserl war jedoch nicht nur ein teils zeitgebundener, teils in die Zukunft weisender Rehabilitator und Vermittler traditioneller philosophischer Programme, insbesondere von Leibniz und Kant und mit der dabei verfolgten Radikalität auch von Descartes. Er wurde auch zum Promotor einer bedeutenden zeitgenössischen methodologischen Neuerung. Um die Jahrhundertwende kam es auf breitester Front, in den Natur- wie in den Geisteswissenschaften, zu einer Abkehr von einseitigen kausalmechanischen Erklärungen und zur Entwicklung neuer Erklärungsmodelle mehr strukturaler und funktionaler Art. Ein Phänomen wird nicht mehr allein erklärt, indem es auf ein vorangehendes Ereignis zurückgeführt wird, dessen mechanische Wirkung es ist, sondern durch die *Funktion,* die es in einem System bzw. durch den *Sinn,* den es für ein *Subjekt* hat. Dank der Prägnanz und der Eindringlichkeit von Husserls Beiträgen in diese Richtung bleiben die diesbezüglichen Tendenzen innerhalb der Humanwissenschaften, bis heute, wenn nicht mit seinem Namen, so doch mit dem seiner Philosophie, der Phänomenologie, verbunden.

Es wurde auf das Paradox hingewiesen, dass Husserl zwar die psychologischen Hindernisse der Entwicklung einer reinen Logik aus dem Weg geräumt hatte, der Aufbau dieser Logik dann aber von andern, der Phänomenologie kritisch gegenüberstehenden analytischen Philosophen geleistet wurde. Husserls Psychologismuskritik hatte aber eine reinigende Wirkung, die weit über das abstrakte Gebiet des Logischen hinausreichte und innerhalb der phänomenologischen Philosophie viel früher und noch immer umfassender als in der sprachanalytischen Philosophie zur Anerkennung der Eigengesetzlichkeit auch anderer Werte, ethischer, religiöser, ästhetischer Art, führte, kurz all jener Phänomene, die einen Menschen (noch immer) von einem Computer unterscheiden. Geistige und mentale Phänomene haben zwar ihre physiologischen und letztlich physikalischen Voraussetzungen, sind aber nicht auf diese Voraussetzungen reduzierbar. Sie haben einen Eigenwert.

In dieser Hinsicht ist Husserl, zusammen mit seinem brillanten französischen Nachfolger Merleau-Ponty, hauptsächlich in angelsächsischen Ländern zu einer kulturellen Wirkung gekommen, die ihren Ausgangspunkt in diversen (nicht fachphilosophischen) humanwissenschaftlichen Instituten hatte, denen das Instrumentarium und die Ontologie der analytischen Philosophie zu restriktiv waren. In einer solchen Situation hat die Phänomenologie den Wert und das Ansehen einer Alternative gewonnen. Ein aus dem M. I. T. zur Phänomenologie gestossener Philosoph (D. M. Levin) formulierte es so: «Phenomenology is a guardian of philosophical humanism.»

Jean-Pierre Leyvraz

Lauter Sprachspiele

Ludwig Wittgensteins «Philosophische Untersuchungen»

Wittgenstein behauptete, was er zu sagen versuche, könne nur von Leuten verstanden werden, die einmal etwa dieselben Gedanken gehabt hätten. Vielleicht wird jemand, der sich nie mit Philosophie beschäftigt hat, sich gleich in den «Philosophischen Untersuchungen» zurechtfinden; vielleicht aber wird er in diesem Werk eine bizarre Sammlung von Sprüchen sehen, die keine bedeutsame philosophische Frage wirklich behandeln. Man kann gleichwohl versuchen, dieses epochemachende philosophische Buch, das nach dem Tode Wittgensteins im Jahre 1953 veröffentlicht wurde, im Gesamtwerk Wittgensteins zu situieren und, vorerst, den philosophischen Hintergrund dieses Gesamtwerkes kurz zu skizzieren.

Am besten geht man von der Ueberzeugung aus, die im späten 19. Jahrhundert herrschte – natürlich nicht immer und überall, aber doch als eine allgemeine Stimmung –, dass die Wissenschaft auf dem Wege sei, das Funktionieren unserer Erfahrungswelt im grossen und ganzen zu erklären, dass, wenigstens prinzipiell, die Logik der Welt vor unseren Augen liege.

Logik der Welt?

Am Anfang des 20. Jahrhunderts findet man, bei Husserl und Russell, die beunruhigende Idee, dass es keinen Sinn habe, die Logik in der Welt zu suchen. Der Sinn von Husserls Antipsychologismus und von Russells Antimonismus (gegen Hegels Logik) ist, dass die Welt keine innere Logik haben könne, weil wir schon eine Logik nötig hätten, um eine solche Logik zu verstehen. Wittgensteins 1921 veröffentlichter «Tractatus» denkt diese Situation zu Ende oder glaubt wenigstens, diese Situation definitiv zu erhellen. Der fundamentale Gedanke des «Tractatus» ist, dass die logischen Konstanten nichts in der Welt vertreten, anders gesagt, dass es keinen Sinn hat, die logische *Form* der Welt in der Welt selbst zu suchen. «Die Welt ist die Gesamtheit der Tatsachen» (T. 1.1). «Wir machen uns Bilder der Tatsachen»

(T. 2.1), und die logische Form dieser Bilder *zeigt* sich im sinnvollen Satz. Alles, was man sagen kann – die ganze Wissenschaft –, ist recht und gut, aber die Form der Welt ist nicht zu sagen, nicht auszusprechen; sie zeigt sich. Wer aber von dieser Form sprechen will, sagt gar nichts. Selbst der «Tractatus» sagt gar nichts; das Buch ist nur eine Hilfe für die, die diese Situation verstehen wollen oder können.

Wir können hier nicht vom Leben und Charakter Wittgensteins sprechen. Er war ein seltsamer Mann und konnte mit Recht sagen, dass niemand, nicht einmal Russell und G. E. Moore, den «Tractatus» verstehen würden. Mit einem Schlag war die ganze Metaphysik zerstört, war nichtssagend geworden, und Wittgenstein selbst wollte sich für eine Zeitlang gar nicht mehr mit Philosophie beschäftigen.

Zwischen dem «Tractatus» und den bis 1948 geschriebenen «Philosophischen Untersuchungen» ist Wittgenstein Professor in Cambridge geworden, hat viel geschrieben, was damals nicht veröffentlicht wurde. Den Gang seiner Gedanken in dieser Zwischenzeit können wir hier nicht verfolgen; wir werden nur versuchen, zu zeigen, wie die «Philosophischen Untersuchungen» dem «Tractatus» scharf widersprechen und zugleich denselben tiefen Gedankengang wie der «Tractatus» zeigen.

Im «Tractatus» behauptete Wittgenstein, alle gewöhnlichen Sprachen seien zwar in logischer Ordnung, aber sie hätten auch alle dieselbe logische Form und die logische Syntax habe die Form eines Kalküls: Wittgenstein gab im «Tractatus» die Formel der allgemeinen Form des Satzes (T. 6). Schon dort sagte aber Wittgenstein, die Zeichen der Sprache hätten nur im Gebrauch einen Sinn; aber dieser Gebrauch – in der bekannten Bildtheorie – verbindet im «Tractatus» die kalkülartige logische Form mit einer atomaren Substanz der Welt: den einfachen unbeschreibbaren Objekten. Auch die elementaren Tatsachen, die Sachverhalte, werden da atomistisch aufgefasst. Von diesem logischen Atomismus und von der eindeutigen logischen Form als Kalkül bleibt in den «Philosophischen Untersuchungen» nichts. Wohl aber bleibt der zentrale Gedanke Wittgensteins bestehen, nämlich, dass es sinnlos sei, eine verborgene Logik in der Welt zu suchen. Jetzt aber ist das Definitive des «Tractatus» in einem gewissen Sinne wieder aufgehoben.

Gebrauch der Zeichen

Immer hatte Wittgenstein den Gedanken gehabt, dass der *Gebrauch* den Zeichen das eigentlich Lebendige in der Sprache gibt und dass irgendwie die Zeichen selbst, als blosse Form und Materie, tot sind. Also fragt sich Wittgenstein: *Wie* macht man sich Bilder der Tatsachen, und ist es überhaupt immer der Fall, dass wir eine Sprache durch Bilder verstehen müssen? Wenn es eine Form der Sprache oder gar vielleicht mehrere Formen oder Modelle der Sprache gibt, was zeigt uns dann, *wie* wir diese Formen zu brauchen, zu verstehen haben? Die Antwort wäre leicht für jemanden, der glaubt, dass wir eingeborene oder durch Entwicklung zustande gekommene Strukturen im Kopf haben, die unser Verstehen *führen*. Aber für Wittgenstein ist es sinnlos, so zu denken; die Form des Denkens ist ja nicht «in unserem Kopf». Also, wie wissen wir, auf welche Weise die Zeichen, die wir brauchen, eigentlich Sinn haben und die Welt erreichen?

Die Antwort auf diese Frage liegt im bekannten, schwer zu verstehenden Begriff «Sprachspiel». Zuerst ist hier auf die Eindeutigkeit der logischen Form zu verzichten: Sprachspiel gibt es nur im Plural: Sprachspiele. Ein Wesen der Sprache im grossen Spiegel der Logik gibt es nicht mehr, wie im «Tractatus», sondern es gibt verschiedene, nicht auf einen Nenner zu bringende, durch Familienähnlichkeiten gebundene Lebensformen: Sprachspiele. Wie es keinen Begriff gibt, der alles, was man Spiel nennen könnte, einschliessen kann, denn es gibt unzählige Arten von ganz verschiedenen Beschäftigungen, die man «Spiel» nennen möchte, so sind Sprachspiele unendlich verschieden und nicht auf ein Wesen der Sprache zu reduzieren. «Ich werde auch das Ganze: der Sprache und der Tätigkeiten, mit denen sie verwoben ist, das „Sprachspiel" nennen.» (P. U. I., 7).

Ein Sprachspiel ist nicht nur Sprache und ist auch kein blosses Spiel. Wir haben die Tendenz, die Sprache als ein homogenes Ganzes zu denken – und auch der Autor des «Tractatus» –, während es keine einfache, homogene Verbindung der diversen Lebensformen und Sprachen mit der Welt gibt, etwa nach dem Modell: die Sprache nennt die Sachen, die Gegenstände. Wenn wir uns z. B. vorstellen, dass die Sprache die Sachen nennt, wie Augustin das kindliche Erlernen der Sprache beschreibt, dann haben wir da nicht *das* Modell der Sprache, sondern nur eines, und zwar ein primitives, aber vollständiges Sprachspiel, eine ganze, autonome Lebensform. Aber die Art und Weise, *wie* man die Welt durch die Sprache in einer besonderen Lebensform erreicht, ist immer wieder verschieden und nie einfach. Man kann nicht so tun, als ob das Kind schon ein inneres Modell dessen, was Sprache ist, in sich besässe, bevor es sprechen lernt.

Die «Philosophischen Untersuchungen» sind ein sehr systematisch gegliedertes Buch – aber kein philosophisches System –, das durch verschiedene Themen und Variationen immer wieder dasselbe zeigen will: dass wir die reale Welt – an der die Philosophen glauben zweifeln zu können – in unseren Sprachspielen erreichen und dass pseudometaphysische Probleme nur so entstehen, dass wir die Diversität der Sprachspiele verkennen. Wir stellen uns dann vor, das Denken sei ein mysteriöses Medium ausserhalb der Lebensformen, eine «innere» Aktivität, die sich dann in der Welt zu «äussern» habe. Um uns von der Idee einer Lösung der philosophischen Probleme im Medium des Denkens zu befreien, erfindet Wittgenstein eine Menge verschiedener – manchmal fiktiver – Sprachspiele, als Vergleichsobjekte, um zu zeigen, dass die Welt nicht durch ein einziges System zu erfassen sei, dass also die Verschiedenheit der Sprachspiele das Gespenst des einförmigen «Denkens» – als eines sozusagen geheimnisvollen Prozesses in uns – vertreibe.

Der Begriff Sprachspiel aber ist nicht so leicht zu erfassen. Man möchte vielleicht behaupten, dass Wittgenstein das Denken auf Sprache und Praxis reduziert und dass die «Philosophischen Untersuchungen» eine neue Form von Pragmatismus einführen, indem der Sinn der Sprache in ihrem Gebrauch aufgelöst wird. Es ist aber nicht so. Was Wittgenstein zu vertreiben sucht, ist keine wahre Innerlichkeit des Denkens, sondern die Vorstellung einer «privaten» Logik, die sozusagen magisch in uns herrschen sollte, ohne Möglichkeit des öffentlichen Ausdrucks in einem Sprachspiel. Die «private» Sprache – ausserhalb einer Lebensform – ist, nach Wittgenstein, unmöglich. Aber was heisst hier «privat»? Darüber haben die Philosophen lange diskutiert. Ich glaube, man kann sagen, «privat» habe hier nichts zu tun mit dem Begriff einer Sprache, die nur ich verstehen würde. Eine solche Sprache ist ja wohl möglich, und Russell braucht das Wort «privat» in diesem Sinne. Aber bei Wittgenstein kann *ich* selbst eine solche «Sprache» nicht verstehen, weil «sie verstehen» bedeutet, irgendeiner *Regel* zu folgen. Wittgenstein aber fragt: «Sind die Regeln der privaten Sprache *Eindrücke* von Regeln? – Die Waage, auf der man die Eindrücke wägt, ist nicht der *Eindruck* einer Waage» (P. U. I., 259).

Bei der privaten Sprache, in der wir z. B. von unseren Gefühlen – als rein privaten Sachen – sprechen möchten, gibt es kein Individuum, das diese «Sprache» spricht. Die private Sprache ist nicht die Sprache eines auch noch so isolierten Menschen. Sie drückt die Unmöglichkeit aus, ausserhalb einer Lebensform zu sein. Weil aber jedes Sprachspiel als eine vollständige Lebensform beschrieben werden könnte und es keine Grenze gibt – ausser der privaten Sprache – für die Verschiedenheit der Sprachspiele, ist unser In-der-Welt-Sein in den «Philosophischen Untersuchungen» fast radikaler ausgedrückt als im «Tractatus».

Wir sind nämlich in der realen Welt vielleicht nicht nur als «Menschen», vielleicht bilden wir uns nur ein, unsere Kultur sei das einzige Sprachspiel, worin das, was als «Mensch» gilt, sich verstehen lässt. Könnte man nicht sagen, dass Wittgensteins «Philosophische Untersuchungen» die Philosophie nicht zerstören, sondern einen Weg für sie offenlassen, der vielleicht zu einer Infragestellung der Isoliertheit des Menschen in der Natur führt?

Um zum «Tractatus» zurückzukommen, dessen fundamentaler Gedanke war, dass die logischen Konstanten nichts vertreten: könnte man nicht sagen, dass das, wovon Wittgenstein sein Leben lang sich selbst und andere befreien wollte, die fixe Idee ist von einem geheimen «Gesetz» der Welt? Zweifel, sagt er in seinen letzten Notizen – «Ueber Gewissheit» –, existiert nur in einem System. Dass wir in der Welt sind, daran können wir unmöglich zweifeln, weil wir, indem wir das behaupten, nur die «Grammatik» unseres Sprachspiels zeigen. Und es gibt kein Sprachspiel ohne andere, verschiedene, ähnliche, verwandte, wenn es das unsere gibt. Könnte vielleicht die Menschheit nur eine Lebensform unter anderen sein, einfacheren oder komplizierteren? Wir sind vielleicht in einem gewissen Sinne primitiv.

Wenn unsere Philosophie als ein Zweifel ohne Ende erscheinen kann, hat Wittgenstein doch eine Antwort: «Ein Zweifel ohne Ende ist nicht einmal ein Zweifel» («Ueber Gewissheit», 625).

Klaus Hartmann

Freiheit als Negation?

Jean-Paul Sartres «L'Etre et le Néant»

In einer Rückschau auf grosse Bücher des Jahrhunderts erscheint Sartres «L'Etre et le Néant» als unabweisbarer Anwärter auf Beachtung. Gegen Ende des Zweiten Weltkriegs fand sich ein philosophisches Werk vor, das – eingebettet in die reiche Romanproduktion des Autors von «La Nausée» bis hin zu den drei Teilen von «Les Chemins de la Liberté» – den Eindruck erwekken musste, dass ein literarisch formuliertes Menschenbild eine tiefere Rechtfertigung erhalten hatte.

Vielleicht verstanden nicht viele das 1943, noch unter der deutschen Besetzung herausgekommene Buch, aber man spürte doch so etwas wie eine Theorie der menschlichen Freiheit, eine Freisprechung des Menschen von seinem eigenen Sein und vom Sein der Welt, deren abstrakte Fassung – in Begriffen wie Sein und Nichts – sogar Reiz hatte. Das Werk, ein grosser Wurf und eine ausführliche systematische Abhandlung, versprach eine authentische Begründung des Gewünschten, des *Existentialismus,* wenn auch die Uebernahme der äusseren Kennzeichen dieser Freiheitsauffassung schneller vonstatten ging als das genaue Studium der Theorie.

Heimat im Esoterischen

Das Buch ist gegenüber einer allzu betonten Zweckbestimmung als Freiheitstheorie in Schutz zu nehmen, auch um den Preis, dass es sich dann weniger bedeutsam ausnimmt. Liest man darin heute, unbetroffen von der damaligen Zeitströmung, so drängt sich der Eindruck auf, dass es etwas sehr anderes ist, als man damals meinte. Das Buch ist nicht primär orientiert an einem Bestreben, auf den zeitgenössischen Menschen weltanschaulich einzusprechen (wie dies etwa für Spengler oder Bloch gelten kann); es ist vielmehr, gleichsam esoterischer, beheimatet in einer philosophieinternen Diskussion: ob Husserls Phänomenologie so, wie sie vorliegt, belassen werden kann (ein Aufsatz Sartres von 1936 hatte da, den Ich-Begriff betreffend, Zweifel angemeldet), ob Heideggers Philosophie als Abwandlung der Phänomenologie aufzugreifen und eine Verbindung beider möglich sei (dies wird von Sartre in seinem Buch «L'Imaginaire» von 1940 erwogen), oder gar ob beide Positionen in einer neuen Philosophie noch zu überhöhen oder zu unterfangen wären.

Sartre nennt denn auch sein Buch zu Sein und Nichts im Untertitel «Essai d'ontologie phénoménologique», damit an Husserls Phänomenologie und an Heideggers Fundamentalontologie in «Sein und Zeit» und an die Aufgabe einer Synthese erinnernd. Das Neue, das Sartre anstrebte, musste den phänomenologischen Idealismus Husserls, der sich angesichts seiner konkreten Bewusstseinsanalysen empfahl, mit einer Ontologie, also mit einer Verankerung der Philosophie im realen Sein des menschlichen Daseins, verbinden, wobei sich auch Heideggersche Thesen zur eigentlichen Existenz des Menschen als etwas zur Ontologie Gehöriges anboten. Umgetrieben von solcherlei Korrekturwünschen, was schlug Sartre vor?

Er schlug vor allem ein Vehikel der Neudeutung Husserls und Heideggers vor, oder: er fand eine beide auf einen archimedischen Punkt zurückbeziehende philosophische *Rekonstruktion*. Dies Vehikel, durch das sich Husserls Lehre von der Gerichtetheit oder Intentionalität des Subjekts auf seinen Gegenstand und Heideggers Lehre von der Welt des Daseins als Sinnbereich einfangen liessen, ist die Deutung der Bezüge des Subjekts als *Negation*. Das Subjekt, die «réalité humaine» (wie Sartre Heideggers «Dasein» übersetzt), ist gedacht als Einheit von Sein und Negation: es ist etwas, aber es hat Abstand dazu, negiert, was es ist, ist frei für Neues, das es sein kann. Die Abstraktheit dieser Konzeption gestattet es, damit auch die Intentionalität, den Weltbezug zu denken: der Mensch negiert auch das draussen Gegebene, die Phänomene, verhält sich frei dazu, will über Gegebenes hinaus hin zu Neuem. Das Idiom von Sein und Negation dringt in alle phänomenologischen Beschreibungen ein; diese erscheinen so als anerkannt und gleichzeitig in einer Rekonstruktionsabsicht umgeschrieben.

Eine Schwierigkeit ist natürlich, dass der Mensch nicht einfach Negation ist, sondern dass sein Negieren vereint gedacht werden muss mit ihm selbst als Bestand, als Existenz, als Subjekt. Sartre bietet hier zunächst eine vorstellende Deutung an: der Mensch sei ein Sein mit einem Spalt, mit einem Wurm; weniger metaphorisch dann heisst es, in ihm sei ein Nichts im Sein unterhalten (est été). Solche Deutungen lassen allerdings die Einheit einer Struktur nicht verstehen. Näher betrachtet, handelt es sich um die Uebernahme einer dialektischen Sicht, wie sie Hegel im 1. Buch seiner «Wissenschaft der Logik» entwickelt: das Subjekt ist *Fürsichsein,* Sein mit einer es bestimmenden doppelten Negation, durch die es es selbst ist und also nicht durch anderes es selbst ist. Sein Gegenstück ist für Sartre das *Ansichsein,* das ein solches Verhältnis zu sich nicht aufweist; eine wiederum Hegelsche Konzeption, die in der Abstraktion, die Sartre verfolgt, einfach für «Sein» stünde, aber in Abhebung von etwas, das nicht derart ist, also vom Fürsichsein, «Ansichsein» heissen muss.

Angewandte Dialektik

Hiermit wird eine lapidare, bei Hegel als anfänglich dargestellte Dialektik von Ansich und Fürsich auf sehr viel konkretere Verhältnisse angewandt – auf Tatbestände wie Subjekt, Phänomen und das am Phänomen Selbständige – und dabei nicht als Verhältnis von Begriffen untereinander verstanden, die in einer Genealogie der Herleitung stehen (Fürsichsein ist später und wahrer als Sein oder Ansichsein), sondern auf ein *Realverhältnis* zwischen dem Subjekt und seinem Gegenüber, also auf die Intentionalitätsbeziehung *abgebildet.* Ich negiere mich als ansichseienden psychischen Bestand, ich negiere die Welt als mich konfrontierenden Bestand, und meine Bezüge folgen der dialektischen Regel, wonach Negation ein Unvollkommenes ist gegenüber einem Zusammenfall des Seins mit sich selbst, dem An- und Fürsichsein, das aber paradox ist als Ziel für den Menschen, soll er durch Negation bestimmt gedacht werden.

Dankbare Weiterungen ergeben sich: ich falle nie mit mir zusammen, bin immer auf dem Weg, *bin* nie; ich bin auch nie mit der Welt zufrieden, negiere sie immer auf ein mögliches Ziel hin, das letztlich paradox ist, will immer Neues, anderes, so sehr Sartre auch Erklärungen für Kontinuität, so besonders die sogenannte Urwahl, die meine Möglichkeitsentwürfe bestimmt, geltend macht. Im ganzen scheint die Sisyphos-Thematik von Camus ontologisch bekräftigt.

Ueberlassen wir es den Fachphilosophen, näher klarzustellen, was hier zu fragen wäre: etwa ob es statthaft ist, eine eigentlich innerbegriffliche oder prädikative Beziehung – die Negation – als intentionalen Akt zu verstehen und damit gerade an einer Abstraktheit dieser Beziehung festzuhalten, die es unmöglich macht, konkrete kategoriale Inhalte (Gegenständliches, Soziales) aus ihr heraus zu verstehen, was bei Hegel gelingt. Hat diese Philosophie dann noch begründeten Charakter? Lassen wir auch den Einwand undiskutiert, dass Sartres Theorie vom Selbstbewusstsein, in dem das Subjekt sich als gegenwärtig, vergangen oder zukünftig – in einem sogenannten «präreflexiven cogito» – *erlebt,* aber nicht wie ein Weltding gegenständlich *erfährt,* im

Negationsidiom verkürzt wird, da danach ja Erleben und Erfahren gleichermassen Negationen sein müssen. (Für das Erleben weicht Sartre aus auf die nichtstrenge Redeweise vom «Zu-sein-Haben» dessen, was ich nicht bin.)

Halten wir uns an greifbarere Konsequenzen der Lehre. Handelt es sich meist nur um innertheoretische Fragen nach der Leistungsfähigkeit der Rekonstruktion – was hilft es etwa, in der Deutung der Erkenntnis zu sagen, durch Negation werde das Ansichsein zum Phänomen? –, so sind die Konsequenzen am deutlichsten sichtbar im Verhältnis *Ich - anderer*. Der andere ist zunächst mein Negat. Er ist aber auch Subjekt, so dass ich sein Negat bin und mich so erlebe. Was jeweils der Fall ist, ob ich Subjekt oder Objekt bin, ist eine Sache der Kontingenz, wer von uns beiden den jeweils anderen fixiert oder von ihm fixiert wird. Es gibt dann nur antagonistische Verhältnisse zwischen mir und dem anderen, wobei auch der plurale («pränumerische») Fall mitgemeint ist, dass mehrere Subjekte unter dem Blick eines Subjekt-anderen zu einem Objekt-Wir konjugiert sind (wie das Publikum in einem Hörsaal). Es kann reizvoll sein, sich als Subjekt antagonistisch zu anderen Subjekten zu verstehen. Der Krieg ist vorbei, Gemeinschaftsansinnen haben sich verflüchtigt, sind wir also nicht alle Subjekte, die einander negieren?

Die misslichen Konsequenzen des abstrakt-dialektischen Ansatzes, der keine Konstitute von Gemeinschaft, von gelingender sozialer Freiheit aufzustellen gestattet, hat Sartre in einer populären Schrift, «L'Existentialisme est un Humanisme» (1946), wenn auch nicht sozialphilosophisch, so doch ethisch zu berichtigen versucht. Danach bin ich als Freiheit gehalten, auch fremde Freiheit zu bejahen (entsprechend einer der Formulierungen des Kantischen kategorischen Imperativs, in der vom Selbstzweck der Person die Rede ist). Aber der Antagonismus der Negationen, wie er in «L'Etre et le Néant» erscheint, ist dawider, wie ja auch für Sartre ein Vernunftsbegriff nicht konstruierbar ist. Die – trotz anscheinender blosser Rekonstruktionsabsicht – *differente* Deutung des Menschen auf Grund der Negation als Rekonstruktionsmittel, die positive Lehre über die menschliche Freiheit, kann als misslungen bezeichnet werden.

Offensichtlich unbefriedigt darüber, dass er keinen Zugang zur Sozialphilosophie erschlossen hatte, hat Sartre hier später weitergedacht. Hatte er ursprünglich, gegen Ende von «L'Etre et le Néant», eine Ethik angekündigt, die – abgesehen vom Humanismus-Büchlein – ungeschrieben geblieben ist, so findet sich eine spätere Durchführung in der «Critique de la raison dialectique» (1960), in der Sartre Gemeinschaften (Paare, Tripel, Kollektive und Gruppen) zu denken versucht und den anderen nur noch als Rivalen gegenüber knappen Gütern antagonistisch zu mir sieht. Hinzu kommt Sartres Erkenntnis, dass «L'Etre et le Néant», wie immer historisch bedingt, völlig *ahistorisch* ist. Müsste nicht eine Geschichte der Menschheit, müssten nicht Stadien der Freiheit oder Unfreiheit ihren Platz in der Theorie finden? Ist es nicht unbefriedigend, wenn Sartre im frühen Werk meinen kann, dass ich auch im Gefängnis frei bin, weil ich ja Negation des Seins bin?

Der Reiz von «L'Etre et le Néant» hat sich angesichts der philosophischen Desiderate, aber auch angesichts von Sartres eigener Leistung in der «Critique» abgeschwächt. Das Werk ist zwar mehr als eine Rationalisierung des existentialistischen Zeitgeistes, aber es ist in seiner Rekonstruktion der Husserlschen Phänomenologie und der Heideggerschen Ontologie bedenklich und in seinen – der Abstraktion verdankten – Thesen zur Freiheit schlicht unzureichend, wenn nicht gar falsch. Es hat konkretere Ueberlegungen zur sozialen Freiheit des Menschen Platz gemacht, und Sartres Grösse ist es, dass er diese nachfolgende, wenn auch als marxistisch angreifbare Philosophie selbst entwikkelt hat. «L'Etre et le Néant»: ein grosses Werk, von Sartre selbst an seinen – doch nur minderen – Platz gestellt.

Helmut Holzhey

Die Unergründlichkeit des Menschenmöglichen

Helmuth Plessners «Die Stufen des Organischen und der Mensch»

Plessners Hauptwerk «Die Stufen des Organischen und der Mensch» erschien 1928. Der 36jährige Autor legte in seiner fünften Buchveröffentlichung eine *«Einleitung»* in die philosophische Anthropologie vor, die als *Grundlegung* gelesen werden sollte. Die Philosophie der späteren zwanziger Jahre war ihrem Selbstverständnis nach durch eine dreifache Wende charakterisiert: die Wende zum Objekt, zur Metaphysik, zur Anthropologie. Plessner arbeitete an der letzteren, der «Blickwendung auf den Menschen», kräftig mit. Ein Rezensent seines Buches, der Jesuit J. Ternus, hob mit Recht hervor, dass sich die philosophische Orientierung an der Zentralidee «Mensch» nicht etwa einem neuen Subjektivismus verschrieb, sondern mit der Wende zum Objekt konvergierte. In eindrücklicher Dichte wurde das neue anthropologische Arbeitsfeld gleich mit drei «Projekten» erschlossen, sämtlich Entwürfe in phänomenologischer und anticartesianischer Grundeinstellung, bei aller Gemeinsamkeit der Arbeitsrichtung aber von tiefgreifenden Unterschieden gezeichnet: Martin Heideggers «Sein und Zeit» (1927), Max Schelers «Die Stellung des Menschen im Kosmos» (als selbständige Schrift, unmittelbar nach dem Tod des Autors, 1928, veröffentlicht) und Plessners Buch.

Plessner lehrte als Extraordinarius in Köln, Scheler war eben von hier nach Frankfurt berufen worden. Dem bekannten Mann musste, wie Plessner selbst berichtet, von Nicolai Hartmann ausgeredet werden, dass der jüngere Kollege ein Plagiat an seinem Werk begangen haben könnte. Als unbefangener Leser beider Arbeiten, derjenigen Schelers und derjenigen Plessners, entdeckt man nicht einmal so viel Verwandtschaft, um guten Gewissens ein Lehrer-Schüler-Verhältnis supponieren zu können. Aber zunächst konnte es schon so aussehen, zumal in beiden Fällen eine biologische Grundorientierung vorzuliegen schien, Scheler jedoch zuerst und überdies eingänglicher den Stufenweg des Lebens gezeichnet hatte.

Aus der Distanz zählen wir heute beide Philosophen zu den Begründern der modernen philosophischen Anthropologie. Sie teilen die Absicht, aus einer anthropologischen Grundstruktur verständlich zu machen, was den Menschen als Menschen auszeichnet – Werkzeuggebrauch, Sprache, Kunst, Gewissen, wissenschaftliche Erkenntnis usw., und sie teilen viele Bestimmungen dieser Grundstruktur: die Theoreme von der Weltoffenheit des Menschen, von seiner Sachlichkeit und Gegenstandsfähigkeit. Sie unterscheiden sich wesentlich, wo der eine, Scheler, den Gegensatz von Geist und Leben dualistisch fixiert und zu einer metaphysischen Begründung der Philosophie vom Menschen ausholt, der andere, Plessner, insbesondere an den Ausdrucksphänomenen die Einheit von Leib, Seele und Geist als «Versinnlichung des Geistes, Vergeistigung des Sinnlichen» studiert und Anthropologie selbst auf die Unergründlichkeit des Menschen verpflichtet. Plessners Ansatz ist der radikalere, im Begriff des Menschen wie in der Methode. Wirkungsgeschichtlich ist das dem Buch nicht gut bekommen.

In Arnold Gehlens Buch «Der Mensch», zuerst 1940 erschienen und von Nicolai Hartmann als sehnlich erwarteter, «neuer, grundlegender Ansatz der philosophischen Anthropologie» begrüsst, einem weiteren Grundwerk der modernen – philosophischen? – Anthropologie, wird Plessner nicht erwähnt. Dazu hätte insofern aller Anlass bestanden, als Gehlen in eine neuerliche Auseinandersetzung mit Scheler eintrat, die in wichtigen Teilen schon von Plessner vollzogen worden war, und mit der Ausformulierung eines einheitlichen Strukturgesetzes menschlichen «Handelns», in dem der Unterschied von Mensch und Tier adäquat gefasst werden könnte, auch positiv den Plessnerschen Ansatz «wiederholte». Natürlich mit einem wesentlichen Unterschied: Das anthropologische Interesse Plessners war noch ein metaphysikkritisches, zielte also auf eine philosophisch fundamentale Lehre vom Menschen, Gehlens empiristisches Konzept von der Kompensation der biologischen Mängel fasst den Menschen – nach Plessners Formulierung – nicht mehr mit Herder als einen «Invaliden seiner höheren Kräfte», sondern als «Kriegsteilnehmer seiner niederen» (S. XVI). Mit einer der Plessnerschen vergleichbaren, der menschlichen Endlichkeit bewussten und metaphysikkritischen Radikalität dachte jedoch *Heidegger* der Stellung des Menschen nach, nicht im Kosmos, nicht innerhalb der lebendigen Natur, aber in der geschichtlichen Zeit. Dass das Wesen des Menschen seine Existenz sei, dass er sich existierend auf seine Möglichkeiten entwerfe, dabei aber immer schon der Last seines Daseins überantwortet sei – diese Anthropologie entsprach auch Plessners Grundeinsicht: Der

Mensch muss sich zu dem machen, was er schon ist, «das Leben ... führen, welches er lebt ... ortlos, zeitlos im Nichts stehend, konstitutiv heimatlos» (S. 310).

Warum aber war Heideggers Buch wirkungsgeschichtlich so viel erfolgreicher? Georg Misch beschrieb in der Einführung zu einer kritischen Auseinandersetzung mit der Phänomenologie von seiten der Diltheyschen Richtung, erschienen in dem von Plessner herausgegebenen «Philosophischen Anzeiger» 1929/30, die faktische Wirkung von «Sein und Zeit»: Das Buch hat «eine ungewöhnliche philosophische Erregung hervorgerufen»; «man liest dieses strenge und schwere, systematische Werk und nimmt es zusehends auf»; im Unterschied zu Husserls «Logischen Untersuchungen» und Diltheys Schriften hat es «eingeschlagen wie der Blitz». Warum war das so, was erregte und machte Furore? War es Heideggers Ausgang bei der menschlichen Praxis, bei Alltäglichkeit und Durchschnittlichkeit des Weltverhaltens, bei geschichtlich-gesellschaftlichen Phänomenen? Oder war es der Aufruf zur Eigentlichkeit, die sich in der «vorlaufenden Entschlossenheit zum Tode» manifestieren sollte? Für Plessner selbst ist ausschlaggebend gewesen Heideggers «Interpretation des menschlichen Seins, welche die Naturseite bis auf das Sterben ausklammert und damit die Wucht der Perspektive in die Endlichkeit gewinnt». Damit wird aber nur dann die überlegene Wirkung erklärt, wenn man ergänzt, dass Plessners Werk, in distanzierter und distanzierender Sprache geschrieben, kein untergründiges *Pathos* der «Endlichkeit» zeigt und sich einer Lektüre zum Zwecke der Erfüllung weltanschaulicher Wünsche sperrt.

Plessners Buch hat seine bleibende, wenngleich noch kaum zum Tragen gekommene Bedeutung in der *naturphilosophischen* Fundierung der philosophischen Anthropologie. Dass es nicht genügt, uns als «Existenz» zu verstehen, dass *Leben* Existenz fundiert, dass wir uns auch nicht mit einer privativen Bestimmung von «Leben» zufriedengeben müssen, wenn wir die cartesianische Trennung von Körper und Seele/Geist aufheben wollen – diese programmatischen Bestrebungen einer neuen philosophischen Anthropologie hat Plessner durch eine phänomenologische Analyse der Formen des Lebendigen einzulösen versucht. Sein Buch gibt als philosophisch-anthropologische Grundlegung eine ausgeführte Biophilosophie.

Statt noch an die (Drieschsche) Lehre von der Entelechie organischen Seins anzuknüpfen, geht Plessner vom Verhältnis der Körper zu ihrer Begrenzung aus. Anorganische Körper sind bloss durch das sie umgebende Medium begrenzt, lebendigen Körpern gehört ihre Grenze zu, so dass sie an ihnen selbst auch schon einen Grenzübergang vollziehen. Indem sie die Grenze an sich haben, sind sie über sich hinaus- und in sich hineingesetzt. Diese *Positionalität* ist das Grundcharakteristikum der Organismen; sie wandelt sich ab zu spezifischen Weisen pflanzlichen, tierischen und menschlichen «Gesetztseins». Im Menschen bricht das Organische zur Form der «exzentrischen Positionalität» durch: Er lebt nicht mehr nur in mittelpunktsbezogenen Austauschprozessen mit dem Umfeld wie das Tier, sondern steht in Beziehung zu seiner Mitte, ist in sie hinein- und damit aus ihr herausgetreten.

Diese Stufenlehre verstand sich nie als Konkurrenz zur Evolutionstheorie. Plessner nennt sie eine «Logik der lebendigen Form». Die von Hegel entwickelte Natur des Begriffs wird zur Gewinnung eines Begriffs der (lebendigen) Natur genutzt. Das ist nicht «Hylozoismus» und damit Verwischung der Grenzen zwischen anorganischer und organischer Welt, wie Driesch unterstellte, weil er Plessners Versuch nicht in die Alternative von Theologie und Mechanismus einordnen konnte. Und das ist schon gar nicht «parallelistischer Dogmatismus», auf den es Driesch hinauslaufen sah («Philosophische Forschungswege. Ratschläge und Warnungen», 1930), wenn anders Plessner doch nichts wichtiger war, als den Abweg des Cartesianischen Dualismus, damit aber auch dessen Abzweigung zum «psychophysischen Parallelismus» zu meiden. Noch heute haben wir nicht aus dem Labyrinth des sogenannten psychophysischen Problems herausgefunden.

Mit den «Stufen ...» war es schliesslich auf nicht mehr und nicht weniger als eine «Neuschöpfung der Philosophie» abgesehen – «unter dem Aspekt einer Begründung der Lebenserfahrung in Kulturwissenschaft und Weltgeschichte» (S. 30). Die Philosophie der lebendigen Natur zielte auf das Begreifen der geschichtlichen Situation des Menschen als einer schlechthin «utopischen». Damit aber war die weltanschauliche Kritik auf den Plan gerufen, der die geschichtsphilosophischen Implikationen einer nur scheinbar biophilosophisch eingeschränkten Anthropologie nicht gleichgültig sein konnten. Die «Anerkennung der offenen Mannigfaltigkeit» als der condition humaine, so rügte es ein Rezensent von Plessners Schrift «Macht und menschliche Natur» (1931), opfert die *Substanz* des Menschseins. Worauf es mit solcher Kritik hinauswollte, war auch klar: In die anthropologische Analyse des Volksbegriffs sei «nichts, aber auch nichts von Erde und Blut, von Notwendigkeit und eigener Mächtigkeit eingegangen», an dieser «Probe» verrate sich «Plessners Philosophie der Macht als ein dünnes, blutleeres, intellektuelles Gebilde». (Gedruckt in den Blättern für Deutsche Philosophie, dem Organ der Deutschen Philosophischen Gesellschaft, 1931/32.)

Plessners Buch wollte mehr sein als eine Neuerscheinung des Jahres 1928. Dass wir an es unter den grossen philosophischen Werken unseres Jahrhunderts erinnern, hat die elegische Pointe, im Schicksal des Buches dasjenige, was es zur Geltung bringen wollte, die «Unergründlichkeit des Menschenmöglichen», just zu exemplarischer Darstellung gebracht zu sehen.

Iring Fetscher

Unzeitgemäss und spekulativ

Ernst Blochs «Geist der Utopie»

Hier reflektiert kein kühler Philosoph, räsoniert kein Kulturkritiker über die schlechte Gegenwart und eine bessere Zukunft. «Geist der Utopie» ist ein ekstatisch-spekulativer Text, der in die Tradition grosser dichterischer und prophetischer Werke der Religionsgeschichte gehört.

Die eminente Gelehrsamkeit des jungen Autors – Bloch war, als er *1915* die Arbeit an diesem Buch begann, eben dreissig Jahre alt – ist eingehüllt in eine bilderreiche eigentümliche Sprache, die fesselt und mitreisst, auch – und vielleicht sogar gerade dort – wo man sie nicht ganz versteht. Mimetisch passt sich der Sprachgestus dem an, was er sagen möchte: wir sind noch im Dunkel, aber es geht der Helle, dem Licht, der paradiesischen Zukunft entgegen – trotz allem. Ganze Abschnitte werden – zyklisch – wiederholt, der Prosatext nähert sich zuweilen dem reimlosen Gedicht an und ist doch durch und durch Gedanke.

Am Anfang steht die erschütterte Einsicht über die Sinnlosigkeit und Würdelosigkeit der Gegenwart. «Nur eine leere, grausige Erinnerung bleibt in der Luft stehen. Wer wurde verteidigt (im Weltkrieg 1914–1918)? Die Faulen, die Elenden, die Wucherer wurden verteidigt. Was jung war, musste fallen, zum Sterben gezwungen für die fremdesten, geistfeindlichsten Ziele, aber die Erbärmlichen sind gerettet und sitzen in der warmen Stube. Von ihnen ist keiner verlorengegangen, doch die andere Fahnen geschwungen haben, so viel Blüte, so viel Traum, so viel geistige Hoffnung, sind tot. Die Maler haben die Zwischenhändler verteidigt (Bloch denkt an die Maler Macke und Marc) und den Anstiftern das Hinterland warmgehalten ...» Zorn, ohnmächtiger Zorn und beinahe Verzweiflung drückt sich in diesen Worten aus. Und der Blick auf die Nachkriegszeit ist nicht eben tröstlicher: «Die unproletarische Jugend selber ist so roh und dumm wie nie eine zuvor, die Universitäten sind wahre Grabstätten des Geistes geworden, erfüllt vom Gestank der Starre, Fäulnis und blindesten Verfinsterung.» Was da hervorkommt an reaktionärer Gesinnung, nennt Bloch «instinktlose Romantik», die alles wirklich Grosse an ihr verdrängt hat, Verherrlichung eines Mittelalters, dem der revolutionäre Bauernkrieg und die grossartigen Ketzerbewegungen fehlen ...

Diese schlechte Wirklichkeit gilt es zu überwinden, und für dieses Ziel mobilisiert Bloch – ein grossartiger Dirigent der vielstimmigen Instrumente der Religions- und Philosophiegeschichte – Mitstreiter aus Orient und Okzident: Religionsstifter und Mythenerzähler, Ketzer und Heilige, Skeptiker und Phantasten. Aber nicht nur sie, auch die Erfahrungen der darstellenden Kunst und der Musik werden rekrutiert für die eine grosse, alles entscheidende, ausschlaggebende Unternehmung: die Erneuerung der religiösen Eschatologie, die Bereitung des Wegs zum Ziel, das wir immer schon gesucht, oft schon geahnt, nie gefunden haben: unsere wahre Heimat. Dieses Endziel, die «Heimat der Seele», in der «das Inwendige auswendig und das Auswendige wie das Inwendige» sein wird, haben Religionen beschrieben, frühe Christen in unmittelbarer Zukunft erwartet, Mystiker in der Ekstase erfahren, und dafür sind Revolutionäre auf die Barrikaden gestiegen. Aber immer wieder wurde es verfehlt.

Bloch sucht auch das Hindernis, die Hindernisse zu beschreiben, die den Weg verstellen: die Herzenskälte, die Verstrickung in die Geldwirtschaft und ihren Egoismus, Faulheit endlich und die geheimnisvolle Gegenmacht des Satans. Am meisten vielleicht überrascht bei der Lektüre dieses Buches eines Philosophen, der doch immerhin schon damals den Marxismus rezipiert hatte, die Apostrophierung des Teufels: «Wieder auch, uns ganz umgebend herrscht der Teufel, als welcher eben nicht will, dass man an ihn glaubt, seinen Pferdefuss sieht, und der als scheinbar pures Nichts, als völlige Entzauberung am ungestörtesten herrscht, die Menschen vom Geheimnis immanent abriegelt.» Die «Entzauberung» der Welt, die «Veralltäglichung des Charisma» waren damals auch Themen eines Max Weber, aber während Weber das Faktum nüchtern registiert, läuft Bloch dagegen Sturm. Fast schon wird die viel später von Herbert Marcuse beschriebene Eindimensionalität als Verkleidung des teuflisch der Verwirklichung utopischer Hoffnung in den Weg tretenden Prinzips erkannt.

Noch in seinen letzten Lebensjahren hat sich Bloch gern zu der ungewöhnlichen Ueberschrift des letzten Kapitels von «Geist der Utopie» bekannt: «Karl Marx, der Tod und die Apokalypse». Hier taucht auch – rondohaft – die oben zitierte Charakterisierung von Krieg und Nachkrieg wieder auf, unmittelbar vor

Hinweisen auf die Oktoberrevolution, Marx, Kant und Franz von Baader. Die Wendung, die Bloch dem marxistischen Sozialismus gibt, der Sinn, den er in der rationalen Regelung der Produktion durch die assoziierten Produzenten findet, geht nun freilich weit über alles hinaus, was selbst religiöse Sozialisten je gesagt oder gedacht haben.

Die sozialistische Revolution soll «das Ende aller Klassenkämpfe, die Befreiung vom Materialismus der Klasseninteressen überhaupt» bringen. Marx wird wegen seiner Beschäftigung mit der Kritik der politischen Oekonomie gleichsam entschuldigt. Wie der Detektiv sich dem Verbrecher anpassen müsse, so der Kämpfer gegen den Oekonomismus der Oekonomie: «rein wirtschaftlich denkend mit dem Kaufmann gegen den Kaufmann». Ziel der Revolution aber – so betont Bloch immer wieder – ist nicht die rationale und gerechte Organisation der Wirtschaft, sondern das auf dieser allein zu errichtende Reich des Geistes, der Heimat der Seele.

Charakteristisch für die zwanziger Jahre ist Blochs häufiger Hinweis auf den Orient, dessen Religiosität und magische Genialität immer wieder gegen die allzu nüchterne Diesseitigkeit des Westens gestellt wird. Freilich optiert Bloch nie für eine einseitige «Veröstlichung», sondern – ähnlich wie Max Scheler – für eine grosse Synthese, in der die Stärken beider Traditionen sich miteinander verbinden: die Weite der religiösen Seelenhaftigkeit des Ostens mit dem weltverändernden Aktivismus des Westens. Wie kaum ein Philosoph oder Theologe unseres Jahrhunderts spekuliert Bloch schliesslich auch über den Tod und das physikalisch unvermeidliche Ende des Lebens auf der Erde. Beide darf eine konsequente Hoffnungsphilosophie nicht als unvermeidlich hinnehmen.

Das «Paradies», das «Ziel», auf das wir hinstreben, wird also im «Geist der Utopie» keineswegs als blosse Sozialordnung beschrieben. Entscheidend ist vielmehr, dass die Seele ihre Heimat findet, eine Heimat, die ihrer (endlich erreichten) Vollkommenheit gemäss ist.

Ich habe Bloch einmal einen «grossen Unzeitgemässen» genannt. Mehr noch als für seine Spätwerke gilt das für «Geist der Utopie». Kaum ein Buch scheint dem Zeitgeist so wenig Rechnung zu tragen wie dieses, keines, das unbekümmerter um die vorherrschende Skepsis der Erkenntnistheoretiker, die Zurückhaltung der Theologie auf dem Wege zur Entmythologisierung, keines, das spekulativer selbst noch auf dem Gebiet der Sozialtheorie und Politik gewesen wäre – und das im Zeitpunkt des Uebergangs der Sowjetunion zur «neuen ökonomischen Politik», zum taktischen Rückzug auf eine staatlich kontrollierte

Marktwirtschaft. Und doch traf diese überschwängliche Spekulation nicht auf völlig taube Ohren. Das Buch wurde enthusiastisch aufgenommen – von einigen. Es war vielfältig deutbar und blieb doch lange ohne Nachfolge, bis in unseren Tagen Theologen es entdeckten und aus Blochs Kreativität neuen Mut schöpften.

Rudolf W. Meyer

Philosophische Fragmente

Max Horkheimer und Theodor W. Adorno: «Dialektik der Aufklärung»

Gemessen an ihrem äusseren Erfolg, kann man die «Dialektik der Aufklärung» als das Buch der Jahrhundertmitte bezeichnen, doch bestimmt sie ihrer tieferen Wirkung nach die philosophisch-politische Diskussion der folgenden dreissig Jahre in der Bundesrepublik wie auch bei uns. Die Entwicklung dieser Jahre hat die prognostische Kraft des Buches keineswegs gemindert: Vieles von dem, was die Autoren während der Kriegsjahre im amerikanischen Exil gemeinsam formulierten, tritt weltweit erst heute in Erscheinung.

Dessen waren sie sich auch bewusst, als sie im Vorwort zur Neuausgabe von 1969 schrieben: «In der Periode der politischen Spaltung in übergrosse Blöcke, die objektiv dazu gedrängt werden, aufeinanderzuprallen, hat das Grauen sich fortgesetzt. Die Konflikte in der Dritten Welt, das erneute Anwachsen des Totalitarismus sind so wenig historische Zwischenfälle, wie, der „Dialektik" zufolge, der damalige Faschismus es war ... Die Prognose des damit verbundenen Umschlags von Aufklärung in Positivismus, den Mythos dessen, was der Fall ist ..., hat überwältigend sich bestätigt.»

So überwältigend schien man das anfänglich allerdings nicht bemerkt zu haben. Denn als das Buch, eines der vielen Dokumente der Emigrationsliteratur, im Querido-Verlag 1947 in Amsterdam erschien, hat man es in Deutschland kaum zur Kenntnis genommen. Erst in den fünfziger Jahren, als Horkheimer und Adorno nach Deutschland zurückkehrten, in Frankfurt das ehemalige Institut für Sozialforschung wieder aufbauten, die Ansätze ihrer Kritischen Theorie erneuerten und als hervorragende Lehrer bekanntmachten, wurde die bald vergriffene «Dialektik der Aufklärung» zu einem der gesuchtesten Bücher bei der jungen Generation. Schon 1955 zirkulierte ein Raubdruck der Edition «Emigrant» (in Liechtenstein), und als ein photomechanischer Nachdruck des zum Untergrundklassiker avancierten Werkes Ende der sechziger Jahre vertrieben wurde, entschlossen sich die Autoren zur Neuausgabe im S. Fischer-Verlag. Dann erschien die Taschenbuchausgabe (1971), und damit war die «Dialektik der Aufklärung» als geschichtsphilosophisches Konzept der Kritischen Theorie zum offiziellen Klassiker auch bei jenen Leuten geworden, die sich nicht (oder nicht mehr) zu APO und SDS bekannten.

Die Neue Linke hat damals entschieden protestiert gegen die Konsequenzen, die die Autoren aus ihrer kritischen Marx-Interpretation gezogen hatten, und hingewiesen auf den grundsätzlichen Wandel, der sich mit diesem Buch in Horkheimers Theorie aus den dreissiger Jahren vollzogen habe: An die Stelle einer Kritik der politischen Oekonomie sei die Kritik der instrumentellen Vernunft (oder technischen Zivilisation) getreten, und der Klassenkampf als Motor der Geschichte sei ersetzt worden durch den umfassenderen Konflikt zwischen Mensch und Natur. Indessen muss man bedenken, welche Erfahrungen diesen Wandel (diese Abkehr vom orthodoxen Marxismus) herbeigeführt haben, um ein Teamwork von einmaliger Intensität und Fruchtbarkeit verständlich zu machen.

Gemeinsame Komposition

Im Frühjahr 1941 hatte Horkheimer (aus gesundheitlichen Gründen) New York verlassen und war nach Kalifornien gezogen, wohin Adorno ihm bald danach folgte. In der Nähe von Los Angeles wohnten sie Haus an Haus und komponierten zwischen 1942 und 1944 ihr gemeinsames Werk. «Kein Aussenstehender wird leicht sich vorstellen, in welchem Mass wir beide für jeden Satz verantwortlich sind. Grosse Abschnitte haben wir zusammen diktiert; die Spannung der beiden geistigen Temperamente, die in der „Dialektik“ sich verbanden, ist deren Lebenselement.»

Diese Bemerkung aus der Vorrede von 1969 erklärt auch das Kompositionsgesetz des Buches: Thema mit Variationen. Thema ist die Amphibolie des Begriffs «Aufklärung», die in der ersten Studie exponiert wird. Ihr folgen zwei als «Exkurs» bezeichnete Beiträge, die den zweideutigen Begriff geschichtlich variieren und vertiefen: «Odysseus oder Mythos und Aufklärung» und «Juliette oder Aufklärung und Moral». Die beiden nächsten Studien transponieren das Thema aus der geschichtlichen Dimension in die Gegenwart: Aufklärung als Massenbetrug («Kulturindustrie») und Grenzen der Aufklärung im Judenhass («Elemente des Antisemitismus»). Eine lockere Sammlung von 24 Reflexionen über Verfallssymptome der bürgerlichen Gesellschaft («Aufzeichnungen und Entwürfe») beschliesst das Ganze.

Man hat die doppelte Autorschaft für dieses Ganze oft bezweifelt; sie gelte allenfalls für die Vorrede, die Begriffsbestimmung und die Studie über die «Kulturindustrie», während der Odysseus-Exkurs und das Antisemitismus-Kapitel aus Adornos Feder stammten. Aber solche Abgrenzungen sind müssig; auch wenn nur die «Dialektik» unter beider Namen erschienen ist, so bezeugen doch zwei andere Schriften dieser Jahre, Horkheimers «Eclipse of Reason» (Oxford 1947) und Adornos «Minima Moralia» (Frankfurt 1951), deutlich «den Versuch, Momente gemeinsamer Philosophie von subjektiver Erfahrung her darzustellen». Die Erfahrung jener aussichtslosen Jahre war es, die den täglichen Dialog beider letztlich auf den dialektischen Begriff gebracht hat.

Unter dem deprimierenden Eindruck des amerikanischen Kultur- und Wissenschaftsbetriebs, der faschistischen Entwicklung in Deutschland, der stalinistischen in der UdSSR hat Horkheimer seine praktisch-politische Orientierung, die ihn vom acht Jahre jüngeren Adorno unterschieden hatte, allmählich aufgegeben. Der Zweifel, ob die sozialistische Gesellschaft als Fortsetzung des von der bürgerlichen Gesellschaft geleisteten Fortschritts denkbar sei, verdichtete sich zur Ueberzeugung, dass der Fortschritt zunehmend den Uebergang zu einer sozialistischen Gesellschaft erschwere. So traf er sich mit Adorno im Interesse an der Frage: Worin liegt der Preis des Fortschritts? Die pointierte Antwort, die für beide verbindlich blieb, hiess nun: «Der Fluch des unaufhaltsamen Fortschritts ist die unaufhaltsame Regression» (42).

Denn das Subjekt bildet sich gewissermassen in Frontstellung zur äusseren Natur, die es sich unterwirft. Diese Unterwerfung gelingt aber nur dadurch, dass das Ich sich selbst diszipliniert, das Amorphe in sich, die innere Natur beherrschen lernt. Auf lange Sicht stellt es sich damit selbst in Frage. Denn die wachsende Rücksichtslosigkeit im Umgang mit der äusseren Natur schlägt zurück auf den Umgang mit der inneren. Der Siegeszug der instrumentellen Vernunft zerstört nicht nur die Umwelt, sondern am Ende auch die Subjekte, denen er dienen sollte – die herrschenden wie die beherrschten. Das war die Ueberzeugung, die die gemeinsame Arbeit motivierte und auch das künftige Selbstverständnis des Instituts bestimmte: Kritische Theorie galt nun nicht mehr als distanzierter Teil der Bewegung des Proletariats, sondern als die einzig noch mögliche Form des Widerstandes gegen eine Industriegesellschaft, die, ob kapitalistisch oder sozialistisch, alles, die äussere wie die innere Natur, ihrer Herrschaft unterwarf.

Dieser Auffassung liegt die Erfahrung eines Widerspruchs zugrunde zwischen den ungemessenen Möglichkeiten wissenschaftlicher und technischer Zivilisation und der Unmenschlichkeit und Unvernunft der bestehenden Wirklichkeit. In dem Masse, in dem der Mensch durch Aufklärung sich zum Herrn der Natur gemacht hat, hat er sich auch dem blinden Wesen bloss technischer Rationalität ausgeliefert. Die «Dialektik» beginnt mit dem denkwürdigen Satz: «Seit je hat Aufklärung im umfassendsten Sinn fortschreitenden Denkens das Ziel verfolgt, von den Menschen die Furcht zu nehmen und sie als Herren einzusetzen. Aber die vollends aufgeklärte Erde strahlt im Zeichen triumphalen Unheils.» Angesichts solcher Erfahrung muss Vernunft an sich selber und am Begriff von Freiheit irre werden; sie kann sich nicht länger dem Pathos von Emanzipation überlassen. Diese Ueberzeugung versucht die «Dialektik der Aufklärung» theoretisch einzuholen. Sie ist deshalb auch mehr als nur eine Diagnose unseres Zeitalters, sie will als *Geschichtsphilosophie* den Ort der Gegenwart bestimmen und die fehlerhaften Mechanismen blosslegen, die den bisherigen Geschichtsverlauf regierten.

Technische Herrschaft

Als solche hat sie einen Zustand verständlich zu machen, in dem Vernunft, anstatt «von den Menschen die Furcht zu nehmen und sie als Herren einzusetzen», es nur vermocht hat, sie dem blinden Zusammenhang einer «zweiten Natur», dem Kosmos technischer Herrschaft, einzufügen. Es ist nun die alte These von Marx, dass ein kritischer Begriff von Vernunft nicht auf dem Boden ihrer (transzendentalen) Selbstauslegung zu gewinnen sei, sondern nur in der tiefer gelegenen Dimension ihres Ursprungs aus der Natur. Den konstitutiven Fehler im Gesamtprozess der Aufklärung vermag darum nur der zu entdecken, dem sich Vernunft in ihrer naturhaften Genese und Bedeutung erschlossen hat. In Frage steht damit die ursprüngliche Verknüpfung aller Vernunft mit Herrschaft und deren Tendenz, sich zur Totalität zu entfalten. Das soll aus der Reduktion der Vernunft auf ihren naturgeschichtlichen Sinn verständlich werden, wobei «Selbsterhaltung» die Grundkategorie solcher Deutung ist.

Vernunft ist nichts anderes als der Inbegriff von Verhaltensweisen, die das Leben der Gattung in der übermächtigen Natur sichern. Sie ist ursprünglich Naturbeherrschung ebenso wie Herrschaft des Menschen über den Menschen. Unter diesem Gesichtspunkt erweist sich die Fähigkeit zu begrifflicher Abstraktion als Kern eines vom Zwang zur Selbsterhaltung geforderten Verhaltens. Nun mag diese Reduktion zwar ergeben, dass Vernunft ihrem Wesen nach zutiefst mit Herrschaft verbunden ist, sie erklärt aber nicht die Totalisierung von Herrschaft, die sich im Konformismus moderner Sozialsysteme verwirklicht. Ein aus den Spätschriften Freuds entlehntes Motiv ermöglicht eine grundsätzlichere Erklärung: Das eigentliche Agens der Rationalität, die Todesangst, wird zu einem universalen *«horror naturae»* erweitert. Der Mensch fürchtet den Inbegriff alles Endlichen, die Natur, der er selber angehört. Er versucht sich dieser Angst zu entziehen, indem er alles, was an seine natürliche Herkunft mahnt, verdrängt und verbietet; er macht sich zum Andern der Natur, tritt ihr als verfügendes Subjekt gegenüber und meint als Vernunft oder Geist dem natürlichen Vergehen entzogen zu sein. «Der Furcht wähnt» der mythische wie der aufgeklärte Mensch «ledig zu sein, wenn es nichts Unbekanntes mehr gibt. Das bestimmt die Bahn ... der Aufklärung» (22).

Gibt es Hoffnung, aus dieser «Bahn» herauszukommen, diesem dialektischen Prozess zu entrinnen, in dem Odysseus und Juliette Schlüsselfiguren sind und an dessen Ende die Aufklärung zum Massenbetrug verkommen ist? Man müsste erwarten, dass die Autoren versuchen, die pathologische Vernunft zu heilen, indem sie sie über sich selbst aufklären: kritische Reflexion wäre Therapie. Tatsächlich endet das erste Kapitel mit der Aufforderung an die (instrumentelle) Vernunft, sich ihres Ursprungs zu erinnern: «Durch ... Eingedenken der Natur *im* Subjekt ist Aufklärung der Herrschaft überhaupt entgegengesetzt, und der Ruf, der Aufklärung Einhalt zu tun, ertönt auch zu Vaninis Zeiten weniger aus Angst vor der Exakten Wissenschaft als aus Hass gegen den zuchtlosen Gedanken, der aus dem Banne der Natur heraustritt ...» (47).

Vernunft soll also zur Einsicht kommen, nicht das absolut Andere der Natur zu sein; sie muss sich selber als Teil der Naturgeschichte erkennen. Nur durch das Eingeständnis ihrer Natürlichkeit wächst ihr die Möglichkeit zu, aus der Naturgeschichte herauszutreten. Die Revolution, das Heraustreten des Menschen aus der Natur, hat so noch gar nicht stattgefunden. Vernunft, die dem Ideal von Aufklärung gemäss wäre, kann es doch nur unter der Bedingung geben, dass ihre Verschränkung mit der Selbsterhaltung allererst eingesehen wird. Das ist die alte religiöse Idee der Versöhnung von Mensch und Natur, die in ihrer säkularisierten Form seit Hegel kaum mehr Zustimmung findet Sie bietet auch kaum mehr Trost vor den düsteren Perspektiven, die eine Radikalisierung der Marxschen Geschichtsphilosophie eröffnet hat. Sie vor allem sind es, die die Auseinandersetzung mit der «Dialektik der Aufklärung» inzwischen bestimmt haben.

Robert Spaemann

Ueber die kontroverse Natur der Philosophie

Alle Wissenschaft ist kontrovers. Der Austausch von Argumenten, von Gründen und Gegengründen, gehört zu den normalen Mitteln des Erkenntnisfortschritts. Und nicht immer hat der Austausch die harmlose Form eines Spiels, in welchem die beteiligten Personen den Gründen oder Gegengründen neutral und unbeteiligt gegenüberstünden. Nirgendwo warten Wissenschafter voll Sehnsucht auf die Widerlegung von Thesen, auf deren Ausarbeitung sie Jahre ihres Lebens verwandt haben, wie es das Ideal des kritischen Fallibilismus will. Meistens können bestimmte Gründe bestimmten Personen zugeordnet werden und bestimmte Gegengründe anderen Personen. Dennoch findet diese Auseinandersetzung mindestens in den Normalphasen der Wissenschaften in einem gemeinsam akzeptierten theoretischen Rahmen statt. Ein gewisser gemeinsamer Gegenstandsbereich, gewisse methodische Grundentscheidungen und meistens auch ein gewisser theoretischer Grundbestand definieren die Einheit einer Wissenschaft. Solche Grundentscheidungen machen überhaupt erst wissenschaftliche Hypothesenbildung möglich, denn ohne Einigkeit darüber, wie eine Hypothese zu prüfen ist und unter welchen Umständen sie als widerlegt gelten soll, hat eine Hypothese keinen Sinn. Wissenschaftliche Kontroversen spielen sich also in einem gewissen konsensuellen Rahmen ab. Ein Streit hat nur Aussicht auf Beilegung, wenn nicht alles strittig ist.

Die Philosophie ist demgegenüber in einer besonderen Lage. In ihr ist alles strittig, sogar was das heisst: Philosophie. Das Wort bezeichnet eine Anzahl von intellektuellen Tätigkeiten, deren gemeinsames Prinzip nur schwer auszumachen ist.

Was ist Philosophie?

Ich möchte im folgenden zeigen, dass die von Grund auf kontroverse Situation aus der Natur der Philosophie folgt, dass es also unvernünftig ist, auf ihre Beendigung zu hoffen, und dass dies dennoch Philosophie nicht sinnlos oder überflüssig macht.

Wenn ich von der Natur der Philosophie spreche, dann muss ich mich nun freilich gleich selbst in die Lage begeben, etwas Kontroverses zu sagen. Ich bemühe mich, das hinauszuschieben, indem ich eine unphilosophische Definition der Philosophie gebe, und die lautet etwa so: «Philosophie ist ein kontinuierlicher Diskurs über letzte Fragen.» Was sind letzte Fragen? Letzte Fragen sind solche, die am Ende der normalen Diskurse offen bleiben und auf deren Nichtaufwerfen die konsensuelle Stabilität unserer normalen persönlichen, sozialen und wissenschaftlichen Lebenspraxis beruht. Zu solchen Fragen nehmen auch religiöse Lehrer, Propheten oder politische Führer Stellung. Die Philosophie unterscheidet sich von diesen dadurch, dass sie ein Diskurs über solche Fragen ist, das heisst, der Philosoph ist kein ermächtigter Lehrer, sondern jemand, der argumentiert und an Argumenten interessiert ist. Wenn ein Philosoph Autorität besitzt, dann kann sie nur darin bestehen, dass man ihm den Kredit einräumt, seinen Argumenten Aufmerksamkeit zu schenken und über sie nachzudenken.

Schliesslich gehört zur Philosophie die *Kontinuität* des Diskurses. Gespräche über letzte Fragen werden täglich überall geführt. Was die Philosophie von solchen Diskursen unterscheidet, ist ihre Kontinuität. In einer durch mehrere Faktoren bedingten geistigen Krise Griechenlands im 6. und 5. Jahrhundert vor Christus entstand ein Nachdenken über letzte Fragen von solchem Rang, dass es dazu ausreichte, ein kontinuierliches Gespräch anzustossen, das bis heute nicht abgerissen ist. Nicht als ob die Fragen genau die gleichen geblieben wären; und wenn irgend jemand versuchen wollte, das Gemeinsame in diesem Gespräch zu identifizieren, so wäre dieser Versuch nichts anderes als ein selbst kontroverser Gesprächsbeitrag. Die Kontinuität ist eher bedingt durch eine Art Familienähnlichkeit der Fragestellungen im Wittgensteinschen Sinn.

Aber diese Aehnlichkeit ist umgekehrt wieder durch die Kontinuität des Gesprächs bedingt, in dem sich eines aus dem anderen ergibt. Das macht die Schwierigkeit der Philosophiegeschichtsschreibung. Einerseits ist die Philosophie «ihre Zeit in Gedanken gefasst», wie Hegel sagte. Sie entsteht aus den letzten Fragen ihrer jeweiligen Zeit und kann ohne Bezug auf diese nicht wirklich verstanden werden. Anderseits aber übersetzt sie diese Fragen in den bereits vorhandenen philosophischen Gesprächskontext, in welchem sich im Laufe der Zeit ein grosses Argumentationsarsenal herausgebildet hat, das es erlaubt, die Fragen zu präzisieren und ihre Behandlung methodisch zu gestalten.

Philosophie ist zum grossen Teil solche Uebersetzungsarbeit.

Daraus ergibt sich dann, dass die Philosophiegeschichte einen gewissen roten Faden erhält, der es möglich macht, sie auch abgelöst von der allgemeinen Geistesgeschichte als einen nach immanenten Gesetzen sich entwickelnden Diskurszusammenhang zu betrachten. Aber gerade, wenn wir es so betrachten, wird die Tatsache besonders augenfällig, dass im Laufe dieses Diskurses nur sehr wenige Ergebnisse irgendwann einmal unstrittig geworden sind.

Blick auf die Griechen

Das war von Anfang an so. Gerade die griechische Philosophie hat in den Fragen, die sie erörtert hat, die radikalsten und entgegengesetztesten Positionen durchgespielt. Aber durchgespielt ist hier nicht der richtige Ausdruck. Platon hat die Diskussion der Frage nach dem, was wir meinen, wenn wir etwas wirklich nennen, mit einem Krieg verglichen, er hat gesprochen von der *«Gigantomachia peri tes ousias»*. Die Philosophie tritt an mit dem Anspruch, die Meinungen über diese Fragen durch vernünftige Einsicht abzulösen und den Streit wenigstens für die zu schlichten, die bereit sind, auf vernünftige Gründe zu hören. Aber das Ideal der Konfliktbeseitigung wirkt ja bekanntlich fast immer konfliktverschärfend, und so auch hier. Freilich, man lernte bald, mit dem Konflikt zu leben. Aus der Riesenschlacht um das Sein wird auf die Dauer ein Schützengrabenkrieg und schliesslich mehr oder weniger friedliche Koexistenz zwischen Parteien, die «agree to not agree». Es kommt zu Schulbildungen, zu philosophischen Sekten.

Erst mit der Laisierung der Philosophie in der Neuzeit einerseits und mit der Glaubensspaltung anderseits ändert sich diese Situation für eine Weile. Nachdem die verschiedenen Schulen nicht mehr als verschiedene Ordensappartements unter einem gemeinsamen Dach untergebracht waren, wurde das Dach selbst wieder zum Gegenstand des Nachdenkens. Descartes hat das genau gesehen, und von ihm stammt auch die Metapher. Er war der Meinung, das Prinzip für den Bauplan einer wissenschaftlich organisierten Welt gefunden zu haben. Und er stellt die Frage, wie der Mensch leben sollte, wenn ihm die Philosophie das Haus über dem Kopf einreisst, ohne dass der Neubau schon bereitsteht. Seine *morale par provision* war der Versuch, ein Notdach für die Zwischenzeit zu errichten. Erst Auguste Comte proklamierte, nun sei es soweit und man könne in die tapfere neue Welt der Wissenschaft einziehen. Aber der Versuch einer Philosophie als «wissenschaftliche Weltanschauung» war so wenig geeignet wie irgendeine andere, universellen Konsens herzustellen. Im

Namen wissenschaftlich aufgeklärter Vernunft finden so gut Kriege statt wie vorher im Namen Gottes.

Die neuzeitliche Philosophie ist gekennzeichnet durch immer wieder erneute Vorschläge, wie dem Streit der Philosophen ein Ende zu bereiten sei, sei es durch Gründung des Ganges der Philosophie auf eine Sequenz evidenter Sätze wie bei Descartes oder Husserl, sei es durch definitive Bestimmung der Grenze zwischen dem, was einer theoretischen Behandlung zugänglich ist und was nicht, wie bei Kant oder bei Comte, sei es durch Entwicklung einer Methode, die es erlaubt, alle philosophischen Probleme so zu formalisieren, dass die Streitenden sich nur miteinander hinsetzen müssen und sagen: «Calculemus!»

Das Ideal, das hinter all diesen Entwürfen stand und steht, ist das Ideal der mathematischen Naturwissenschaften. Es müsse der Philosophie gelingen, an den konsensuellen sicheren Gang dieser Wissenschaften mit ihrem beständigen Erkenntnisfortschritt den Anschluss zu gewinnen.

All diese Versuche waren zum Scheitern verurteilt, jedenfalls was ihre Versöhnungsabsicht betrifft. Jede angebotene Konkordienformel erwies sich entweder als bloss zusätzliche Position im Streit der Lehrmeinungen, oder aber wenn es ihr für kurze Zeit gelang, als einzige das Feld zu behaupten, so galt für sie Hegels Wort: «Eine Partei erweist sich dadurch als siegende, dass sie in zwei Parteien zerfällt.»

Wandlung der Situation

Die Situation hat in den letzten Jahren eine tiefgreifende Wandlung erfahren. Auf Grund wissenschaftsgeschichtlicher Untersuchungen hat sich nämlich das Modell eines linearen, kumulativen und universell konsensfähigen Erkenntnisfortschritts als Fiktion herausgestellt: die Geschichte der Naturwissenschaften ist nicht ein solches Modell. Die Ablösung einer Theorie durch eine andere erfolgt, wie Thomas Kuhn zeigen konnte, nicht durch ihre Widerlegung, sondern durch eine Verdrängung, die eher mit darwinistischen Termini interpretierbar ist. Widerlegungen von Theorien im eigentlichen Sinne gibt es gar nicht, und die Frage, wann ein Paradigma durch ein anderes abgelöst wird, ist eine Frage, bei deren Entscheidung pragmatische Gesichtspunkte, aber auch persönliche und gesellschaftliche eine Rolle spielen.

Die Frage, die sich uns stellt, ist die, ob die Philosophie, wenn sie sich schon die Naturwissenschaften nicht mehr als Ideal eines gesicherten Ganzen vorsetzen kann, so doch ihre eigene Geschichte und die fundamentalen Kontroversen, von denen sie seit je bestimmt ist, nach Analogie des wissenschaftlichen Paradigmenwechsels verstehen kann. Und um meine Antwort gleich als These vorwegzunehmen: Die Philosophie kann ihre Geschichte so nicht verstehen. War die Naturwissenschaft als Ideal eines konsensuellen, linear fortschreitenden Erkenntnisprozesses für die Philosophie ein vergebliches Ideal, so scheint mir das Interpretationsmodell des Paradigmenwechsels für die Deutung ihrer Dissense und Peripetien ebenfalls ungeeignet oder doch nur *mutatis mutandis* geeignet, und das *mutandum* ist hier das Entscheidende.

Die Situation ist nämlich die, dass Ideal und Wirklichkeit in der Philosophie auf eine Weise auseinanderklaffen, die schon für Platon der Grund war, Philosophie nicht Weisheit, sondern Liebe zur Weisheit zu nennen. Die Philosophie kann einerseits nicht auf das Ideal eines vollständigen Konsenses und nicht auf das Ziel verzichten, «zu erkennen, was in Wahrheit ist», wie Hegel das Ziel der Philosophie formulierte. Sie ist notwendigerweise unbescheidener als die Wissenschaften. Anderseits aber bleibt sie hinter diesem Ideal weiter zurück als jede Wissenschaft, die diesen Namen verdient.

Meine These geht aber noch weiter. Mir scheint, dass die kontroverse Natur der Philosophie aufs engste zusammenhängt mit ihrer Suche nach universeller Wahrheit, dass sie aber diese nicht aufgeben kann, ohne als Philosophie zu verschwinden, das heisst, ohne jenen Diskurs, der seit 2500 Jahren existiert, definitiv zu beenden.

Warum ist in der Philosophie alles kontrovers? Die erste Antwort ist einfach. Philosophie ist nämlich einfach definiert durch diejenigen Fragen, die sich ihrer konsensuellen Beantwortung bisher widersetzt haben. Wo immer ein bestimmter Bereich von Antworten den Charakter unumstrittener Prämissen für weitere Forschungen angenommen hat, da hat sich dieser Bereich aus der Philosophie ausgegliedert und ist zu einer einzelwissenschaftlichen Disziplin geworden.

Warum aber widersetzen sich bestimmte Fragen ihrer definitiven Beantwortung? Diese Frage ist nun selbst bereits eine jener letzten Fragen, die hier zur Diskussion stehen. Und ihre sachgemässe Erörterung würde die Entfaltung einer ganzen Philosophie erfordern. Ich will nur die Richtung andeuten, in der diese Erörterung meines Erachtens führen müsste. Jede mögliche Antwort auf eine Frage setzt einen Horizont von Ungesagtem voraus, einen Horizont von Selbstverständlichem, das in dieser Frage gerade nicht zur Frage steht. Die Reflexion kann dieses gerade thematisieren. Die Unendlichkeit der Reflexion ist für das Denken konstitutiv. Platon sagte deshalb, dass man über das, was selbst nicht mehr Gegenstand innerhalb eines Horizontes, sondern dieser selbst ist – er nannte es das Gute –, gar nicht reden, sondern nur an den Punkt führen könne, wo man es ohne Worte verstehe. Es ist das «Unaussprechliche», von dem Wittgenstein sagt: «Es zeigt sich.»

Konsens über Selbstverständliches gibt es im Grunde nur als stillschweigenden. Alles Reden ist nur sinnvoll und verständlich, wenn es einen solchen gemeinsamen Fundus des Verschwiegenen gründet. Dieser Fundus des Verschwiegenen ist inhaltlich nicht fix. Er enthält Natürliches, Geschichtliches, Verdrängtes. Er enthält die Spuren von Unterdrückung und Frustration und die Quellen von Spontaneität, Kreativität und Freude. Er kann zur Sprache gebracht werden, aber nie ganz. Wer redet, bricht dieses fundamentale Einverständnis im Guten wie im Schlechten.

Reflexionsleistung

Die Reflexion ist älter und universeller als die Philosophie. Die Philosophie beginnt bei Platon damit, dass die Reflexion, insofern sie naturwüchsig aufbricht und das *Koinon,* das stillschweigend Gemeinsame, auflöst, noch einmal zum Gegenstand einer zweiten Reflexion gemacht und kritisch distanziert wird. So ist Sokrates für die traditionellen Athener der Sophist und Jugendverderber und für Platon der Antisophist und Wiederhersteller der längst vor den Sophisten schon durch den Mythos verlorenen gemeinsamen Wahrheit. Sokrates ist für Platon nicht ein Philosoph, er ist die Verkörperung der Philosophie. So kennt Platon nicht eigentlich Kontroversen innerhalb der Philosophie: Die Philosophie selbst ist eine bestimmte Position in der Gigantomachie um das, *was* Wirklichkeit heisst. Die Reflexion auf die Notwendigkeit des Selbstverständlichen und der Versuch seiner gereinigten Wiederherstellung sind selbst nicht selbstverständlich, sondern eine kontroverse Position.

Dennoch ist diese Position eine theoretische und tritt mit dem Willen auf, argumentativ zu überzeugen. Woher kommt es dann, dass die Philosophie es nie zu jener Gesprächsdisziplin gebracht hat, die andere Wissenschaften längst erreicht haben? Die Antwort ergibt sich eigentlich schon aus dem bisher Gesagten. Der Schein der Irrationalität in der Philosophie hängt mit ihrem Rationalitätsideal zusammen. In der methodischen Disziplin der Wissenschaften steckt immer ein dezisionistisches Element. Wer am Anfang zu oft Warum fragt, kommt in gar keine Wissenschaft hinein.

Die Gemeinschaft derer, die eine bestimmte Wissenschaft konstituieren, ist definiert als die Gemeinschaft derjenigen Menschen, die sich auf bestimmte Interessen und auf bestimmte Verfahrensweisen geeinigt haben und darauf verzichten, diese Entscheidung ständig neu zur Diskussion zu stellen. Philosophie ist die Diskussion dieser Entscheidungen. Sie hat nicht Grundlagenkrisen, sie ist die institutionalisierte Grundlagenkrise. Und sie wendet sich nicht an Menschen, die durch bestimmte methodische Vorentscheidungen miteinander verbunden sind, sondern, indem sie solche Entscheidungen diskutiert, prinzipiell an alle Menschen, die überhaupt an Rechtfertigung dessen, was sie tun und denken, interessiert sind.

Indem sie dies tut, gerät sie in die paradoxe Lage, die Standards für Vernünftigkeit selbst formulieren und rechtfertigen zu müssen. Indem sie so, geleitet von einem Universalismus der Vernunft, hinter alle konsensstiftenden Dezisionen mit dem Blick auf einen universellen Konsens zurückfragt, verfällt sie unvermeidlich dem Schicksal der Partikularität, die sie überwinden will. Sie muss auch dies noch zu denken versuchen. Und das ist nun in der Tat ein Merkmal zur Unterscheidung der Philosophie von den Wissenschaften. Diese arbeiten mit Modellen, in deren Rahmen sie die Wirklichkeit interpretieren und die sie der Wirklichkeit so weit anpassen, dass sie das leisten können. Die Philosophie bedenkt ausdrücklich das Verhältnis des Modells zu dem, was nicht in es eingeht. Indem sie das Verhältnis der Wissenschaft zu dem, wovon diese handelt und was sie nicht ist, ausdrücklich thematisiert, ist ihr Thema das Verhältnis der Vernunft zu dem, was sie nicht selbst ist, das heisst, Wahrheit.

Aus dem Gesagten ergibt sich nun, wie mir scheint, eine gewisse Antwort auf die Frage, ob der Kuhnsche Begriff des Paradigmenwechsels auf die Geschichte der Philosophie sinnvoll Anwendung finden kann. In gewisser Weise ist die Philosophiegeschichte natürlich geradezu das Paradebeispiel für diese Theorie. Handelt es sich doch in dieser Geschichte wie in keiner anderen um radikalen Gestaltwandel des Sehens. Um Veränderungen, die es unmöglich machen, die eine Theorie einfach als Grenzfall aus der fortgeschritteneren abzuleiten. Das ist schon deshalb unmöglich, weil Philosophien wesentlich Theorien über die Gesamtwirklichkeit sind. Sie fragen, was «wirklich» heisst. Eine Philosophie als Theorie über einen Teilbereich von Gegenständen bestehen lassen und sie als solche in einen umfassenderen Zusammenhang integrieren ist gleichbedeutend mit der Verneinung dieser Philosophie.

Denn es war ihr *wesentlich,* von der Wirklichkeit als Ganzem zu reden und *selbst* die Integrationsfunktion zu beanspruchen, die nun ihr gegenüber beansprucht wird. Wenn Hegel Fichte einen Platz in der Herausbildung der Hegelschen Philosophie zuweist, so konnte Fichte dieser Zuweisung natürlich ohne

Selbstaufgabe seiner eigenen Philosophie nicht zustimmen. Aber das Konzept des Paradigmenwechsels ist in anderer Hinsicht doch für das philosophische Verständnis der Philosophiegeschichte nicht akzeptabel. Und zwar aus folgendem Grunde: Die Philosophie kann nicht darauf verzichten, ihre eigene Bedingtheit und Endlichkeit zu denken. Die Frage: Wozu Physik? ist keine physikalische Frage. Die Frage: Wozu Philosophie?, die ist jedoch eine philosophische Frage. Die Wissenschaftsgeschichte ist kein integrierender Bestandteil derjenigen Wissenschaften, deren Geschichte sie behandelt. Wohl aber ist Geschichte der Philosophie ein integrierender Bestandteil der Philosophie. Die Philosophie überwindet den Dezisionismus, der in allen Wissenschaften steckt, nur, indem sie sich in ein reflektiertes Verhältnis zu ihrer eigenen Geschichte setzt, das heisst, indem sie diese selbst zu denken sucht. Sie selbst ist ein kontingenter geschichtlicher Diskurs, der Kontingenz zum Thema hat.

Da der Gegenstand der Philosophie, das Ganze der Wirklichkeit, der Vernunft, der Sprache ist, gibt es für sie keine andere Leistung als die, uns in ein rationales Verhältnis zu diesem Ganzen zu bringen, und zwar in einem Sinne von Rationalität, der seinerseits nicht wieder nur meint: rational im Verhältnis zu einem Zweck, der seinerseits nicht mehr ausweisbar ist. Und so enthält auch der Gedanke künftigen Ueberholtwerdens für die wissenschaftliche Forschung nichts Beunruhigendes. Sie versteht sich selbst als Stadium auf einem Wege, von dem als Ganzem sie sich mit einer gewissen positiven Common-sense-Vorstellung begnügen kann. Die Philosophie aber kann sich nicht als Stadium auf einem Wege begreifen, ohne zu begreifen, was dieser Weg ist. Sie ist der Versuch, diesen Weg zu verstehen, so dass der Weg der Philosophie das Merkwürdige an sich hat, ein Weg zu sein, dessen einzelne Stadien aus Antizipationen des Wegganzen bestehen. Philosophie ist kein Teamwork, sondern ein Ganzes aus Teilen, deren jeder wesentlich selbst ein Ganzes ist, genauer gesagt, eine Antizipation desjenigen Ganzen, wovon sie selbst ein Teil ist.

Ueber die Autoren

Heinz Abosch (*1918), Düsseldorf. Publizist. Aufsätze und Berichte zur französischen Geistes- und Zeitgeschichte.

Kurt Blaukopf (*1914), Direktor des International Institute for Music, Dance and Theatre in Wien. Veröffentlichungen zur Musikpädagogik.

Hans Blumenberg (*1920), Ordinarius für Philosophie an der Universität Münster. Werke zur Genesis der Kopernikanischen Welt, zur Säkularisierung, zum Mythos und zur Metapherngeschichte.

Andres Briner (*1923), Dr. phil., Redaktor NZZ.

Hugo Debrunner (*1896), Dr. phil., Biberstein. Biopsychologe. Publikationen zur modernen Kunst.

Karl Dedecius (*1921), Leiter des Deutschen Polen-Instituts in Darmstadt. Publikationen zur polnischen Literatur- und Kulturgeschichte. Herausgeber; Uebersetzer.

Iring Fetscher (*1922), Ordinarius für Philosophie an der Universität Frankfurt. Werke zu Rousseau, zum Marxismus und zur deutschen Ideengeschichte.

Hans-Georg Gadamer (*1900), Emeritus für Philosophie der Universität Heidelberg. Werke zur griechischen Philosophie, zum deutschen Idealismus und zur Hermeneutik.

Romeo Giger (*1941), Dr. phil., Winterthur. Gymnasiallehrer. Aufsätze zur angelsächsischen Literatur.

Klaus Hartmann (*1925), Ordinarius für Philosophie an der Universität Tübingen. Werke zu Sartre, Marx und zur politischen Philosophie.

Richard Häsli (*1931), Dr. phil., Redaktor NZZ.

Helmut Heissenbüttel (*1921), Stuttgart. Rundfunk-Redakteur; Lyriker, Essayist.

Hanno Helbling (*1930), Dr. phil., Redaktor NZZ.

Elmar Holenstein (*1937), Extraordinarius für Philosophie an der Ruhr-Universität Bochum. Werke zur Sprachphilosophie, zur Bewusstseinstheorie und zum Universalienproblem.

Helmut Holzhey (*1937), Professor für Philosophie an der Universität Zürich. Werke zu Kant, zum Neukantianismus und zur Anthropologie.

Felix Philipp Ingold (*1942), Professor an der Hochschule St. Gallen. Veröffentlichungen zur osteuropäischen Literatur. Prosa und Gedichte. Herausgeber.

Hansres Jacobi (*1926), Dr. phil., Redaktor NZZ.

Régine Kopp-Leisibach (*1949), lic. phil., Basel. Aufsätze zum Theater und zur französischen Literatur.

Hanno Walter Kruft (*1938), Professor für Kunstgeschichte an der Technischen Hochschule Darmstadt. Werke zur Renaissance- und Barock-Plastik, zur Kunst um 1900 und zur Geschichte der Architekturtheorie.

Jean-Pierre Leyvraz (*1925), Professor für Philosophie an der Universität Genf. Veröffentlichungen zur Sprachphilosophie und zur Hermeneutik.

Hugo Loetscher (*1929), Dr. phil., Zürich. Publizist; Erzähler und Dramatiker.

Werner Marx (*1910), Emeritus für Philosophie der Universität Freiburg i. Br. Arbeiten zur griechischen Philosophie, zu Hegel, Schelling und Heidegger.

Beatrice von Matt (*1936), Dr. phil., Dübendorf. Literaturkritikerin und Herausgeberin. Arbeiten zur Schweizer Literatur.

Emil Maurer (*1917), Ordinarius für Kunstgeschichte an der Universität Zürich. Arbeiten zu Rubens, zum Manierismus und zur französischen Kunst des 19. Jahrhunderts.

Norbert Mecklenburg (*1943), Dr. phil., Akad. Oberrat an der Universität Köln. Arbeiten zur modernen deutschen Literatur.

Martin Meyer (*1951), Dr. phil., Redaktor NZZ.

Rudolf W. Meyer (*1915), Ordinarius für Philosophie an der Universität Zürich. Arbeiten zu Leibniz und Merleau-Ponty.

Peter Nicolaisen (*1936), Professor für Anglistik an der Universität Flensburg. Arbeiten zu Hemingway und zur modernen angelsächsischen Literatur.

Hans Oesch (*1926), Ordinarius für Musikwissenschaft an der Universität Basel. Herausgeber der Zeitschrift «Melos».

János Riesz (*1941), Ordinarius für romanische Literatur an der Universität Bayreuth. Veröffentlichungen zur frankophonen afrikanischen Literatur.

Beat Schmid (*1940), Dr. phil., Zollikon. Gymnasiallehrer. Essays und Aufsätze zur französischen Literatur und Philosophie.

Curt Schweicher (*1908), Dr. phil., ehem. Direktor des Städtischen Museums Trier. Publikationen zur allgemeinen Kunstgeschichte, zur Kunst des Mittelalters und der französischen Kunst im 19. Jahrhundert.

Werner Senn (*1942), Dr. phil., Privatdozent an der Universität Bern. Veröffentlichungen über Joseph Conrad und moderne angelsächsische Literatur.

Robert Spaemann (*1927), Ordinarius für Philosophie an der Universität München. Werke zu de Bonald, Fénelon, zur praktischen Philosophie und zum Teleologie-Problem.

Alice Vollenweider (*1927), Dr. phil., Zürich. Romanistin. Essays und Kritiken zur italienischen Literatur; Uebersetzerin.

Paul Widmer (*1949), Dr. phil., Muri/Bern. Im diplomatischen Dienst. Arbeiten zum Konservativismus und zur Begriffsgeschichte.

Marianne Zelger (*1945), Dr. phil., Redaktorin NZZ.

Gerda Zeltner (*1915), Dr. phil., Zürich. Romanistin. Literaturkritische Studien zur französischen und zur Schweizer Literatur.